国别研究系列丛书

"一带一路"沿线国家贸易投融资环境

第二册

Trade, Investment and Financing Environment in the Countries along the Belt and Road

主编 ◎宋慧中

中国金融出版社

责任编辑：任　娟
责任校对：潘　洁
责任印制：程　颖

图书在版编目(CIP)数据

"一带一路"沿线国家贸易投融资环境("Yidai Yilu" Yanxian Guojia Maoyi Tourongzi Huanjing). 第二册 / 宋慧中主编. — 北京: 中国金融出版社，2017.8
　　ISBN 978-7-5049-9164-5

　　Ⅰ.① 一… 　Ⅱ.① 宋… 　Ⅲ.① 国际贸易 — 区域经济合作 — 投资环境 — 研究 ② 国际贸易 — 区域经济合作 — 融资环境 — 研究 Ⅳ.①F752

中国版本图书馆CIP数据核字 (2017) 第208173号

出版
发行　中国金融出版社

社址　北京市丰台区益泽路2号
市场开发部　(010) 63266347，63805472，63439533(传真)
网 上 书 店　http://www.chinafph.com
　　　　　　(010) 63286832，63365686 (传真)
读者服务部　(010) 66070833，62568380
邮编　100071
经销　新华书店
印刷　保利达印务有限公司
尺寸　169毫米×239毫米
印张　32
字数　580千
版次　2017年8月第1版
印次　2017年8月第1次印刷
定价　68.00元
ISBN 978-7-5049-9164-5
如出现印装错误本社负责调换　联系电话(010) 63263947

本书编写组

主　编：宋慧中

统　稿：张　军　杨　慧　牛　嵩　张　玥

执　笔：(以姓氏笔画为序)

于骁骁　王　晴　巴晴萱　付华蓉

朱国栋　刘景源　张　军　张　函

张　玥　吴　溪　辛　城　李晓旭

李慧超　杨　慧　邰丽杰　姚树华

高　畅　粟元姝

序

　　"丝绸之路"是历史上中国与世界连接的重要商贸路线，商品和文化的交流促进了沿线国家和地区的共同发展和繁荣。"一带一路"战略构想在"丝绸之路"的基础上，以创新的合作模式加强陆海丝绸之路沿线国家的互联互通、贸易互补，进而打造政治互信、民心相通、经济共荣的利益共同体、命运共同体和责任共同体。

　　共建"一带一路"是国际合作以及全球治理新模式的积极探索，沿线国家经济发展和经贸合作潜力巨大，为中国企业国际化提供了历史性机遇。但我们也认识到，中国企业在对外贸易和投融资方面还缺乏经验，特别是对相关国家的商业环境、法律环境、投资政策等基本国情了解甚少。

　　为了帮助中国企业降低"走出去"风险，减少不必要的涉外纠纷与矛盾，国家外汇管理局辽宁省分局有着共同理想的中青年干部，合作开展了"一带一路"沿线国家贸易投融资环境研究，并将初步成果编辑成书。

　　本书介绍了"一带一路"沿线部分国家的贸易投融资法律规定、投资环境、审批制度，以及中国投资者在对外贸易和对外投资时应该关注或考虑的因素。希望本书能为中国企业"走出去"、促进企业主动融入"一带一路"战略提供有益的帮助。

2015 年 12 月

前　言

习近平主席在 2015 年 3 月博鳌亚洲论坛上提出："'一带一路'建设秉持的是共商、共建、共享原则，不是封闭的，而是开放包容的；不是中国一家的独奏，而是沿线国家的合唱。'一带一路'建设不是要替代现有地区合作机制和倡议，而是要在已有基础上，推动沿线国家实现发展战略相互对接、优势互补。""一带一路"倡议得到国内外的广泛关注和积极响应，中国企业参与"一带一路"建设的动力不断增强，企业"走出去"步伐明显加快。

为支持企业积极稳妥开展对外贸易投融资合作，帮助企业了解"一带一路"沿线国家贸易与投融资相关信息，规避跨国经营与合作风险，我们成立了研究小组，分别整理了"一带一路"沿线国家的经济金融、法律法规和政策制度概况，希望能为我国对外经贸发展和企业"走出去"提供帮助。

本书的出版得到了国家开发银行辽宁省分行阎晓辉行长和中国金融出版社的大力支持和帮助，在此表示感谢。

由于国别研究内容涵盖广泛，是一项系统庞大的工程，而编者与执笔人的能力及所能掌握的资源有限，书中难免存在疏漏之处，敬请读者谅解和批评指正。

编者

2015 年 12 月

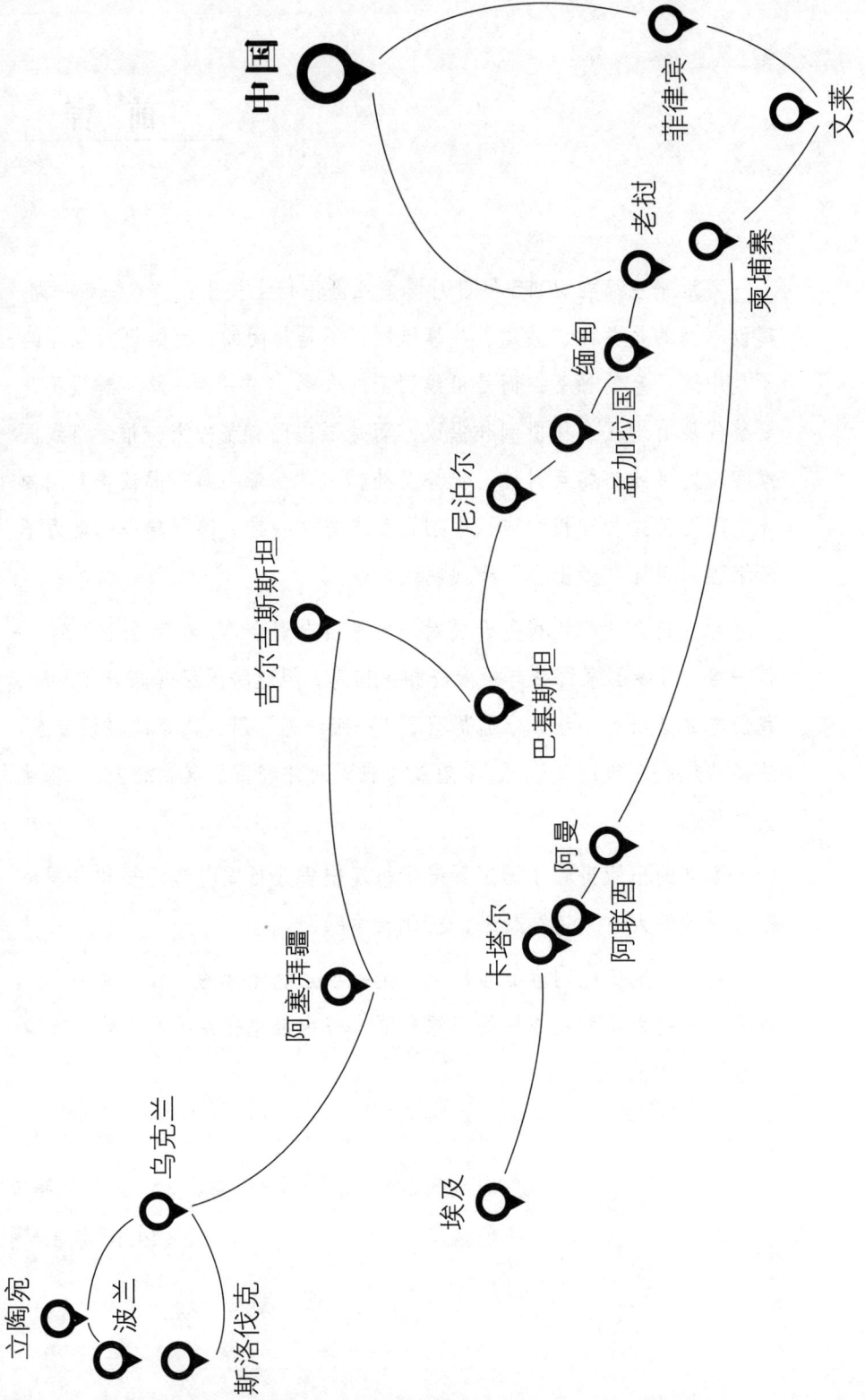

中国

菲律宾

文莱

老挝

柬埔寨

缅甸

孟加拉国

尼泊尔

吉尔吉斯斯坦

巴基斯坦

阿塞拜疆

阿曼

乌克兰

卡塔尔

阿联酋

立陶宛

波兰

斯洛伐克

埃及

目 录

阿联酋

阿曼

阿塞拜疆

埃及

巴基斯坦

波兰

菲律宾

吉尔吉斯斯坦

柬埔寨

卡塔尔

老挝

立陶宛

孟加拉国

斯洛伐克

文莱

乌克兰

阿联酋

执笔人：张　函

1. 经济形势分析

阿拉伯联合酋长国，简称阿联酋，是由阿布扎比、迪拜、沙迦、哈伊马角、富查伊拉、乌姆盖万和阿治曼共7个酋长国组成的联邦国家。阿联酋是阿拉伯国家中经济规模仅次于沙特阿拉伯的第二大经济体，是海湾合作理事会（以下简称海合会）六个成员国之一。近年来，随着经济规模的不断扩大和产业模式的不断革新，阿联酋对于整个海湾乃至中东地区的经济发展都起到了越来越举足轻重的作用。

1.1 宏观经济

阿联酋共由7个酋长国组成，各成员国不仅有相对独立的经济政策和发展规划，同时设有独立的海关系统、工商协会和航空管理局等政府机构。

阿联酋拥有丰富的石油和天然气资源，目前已探明石油储量为978亿桶，天然气储量为6万亿立方米，分别位居世界第三和第四。石油产业作为阿联酋的国民支柱产业，极大地推动了国民经济的发展，使其在短短30余年间成长为经济实力雄厚的现代化国家。2016年，阿联酋国内石油业名义GDP和非石油产业名义GDP分别为2230亿迪拉姆（约合609亿美元[①]）和1.1万亿迪拉姆（约合3027亿美元），占名义GDP总额的比重分别为17%和83%。《环球金融》杂志统计数字显示，2016年阿联酋人均GDP为67201美元，居全球第七位。统计数据显示，在全

[①]　按照1迪拉姆兑0.2731美元计算，余同。

球商品输出国中，阿联酋多元化对外直接投资指数为0.3，排名第八，在阿拉伯国家中位列第一。在联合国2016年公布的创新指数全球排行榜中，阿联酋名列全球第41位，在阿拉伯国家中排名第一。上述数据反映出在阿联酋经济多元化发展的同时，对外投资项目输出也呈现多元化模式，目前该国已经成为全球石油产出国中经济多元化发展水平最高的国家。

1.2 主要行业

　（工 业）　金融危机之后，阿联酋政府意识到依靠石油工业这种可枯竭的单一性资源发展经济是不可靠的，因此制定了经济多样化发展的战略方针。在以石油工业为主体的前提下，其他多种工业类型共同发展，特别是加工业的发展极快，其比重占GDP的比重越来越高。2016年，阿联酋工业增长率为12.3%，工业产值占GDP的37.9%。其中，采矿业占34%，制造业占50%，建筑业占12%，水电气行业占4%。

　（农 业）　阿联酋主要粮食作物和肉类都需进口。金融危机后，政府推出多项利农政策，包括对农产品实行全部包购包销，用于确保农民收入，促进了农业的发展，但受自然资源限制，阿联酋农业发展速度仍处于较慢状态。2016年，农业产值占GDP的1.4%，增长率达到2.5%。

　（服务业）　近年来，旅游、金融、保险等服务行业高速发展，已占阿联酋GDP的半数以上。2016年，服务业产值占阿联酋GDP的60.7%，较上年增长9.6%。除传统服务业外，阿联酋还大力发展信息科技等新兴产业，不仅在迪拜酋长国建立了电子商务、高新科技和媒体自由区，还建立了有"中东硅谷"之称的迪拜网络城。

1.3 经济政策

经济危机后，阿联酋推出自由开放的市场经济和投资政策，通过积极吸引外资以及回流在外资金的方式刺激经济发展，执行美元与迪拉姆挂钩的外汇管理政策，坚持对于烟、酒、宗教和国家安全除外的产品均采取低关税，并且不设任何外贸配额的自由贸易政策。

自加入世贸组织后，阿联酋一直致力于修改经济领域的法律规定，以适应世贸组织的要求。为保证经济发展，阿联酋采取了一系列积极政策，包括建立海合会统一经济体以加强区域联合；积极稳定国际市场油价，贯彻欧佩克的决议；改善投资环境，进一步开放市场；实施经济多元化发展战略等。

1.4 国家财政

根据阿联酋中央银行发布的2016年国民经济运行状况报告数据，2016年阿联酋国家财政收入为857亿迪拉姆，同比增长14.4%，主要收入增长来自税率的提高和增加的税收服务项目等方面；财政支出为460亿迪拉姆，实现了盈余。从阿联酋政府支出的科目看，工资薪酬占政府支出的36%，一般和管理性支出、资助和支持性支出、资本支出共占45%，基础设施建设支出占14%，政府债务处理和安排占5%。

1.5 国际收支

随着国际石油价格的不断下降，2016年阿联酋石油出口额下滑，但由于非石油出口的大幅度增长，总账户依然保持盈余，国际收支顺差553亿迪拉姆（约合151亿美元），顺差规模同比扩大66.1%。

在外汇储备方面，2016年阿联酋285亿美元的水平依然略显不足。海湾国家普遍认为：外汇储备应当至少能够支持国家在未来4～6个月的进口付汇额，阿联酋尚不能达到标准。

在外债水平方面，近年来，阿联酋的外债总额逐年升高，但外债总额占出口比重和占GDP比重呈下降趋势，说明阿联酋外债状态较为乐观。

1.6 对外贸易

阿联酋主要贸易伙伴包括美国、英国、日本、德国、法国、意大利及中国等国家，出口商品主要包括原油、天然气、铝制品和石油化工产品等，进口商品主要有农副产品、机械制品和国民消费品等。2016年阿联酋货物和服务进口贸易总额为0.9万亿迪拉姆，较2015年增加1.7%；贸易顺差0.3万亿迪拉姆，顺差规模同比缩小31.6%。

2015年阿联酋非石油出口额为4500亿迪拉姆（约合1229亿美元），同比增长9%，占GDP的33.1%。2014年阿联酋石油出口额为4128亿迪拉姆（约合1128亿美元），占GDP的28%。

2015年阿联酋石油（石油及其产品、燃气）出口额为2340亿迪拉姆（约合639亿美元），同比下降42.9%，仅占GDP的17.2%。2014年阿联酋石油出口额为4097亿迪拉姆（约合1119亿美元），占当年GDP的27.8%。

2. 联邦各酋长国经济特点概述

阿联酋各酋长国在自然环境、地理位置、历史和文化等方面是一个不可分割的整体，各成员国在经济发展的特点上有很多相似之处。同时，联邦体制决定了其成员国均具有各自独立的国家发展决策权，而自然资源和国家发展政策的不同也导致成员国的各自发展进程和经济战略存在着较大差异。首都阿布扎比，以及迪拜和沙迦是阿联酋各成员国中实力最强的三个酋长国，其经济收入是联邦的主要财政来源。

阿布扎比酋长国不仅是联邦首都，而且是联邦中经济实力最强的酋长国，稳健的发展战略使阿布扎比一直在联邦中保持着领袖地位。

迪拜酋长国是联邦中经济发展速度最快的成员国，其经济模式以贸易见长，现任酋长穆罕默德推出的极富创造力和开拓性的"迪拜模式"，使迪拜快速成为海湾地区的贸易、金融和旅游中心，近几年大有赶超阿布扎比之势。

沙迦酋长国是联邦中发展最早的成员国，后因阿布扎比和迪拜相继发现了丰富的石油储藏而下降为联邦第三大经济体。沙迦酋长国在文化方面具有厚重的底蕴，是联邦的文化之都。

其余的哈伊马角、富查伊拉、乌姆盖万和阿治曼四个成员国由于自然资源匮乏，均选择因地制宜，大力发展港口运输业、旅游业，引进外资，但与上述三个酋长国相比，在现代化进程和经济发展等各个方面都远远落后。

2.1 阿布扎比酋长国

阿布扎比酋长国概况及其发展战略 阿布扎比市是阿布扎比酋长国的首府，同时也是阿联酋联邦首都。阿布扎比在阿联酋的7个酋长国中面积最大，约为6.7万平方公里，其面积占阿联酋领土总面积的86%；阿布扎比酋长国人口共149万人，是阿联酋联邦中人口最多的成员国。阿布扎比酋长国的石油天然气储量也最为丰富，拥有阿联酋油气储量的90%以上，其中石油储量为972亿桶，天然气储量为53021亿立方米。阿布扎比酋长国还是阿联酋各酋长国中经济实力最为雄厚的一个，2014年阿布扎比酋长国GDP总量为9600亿迪拉姆，对阿联酋联邦的经济贡献占65%，远远超过排名第二位的迪拜。

相对于迪拜酋长国推行的高调和激进的发展战略，阿布扎比酋长国以低调、稳健见长。阿布扎比酋长国于1959年发现储藏丰富的石油资源，现日产原油350万桶，储采比约为95年。阿布扎比酋长国对于自然资源的依赖程度较高，石油出口和石化行业是阿布扎比经济发展的支柱性产业。自20世纪80年代中期开始，阿布扎比政府已经将经济多样化发展作为未来的经济发展战略，以摆脱一直以来对石油资源的依赖。目前，阿布扎比酋长国经济发展战略核心是以石化工业为支柱产业，通过提高石化工业下游产业的生产能力，推动高附加值产品出口贸易，推动经济多样化发展。

阿布扎比酋长国经济发展委员会于2008年5月发布了《阿布扎比2008—2012年发展战略五年计划》。该计划指出，发展目标是强化实施自由经济政策，进一步推进工业与基础设施建设，加大扶持中小型企业的政策力度，使其对国家经济健康发展起到刺激作用。政府将重新修订法律体系以鼓励国内投资，修订内容包括自由竞争、申请许可证和激励措施等主要方面，五年计划后的法律环境将对投资者更加有利，从而达到吸引投资的目标。从该计划可以看出阿布扎比酋长国未来将更加重视基础设施建设、医疗卫生、教育和中小型企业发展环境，并在这些方面给予最大的政策支持和支出倾斜，使国家资源配置达到最佳状态，实现以知识为基础的、高透明度、多元稳定型的经济结构和可调控的经济环境。

工业 自20世纪80年代起，阿布扎比政府便致力于经济多样化发展，但受自然条件限制，工业依然是阿布扎比的经济支柱。阿布扎比酋长国的工业特点是以石化工业为主体，数量少但规模庞大。阿布扎比酋长国最高石油委员会控制着全国的石油资源，阿布扎比酋长国王储穆罕默德·本·扎耶德担任委员会主席。

1971年成立的阿布扎比国家石油公司（Adnoc）是阿布扎比酋长国最大的石油工业集团，阿布扎比政府持有Adnoc集团60%的股份，目前该集团已经垄断了阿布扎比酋长国96%以上的石油产量，占据阿布扎比国内石油产业的主导地位。通过直接投资并拥有实质股份的方式，Adnoc集团下属的18家子公司分别垄断了阿布扎比国内的石油工业的生产、销售、运输和精炼等相关行业的市场份额，形成了一个集石油开采、炼制、物流运输和科研于一体的庞大的石化商业帝国。

Adnoc集团下属分公司主要包括占有阿联酋石油产量96%以上的天然气加工公司（Adgas、Gasco）、国家石油和天然气公司（Zadco、Adma-Opcp、Adco）、化学和石化公司（Borouge、Fertil、Esnad）、炼油产品销售公司（Adnoc Distribution）、港口公司（Irshad）、运输公司（Ngsco、Adnatco、Takreer）、钻井公司（Ndc）、石油学院以及阿布扎比国家石油公司技术学院。

非石油工业在阿布扎比酋长国GDP总量中占比较低，目前最大的非石油行业公司是Borouge公司，该公司成立于1985年，目前是中东地区最大的聚乙烯生产厂之一，同时也是创新和增值塑料解决方案的领先供应商，由Adnoc集团和Borealis集团合资组建而成，其营销总部在新加坡，并为亚洲、中东和非洲地区的50个国家（地区）客户提供服务。2014年Borouge公司阿布扎比工厂的年产量已达到450万吨，与Borealis聚乙烯和聚丙烯的年产量合计将达到约800万吨。同时，Borouge公司还在亚洲和中东地区进一步扩展其商业版图和物流网络，并分别在阿布扎比和上海投资组建创新研发中心，致力于通过创新缔造价值。

对外投资　阿布扎比酋长国在对外投资方面一直以低调、长线和稳健著称，从该国投资机构的决策层结构、投资模式和利益分配公开度等方面可以看出，阿布扎比王室掌控着该国绝大多数的投资机构，由于阿布扎比投资机构账户资料一直坚持对外保密，因此对这些投资机构的资金持有量以及利润规模只能停留在猜测阶段。阿布扎比主要的投资机构包括：

（1）阿布扎比投资公司

阿布扎比投资公司掌握着巨额的石油美元资本，同时拥有世界上最大的主权基金，约占全球主权基金资金总量的30%，目前已有30年的投资记录，以长线投资著称，投资策略相对保守。

（2）Mubadala发展公司

2002年10月成立的Mubadala发展公司是阿布扎比政府全资公司，公司董事均为阿布扎比王室成员，现任董事会主席是阿布扎比王储穆罕默德·本·扎耶德·阿勒纳哈扬。目前，Mubadala发展公司和阿布扎比投资公司已经成为阿布扎比政府对外投资的代言人。Mubadala发展公司主要对外投资石油、天然气、能源工业、航空科技、基础设施、教育、制造业、房地产开发等领域。该公司2000年与卡塔尔天然气总公司签订了名为"海豚能源计划"的跨国天然气项目，该项目旨在建成连接卡塔尔、阿联酋、阿曼的天然气管道网络，项目总投资额高达35亿美元，是该公司的第一个对外投资项目。近年来，Mubadala发展公司在迪拜建立了科学技术新能源学院，致力于开展能源方面的前沿科学探索。目前，Mubadala发展公司投资项目已遍布全球30多个国家的20多个领域。

（3）国际石油投资公司

国际石油投资公司成立于1992年。该公司全部资产由阿布扎比政府持有，是政府对外投资能源领域的主要渠道。该公司董事长由阿联酋总统事务部部长谢赫·曼苏尔·本·扎耶德·阿勒纳哈扬担任。截至2005年11月，该公司的投资组合价值已高达80亿美元。2012年，国际石油投资公司的投资规模已扩大至200亿美元，主要投资对象是亚洲、欧洲等国家（地区）的石油提炼公司，合作伙伴包括日本、韩国、巴基斯坦、阿曼、中国台湾、奥地利、西班牙等国家（地区）。

经济多样化发展战略 阿布扎比酋长国拥有极其丰富的石油、天然气资源，雄厚的资金储备，完备且高度现代化的城市基础建设，这些客观条件为阿布扎比经济的多样化发展提供了先天优势。20世纪80年代以来，对单一石油经济的依赖日益成为国家经济发展的巨大隐患，因此经济多样化发展战略就成为政府解决这一问题的重要手段。

阿布扎比酋长国经济多元化发展战略奉行以石油工业为主体，在增加石油和天然气产品出口收入的基础上，致力于推动投资能源相关产业，如石化产业和炼铝业等；增加原料出口额，同时开发产品附加价值，如半成品油和成品油的出口。为提高工业现代化进程，阿布扎比经济特区于2004年成立，并设立阿布扎比经济特区管理委员会，主要负责阿布扎比3个工业区的管理，并提供基础设施和相应服务。政府出台了一系列便利化政策以吸引企业入区，包括为进口原材料和设备免税、企业提供贷款、商业执照24小时办理承诺、不限制资金汇兑、优惠的税收政策等。阿布扎比工业城区分为重工业区、制造业区、国际工程和高新技术区、高附加值产业和商业区、服务业区共5个小工业区域。

作为阿联酋最大的工业集团，阿布扎比控股总公司是政府推行经济多样化发展战略的重要途径和工具。其下属主要公司包括国家石油建筑公司、迪拜电缆厂阿布扎比公司、阿联酋钢铁厂、塑料管的管道制造厂、阿联酋食品、Ai-Khzanah皮革厂，以及Arkan建筑材料公司等。

旅游业在阿布扎比经济多样化发展战略中具有十分重要的作用。为推进旅游业发展，艾因市旅游发展委员会于1998年成立，其职责是开发以自然、人文古迹为主题的绿洲城市旅游资源。2003年，艾因市与联合国教科文组织签署了保护艾因市的人文古迹合作协议。2004年阿布扎比旅游局成立，主要负责制定阿布扎比旅游业发展规划、旅游项目评估、建设旅游设施等。2010年1月，阿布扎比文化遗产局正式设立，主要负责艺术、文化、历史遗产的战略规划，并于同年开始对国内部分历史遗迹进行修葺。此外，阿布扎比酋长国每年都会举办多场大型国际展览会和赛事，如一级方程式阿布扎比大奖赛以及阿布扎比国际防务展等。

旅游业的发展在为阿布扎比酋长国增加收入的同时，也促进了国内就业。根据阿布扎比旅游局日前发布的统计结果，阿布扎比酋长国旅游业总产值已占阿布扎比酋长国GDP总量的7.4%，较上年增长12.2%。与旅游业配套的附属行业，如航空运输、购物零售、餐饮服务等产业已为阿布扎比国内提供超过17万个就业岗位，占全国总就业岗位的6%。

私有化进程快速发展

阿布扎比酋长国的国有企业私有化进程不仅是阿联酋联邦中发展最快的，而且在整个海湾地区也属于走在前列的国家梯队。阿布扎比酋长国私有化进程涉及工业、能源行业以及教育等关系国计民生的部门。随着私有化改革力度不断增加和参与部门不断扩大，阿布扎比政府不仅减轻了经济负担，还提升了企业活力，改善了就业问题。

在能源行业方面，为适应迅猛增长的电力需求，快速改变电力短缺的现状，阿布扎比政府出台相应政策，率先在海湾地区开展电力部门私有化。允许外国资本投资电力部门，这一做法不仅有利于资本运作，同时能够引进低成本、高效率的前沿技术。阿布扎比水电私有化委员会成立于1997年，在成功推行了国家水电私有化计划后，先后建设了塔维拉项目、塔维拉A2项目以及乌姆纳尔发电淡化水项目等多个私有化电力生产项目，共吸引了超过220亿迪拉姆的外资投入。阿布扎比水电局已于2003年将其所有公司全部私有化，完成了在能源领域的私有化进程。作为阿布扎比能源部门私有化改革的一部分，阿布扎比水电局管委会将其下属Ai Whthba Centeal Services的51%的股份出售给阿布扎比投资公司。

在石化行业方面，阿布扎比国家石化建设公司以公开招标的形式进行私有化。阿布扎比国家石化建设公司原为阿布扎比国家石油公司子公司，主要负责阿布扎比海上和陆地油田开发、建设，承担了阿联酋油化行业的众多项目。2004年11月，阿联酋政府将在阿布扎比国家石化建设公司中所控股份全部转让给阿布扎比经济局。2005年9月，阿联酋经济计划部宣布加快国有公司的私有化进程，允许外国资本购买更多公司的股票，同时将上市公司对公众开放股份的最低限制比例由55%降为25%～30%，以此鼓励更多的家族企业上市。

在非石化行业方面，政府推出一系列鼓励政策，支持私人投资进入非石油产业，通过刺激非石油产业的快速发展来改变长期以来阿联酋经济对石油部门的过度依赖。目前，阿联酋私有部门在中东地区仅次于沙特，是海湾地区私营化发展最快的国家。根据阿联酋计划部的统计，私营部门在过去的20年里稳定增长，特别是20世纪90年代中期后，政府进一步加快了私有化进程，包括能源设施等主要行业，使私营化产值增长效果显著。

阿布扎比的油气资源极为丰富，在未来相当长的时期内石油、天然气及其相关行业仍然将作为国家的经济支柱产业，但相较于联邦中其他酋长国，阿布扎比推行经济多样化发展战略，通过稳定工业、加大对外投资、鼓励旅游业和推行私有化改革等政策措施来加快经济多样化发展进程，沉稳的发展脚步、充满活力的发展战略均彰显了阿布扎比作为联邦第一大国的领袖风范。

2.2 迪拜酋长国

迪拜酋长国概况及其发展战略 迪拜酋长国是阿联酋第二大成员国,是阿联酋的贸易中心,面积3885平方公里,占国土总面积的5%;共有140万人口,约占总人口的30%。迪拜酋长国的经济当量约占全国经济比重的28%,仅次于阿布扎比酋长国。

迪拜酋长国濒临海湾,位于波斯湾霍尔木兹海峡内湾的咽喉地带,传统经济以捕鱼业和珍珠采集业为主。18世纪末,迪拜王室采取开明的贸易政策,大力推动商业发展,充分利用优越的地理优势,使之发展成为中东地区的珍珠贸易中心。1904年,迪拜彻底废除了关税,吸引了大量外国资本,将贸易作为国家的经济支柱,而迪拜港也成为中东地区最为繁荣的商品交易中心。20世纪60年代之后,马克图姆家族掌控下的迪拜利用石油美元大力发展基础设施建设,扩建机场、港口,完善物流业,不断扩大迪拜在世界贸易往来中的影响力。时至今日,迪拜已成为中东乃至世界上举足轻重的贸易、金融和旅游中心,变身为世人眼中奢华和财富的代名词。

迪拜的发展模式更像是家族企业模式,目前迪拜的政治、军事和经济大权仍然掌握在马克图姆家族手中。现任酋长穆罕默德·本·拉希德·阿勒马克图姆是阿联酋的副总统、总理兼国防部部长。穆罕默德酋长非常重视人力资源、政策法规等方面的建设和民众生活质量的提高,他的政治目标是把迪拜建设成为全中东地区的贸易中心和全球最大的国际金融中心。

经济多样化战略成果显著 迪拜油气资源相对匮乏,已探明石油储量40亿桶,天然气储量169亿立方米,分别占全国总储量的4.1%和1.9%,目前已进入枯竭期。迪拜唯一的天然气田玛盖姆的产量已进入衰减阶段,其产量已不足30亿立方米。自1986年起,迪拜的天然气供给便主要依靠从附近的沙迦和阿布扎比进口。2016年末,迪拜的天然气量已超过200亿立方米。

针对自身资源相对匮乏的自然条件,迪拜充分利用早期的石油收入积累刺激经济多样化发展,目前已取得了显著成果,成功摆脱了石油产业的单一经济模式,在中东地区率先走出了一条经济多样化发展道路。根据《阿联酋年鉴(2015)》,从1985年到2015年,迪拜石油产业占国内GDP总值的比例从50%降为不足1%,说明国际石油价格对迪拜经济的影响不断降低,迪拜经济已成功摆脱对石油产业的依赖。迪拜政府在未来的发展计划中,将贸易、交通运输业、旅游业、建筑业和金融服务业作为经济支柱。

外贸概况 迪拜酋长国地理位置优越,具有完备且发达的交通运输网络和一系列的开放性贸易政策,成为阿联酋联邦乃至整个海湾地区的贸易中心和货物转运中心。据阿联酋经济部统计，2009年迪拜进出口贸易额占阿联酋联邦进出口总额的75%、占转口贸易总额的85%。黄金贸易是迪拜的主要贸易项目，迪拜实施低进出口税、不征收公司及收入所得税，以及可以100%资本和利润汇出的优惠政策，使其成为世界最大的黄金转口地。迪拜共有100多个黄金贸易伙伴国家，其中最大的伙伴国是英国和印度。

（交通运输业） 迪拜的交通运输业基础设施发达，拥有西亚地区最大的国际机场之一——迪拜国际机场、世界上最大的客货运中心——阿勒马克图姆国际机场，以及世界上吞吐量排名前两位的人工港口——拉希德港和杰拜勒·阿里港。迪拜的两个国际机场拥有高达2.5亿人次的年吞吐量，是世界上最大的航空中心之一。

（房地产业） 迪拜房地产业一直走的是高端发展路线，包括高端住宅、公寓、疗养院，以及配套的娱乐设施。目前迪拜最具特色的世界级地标性建筑包括高828米的哈利法塔、全球最大的人工岛——"棕榈岛"、七星级帆船酒店、世界最高的旅馆——塔楼瑞汉玫瑰旅馆、全球最大的购物中心——迪拜购物中心、世界最大的室内滑雪场、规模最大的迪士尼乐园等。

（金融服务业） 2004年9月，迪拜政府宣布设立迪拜国际金融中心，该中心是迪拜10多个自由区中的一个。目前，迪拜国际金融中心已经成为中东地区最大的金融中心，共有1086家公司入驻，包括全球最大的30家银行中的22家、10大保险公司中的6家，以及资产管理公司和财富管理公司前20家中的11家。中国的工商银行、中国银行、农业银行以及建设银行已先后入驻迪拜国际金融中心。

（旅游业） 迪拜发展旅游业的自然条件优越，便利的地理位置、完备的海陆空交通设施、数量众多的豪华酒店以及阿拉伯特色文化游等都是其发展旅游业的先天资本。近年来，迪拜旅游业发展迅速，已经成为海湾地区的旅游、购物和会展中心。目前，迪拜政府致力于提升科技水平，全面丰富旅游内涵。随着迪拜宏观经济逐步复苏，旅游行业发展强劲，2020年世博会的成功申办更为迪拜旅游业的进一步发展注入了新的强大动力。

2.3 沙迦酋长国

（沙迦酋长国概况） 沙迦酋长国是阿联酋联邦第三大成员国，面积2600平方公里，占国土总面积的3.3%；人口94.6万人，约占全国总人口的19.8%。沙迦酋长国一直由卡西米家族统治，现任酋长苏尔坦·本·穆罕默德·卡西米于1972年1月执政，该酋长十分重视文化教育，沙迦酋长国被称为阿联酋及海湾地区的文化之都。

　　沙迦已探明石油储量为15亿桶,约占阿联酋联邦石油总储量的1.5%,是阿联酋联邦中的第三大石油生产国。天然气储量约为3054亿立方米,占全国总储量的5%。目前,石油收入仍是沙迦主要经济来源,现日产量保持在4万桶。沙迦酋长国也推行经济多样化发展战略,大力推动贸易和非石油产业发展。工业主要有石化、纺织、食品加工、塑料、非金属矿产品等。该酋长国发展农业的基础条件差,农业发展较为落后。

　　2016年沙迦共有工业企业1856家,资金26.1亿迪拉姆。在联邦各酋长国中,工厂数量仅次于迪拜,约占阿联酋工厂总数量的近30%。沙迦设有沙迦空港和哈姆瑞亚两个自由区,共占地148万平方米,自由区内基础设施完备,能源供应充足。沙迦财政收入主要来自两个自由区,为吸引外资,政府计划在未来新增加一个自由区。

　　文化之都　　1998年,沙迦酋长国被联合国教科文组织授予"阿拉伯世界文化之都"的称号,其浓郁的文化氛围随处可见,一扫之前人们对海湾地区国家是"文化沙漠"的既有印象。沙迦是公认的海湾地区文化首府,在这个仅占国土面积3.3%的酋长国里,有24家不同规模的博物馆,其中9家被评选为世界级的博物馆。

　　交通运输业　　沙迦酋长国运输业基础设施十分发达。沙迦地处阿联酋的中部,东靠阿曼湾,西邻海湾,与阿联酋联邦的其他几个酋长国都有交界,是连接南北两部酋长国的交通枢纽。得天独厚的地理位置使其较之迪拜更早发展成为人们熟知的国际交通枢纽。沙迦国际机场始建于1932年,是阿联酋联邦诸国的第一个机场,并自1965年起就成为重要的国际交通枢纽,是通往欧洲、亚洲、远东的中转站,沙迦民航共与30多家国际航空公司有业务往来。沙迦还有两个深水港,两港间设有高速公路。

　　旅游业　　沙迦酋长国以沙漠岩石地形为主,海拔最高可达1000米,是阿联酋联邦中地理环境和风景最为丰富多样的一个成员国。沙迦酋长国的沙丘多为红色,十分罕见。沙迦的黄金海岸景色优美,是世界闻名的旅游度假胜地。位于南部地区的红树林湿地保护区中保存有多种濒临灭绝的珍稀动物。沙迦有数量众多的滨海饭店,以及各具特色的公园,给沙迦城市旅游增添了魅力。黄金中心和中央商场是游客必去的购物天堂。此外,胡法坎、阿勒祖德和迪巴哈巴也是沙迦境内三个风景如画的城市。

　　沙迦酋长国的发展前景　　沙迦酋长国地理位置优越,基础设施完备,经济现代化基础良好,文化底蕴深厚,政局稳定,酋长苏尔坦深得民心。沙迦酋长国早在阿联酋建国前就是海湾地区的航运交通枢纽,其发展进程一直位居地区前列,后因阿布扎比酋长国和迪拜酋长国丰富的石油资源被赶超。从沙迦酋长国的经济结构、多产业齐头并进的发展模式来看，沙迦酋长国的发展规划选择的是一条持久、平稳的路线，但对人才教育方面的重视会使沙迦酋长国在未来的发展过程中始终立于不败之地。

2.4 富查伊拉酋长国

富查伊拉酋长国是一个依山傍海的狭长地形国家，面积1488平方公里，约占国土总面积的1.5%，位于阿联酋的东海岸，临霍尔木兹海峡和阿曼湾，地理位置上与阿拉伯湾相比距离阿曼湾更近，全国人口约为11.8万人。富查伊拉酋长国与联邦中其他成员国不同，在阿联酋成立之前，该国呈孤立状态，与其他成员国之间缺少交通联系通道，直到1979年第一个全天候山间公路建成通车，才改变了封闭的状态。

富查伊拉酋长国具有良好的农业基础，加入阿联酋联邦后开始重视工业现代化发展，并充分利用自身丰富的旅游资源大力推进旅游业发展，现已初具规模。富查伊拉酋长国经济发展主要依靠完善的交通运输业基础设施，富查伊拉港是世界第二大船舶加油港口，在中东地区发挥着重要的海上交通枢纽作用。

工业和农业是富查伊拉酋长国的经济支柱。在阿联酋联邦政府和国外资本的推动下，富查伊拉酋长国开始发展工业，建立了瓷砖厂、制鞋厂和水泥厂等一些小型工业。富查伊拉酋长国濒临霍尔木兹海峡，这是世界上最繁忙的航线之一。利用这一优越条件，富查伊拉酋长国设立并大力发展经济自由区，区内投资项目涉及塑料制品、服装、纺织、食品等。区内产品不仅可以满足当地市场需要，盈余还可供出口。经济自由区内设施完善，推出了一系列优惠措施，为企业经营提供各种便利条件，包括签署协议48小时内必须发放执照等，目前已有600多家企业入驻经济自由区。

富查伊拉交通运输基础设施完备，拥有一个国际机场，航线包括伊朗基什岛和阿曼。富查伊拉港口建于1978年，1983年正式启用，该港口距霍尔木兹海峡仅70公里，是阿联酋联邦的第二大海港，也是连接海湾地区与远东地区海上运输线的重要枢纽。富查伊拉港口与联邦各成员国均以公路相连，同时有通往邻国的高速公路。富查伊拉港口具有处理集装船、散货船、杂货船的能力，港口吃水深度仅有15米，处理大型集装箱船只的能力有限。2005年，迪拜世界港获得对富查伊拉港口的经营和开发权，期限为30年。迪拜世界港已决定改造扩建富查伊拉港口，扩大其处理能力，扩建改造后的港口将可以容纳吃水深度不超过18米、净载重量为18万吨的特大型油轮。至今，富查伊拉港口已经成为世界第二大船舶加油港口。

提高富查伊拉港口为海湾地区以外的油轮提供原油的能力是阿布扎比酋长国

政府的发展战略之一。阿布扎比投资局于2008年在富查伊拉港口附近动工建设一个炼油能力为50万桶/天的精炼厂，并计划作为阿布扎比原油管道工程的一部分，在未来几年内建立17个原油运输和储存码头，修建一条从富查伊拉酋长国到阿布扎比长约360公里、输油能力为150万桶/天的输油管道。该工程已于2010年竣工。

2016年在富查伊拉港口近海停靠的轮船约为2.7万艘，同比增长了近10个百分点。20世纪90年代至今，富查伊拉港口码头的设施容量已经翻了10倍。目前，随着码头的不断扩建，多用途码头总数将增加到12个。2010年6月建成了一个位于富查伊拉港口附近的工业港口，主要用来管理阿布扎比的原油出口，该港口的吞吐量为阿布扎比原油出口总量的70%。

富查伊拉酋长国土地肥沃，气候适宜，淡水资源丰富，具有极好的农牧渔业发展条件，国内的养鸡业和奶制品业发展良好，渔业资源丰富，捕鱼业也是当地居民的主要收入来源之一。

富查伊拉酋长国旅游资源丰富，既有悠长的森林峡谷，又有绵延的海岸线，山间赏鸟、珊瑚礁潜水及深海垂钓等传统项目均受到全世界旅游爱好者的追捧。富查伊拉旅游局成立于1996年，政府充分利用海洋资源，大力开发旅游业，三个海滨地区成为海洋自然保护区以后，富查伊拉的海洋环境及自身其他的旅游景点都得到极大的发展。没有流血的斗牛比赛、古老的葡萄牙城堡和瞭望塔、博物馆、有天然喷泉和矿泉浴场的艾因马达公园等景观都是较为吸引游客的旅游项目。同时，为了提高游客接待能力，富查伊拉旅游局还将在富查伊拉城建立新的星级宾馆。

2.5 哈伊马角酋长国

哈伊马角酋长国面积约为1684平方公里，占国土总面积的2.2%，人口约为19.5万人。哈伊马角酋长国位于阿联酋联邦最北部，东北、南部均与阿曼交界，具有64公里的海岸线，岛屿众多，曾与阿曼和伊朗有领土争端，与阿曼的领土争议已于1981年解决。哈伊马角酋长国由卡西米家族统治，萨格尔·本·穆罕默德·卡西米是阿联酋联邦执政时间最长的酋长。哈伊马角酋长国于1972年10月正式加入阿联酋联邦，是加入时间最晚的成员国。

哈伊马角酋长国石油和天然气资源匮乏，石油和天然气资源目前还处在勘探阶段，但该国在联邦成员国中具有最好的农业发展条件，随着自由贸易区的设立，该国工业有一定程度的发展，仅2016年就有近千家公司在自由贸易区内注册。目前，哈伊马角自由区共有8722家公司入驻，投资总额达300亿迪拉姆。吸引外资、发展贸易和旅游业是该酋长国振兴经济的基本策略。

哈伊马角酋长国历史悠久，曾是海湾南岸的贸易中心，境内有一个国际机场。目前，该酋长国的经济主要来源是农牧渔业。其中，农产品种植面积达1万公顷，生产农作物、椰枣、蔬菜、水果等。畜牧业以饲养羊、牛和骆驼为主，生产肉食品和奶制品。哈伊马角酋长国以采集珍珠业和捕鱼业闻名，捕鱼业可供出口。工业产品主要有建材、水泥、矿泉水、药品和食品等。

哈伊马角酋长国境内有较多的名胜古迹，有些古迹甚至可追溯至约7000年前。哈伊马角酋长国重视文物保护，共有60多座不同朝代的宫殿、陵墓、城堡和清真寺等。

2.6 乌姆盖万酋长国

乌姆盖万酋长国面积约为777平方公里，占国土总面积的1%，属于小型岛屿国家，海岸线约为24公里，全国人口约为6.2万人。近年来，乌姆盖万酋长国致力于基础设施建设，改善贸易环境，通过设立艾哈迈德港自由贸易区来吸引外资。

乌姆盖万酋长国的经济以加工工业为主，加工工业为该国经济支柱。坚持加工工业为主体、吸引外资和大力发展旅游业是乌姆盖万酋长国未来经济发展的战略目标。目前，乌姆盖万酋长国各种在建项目吸引的投资总额达400亿迪拉姆。

艾哈迈德港是一个国际港口，乌姆盖万酋长国依靠艾哈迈德港设置的经济自由区为外资引进提供了各种便利措施。政府通过大规模建设先进的基础设施，提供贸易便捷服务，打造优质的投资平台，以期引入海湾地区和全球资本。渔业和椰枣种植业是对乌姆盖万酋长国具有十分重要意义的传统行业，该国建有一处由日本提供技术和设备的海洋生物研究中心，用于普及和推广人工养殖。

2.7 阿治曼酋长国

阿治曼酋长国面积约为259平方公里，占国土总面积的0.3%，人口约为23.5万人，是阿联酋联邦中最小的成员国。阿治曼酋长国自然资源贫乏，石油与天然气尚在勘探阶段。国家经济建设缺少资金，阿治曼酋长国未来经济的重要发展战略是通过建立经济自由区，提供便利化的优质服务，为吸引外资创造条件，同时利用自然条件大力发展旅游业。

中小型加工工业是阿治曼酋长国经济发展的主体，国内共有中小型加工工厂154家，并建有经济自由区。阿治曼酋长国制定了为投资者提供便利政策的投资法，以期吸引外资进入。主要工业包括在海湾地区名列前茅的木船制造业，以及卫生品、洗涤品、海上工程、化肥、服装、海绵、冷冻生产水泥、糖果、鱼和肉类罐头、奶制品等。

近年来，阿治曼酋长国大力发展经济自由区，引入大量外资。目前，该经济自由区拥有世界上最多的成衣制造厂，产品主要销往海合会国家、美国、加拿大和欧洲等。此外，传统农业、捕鱼业和商业在该酋长国经济中仍占重要地位，市场呈多元化。

3. 中阿双边贸易

3.1 双边贸易概况

阿联酋是中国对外贸易的重要伙伴之一，中阿双边的合作项目主要集中在石油工业和旅游业等方面，往来商品主要包括石气产品、机电产品和工业原材料等。同时，作为中东地区的核心商品转口中心，阿联酋承担了中国近80%的商品转口业务。

2008年国际金融危机对阿联酋经济造成重创，双边贸易额有所下降。近年来，多元化战略对阿联酋国内经济复苏起到了巨大的推动作用，中阿双边贸易水平也进入快速上升期。由于阿联酋国内石油工业产品的出口竞争力不断上升，塑料橡胶等附加产品在中国自阿联酋进口商品中所占比重也不断提高，而过去在出口商品中占比较高的机械类产品数量出现下滑，这一现象与阿联酋国内房地产业转型有较大关系。

中国在阿联酋的投资主要集中在迪拜酋长国，占中阿双边总贸易额的85%以上。阿联酋联邦经济委员会声明，成为中国最大的直接投资目的地已正式成为迪拜未来的发展战略目标之一，阿联酋将在前沿能源技术、先进制造业和中小企业等方面进一步加强双方的交流，充分利用"一带一路"政策，在各个领域大力推动与中国的经贸合作。

3.2 双边经济合作

（双边协议）《中华人民共和国政府和阿拉伯联合酋长国政府关于对所得避免双重征税和防止偷漏税的协定》（1993）、《中华人民共和国政府和阿拉伯联合酋长国政府经济、贸易、投资和技术合作框架协定》（2005）、《中华人民共和国政府和阿拉伯联合酋长国政府关于双边劳务合作的谅解备忘录》（2010）、《中华人民共和国政府和阿拉伯联合酋长国政府关于相互促进和保护投资协定》

（2015）。

（工程承包） 中资企业占据了阿联酋工程承包市场的重要份额，并获得了阿布扎比原油管线设计、采购和施工等大型项目的总承包合同。从2001年到2008年，中资企业在阿联酋承包工程总额增长了近100倍，至国际金融危机前，该数据已达到21亿美元。受国际金融危机影响，该数据下降，但随着阿联酋经济的复苏，阿联酋在 "中国—阿布扎比投资、科技、金融合作论坛"上公布了2010年以后在房地产、基础设施建设、给排水设备和废物处理设施等项目的工程承包计划，相信未来中阿双方会在工程承包领域有更深度的合作。

（劳务输入） 宽松政策是阿联酋吸引中国劳动力输入的主要手段，特别是在零售、服装、建筑工程、服务等行业，中国劳工输入增速较快。

（中资企业投资） 为顺应我国经济转型的需求，利用发达国家的优质资源扩大发展的中国企业数量日益增长，走出国门已成大势所趋。目前，阿联酋已成为中资企业跨国投资量最大的海外国家，投资模式多以私人投资为主。国际金融危机后，中资企业对阿联酋投资快速回暖，至2009年末，直接投资存量已突破4亿美元，并呈现出逐年上升的趋势。2016年中资企业对阿联酋投资超过80亿美元。截至2016年末，中资企业在阿联酋直接投资存量已超过900亿美元。

（旅游业） 根据阿联酋旅游局统计数据，阿联酋旅游业发展良好。目前，中阿旅游往来占阿联酋旅游业总量的比例仍然较低，但随着阿联酋与中国的航线数量不断增加，相信未来双方在旅游业方面仍有很大的成长空间。目前，生活在阿联酋的中国侨民已超过30万人，阿联酋已超越沙特，成为中东地区第一侨民聚居地。

3.3 中国与阿联酋的双边贸易主要特点

一是稳定增长，增幅较大。21世纪以来中阿双边贸易发展势头良好，除去国际金融危机造成的整体下滑外，一直保持逐年递增。2016年，中阿双边贸易总额632亿美元，较2015年增长幅度较大，达到8.3%。2016年，中国与阿联酋双边贸易中，中方贸易顺差为241亿美元，同比增长2%。

二是商品结构的互补性。从中阿双边目前的贸易结构和产品类型看，双方的贸易往来可以算是各取所需。其中，中国主要向阿联酋出口工业制品，如机电设备、音像制品和纺织品等。工业制品占中国出口阿联酋商品的近70%。阿联酋出口商品以油化原材料及附属产品为主，包括石油制品、塑料制品、橡胶制品、矿产品等。油化原材料及附属产品占阿联酋出口中国产品的近90%。近年来，中阿双边贸易的商品占比也发生了很大的调整。其中，石油气产业的出口占比大幅下降，非石油贸易所占的贸易份额不断提高，目前已接近85%，说明阿联酋工业制成品的出口竞争力逐渐加强。

三是贸易关系日益密切。中国与阿联酋的贸易结合度指数自2004年至今一直保持逐年上升趋势，充分说明中阿双边的贸易合作呈现越来越紧密的态势。截至2016年末，在阿联酋投资的中资企业、贸易机构和注册品牌数量较21世纪初期增长近100倍。

四是企业间缺乏了解。目前，在双边贸易中，中阿双方的企业文化、经营理念、市场规律和交易习惯等差别较大，导致双方企业在贸易往来中均持谨慎态度。

4. 投资与外贸风险分析

4.1 外国直接投资状况

21世纪以来，沙特阿拉伯、科威特、卡塔尔等盛产石油、天然气的阿拉伯国家积累了大量的石油财富，并开始致力于投资欧美市场。直到"9·11"事件后，考虑到安全因素和市场的稳定性问题，阿拉伯国家的投资重点开始由欧美国家逐渐转移回周边国家，阿联酋政府充分利用这一机遇，大力推动外资引进。

阿联酋引入外资的主要来源国是阿拉伯世界国家、欧盟和美国，日本和中国等亚洲国家（地区）所占外资份额较少，但增长势头明显。主要投资地区是阿布扎比酋长国和迪拜酋长国，主要投资方式是并购，主要投资去向是石油和天然气等能源工业、加工业、房地产业和旅游业。其中，欧盟、美国等西方国家（地区）的大量资本涌入阿布扎比的能源产业，众多知名企业进入阿联酋能源市场。

受国际金融危机的冲击，国外投资额从2008年的近140亿美元大幅下滑至2009年的不足40亿美元，大幅度缩水71.2%。国际金融危机后，外资投向传统石油、天然气工业的资金占比开始大幅下降，而工程承包、通信技术和金融服务等行业开始占据主导地位。阿联酋国内经济的日益复苏，以及巴林、北非国家的局势动乱等因素都对阿联酋的外国投资形势好转起到了推动作用，截至2016年末，阿联酋外国投资净流入水平已基本恢复到国际金融危机之前的水平。

4.2 投资政策

阿联酋联邦政府负责国家的总体发展规划，各酋长国政府分别制定本国的经济政策、发展战略和相关法规，各自执行并管理本国经济系统运行。各酋长国均设有彼此独立的工商、海关和交通管理部门，负责制定、执行本国的工商政策，以及完成企业注册登记、企业管理等服务职能。

联邦内各酋长国均根据自身情况制定了不同的投资政策以吸引外资进入。除阿布扎比之外的其他酋长国均鼓励外资进入自由贸易区。1985年，迪拜酋长国成立联邦中首个自由贸易区。截至2016年末，阿联酋境内共设立了16个自由贸易区。

阿联酋自由贸易区执行的贸易政策较具代表性的包括外资入区无须担保、不强迫合资、资本收入可自由汇出、免收公司税、免收个人所得税、免收关税、不设外汇管制、外资在区内设立工厂拥有100%的所有权且无注册资本限制等。

外资进入阿联酋的法律体系既参考了国际商法，又考虑了各酋长国自身环境和经济独立性问题，综合了联邦法律和宗教法律的部分内容。目前，阿联酋投资法案仍对外国投资者在自由贸易区以外地区的最高产权比例实行限制，其中需要注意的法律条款包括外国投资者在除自由贸易区以外的联邦境内不允许拥有多数产权。

《阿联酋商业公司法》中规定除去自由贸易区以外，外资企业中必须有阿联酋籍股东，同时规定阿联酋籍合伙人所占公司股份必须在51%以上，且企业下属代理公司必须是由阿联酋籍人员100%控股的企业。《阿联酋联邦法》规定外资企业和投资人均不可在阿联酋拥有土地产权。

商工会仲裁中心和法院是阿联酋联邦解决商业纠纷的相关机构，其中前者只负责受理有一方是其会员的纠纷问题，且具有较高的工作效率，解决纠纷耗时短，费用也较低。法院则受理一切纠纷问题，但法院存在受理时间长、效率低、费用高等问题。《关于解决国家与其他国家国民之间投资争端公约》和《联合国承认和执行外国仲裁裁决公约》是联邦政府纠纷调解的法律参考。

4.3 金融体系

根据国家商务部统计数据，截至2015年，阿联酋银行业总产额为2.5万亿迪拉姆，同比上涨7.4%。此外，阿联酋银行业存贷比为92%，实现触底反弹。萨迪亚自由区是阿联酋的离岸银行中心，在该区设立的外国银行可吸收阿联酋国民存款，向当地公司贷款，也可进行股票、期货交易，可以不雇用本地员工。此外，阿联酋法律规定，外资银行在阿联酋经营需缴纳20%的所得税，最多可以设立8个分支行，外资在银行注册资本中的占比必须低于50%，银行董事长必须由阿联酋籍人员担任，且阿联酋籍人员在董事会中的占比应在半数以上。

国际金融危机以后，阿联酋银行业大量的长期贷款和中短期存款，导致阿联酋银行业资金出现缺口，加上大约相当于本地银行存款总额17%的外国"热钱"从本地金融市场撤出，阿联酋银行出现了数百亿美元的流动性缺口。阿联酋中央银行出台了一系列挽救措施，主要包括327亿美元的直接注资、下调基准利率、为同业拆借提供担保等，以避免银行系统的问题波及工商业和消费者。由于阿联酋的银行与出现问题的美国银行系统联系不多，以及国内外有大量盈余资金支持，因此国际金融危机并没有对阿联酋联邦的银行业带来毁灭性影响。直至2010年，阿联酋的金融业开始走上恢复进程。2015年，阿联酋银行业产值同比增长3.7%，约占阿联酋GDP总量的4.5%。此外，金融分支机构数量增加了147个，总数达到1700余个，同比增长近10%；金融业从业人数超过5万人，其中本国人占25%以上。

阿联酋联邦不设置外汇管制，无须中央银行行政审批即可办理外汇贷款业务，实行除外资银行以外的企业或个人利润自由汇出政策，自由携带外币现钞。

阿布扎比证券交易所和迪拜金融市场是阿联酋联邦两大股票交易市场。其中，2007年由Tatweer公司与纽约商品交易所共同出资建成的迪拜商品交易所，是中东地区第一个能源期货交易市场。

4.4　税收体系

阿联酋联邦曾执行低税收政策，免除个人和企业的所得税、增值税、消费税等税收，并从法律层面保证内资与外资企业间的平等。联邦内各成员国均拥有独立的征税权，各酋长国的规定也不同，主要的税收包括公司税、石油商品税和服务税等名目。

随着经济多样化发展，政府收入多样化势在必行。阿联酋政府为减少对石油工业的过度依赖，从旅游、贸易和金融等新兴产业获得税收，已经提出征收增值税的方案。该方案有可能在国际金融危机的影响缓和之后出台。在目前石油价格相对稳定、石油收入仍有保障的情况下，阿联酋的税收水平预计不会太高。

阿联酋贸易环境透明，除与宗教以及国家安全有关的商品之外，其他商品均实行5%的低关税，海合会成员国之间的转口贸易实行免关税政策，出口阿拉伯世界国家可享受关税减免。

4.5　整体风险评估

作为海湾地区执行经济多元化发展战略的成功典范，阿联酋现阶段已经摆脱了对单一石油经济的依赖。国际金融危机后，通过经济转型、货币政策改革以及政府的贸易激励政策，阿联酋经济快速复苏，目前基本恢复至危机前的水平。现阶段阿联酋国内财政殷实，经常账户盈余较多，经济实力雄厚，具有较好的投资环境和稳定的发展前景。

2005年，联合国贸发会议曾将阿联酋列为中东地区对外国直接投资最具吸引力的国家。阿联酋的基础设施完善，外汇和税收政策宽松，银行资金充足，投资环境趋于改善。阿联酋新投资法规定放宽了对外国投资方的原有股权比例限制。阿联酋对使用相对低成本、高素质的外籍劳工的限制越来越严格，保护本地居民就业的力度较大。

5. 中国企业在阿联酋投资合作须知

5.1 在阿联酋投资注册企业的手续流程

设立企业的形式 阿联酋设立的企业按组织结构分类包括以下七类：（1）普通合伙公司；（2）有限合伙公司；（3）合资公司；（4）公开合股公司；（5）有限责任公司；（6）非公开合股公司；（7）合股经营公司。

按法律规定，除自由贸易区外，外资在阿联酋企业中的占比上限为49%。

注册企业的主要程序及受理机构 注册企业的主要程序可通过阿联酋经济部、各酋长国经济发展局等相关机构的网站或咨询各酋长国工商会的服务网站获得，具体如下：

阿联酋工商联合会：www.fcciaue.ae

阿布扎比工商联合会：www.abudhabichamber.ae

迪拜工商联合会：www.dubaichamber.ae

沙迦工商联合会：www.sharjah.gov.ae

阿治曼工商联合会：www.ajcci.co.ae

哈伊马角工商联合会：www.rakchamber.com

乌姆盖万工商联合会：www.uaqchamber.ae

富查伊拉工商联合会：www.fujcci.ae

5.2　承揽工程项目程序

获取信息　主要渠道有以下两个：一是长期合作的总包商，二是新闻媒体公布的招标信息。

标书的购买　具备投标资格的投标者可以到指定部门凭借邀请函购买标书文件，需要提供营业执照等相关证明文件，同时需缴纳一定的费用。

资格预审手续　资格预审是准备参与重大工程项目的投标者必须经过的步骤，只有通过预审后才能获得参与项目投标的资格。预审的主要方式有邀请函和媒体公开两种方式，两种方式都要求资格审查人员在规定时间之内提交预审材料，经业主和评议会共同裁定，公开发布投标者资格预审结论。

开　标　投标者需当场提交投标书和相当于标价5%金额的、3个月有效期的投标保函，未能按期提交标书视为弃权，开标未中企业将返还全部保函资金。

授　标　业主会根据企业的具体能力和财务情况等指标进行分析，并在投标的前三名企业中确定中标人选，与其签署项目合同，收取履约保函，并返还之前投标时的投标保函。

5.3　专利申请和商标保护

通过阿联酋经济部网站可获得商标保护的申请表格和相关办理程序说明。阿联酋经济部工业产权司负责受理专利申请。上述两种申请均需提供申请表、细节描述和相关证据等材料。商标保护的期限为10年，到期后可申请延期。

5.4　报税流程

阿联酋国内执行低税收政策，不设立个人所得税、增值税和印花税。阿联酋联邦不设置统一的税收政策，而是由各酋长国根据自身情况选择性设置，除石油公司和银行业外，不设定特定报税流程。

5.5　中国公民赴阿联酋工作准许办理流程

主管部门　中国公民赴阿联酋工作准许是由阿联酋人力资源与本土化部负责发放的，获得准许的中国公民可到当地移民局申请工作签证。

工作许可制度　获得阿联酋人力资源与本土化部注册企业的担保是外籍劳工获得赴阿联酋工作许可的必要条件。此外，还需满足年龄（18～60周岁）、学历学术资质以及有效护照（6个月以上）等条件限制。

（申请程序）

（1）根据人力资源与本土化部审核要求准备审核材料，提交至许可处等待审核；

（2）在人力资源与本土化部授权服务中心打印和提交相关申请表，缴纳审核费用；

（3）将申请表通过电子信息系统发送至人力资源与本土化部；

（4）等待审核结果；

（5）获得工作许可后，向当地移民局提交材料，等待审核；

（6）审核通过后获得移民局出具的3个月临时工作签证；

（7）将阿联酋就职企业的担保证明和体检结果报备移民局，办理正式的工作签证。

5.6 能够为中国企业提供帮助的部门

（阿联酋驻中国大使馆、总领事馆）

地址：北京市朝阳区东方东路22号外交公寓1004

电话：010-65327650

（中国驻阿联酋大使馆经济商务参赞处）

地址：中国北京东长安街2号

电话：86-10-53771212

网址：http://ae.mofcom.gov.cn/

（中国驻迪拜总领事馆经济商务室）

地址：迪拜朱美拉海滩路24号别墅

电话：00971-4-3448032

网址：http://dubai.mofcom.gov.cn/

附 录

1. 国家概况

地理位置

阿联酋地处东阿拉伯半岛，首都为阿布扎比。国土与卡塔尔、沙特阿拉伯、阿曼等国接壤，濒临阿曼湾和波斯湾，总面积为83600平方公里，海岸线全长为1318公里。阿联酋境内以沙漠和洼地地形为主，哈杰尔山是最高峰，海拔2438米，境内缺少淡水资源，最大的绿洲是布莱米绿洲。

阿联酋联邦包括七个成员国，按国土面积从大到小分别是阿布扎比酋长国、迪拜酋长国、沙迦酋长国、阿治曼酋长国、哈伊马角酋长国、富查伊拉酋长国和乌姆盖万酋长国，通用语言为阿拉伯语。

气候特点

阿联酋属热带沙漠气候，全年分为热、寒两季，热季为5～10月，寒季为11月至次年4月。其中，热季气候炎热，平均气温超过40℃；寒季气候凉爽，平均气温为15℃～35℃。阿联酋降雨较少，主要集中在寒季，平均降雨量100毫米。

自然资源

阿联酋是石油（世界第六位）和天然气（世界第五位）资源大国，其中石油储量为978亿桶，天然气储量为6.1亿立方米，分别占世界总储量的4%和3.5%。

人口分布

2015年阿联酋国家统计中心的统计数据显示，阿联酋联邦人口总数约988.2万人，男女占比分别为69.5%和30.5%，男女比例约为2.3∶1，人口增长率维持在4%以上，人口密度为30人/平方米，国民平均寿命为77周岁。本国人口和外籍人口占比分别为11.5%和88.5%。

主要城市

[阿布扎比] 阿布扎比在阿拉伯语中的含义为"羚羊之父"，作为阿联酋联邦首府，阿布扎比拥有联邦中最大的国土面积、最多的人口、最雄厚的经济实力、最先进的基础设施、最丰富的自然资源和最开放的国际化气质，是阿联酋经济不折不扣的发展龙头。

[迪 拜] 迪拜是阿联酋联邦中在面积和综合实力上仅次于阿布扎比的成员国，是海湾地区的转口贸易中心、金融服务中心和交通中心，优越的购物环境和独特的沙漠风光使其成为闻名世界的旅游天堂，较为著名的旅游景点包括哈利法塔、朱美拉棕榈岛和迪拜世界贸易中心等。

[沙 迦] 沙迦是阿联酋联邦中仅次于阿布扎比和迪拜的第三大成员国，被称为"阿拉伯世界文化之都"，其境内建有大量的世界级博物馆，其中较为知名的包括伊斯兰文明博物馆、沙迦艺术博物馆、沙迦考古博物馆、沙迦传统民俗博物馆、那不达大宅和沙迦书法博物馆等。

交通出行

阿联酋共有3个国际机场，分别是阿布扎比国际机场、艾因国际机场和迪拜国际机场。截至2016年，全球共有153个国家开通了至阿联酋的国际航线，中国国航、中国南航等航空公司均开通了中阿两国的往返航线。

阿联酋境内高速公路建设十分发达，各酋长国之间均可通过高速公路直达，交通十分便利。境外公路交通建设良好，与邻国阿曼、沙特和卡塔尔有双向高速公路相连。

货币及金融服务

迪拉姆是阿联酋联邦的通用货币，辅币是费尔。美元也是阿联酋官方承认的流通货币，人民币目前在阿联酋尚不能流通。阿联酋很多商业机构，如餐饮业、交通业只接受现金，不接受刷卡。此外，当地银行发行的个人支票和带有"VISA""MASTER"标志的信用卡也可以进行支付。阿联酋的酒店、机场和商业银行均开展外币兑换业务。阿联酋联邦法律规定，金融机构仅在获得阿联酋中央银行颁发的汇款执照后才可为客户办理汇款业务。

2. 社会文化

民族文化

在阿联酋公共场合以及进行大型活动时，男女需要分开。阿联酋妇女多穿黑袍，戴黑色头巾或黑色面纱，且阿联酋女子一般不与男子握手，只有其主动握手时才能伸手，平时只可微笑打招呼，不可主动对阿联酋妇女拍照。

宗教信仰

阿联酋是典型的伊斯兰国家，国人大多信奉伊斯兰教，具有独特的生活文化，猪肉和酒是饮食禁忌，《古兰经》的教义是穆斯林的生活指导。穆斯林每天的礼拜共分为5次，分别是晨礼、晌礼、晡礼、昏礼和宵礼。此外，每周五还要做一次聚礼。穆斯林进行礼拜时不分地点，礼拜过程十分严肃，不可与之交谈。

传统节日

日期	节日名称
伊历 1 月 1 日	伊斯兰新年
伊历 3 月 12 日	先知穆罕默德诞辰
伊历 7 月 27 日	登霄夜
伊历 10 月 1 ～ 3 日	开斋节
西历 12 月 1 日	阿联酋联邦政府建立纪念日
伊历 12 月 9 日	驻阿拉法日
西历 12 月 10 日	阿联酋建军节
伊历 12 月 10 ～ 13 日	古尔邦节
西历 1 月 1 日	西历新年
西历 11 月 2 日	谢赫·扎依德忌日
西历 12 月 2 日	国庆节
不定时	骆驼大赛（活动地点：阿布扎比）

参考文献

[1] 商务部. 对外投资合作国别(地区)指南——阿联酋[Z]. 2015.

[2] 孙宇. 中国区域经济一体化战略构建研究[D]. 北京: 首都经济贸易大学, 2013.

[3] 邹磊. 中国与伊斯兰世界"新丝绸之路"的兴起[D]. 上海: 复旦大学, 2013.

[4] 陈露. 宗教文化对金融体系的影响[D]. 杭州: 浙江大学, 2010.

[5] 艾哈迈德·沙里门. 海湾阿拉伯国家之间的经济合作和发展问题研究[D]. 长春: 吉林大学, 2011.

[6] 仝菲. 阿拉伯联合酋长国现代化进程研究[D]. 西安: 西北大学, 2010.

[7] 武芳. 试论新世纪初阿联酋的经济与贸易发展[J]. 阿拉伯世界研究, 2006.

[8] 蒋传瑛. 阿联酋旅游业发展模式研究[J]. 阿拉伯世界研究, 2011.

[9] 胡登宁. 阿联酋工程项目市场特点和管理对策研究[D]. 济南: 山东大学, 2015.

[10] 萨里姆, 马斯佳. 阿联酋高等教育发展的现状、特色与趋势研究[J]. 比较教育研究, 2015, 37(12).

[11] 仝菲. 阿联酋经济发展战略浅析[J]. 亚非纵横, 2014(6).

[12] 薛英杰. 阿联酋海洋经济研究[J]. 海洋经济, 2015(4).

[13] 徐志强. 中国石油技术开发公司油气装备阿联酋市场营销策略研究[D]. 长春: 吉林大学, 2015.

[14] 刘伟. 阿联酋的历史文化[J]. 民族艺林, 2013(2).

[15] 张鑫, 胡孝林, 等. 阿联酋地区古生界碳酸盐岩油气成藏与勘探潜力[J]. 海洋地质前沿, 2016, 32(6).

[16] 蔡伟良. 阿联酋文化事业发展现状研究[J]. 阿拉伯世界研究, 2016(2).

[17] 水潇. 阿联酋服务业劳务输出与国内招聘外包嫁接的研究[D]. 天津: 天津大学, 2013.

[18] 武宇林. 阿联酋华人穆斯林现状调查[J]. 北方民族大学学报(哲学社会科学版), 2016.

[19] 钮松. 韩国与阿联酋的战略合作伙伴关系[J]. 东北亚学刊, 2015(1).

[20] 王宏伟. 阿联酋的军火贸易[J]. 阿拉伯世界, 2001(4).

[21] KHAMIDOVA AIDAKHON. 论转口贸易中的原产地规则[D]. 北京: 中国政法大学, 2009.

[22] 苑勤. 兴旺发达的阿联酋自由贸易区[J]. 现代国际关系, 1993(10).

[23] 张迈进. 中国与阿联酋贸易往来一瞥[J]. 阿拉伯世界研究, 1994(1).

[24] 孙冉. 中国农产品进军阿联酋市场[J]. 世界知识, 2013(1).

[25] 张双双. "一带一路"战略背景下中国对阿拉伯国家出口潜力的实证研究[D]. 济南: 山东财经大学, 2015.

[26] 马思雨. 中国与海湾合作委员会建立自由贸易区的可行性分析[D]. 天津: 天津财经大学, 2015.

[27] 宋周莹, 车姝韵, 等. 我国与"一带一路"沿线国家贸易特征研究[J]. 中国科学院院刊, 2017, 32(4).

[28] 曲岩. 迪拜经商之路[J]. 走向世界, 2015(45).

[29] 张明生. 迪拜多样化经济发展研究[D]. 北京:北京外国语大学, 2015.

[30] 陆夏. 世界自由贸易园区的历史沿革与现状[J]. 政策, 2016(12).

执笔人简介

张函, 现就职于中国人民银行沈阳分行经常项目处, 计算机学博士。从事货物贸易外汇管理多年, 主要负责货物贸易外汇管理相关政策解释、业务核查及数据整理与分析工作, 先后发表《海关特殊监管区域外汇管理政策执行中的问题及建议》《辽宁省分局风险提示函使用情况分析》《2016年辽宁外贸有望迎来平稳开局》等研究报告十余篇。

阿曼

执笔人：张　军

1. 经济金融

1.1　宏观经济

经济增长率　根据世界银行发布的数据，2015年阿曼国内生产总值（GDP）约为702.3亿美元，同比下降14.1%；人均GDP约为1.6万美元。2006—2015年阿曼主要经济数据见表1。

表1　2006—2015年阿曼主要经济数据

项目 \ 年份	2006	2007	2008	2009	2010	2011	2012	2013	2014	2015
GDP（亿美元）	372.2	420.9	609.1	483.8	586.4	679.4	763.4	781.8	817.9	702.3
GDP增长率（%）	19.7	13.1	44.7	−20.6	21.2	15.9	12.4	2.4	4.6	−14.1
人均GDP（美元）	14566	16377	23484	18169	20923	22460	23036	21523	20832	16271

数据来源：世界银行。

财政收支　阿曼财政收入主要依靠石油出口，但阿曼的油气资源开采难度相对较大，成本相对较高。在国际油价近年来下滑周期的初始阶段，阿曼能够维持国家财政收支平衡。但自2014年起，油价下跌的影响逐步超出了阿曼政府的承受范围，当年财政赤字达到28亿美元，约占该国GDP的3.4%。2015年，油价下跌的状况继续恶化，屡创新低。阿曼当年财政赤字达120亿美元，占GDP比例高达17%。

通货膨胀 近年来，阿曼通货膨胀水平呈下滑态势，通货膨胀率由2010年的3.3%降至2015年的1%，具体见图1。

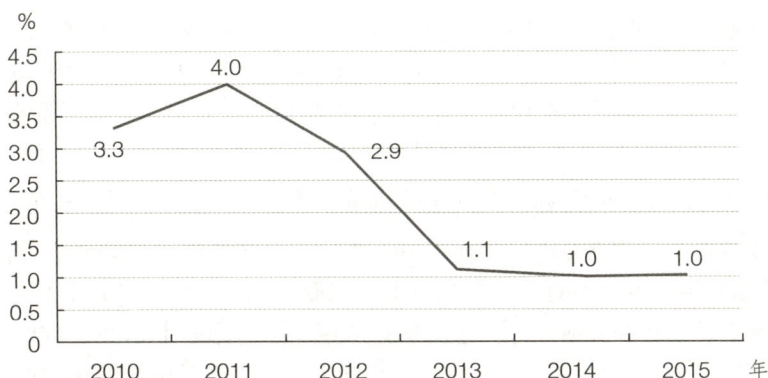

数据来源：中国驻阿曼大使馆经济商务参赞处。

图1 2010—2015年阿曼通货膨胀率

1.2 产业结构

阿曼统计和信息中心数据显示，2016年，阿曼农业、工业和服务业占GDP比重分别为：1.9%、44.6%和53.5%。其中，农业占比与上年相比变化不大，而工业和服务业占比的变化较明显。2015年，阿曼农业、工业和服务业占GDP的比重分别为1.5%、53.3%和45.2%。

1.3 支柱产业

石油和天然气 石油和天然气工业在阿曼的国民经济中占有重要地位，也是阿曼国民经济的支柱产业，更是国家财政收入的主要来源。2016年，阿曼石油产量和出口量分别约为3.7亿桶和3.2亿桶，石油出口收入约为128亿美元，天然气产量（包括进口量）约为409亿立方米。

在阿曼从事石油、天然气勘探开发与生产作业的企业约有17家。其中，最大的石油和天然气生产商是阿曼石油开发公司(PDO)，该公司原油产量约占阿曼总产量的70％，天然气产量超过90％。其他大型公司还有美国西方石油公司（OXY）、泰国国际石油公司（PTTEP）、英国石油公司（BP）等。

工业 工业以石油开采为主，开发天然气项目，油、气是阿曼的支柱产业。工业项目主要为石油化工、炼铁、化肥等。除少数较大型企业如炼油厂、水泥厂、面粉厂等由政府参与投资经营外，其他均属私营中小企业，主要从事非金属矿产、木材加工、食品、纺织等生产。目前，阿曼主要石化企业有阿曼炼油厂、苏哈尔炼油厂、阿曼液化天然气公司。

旅游业 阿曼的旅游业有其独特的优势。一是旅游资源较丰富。境内既有沙漠，也有海滩，还有山峦、谷地、溶洞、古城堡，可以开展各种特色旅游。二是生态环境保护较好，自然生态保存完好。三是旅游设施较完善。根据阿曼的发展规划，从2011年开始的10年，旅游业的年均增长率将保持在5%左右；到2021年，旅游业对阿曼GDP的贡献率将由2011年的6.8%增加至7.7%，产值预计达75亿美元。

农牧渔业 阿曼农牧渔业在国民经济非石油产业中举足轻重，能满足国内47.6%的粮食需求和69%的动物饲料需求。农业产值约占国内生产总值的3％，全国可耕地面积101350公顷，已耕地面积61500公顷，主要种植椰枣、柠檬、香蕉等水果和蔬菜。粮食作物以小麦、大麦、高粱为主。渔业是阿曼的传统产业，绝大多数为传统方式捕捞，主要出口国是阿联酋、东亚及欧洲各国。根据阿曼政府的规划，渔业产量将逐步提高20万吨，至2020年达到年产48万吨，将会创造2万个新就业岗位。

1.4 对外贸易

阿曼与世界上110多个国家和地区开展了贸易往来，主要贸易伙伴有中国、阿联酋、日本、印度、沙特阿拉伯、美国和欧盟。近年来，阿曼进出口贸易规模不断扩大，多年连续保持贸易顺差。据阿曼国家信息和统计中心数据，2015年阿曼外贸总额约为637亿美元，同比下降23%；其中，出口约347亿美元，进口约290亿美元。出口商品排在第一位的是原油，出口额约为173亿美元，同比下降43%；排在第二位的是液化天然气，出口额约为25亿美元，同比下降36%；排在第三位的是化工产品，出口额约为18亿美元，同比下降26%。进口商品排在第一位的是电子和机械装备，进口额约为58亿美元，同比增长15%；第二是交通工具，进口额约为46亿美元，同比下降31%；第三是矿产品，进口额约为44亿美元，同比增长30%。

非石油商品贸易伙伴方面，主要出口目的国依次是阿联酋（41.6亿美元）、沙特阿拉伯（17.9亿美元）、中国（13.3亿美元）、印度（7.1亿美元）、美国（4.7亿美元），主要进口来源国依次是阿联酋（110.9亿美元）、日本（17.2亿美元）、印度（16.2亿美元）、中国（15.2亿美元）、美国（14.6亿美元）。2010—2015年贸易总量见图2。

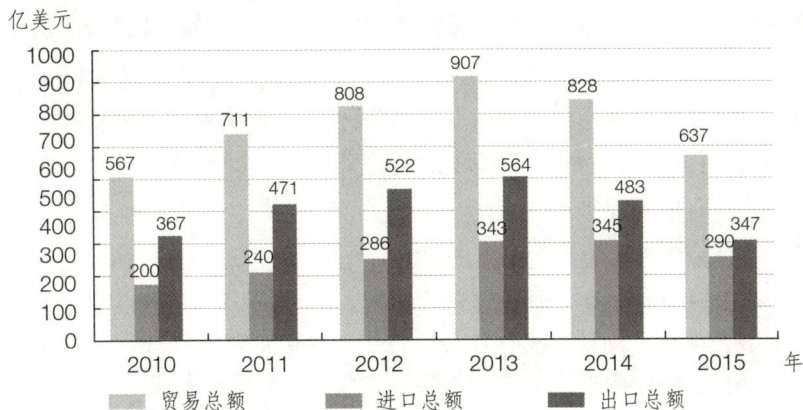

资料来源：中国驻阿曼大使馆经济商务参赞处。

图2　2010—2015年贸易总量

1.5　货币政策

阿曼自1986年以来始终坚持本币与美元挂钩的汇率政策，1里亚尔约合2.59美元。虽然浮动汇率有利于产生更稳定的财政收入，但紧盯美元的固定汇率政策在过往数十年的时间里，确保该国作为重要原油输出国与其他贸易伙伴建立起稳定的合作关系，并消除了该国本币暴露在国际汇率市场上的投机泡沫风险。

1.6　外汇管理

阿曼中央银行成立于1974年，是阿曼负责制定金融政策和金融机构监督管理的部门，也是外汇管理部门。阿曼实行外汇自由汇入、汇出政策，外资企业经批准设立后即可在当地开立外汇账户，外资企业利润所得在缴纳企业所得税后可自由汇出。从2012年开始，阿曼对外国人携带大额现金出境实行登记制度，即携带6000阿曼里亚尔（相当于15600美元）现金出境时必须在机场向当局申报登记。

人民币与阿曼里亚尔目前还不能直接结算。

1.7　金融

銀　行　阿曼金融体系由中央银行、商业银行、非银行金融机构、汇兑机构、租赁公司、保险公司、养老基金和资本市场组成。

阿曼中央银行成立于1974年。其职能是制定金融货币政策，对金融机构进行监管，在稳定金融市场、创造良好的投资环境等方面发挥重要作用。阿曼中央银行保持金融稳定的主要措施是根据国际惯例和准则制定商业银行监管规范。

截至2015年，阿曼境内共有18家商业银行，其中包括8家本地银行、10家外资银行分行。阿曼本地银行在国外设有13家分行和1个代表处。在阿曼境内设立分行的外国银行有标准渣打银行、阿布扎比国民银行、伊朗梅里银行、印度国家银行、贝鲁特银行。阿曼目前还没有中国银行的分支机构。与中资银行关系较为密切的当地银行有马斯喀特银行和汇丰银行。

〔证　券〕 1988年6月，阿曼成立了马斯喀特证券市场，1989年5月20日开始运营。马斯喀特证券市场集市场管理与经营于一体。1998年11月，随着新《资本市场法》的施行，阿曼政府成立了资本市场监管局，负责市场监管。原来的马斯喀特证券市场只提供证券交易场所。2007年1月，资本市场监管局颁布了《证券发行人披露与内部交易规则与指南》。目前，马斯喀特证券市场已加入国际证券委员会组织，并与道琼斯联合推出了DJ MSM综合指数和DJ MSM琼斯指数。

阿曼鼓励外国企业投资阿曼资本市场，允许外国投资者投资上市公司股票或投资基金。截至2015年末，马斯喀特证券市场上市公司总数为120家，股票交易总量约为27.6亿股，交易总额约为11亿美元。

〔保　险〕 阿曼正在大力发展保险业，目前有两家伊斯兰保险机构：AI Madina Takaful和Takaful Oman。

1.8　中阿经贸

1989年，中阿两国成立了经贸联委会，目前双方已举行了八届经贸联委会会议。第八届经贸联委会会议于2016年3月在马斯喀特成功召开，双方签署了相关会谈纪要。随着两国贸易额不断创出新高，阿曼已成为中国在西亚北非地区的重要贸易伙伴，两国经济、技术合作规模也不断扩大。

〔双方贸易〕 阿曼官方数据显示，2015年中阿贸易继续增长，中国已连续11年保持阿曼石油第一大进口国地位，同时也是阿曼主要进口来源国之一。除石油外，石化产品、矿产品及海产品也是中国从阿曼进口的主要商品。中国向阿曼出口的主要商品有施工机械、汽车、机电产品、家具、塑料及制品、纺织品、瓷砖及玻璃制品等，特别是石油钻井设备和配件、家具、汽车、建筑机械设备、空调等商品出口近年来增长较快。

据中国海关统计，2015年中阿双边贸易额为171.9亿美元，同比下降33.6%。其中，中国出口21.2亿美元，同比增长1.2%；中国进口150.7亿美元，同比下降36.7%。

表2　2010—2015年中国与阿曼双边贸易统计

单位：亿美元，%

项目 年份	贸易总额		中国出口		中国进口	
	金额	增幅	金额	增幅	金额	增幅
2010	107	74	9	26	98	81
2011	159	49	10	11	149	52
2012	188	18	18	80	170	14
2013	229	22	19	6	210	24
2014	259	13	21	11	238	13
2015	172	−34	21	1	151	−37

资料来源：中国商务部。

〔双方投资〕　据中国商务部统计，2015年中国对阿曼直接投资流量为1095万美元，同比下降28%。截至2015年末，中国对阿曼直接投资存量2.01亿美元。截至2014年末，阿曼在华投资1323万美元。

〔双方协定〕　《中华人民共和国政府和阿曼苏丹国政府贸易协定》（1980年10月）、《中华人民共和国政府和阿曼苏丹国政府关于促进和保护投资协定》（1995年3月）、《中华人民共和国政府和阿曼苏丹国政府关于对所得避免双重征税和防止偷漏税的协定》（2002年3月）、《中华人民共和国政府与阿曼苏丹国政府关于互免外交、公务、特别迟招人员签证的协定》（2009年12月）、《中华人民共和国商务部投资促进事务局与阿曼投资促进与出口发展中心双向投资促进合作谅解备忘录》（2010年11月）。

2. 经济环境

2.1　国内市场

〔销售总额〕　根据阿曼国家统计署公布的数据，2015年阿曼消费总额约为379亿美元，其中家庭消费约为232亿美元，占GDP的33%；政府消费约为147亿美元，占GDP的21%。

物价水平 阿曼大多数生活用品需要进口，当地的物价水平较高。

生活支出 根据IMF数据，2015年阿曼国民储蓄总值占GDP的比重为12.6%，人均可支配收入约为2300美元。

2.2 基础设施

公 路 公路运输是阿曼境内最主要和最便利的运输方式，也是近年来增长最快的交通基础设施。截至2015年末，阿曼柏油公路总长度约为3.3万公里。首都马斯喀特至南部萨拉拉的公路长1000多公里。

铁 路 阿曼目前没有铁路，但铁路将成为中期内阿曼交通设施的重要发展方向。阿曼铁路公司已经和意大利国家铁路公司达成协议，由后者负责一条2244公里长的铁路线的前期设计工作。2014年以来，阿曼铁路公司和交通部已经就潜在的建设承包商展开招标和遴选。此外，阿曼的国家铁路网将与海合会拟议中的铁路网相连接。

水 运 阿曼主要的港口有苏丹卡布斯港、萨拉拉港、苏哈尔港和杜库姆港。

苏丹卡布斯港位于首都马斯喀特，港区面积约27平方公里，其中水面部分25平方公里。目前，该港口共有13个泊位，其中商业泊位8个，政府专用泊位4个，4号、5号泊位为集装箱专用泊位，最长的泊位达842米，吃水最深达13米。港口拥有先进的装卸设备，是阿曼最重要的进出口口岸，也是目前最为繁忙的港口。

萨拉拉港位于阿曼南部佐法尔省，距首府萨拉拉市15公里。该港口是一个多用途港口，可处理散货、集装箱和液体货物。港区面积10.7平方公里，其中水面部分5.9平方公里，目前有19个泊位，集装箱区7个泊位，水深16~18米，总长度2428米，可停靠世界上最大的集装箱船，年处理能力为600万标箱；普通货区共12个泊位，水深3~16米，总长度2002米。

苏哈尔港位于首都马斯喀特以北约220公里处，离迪拜100多公里，港区面积21平方公里。苏哈尔港有普通货物和散货码头、集装箱码头和液体货物码头共21个泊位，总长度6270米，吃水最深达16~25米，可停靠10万吨级油轮。

杜库姆港位于阿曼中部沿海，港区面积135平方公里，其中水域75平方公里，陆地60平方公里，建有18个泊位，总长6030米，水深10~18米。

空 运 阿曼境内现有2个国际机场。马斯喀特机场是阿曼航空运输枢纽，另一个是萨拉拉机场。阿曼国家统计和信息中心数据显示，2015年进出马斯喀特国际机场的旅客人数达1031万人次，进出萨拉拉国际机场的旅客人数达103万人次。

阿曼航空公司是阿曼本国唯一的航空企业，拥有数十架波音、空客等各类飞机，已开通了40条国内外航线。此外，一些外国航空公司也经营通往亚洲、欧洲、美洲、非洲的航线。目前从中国广州到阿曼马斯喀特有直飞航线，其余航班需要中转，可供选择的中转城市主要有多哈、迪拜、吉隆坡等。

（通 信）根据阿曼统计和信息中心数据，截至2015年末，阿曼固定电话用户数约为43万户，移动电话用户数约为665万户。阿曼主要电信运营商是阿曼电信和Nawras电信。截至2015年末，阿曼移动互联网用户数达310万户。

（电 力）阿曼有三大发电系统，分别是主电网系统、农网系统和萨拉拉电网系统，有9家电力生产企业。2015年总装机容量达7868兆瓦，发电总量达32082千兆瓦时。电力用户达100万户。

2.3 商务成本

（水、电、气价格）阿曼居民生活用水采用阶梯式水价。每个家庭每月用量为0～5000加仑的水价为0.002里亚尔/加仑（约0.52美分/加仑），超过5000加仑的部分为0.0025里亚尔/加仑（约0.65美分/加仑）。商业用电为0.02里亚尔/度，工业用电为0.024里亚尔/度，民用电在3000度以下为0.01里亚尔/度，3000～5000度为0.015里亚尔/度，5000～7000度为0.02里亚尔/度。煤气（天然气）每罐（48公升）3～3.5里亚尔（约合7.8～9.1美元）。柴油为0.146里亚尔/升（相当于0.38美元/升），汽油为0.12里亚尔/升（相当于0.312美元/升）。

（劳动力供求及工薪）一般工作人员的月最低工资约为350里亚尔，有文凭、刚毕业的人员最低工资400里亚尔以上，留学生月最低工资为500里亚尔以上，既有文凭又有工作经验的月最低工资为700～1200里亚尔。按照阿曼政府有关规定，外资企业应根据阿曼员工的基本工资，每个月向阿曼社保中心为员工缴纳社保基金，其中个人承担6.5%，公司承担10.5%，总计17%。缴纳比例每隔1～2年增加。

（土地及房屋价格）商用办公、居住用房因所在区域不同，价格也有不同，但近年来均有不同程度的提高，商业区内公寓数量十分有限，价格涨幅明显，一套面积为100平方米左右的两室一厅单元房月租金在800里亚尔左右。

2.4 风险评估

（社会安全）阿曼政局稳定，社会治安状况良好，犯罪率低。由于阿曼实行严厉的伊斯兰教规，凡出现偷窃等犯罪行为都将严惩，故基本上没有偷窃等不良现象。

3. 政策规定

3.1 投资方面

〔投资主管部门〕 阿曼商工部是外国投资的主管部门，其职能包括向投资者提供相关服务、审批投资申请、发放许可和商业注册等。其所属外国投资委员会负责审核外国投资申请，并就以下方面向大臣提出意见和建议：投资领域、是否属于经济发展项目、是否存在与《外国投资法》相冲突之处。此外，其他部门可在外国投资项目的建设和经营期间就环境、卫生、安全等方面标准进行检查。

〔投资规定〕 阿曼对外国投资实行"国民待遇"，所有外国投资者享有与阿曼当地投资者同等待遇，可以与阿曼企业或个人合资经营，也可以合资注册，独立经营。与投资合作相关的主要法律有《商务公司法》《商务代理法》《商业法》《代理法》《商标法》《专利法》《外国投资法》《公司所得税法》等。解决经济纠纷可参照上述法律。除非合同规定出现纠纷可在异地仲裁，否则都在当地法院审理。

〔投资行业的规定〕 一般性投资项目，外国投资比例不超过49%，项目最低投资额为39万美元。对于个别对国民经济发展具有重要作用的投资项目，经批准外国投资比例可达100%，但投资额不少于130万美元。

阿曼《外国投资法》对外国投资领域、地区没有明确限制，但以下商业活动只能由阿曼人经营：（1）宗教朝觐活动；（2）劳务雇用和提供；（3）保险服务；（4）商业代理；（5）海关清关服务；（6）机场货物处理；（7）海运服务；（8）政府部门的跟踪服务；（9）房地产服务、土地和建筑租赁与管理；（10）相关社会活动，如残障人士福利机构、残障人士康复机构、老年人福利机构、任何形式的社会服务中心；（11）相关文化活动，如出版印刷、报纸杂志、照相与电影、艺术生产、商业演出、电影院、博物馆；（12）租车服务；（13）广告服务；（14）各类运输服务；（15）旅行社。

3.2 贸易方面

〔贸易主管部门〕 阿曼商工部是贸易主管部门，其主要职责为制定有关规定、原则，加强阿曼与世界贸易组织、阿拉伯贸易组织及其他区域性或国际贸易组织的关系；提出政策和必要的规划建议，以推动贸易发展，并服务于阿曼经济的发展；实施、执行与该部职能相关的法律法规，制定相关细则和规章，依法对贸易企业进行监督；规范进出口贸易程序，确保当地市场商品充裕、质量合乎标准，价格稳定，公布信息和贸易数据；与相关部门协调对贸易企业、商店进行检查，确保所售商品正宗，符合技术标准；发放商业许可及企业、代理、商标注册；为投资者提供服务。

（贸易法规体系） 与贸易相关的主要法律法规有《商业法》《代理法》《商标法》《专利法》等。

（贸易管理相关规定） 进出口管理相关规定：任何自然人、法人经许可，均可以贸易为目的进口商品；个人可不经批准进口自用商品；进口许可须向商工部贸易处申请。

关税相关规定：大部分商品的进口关税为5%以内，烟草及制品、猪肉及制品和酒精饮料进口关税为100%。进口原产地为海合会成员国的工业、农业和动物产品免关税。

3.3 税收方面

（税收体系和制度） 阿曼是一个税负较轻的国家，税收体系较简单，税种较少，企业税负水平低。阿曼财政部是唯一的税收管理部门。2009年6月，阿曼政府颁布新的《所得税法》，并宣布以前的相关法律同时废止，新税法于2010年1月1日起正式实施。

（征税对象） 阿曼公司、个体所有企业、外国企业常设机构。

阿曼公司是指任何人依法设立的公司，无论是商业公司、民事公司或其他，也无论是何种法律形式、合伙人国籍、成立公司的目的及从事经营性活动的性质。

个体所有企业是指一个自然人独立拥有，在阿曼独立从事商业、工业和职业活动的企业。

外国企业常设机构是指外国人在阿曼不论是直接还是通过代理，用于完全或部分从事经营活动的机构。

（税收分类） 税收分为直接税、间接税两种。直接税即向公司、贸易和工业实体征收的收入税，以及向饭馆、酒店征收的市政税、奢侈税等。间接税只有海关关税。应征税收入指的是经审计的财务报表上所列明的净利润。

（税　年） 征税时间根据公历年计算，每年1月1日至12月30日。

所得税代扣 所得税代扣只适用于在阿曼没有常设机构的外国公司；特许费、研发费、计算机程序使用权费及管理费的代扣比例为10%；如果外国公司在阿曼有常设机构，但该常设机构与应课征代扣所得税收入没有任何联系的话，该税仍将征收。

申　报 每个应税人应提交报税表；同一个人的多个常设机构应合并报税；临时报税应根据现有材料或合理预计随应缴纳税收3个月内申报；最终报税应在6个月内随应缴纳税收差额申报；税务机构有权再收取7年内遗漏的应课税；延期罚款为每月1%。

税　率 一个税年内，应税人收入在3万里亚尔（约合7.8万美元）以下的免征所得税。超过3万里亚尔，征税税率统一为12%。特许权收入、研发收入、计算机程序使用或使用权收入及管理费收入征税税率为10%。石油钻探领域的税率为石油销售应税收入的55%。

3.4 劳动就业方面

2003年，阿曼颁布《劳动法》，该法适用于受雇于私营或合营部门的阿曼人及外籍劳务，但不适用于在政府部门、军队、警察和市政当局工作的人员，也不适用于受家庭雇用的工人。

执法与管理 阿曼社会事务与劳动部代表政府具体实施《劳动法》，进行监督、检查。

雇佣合同 雇主应与被雇用人签订书面雇佣合同，合同应使用阿拉伯语，如使用其他语言，应有阿拉伯语备份，并以阿拉伯语合同为准。如果双方没有签订书面合同，被雇用人有权通过任何证明来主张权益。合同应包括工人个人信息、工作性质、工资、合同期、对工人的要求、应尊重伊斯兰教和国家的法律习俗、不得从事有害国家的活动等内容。

见习期 同一个雇主只能试用一次，不超过3个月。如果正式雇用，见习期应视为合同期的一部分。

工　时 每天最多不超过9小时，每周最多48小时，不包括吃饭和休息的间隔时间；斋月期间，穆斯林每天工作时间须减至6小时，每周36小时。吃饭和休息时间不得少于半小时，连续工作时间不超过6小时。工人连续工作6天，应给予连续24小时休息时间。

薪资与津贴 2015年，阿曼人最低工资不低于350里亚尔／月（约合910美元/月），并适当增加津贴，但此规定不适用于外籍劳务。

福利待遇　作为外籍雇佣人员，熟练或半熟练工应享受免费食宿和医疗，根据合同类型，公司每2年或1年提供休假往返机票；而高级经理人员，其工资还应包括水、电、燃油补助，公司提供住房或补贴，提供车辆，每年或每2年为雇员本人及其配偶、小孩提供一次休假往返机票。如果工人没有参加社会保险，雇主应在服务到期时支付工人一笔遣散费，其中前3年为15天工资，以后为每年1个月的工资。私营企业的阿曼籍永久雇员受社会保障法的保护。

社会保险　雇用阿曼人的企业，应根据其基本工资，按月向阿曼社保中心缴纳社保基金，其中个人承担6.5%，公司承担10.5%，总计17%。缴纳比例每隔1～2年要增加。

记录与档案　雇主应详细记录雇员的名字、地址等个人资料，包括工资、福利等情况，并保存在工作场所。

加班　周末或公共假日加班，雇主应支付双倍工资。工作日白天加班，雇主应多支付25%的工资；晚上（晚9时至次日早4时）加班，雇主应多支付50%的工资。根据阿曼劳工法2003-35条，雇员有权向雇主索要加班工资。

休假　连续服务1年可享受15天休假，雇主发放基本工资，此后每年休假时间增至30天。工人每年可享受全额工资紧急休假4天，一次不超过2天。工人享受国家法定节假日，如遇周末休息时间，应予以补偿。

未成年人和妇女雇用　禁止雇用15岁以下的未成年人。晚8时至次日早8时禁止雇用18岁以下的工人。18岁以下的工人每天工作时间不得超过6小时。不允许妇女在晚7时至次日早7时工作，除非是大臣令所规定的情形。

劳动争议　任何被解雇的工人可以在接到解雇通知之日起15日内向有关部门提出取消解雇请求，有关部门应采取必要措施进行调解。2周内调解不成的，问题应移交法院，审判长应在3日内确定开庭时间，最晚不超过2周。如发生劳资双方无法解决的纠纷，雇员可以拨打"8007700"热线电话向劳工部专职部门咨询投诉，请求协助。

劳动合同终止　雇用服务到期、工人没有能力工作、辞职、依法开除或离职、工人1年内病假超过10周，合同终止。如果被雇用人员有欺骗，破坏性错误，不遵守安全规定，泄露工作秘密或因犯罪判刑，工作期间饮酒，攻击雇主，管理人员及其他员工或履行职责出现重大失误等行为，那么雇主可以不经通知直接开除。如果发现雇主在合同中存在欺骗行为或不能履行其主要义务，或受到雇主攻击或感觉在劳动场所有重大威胁，雇员可以离职。

其他规定　禁止任何形式的强迫劳动，违反者将处以1个月以下监禁和500里亚尔以下罚款，或二者选一，重犯者将加倍处罚。允许工人组织集体谈判，解决集体性争议，改善工作环境，组织和平罢工。工人有权成立工会，代表工人争取福利、保障权益、改善物质和社会条件等。允许各工会组成工会联盟，并代表他们参加国际、地区和当地的有关会议。工会和工会联盟具有独立法人地位，自在社会事务与劳工部登记之日起，有权完全自由地从事其活动，不得对其有任何干涉和施加影响。不得因工人代表从事工会活动而将其解雇，或实施任何惩罚。

就业本地化要求 阿曼人口结构年轻，每年新增就业人口较多，就业压力较大。为鼓励阿曼人充分就业，阿曼政府制定了就业本地化的国策，规定所有在阿曼注册的企业应按一定比例雇用阿曼人。

外国人在当地工作的规定 根据规定，阿曼个人或企业雇用外国劳工应向阿曼劳工部申请，经批准后才能按照批文的数量和职位引进外国劳务。企业申请外国劳务时，劳工部将审核企业阿曼化比例完成情况。如果企业阿曼化比例完成不好，将很难获得批准。

外国劳务抵达阿曼后，不管是哪国人，都要去政府指定医院进行体检。如果体检不合格，将会被遣返回国。体检合格者应到移民当局办理劳动卡和工作签证，有效期一般为2年，在此期限内可以多次出入境。如果回国超过半年，签证暂停使用（冻结）。如需再次进入阿曼，应要求移民局解冻原签证。如果服务期超过2年，应申请办理延长手续，批准后还应向劳工部缴纳20里亚尔/人。雇主作为担保人，应在雇用期结束后负责将外国劳务人员及时送出境外。

3.5 环境保护方面

环保管理部门 阿曼环境与气候事务部负责环境保护执法管理，审议和批准外国投资项目环评报告。

主要环保法律法规 《环境保护与防止污染法》《化学品使用与处理法》《关于工作环境噪音污染控制的规定》《关于静止源空气污染控制的规定》《关于放射性物质管理和控制的规定》《关于废水利用和排放的规定》《臭氧层消耗物质的管理规定》《危险化学物质和相关许可的登记规定》《关于环境批准和最终环境许可颁发的规定》。

环保法律法规基本要点

（1）企业在开业前须获得有关部门颁发的环境许可，确保完全符合环保规定。企业应向主管部门提交事故应急计划，并定期审核。

（2）禁止将危险垃圾、物质和其他污染物向洼地、水源地、地下水再生地、雨水和洪水排泄系统排放。

（3）未经有关部门批准，禁止将任何废物倾入大海。

（4）禁止任何船只向内河、主权水域或专属经济区排放油或油的混合物及其他污染物。

（5）主管部门有权在违反法律规定导致严重危险或对环境或公共卫生产生危害性影响时采取必要措施，发布决定中止违规者从事其活动，以避免或减轻危害。此限制不超过1个月。

（6）违反法律相关规定者，视情节轻重处以200～2000里亚尔不等的罚款。如逾期不交，则自接到通知的第四天起，罚款每天增加10%。超过1个月，将处以停止经营活动的处罚，直至引起的影响完全消除。

（7）用不真实或误导材料申请环境许可和其他批准，将被处以6个月以下监禁或投资额5%以下的罚款，或两者并罚。经营活动将被终止，吊销许可。

（8）在自然保护区或野生动物保护区砍伐、偷猎（鸟和动物）者，根据情节将被处以6个月至5年监禁和1000～5000里亚尔罚款。

（9）严重违反相关规定者，罚款可达投资额的10%或100万里亚尔，最高可处以终身监禁。

3.6 承包工程方面

（许可制度） 1984年阿曼颁布了《招标法》和《招标规则》，同时成立了招标委员会。招标委员会负责审核技术标准、条件，确定招标方式，发布招标公告，接收投标人的报价并开标；在全国成立招标委员会分设机构并确定其权力；对承包商、进口商、咨询公司进行分级等。

《招标法》规定，所有政府部门（军队和安全部门除外），包括国有企业的进口、工程、运输、服务、咨询、采购、房屋租赁等均需通过公共招标签约。50万里亚尔（约合130万美元）以上的合同都要由招标委员会直接招标，须在政府公报上发布。各地方和各部门经招标委员会主席允许，可设立内部招标部门，负责50万里亚尔以下金额的招标，其决定具有最终效力。不允许外国自然人在当地承揽工程承包项目，可以与当阿曼当地公司合资承揽工程。

（禁止领域） 阿曼对于外国承包商参与当地工程建设没有设置禁止领域，但有一些特殊规定的许可制度和招投标程序。

对于政府的国际招标项目，外国企业可以本公司的名义直接参加竞标，不需要当地的代理或合作伙伴。外国企业一旦中标，应在规定时间内在当地完成商业注册，一般注册为分公司，具体实施中标的工程项目。而对于国内标，外国企业则不能直接参与，只能采取与当地企业合作的方式参与项目建设。对于私营部门的招标，外国企业不能直接以自己的名义参加投标，而必须与当地企业合作参与。

3.7 知识产权方面

阿曼颁布的知识产权保护法律有《专利法》《著作权法》《工业产权法》《商业秘密、数据、商标与防止非法竞争法》等。

法规要点包括以下方面。（1）专利：知识产权部门根据《专利法》颁发给专利所有人的一种可以享受法律保护的文件。（2）合同许可：经专利所有人同意而颁发的允许他人使用其专利的许可。（3）强制许可：未经专利所有人同意，根据《专利法》所规定的具体情形，依据商工部决定而颁发的许可。（4）如果有多人申请同一专利，专利将授予第一位申请人。如果发明系多人共同工作所创造，该专利平等授予所有参加者。如果没有参加发明创造，其努力仅限于想法的实施，则不能视为专利参与人。如果发明系实施某项协议或进行创新，或雇主证明雇员不使用工作中的数据或协助就不能实现这项发明，那么此专利所有权归雇主所有。（5）如果发明是在雇佣合同期内，其目的就是发明，那么发明专利归雇主所有。如果雇主在发明中得到的高额回报与发明人（雇员）的工资收入不成比例，那么雇员有权利获得公平的报酬。如果没有雇佣合同，雇员利用雇主的材料、数据或技术产生的发明，发明专利归雇主。

3.8 优惠政策

优惠政策框架 阿曼优惠政策主要由地域和行业两个层面构成。鼓励政策主要涉及信息技术、旅游、加工制造、农牧渔业、采矿、医疗、私有化项目及在自由区和工业区的投资方面。

行业鼓励政策 行业鼓励政策包括：（1）对于鼓励行业可提供低息贷款；（2）制造业和战略工业投资项目进口的机械设备、零配件、原材料、半成品在生产期前5年免关税，原材料和半成品免征关税时间可再延长5年；（3）在自由区、IT园和工业区投资，外资可拥有100%的股份；（4）对外资部分拥有股权的工业和旅游投资项目，提供免息长期贷款；（5）产品可免税进入海合会成员国以及阿拉伯自由贸易区；（6）免征企业所得税5年，并可再延长5年。

地区鼓励政策 阿曼对外国投资的地区鼓励政策主要通过工业区、知识园区、自由贸易区来实现。阿曼主要的工业区、知识园区、自贸区如下。

（1）鲁塞尔工业区：位于首都马斯喀特，是阿曼最早、最主要的工业区。

进驻的企业主要生产消费品及与工业相关的产品，如化学品、纺织品、油漆、建材、食品、家具、文具等。

（2）苏哈尔工业区：位于巴提奈地区北部，距苏哈尔港6公里，距首都马斯喀特约200公里，距迪拜约180公里。进驻的企业主要是大型石化企业、冶金企业和物流公司。

（3）莱苏特工业区：位于南部的佐法尔省，距萨拉拉港4公里，与正在建设中的萨拉拉自由区相邻。

（4）苏尔工业区：位于东部地区，距马斯喀特230公里，拥有一个天然深水港口，进驻的企业主要有阿曼液化天然气公司、格尔哈特液化天然气公司、阿曼—印度化肥厂。

（5）尼兹瓦工业区：距马斯喀特180公里，进驻的企业主要生产陶瓷、汽车配件、塑料制品、矿泉水、食品等。

（6）布莱米工业区：位于西部的代希来地区，与阿联酋交界，距苏哈尔港120公里。

（7）马斯喀特知识园区：与鲁塞尔工业区和苏丹卡布斯大学相邻，距马斯喀特市区30公里，进驻企业多为国际知名科技企业。

（8）迈中纳自由区：位于阿曼西南与也门交界的边境上，距萨拉拉260公里，该自由区是阿曼与也门双边贸易的一个重要集散地，零售是该区内的主要贸易形式。

4. 办事手续及流程

4.1 注册企业

受理机构 阿曼商工部是负责外国企业注册的主要部门。为方便投资者设立企业，该部设立了专门的一站式服务窗口，简称OSS。

主要程序

（1）挑选企业名称，应提供三个名称供现场选择；

（2）填写投资人表格；

（3）向OSS提交申请；

（4）申请受理期间，如果涉及环保、民防或劳务许可，OSS会派人实地察看公司预设地点；

（5）OSS将告知申请人缴纳各项费用；

（6）缴纳有关费用后，OSS颁发必要的各项许可，包括商业注册证明、注册文件、经公证的授权签字样式、商工会注册证明等。

> 所需材料　不同类型企业递交的材料不同，请向OSS咨询。

> 所需时间　20个工作日左右。

4.2　承揽工程

> 获取信息　阿曼招标委员会的官方网站、当地主要报纸、代理或合作伙伴。

> 招标方式　公司出具正式授权函，授权有关人员在规定的时间内前往招标委员会购买标书，并进行登记；同时，由当地银行开立投标保函。如招标委员会通知企业中标，中标企业应在规定时间内完成企业注册。

4.3　申请专利

阿曼境内的专利注册申请由设在沙特利雅得的海合会专利办公室进行评估，有关申请可递交给商工部知识产权司，并由其转交给海合会专利办公室。

4.4　注册商标

（1）外国商标持有人应通过当地律师代理向阿曼商工部提出商标注册申请。

（2）申请内容应包括商标的表述和商标注册适用的商品和服务名单。

（3）登记人将书面通知申请人拒绝或同意注册的决定。申请人如有异议，可在接到通知的30天内向法庭提出申诉。

（4）如果登记人同意商标注册，将在官方公报上公布。自公布之日起2个月内，任何利益相关人可以书面形式向登记人提出异议，登记人将通知申请人，申请人应在2个月内提出抗辩，否则视为放弃申请。

（5）商标注册后，注册从申请递交之日起算，登记人向申请人颁发商标拥有权证书，包括商标序号，申请递交及注册日期，商标拥有人姓名、住址、国籍、商标复制，商标使用的商品，服务名单等。

（6）商标注册保护期为10年。

4.5 纳税申报

报税时间 报税时间为每年1月1日至12月30日。阿曼政府法律规定，每年要对企业财务进行一次审计，审计工作要由阿曼有关部门批准的注册会计师事务所来完成，递交给税务部门的财务报告必须有注册会计师事务所的签字和盖章。

报税渠道 企业报税需完全委托当地会计师事务所进行申报，由会计师事务所审计后进行年度申报。

报税资料 企业的决算报表、资产平衡表等文件的复印件，从事经营活动的许可证复印件，成立公司的有效成立决定和合同复印件，商业注册的复印件等。

4.6 工作签证

主管部门 阿曼劳工部负责审批办理外籍劳务赴阿曼的工作准许证。

申请程序 用人单位要在阿曼政府取得劳务指标，指标多少由其从事的工程量决定。指标获取后，使用期限为6个月，到期作废，一般劳务最长期限为2年。办理完工作许可指标相关事宜后，用人单位到阿曼移民局办理签证。劳务签证办理结束后，由用人单位将签证邮寄至劳务人员所在国以便办理出境相关手续。劳务人员抵达阿曼1个月之内，应分别到指定医院、警察局办理体检、指纹备存和照相等事宜，同时领取个人在阿曼的身份证，否则将会对用人单位进行罚款。

所需资料 在办理签证时需要提供劳工本人的护照复印件、体检证明、个人照片等。

4.7 能为中国企业提供帮助的机构

中国驻阿曼大使馆经济商务参赞处
地址：House1784，Way 3021，Shatti AI Qurum，Muscat
电话：00968-24697804

阿曼驻中国大使馆
地址：北京市朝阳区三里屯亮马河南路6号
电话：010-65323692

5. 中国企业应注意的事项

5.1 投资方面

（1）充分做好投资前的可行性分析。阿曼市场容量较小，配套能力有待完善，专业管理人员和熟练工人不足。企业在阿曼投资前应充分做好投资项目可行性研究，应到阿曼实地考察，深入了解投资环境，最后聘请当地的咨询机构作为顾问开展项目可行性分析。

（2）积极选用成熟的园区作为投资载体。经过多年发展，阿曼各工业园区、经济特区的建设日臻完善，制度逐步健全，专业性更加突出。中国的很多企业已将工业区、高科技园区作为企业总部，有效地利用了相关优惠政策。随着阿曼经济多元化进程的不断加快，各园区的引资优惠程度将不断提高，建议国内投资者积极研究园区政策，选择适宜园区作为投资的落脚点。

5.2 贸易方面

（1）签订贸易合同。在开展贸易前应签订贸易合同，对商品数量、规格、重量、货款、支付方式、包装要求、运输方式和仲裁等内容进行详细约定。贸易合同是双方权利的重要依据，一旦签订了合同就不要轻易中止。

（2）建立代理关系。根据阿曼的进口贸易管理规定，有些产品，特别是机电产品必须有当地代理才能进口，且必须在当地销售。因此，国内有关企业在推销产品时，应首先寻找合适的销售代理，建立代理关系，以便建立销售渠道、售后服务网络等。

5.3 承包工程方面

（1）做好市场调研。阿曼工程承包市场有其特殊性，投标前一定要深入市场，做好调研，避免成本核算偏低导致项目实施后陷入被动。

（2）选择合适项目。企业应根据自身的实力选择合适的项目。选择的项目要能够充分发挥企业的自身优势，做到扬长避短，承揽的项目应以中等规模为宜，通过项目的实施来了解市场，为进一步开拓奠定扎实基础。

（3）选择合作伙伴。阿曼招标委员会在审核项目商时会考虑是否有当地企业参与，以及雇用阿曼人的比例等综合因素。对于首次进入阿曼市场的企业来讲，选择当地合作伙伴非常重要。当地合作伙伴在搜集市场信息、协调和疏通与政府部门关系方面有优势，可以有效帮助企业解决问题。

5.4 劳务合作方面

阿曼对各个行业都有本地化限制，其中14类不同行业的公司在满足阿曼化比例的同时，可引进所需外籍劳务。允许引进外籍劳务的单位包括绿卡公司、国际级和优等级公司、油气开采和营销公司、银行、保险公司、商业中心的店铺、大型超市、工厂、私人诊所、饭店、律师事务所等。相对于周边国家，阿曼劳务市场价格偏低，在阿曼的中国劳务已不多见。在雇用劳务前要注意签订劳务合同，明确规定双方的权利、义务等。

5.5 防范投资风险

在阿曼开展投资、贸易、承包工程和劳务合作的过程中，要特别注意事前调查、分析、评估相关风险，事中做好风险规避和管理工作，切实保障自身利益，包括对项目或贸易客户及相关方的资信调查和评估、对项目所在地的政治风险和商业风险分析和规避、对项目本身实施的可行性分析等。企业应积极利用保险、担保、银行等金融机构和其他专业风险管理机构的相关业务保障自身利益，包括贸易、投资、承包工程和劳务类信用保险、财产保险、人身安全保险等，银行的保理业务和福费廷业务，各类担保业务（政府担保、商业担保、保函）等。

5.6 妥善处理与政府及非政府组织间关系

企业要经常性地保持与有关政府部门和议会议员的联系，可定期或不定期地将项目进展情况向相关部门报告，需要政府部门协调解决的问题也要及时反映。

5.7 妥善处理与工会间关系

2006年，阿曼颁布法令，允许成立工会，允许阿曼工人为改善工作条件整体进行谈判来解决劳资纠纷，以及和平示威罢工，但罢工须经政府批准。虽然阿曼工会发展的历史还不长，但在局部已经能够发挥较大的作用。因此，中国企业在阿曼开展投资合作应处理好与工会的关系。一方面，要了解阿曼相关法规对工会组织的相关规定，尊重当地工人组织工会及依法开展工会活动的权利；另一方面，要依法签订雇佣合同，及时、足额发放员工工资，遵守相关劳动法规关于雇用、解雇、工时和社会保障方面的规定，减少劳资纠纷。

5.8 尊重当地的风土民情

阿曼为伊斯兰国家，要尊重当地居民及当地的文化、习俗，在公共场合要举止文明，穿着得体，不大声喧哗，避免讨论宗教话题。

6. 中国企业遇到问题该如何解决

6.1 寻求法律保护

企业在遇到纠纷时，应寻求通过法律渠道解决，维护自身利益。一方面，企业管理人员应熟知当地的有关法律法规；另一方面，企业应聘请专业律师提供法律服务。

6.2 寻求当地政府的帮助

企业在遇到困难时，应主动向当地投资主管部门、促进机构、商工会或者业主及其主管部门报告，让有关方面及时了解情况，并要求协调解决。

6.3 取得中国驻阿曼使（领）馆的保护

（1）报到登记。企业在阿曼开展投资合作前，应向中国使馆及经济商务参赞处了解市场情况，征求中国驻阿曼使馆经济商务参赞处意见，按有关规定办理相关手续。在当地依法注册后，及时到使馆经济商务参赞处报到备案，保持与使馆经济商务参赞处的经常性联系。

（2）及时报告。企业遇到困难和问题时，应及时、如实向中国驻阿曼大使馆和经济商务参赞处进行口头和书面报告，让使馆全面了解和掌握有关情况。

（3）申请保护。企业遇到困难后，使馆和经济商务参赞处将根据实际情况，采取适当措施与当地政府有关部门交涉，解决中国企业遇到的问题和困难。

6.4 部分政府部门和相关机构

内政部：www.moi.gov.om

外交部：www.mofa.gov.om

司法部：www.moj.gov.om

农业渔业部：www.mofw.gov.om

商工部：www.mocioman.gov.om

民事服务部：www.mocs.gov.om

卫生部：www.moh.gov.om

宗教事务部：www.mara.gov.om

石油天然气部：www.mog.gov.om

财政部：www.mof.gov.om

新闻部：www.omanet.gov.om

教育部：www. moe.gov.om

劳工部：www.manpower.gov.om

交通运输与通信部：www.comm.gov.om

旅游部：www.omantourism.gov.om

资本市场监管局：www.omancma.org

法律事务都：www.mola.gov.om

7. 阿曼司法制度及基本特点

7.1 司法制度

宪 法 1996年11月6日，卡布斯苏丹颁布诏书，公布了《国家基本法》（相当于宪法）。该法对国家体制，政治指导原则，国家元首、政府首脑、内阁及其成员的职责，公民权利与义务等方面作出了规定。2011年10月18日，卡布斯颁布法令对《国家基本法》进行部分修订，其中主要对苏丹位继承、协商会议权限等作出进一步规定。

司法机构 政府设司法、宗教基金和伊斯兰事务部，主管司法及宗教事务。全国设有47所法庭，在首都和一些州设上诉法院。1999年11月阿曼颁布《司法法》，成立独立的司法机构和司法最高委员会。2003年2月，设立国家安全法院。

7.2 基本特点

阿曼没有立法机构，立法权全部由卡布斯苏丹掌握，法律由卡布斯苏丹批准后颁布实行。阿曼司法机构由宗教的和世俗的两套机构组成，并以前者为主。作为伊斯兰国家，阿曼实施伊斯兰法的主要依据是《古兰经》和《圣训》，其他法律主要通过王室法令和各部大臣决定的方式颁布。在赛义德时期，几乎所有案例都由司法部任命的法官处理。1970年以后，阿曼司法机构进行改革，法官任职前必须在司法部和沙里亚法院接受培训，培训完成后，需要先担任法官助理3～5年后再任职。

附　录

1. 国家概况

阿曼苏丹国，简称阿曼，位于西亚，是阿拉伯半岛东南沿海的一个国家，西北与阿联酋接壤，西面毗邻沙特阿拉伯，西南靠近也门。阿曼的海岸南方和东方临阿拉伯海，东北方则抵阿曼湾。它扼守着世界上最重要的石油输出通道——波斯湾和阿曼湾之间的霍尔木兹海峡。阿曼是阿拉伯半岛最古老的国家之一，公元前2000年已经广泛进行海上和陆路贸易活动，并成为阿拉伯半岛的造船中心。

国　旗　阿曼国旗为长方形，长宽之比为2:1。旗面由红、白、绿组成。旗面的右侧上下分别为白色、绿色长方形，中间被红色宽条隔开。左上方绘有国徽图案。红色象征吉祥，白色象征和平与纯洁，绿色象征大地。左边的红带上印有国徽。

国　徽　阿曼国徽是两把带刀鞘并刻有花纹的阿拉伯弯刀、一把带剑鞘的阿曼短剑以及宝剑佩带，整体象征人民不惜以武力捍卫国家主权和独立，也表示阿曼人民保卫国家主权和独立的决心与力量。

法定货币　阿曼里亚尔（OMR）是阿曼的流通货币，有1里亚尔、5里亚尔、10里亚尔、20里亚尔和50里亚尔。辅币单位是贝沙，1里亚尔=1000贝沙。

首　都　阿曼首都马斯喀特，地处波斯湾通向印度洋的要冲，三面环山，东南濒阿拉伯海，东北临阿曼湾，依山临水，风景秀丽。马斯喀特港是古代中国和阿拉伯国家贸易的重要港口，是海上"丝绸之路"途经阿拉伯半岛的港口城市。

阿曼的官方语言为阿拉伯语，通用英语。

地理位置

阿曼位于阿拉伯半岛东南部，面积约30.95万平方公里，是阿拉伯半岛地区的第三大国，与阿联酋、沙特阿拉伯、也门等国接壤。东临波斯湾、阿曼湾和阿拉伯海，海岸线长1700公里。

阿曼地形差异分明，境内有山川、沙漠和平原。北起扼守霍尔木兹海峡的穆桑达姆岛，南至马斯喀特东南部肥沃的巴迪纳平原，越过山脉是鲁卜哈利沙漠，南部是萨拉拉绿川。山区占全国总面积的15%，境内最高峰是高达3000多米的太阳山。境内有两条主要山脉：一条是北起穆桑达姆、南至拉斯哈德角的哈贾尔山脉，其主峰沙姆山海拔3352米，为阿曼最高峰；另一条是位于西南部的盖拉山脉。东部临阿曼湾，由北向南是狭长的平原，面积只占全国面积的3%。剩下的是沙漠或沙地，占全国面积的82%。

气候特点

阿曼大部分地区属热带沙漠气候，但各地略有差异，海岸地区夏季炎热潮湿，内陆地区炎热干燥，而部分山区则较凉爽。全年气候分两季，5~10月为热季，气温高达40℃以上；11月至次年4月为凉季，平均温度约为24℃。阿曼年平均降水量约130毫米，降水很少且无规律。南部萨拉拉地区由于受季风影响，6~10月雨量充足且有规律。

自然资源

（油气资源） 根据《世界能源统计年鉴（2016）》，阿曼石油剩余探明储量为7.4亿吨，居世界第23位；天然气剩余探明储量为8495亿立方米，居世界第27位。2015年，阿曼生产原油3.6亿桶，出口3.1亿桶；生产天然气378.2亿立方米，液化天然气出口875万吨。

（渔业资源） 渔业资源蕴藏量超过230万吨，鱼类和甲壳类超过150个品种，沙丁鱼、金枪鱼、石斑鱼、金线鱼、墨鱼、带鱼等大约有35个种类。

（矿产资源） 阿曼矿产资源丰富，有铜、金、银、铬、铁、锰、镁、煤矿等。据估计，金、银、铜的储量约为3500万吨；金、银多为伴生矿，分布在苏哈尔地区。铬矿储量在250万吨以上，主要分布在苏哈尔和塞迈德地区。铁矿储量约为1.2亿吨，多储藏在尼凯尔、依布拉地区。锰矿储量约为150万吨，主要分布在拉斯哈德和海迈哈山地区。此外，阿曼还蕴藏丰富的工业矿产，如石灰石、大理石、石膏、磷酸盐、石英石、高岭土等。大理石储量约1.5亿吨，主要分布在北部山区和南部地区。煤矿储量约1.2亿吨。

人口分布

根据阿曼国家统计信息中心的报告，截至2015年末，阿曼总人口约438万人，其中本国人口240万人，外来人口198万人。阿曼本国人中绝大多数是阿拉伯人，外来人口中印度人、伊朗人、巴基斯坦人居多。马斯喀特省是阿曼人口最为集中的地区，约有137万人；其次是北巴提奈省，约有70万人。外来人口在过去5年内迅速增长，主要集中在劳动力密集的工程行业。另外，阿曼有些地区地广人稀，人口最少的穆桑达姆省人口约占全国人口的1%。阿曼人口密度为每平方公里14人。

据中国驻阿曼大使馆经济商务参赞处2016年初的统计，在阿曼华人约2000人。其中，中资机构人员900余人，当地华人华侨协会在册人员150余人。华人大多工作、生活在首都马斯喀特及周边地区，少数人散居在苏尔、苏哈尔、布莱米和萨拉拉等地。

主要城市

马斯喀特 马斯喀特位于巴提奈地区东南的阿曼湾平原，是阿曼的首都。面积约3900平方公里，人口约137万人，其中本国人口约50万人，外籍常住人口约87万人。自1970年卡布斯苏丹登基以来，经过40多年的发展建设，马斯喀特市发生了很大变化，区域从马斯喀特老城扩展到西卜，长达48公里，市政规划有序，街道整齐，绿化美观，建筑富有民族特色。市内拥有距今400多年历史的著名的贾拉里古城堡等名胜古迹，还有卡布斯大学、卡布斯体育中心、卡布斯皇家医院、布斯坦宫饭店等。马斯喀特已成为阿曼政治、经济、文化和商业中心。

尼兹瓦 阿曼苏丹国的古城，位于马斯喀特以西约130公里的地方。尼兹瓦曾是阿曼戈兰迪王朝第一教长国和第二教长国的首都，建有阿拉伯半岛上最大的圆城堡。

萨拉拉 阿曼南部城市，濒临阿拉伯海，为佐法尔历史名城。萨拉拉是阿拉伯半岛上唯一有季风的地方，萨拉拉海滩是一处非常值得游览的地方。

2. 社会文化

民族文化

阿曼为伊斯兰国家，信仰伊斯兰教。伊斯兰教历9月是属于白天斋戒的日子，所以不要在室外包括公共场所进食、饮酒及吸烟。阿曼对妇女给予方便，在街上、商店里或办事机构，都对妇女优先照顾，男子不可斜视妇女，并且不可行握手礼，只可点头示意。阿曼人的传统体育活动是赛骆驼、赛马和赛木舟。每年国庆节都要举行一次全国性的骆驼大赛。

风土人情

阿曼人大多热情好客，宾客相见时一般都先互致问候，再行拥抱礼和亲吻礼。对女性一般不主动握手，也不过分亲近和交谈，或拍摄女性照片。他们忌讳左手传递东西或食物，忌讳客人把脚掌朝向自己，忌讳别人送给他们酒品以及女人照片，对不经允许就给他们拍照的做法是极为反感的。

衣、食、住、用、行

阿曼男子虽与大多数阿拉伯人一样着装，但有明显的不同：一是袍子的领口外侧下垂的花穗，可以注些香水；二是男子的头巾质地讲究，有漂亮的花纹；三是阿曼男人身佩腰刀是本民族的重要标志。妇女喜饰金银，服装艳丽。阿曼人能歌善舞，不过一般都是女歌男舞。

阿曼人在饮食爱好上有如下特点：注重讲究菜肴酥香鲜嫩，菜品质高量小，口味不喜太咸，偏爱辣味。主食以面食为主，尤以饼类为最好，也爱吃甜点心。副食爱吃鱼、驼肉、羊肉、牛肉、蛋品等，喜欢黄瓜、豌豆、西红柿、茄子、土豆等蔬菜。阿曼人喜喝红茶和咖啡，对于来访的客人，主人往往会端上阿拉伯咖啡。喝完后，如果不想再喝了，就手举杯子，把杯子在空中摇晃几下。阿曼人作为穆斯林，禁酒，不吃猪肉。

阿曼气候炎热、干旱，受热带气团的控制，大部分地区属于酷热干旱的沙漠气候。白天酷热，夜间凉爽，降水极少，是世界上少有的干旱国家之一，因此在阿曼出行一定要注意防暑降温。

阿曼车辆靠右行驶，主要城市路况较好，但小城市及城镇道路不平且山丘较多。特别是晚间郊外行路时，要注意有野骆驼、羊等动物出没。在阿曼最好不要在海岸边开车，禁止酒后驾车。

教育、医疗、福利制度

教育 阿曼政府非常重视对教育发展的投入，提供从小学到大学完全免费的公共教育，基础、普通教育和高等教育分别由教育部和高教部负责。阿曼的初等教育分为基础教育和普通教育两种体制，后一种较为普遍，学制为12年。

截至2016年，阿曼共有各类公共高等教育机构25所、私立高等教育机构24个，在校学生约9万人。除阿曼高教部管理6所高等院校外，其他部门如劳工部、卫生部、中央银行、宗教事务部、旅游部也管理一些附属高等专科院校。卡布斯苏丹大学是阿曼最高学府，经过多年发展，该大学已发展成为拥有10所专科院校、1.6万名学生的综合性大学。

医 疗 自1970年以来，阿曼逐步建立了以政府医疗机构为主的、较完善的医疗服务体系。阿曼政府通过三级体制向社会提供医疗服务。卫生部依托卫生中心或各州的医院提供初级医疗服务，各省级医院提供次级医疗服务，而位于马斯喀特的全国性医院提供三级医疗服务。卫生部确保所有公民都能享受到医疗服务，同时还负责患者的海外医疗。

截至2016年末，阿曼全国共有医院约70家、健康中心约200个；全国有医生约7000名，护士16000名。此外，阿曼私人医疗机构近年来也得到迅速发展，目前已有11家私立医院、近千家私人诊所。

据世界卫生组织统计，2015年阿曼全国医疗卫生总支出占GDP的2.8%，平均每万人拥有医生24人、护理和助产人员54人。2016年阿曼人预期寿命为76岁。

福利制度 受益于石油收入的增加，经济发展较好，阿曼是个高福利国家，国家对居民的所有福利负责，包括现金福利和其他保障。

传播媒介

报 刊 全国现有报刊30余种，主要的阿拉伯语报纸有《阿曼日报》《祖国报》《观点报》《青年报》等，主要的英语报纸有《观察家报》《马斯喀特日报》《阿曼时报》《论坛报》等。

广播电视 阿曼新闻媒体主要由政府经营，现有1家国家广播电台和1家私人电台。国家广播电台分别在马斯喀特和萨拉拉有广播站，以中波和短波发射信号，有阿拉伯语和英语节目。

社会治安

阿曼法律规定，居民可以合法持有枪支。在阿曼生活或居住应注意以下情况：

（1）选择住所时应全面考虑安全因素，避免住楼的一层和最上层，住宅应有安全门，门上应装有安全防护链；

（2）傍晚或夜间乘坐出租车，最好拨打电话通过调度台订车，出租车内已载有两人或两人以上乘客时应拒绝乘坐；

（3）在公共场所不要张扬所携带的货币，兑换外币时应选择封闭式的银行兑换点；

（4）在阿曼乞讨属违法行为，尽量不要在街头随意施舍；

（5）不要参与赌博活动；

（6）重大案件可以委托律师协助处理，请其参与警方和法院所做调查和裁决的全过程。

传统节日

新年（1月1日）、先知生日（3月9日）、阿术拉节（6月9日）、登宵节（5月17日）、复兴日（7月23日）、开斋节（9月21日）、国庆节（11月18日）、宰牲节（11月28日）、独立日（12月20日）。平时，每周日至周四的早7点至下午2点是政府部门的工作时间，周五、周六休息。

参考文献

[1] 商务部. 对外投资合作国别(地区)指南——阿曼(2014版) [Z]. 2016.

[2] 仝菲, 韩志斌. 列国志——阿曼[M]. 北京: 社会科学文献出版社, 2010.

[3] 刘竞, 安维华. 现代海湾国家政治体制研究[M]. 北京: 中国社会科学出版社, 1994.

[4] 中国出口信用保险公司. 国家风险分析报告2016[M]. 北京: 中国金融出版社, 2016.

[5] 黄培昭, 苏丽雅. 当代阿曼苏丹国社会与文化[M]. 上海: 上海外语教育出版社, 2003.

[6] 黄培昭. 中国和阿曼关系[J]. 阿拉伯世界研究, 2000(2).

[7] 钟志成. 中东国家通史(海湾五国卷)[M]. 北京: 商务印书馆, 2007.

[8] 郭应德. 阿拉伯史纲[M]. 北京: 中国社会科学出版社, 1991.

[9] 彭树智. 阿拉伯国家史[M]. 北京: 高等教育出版社, 2002.

执笔人简介

张军，现就职于中国人民银行沈阳分行资本项目管理处，工程硕士。多年从事中国企业境外投资、境外融资和企业境外上市等工作，参与设计国家外汇管理局资本项目信息系统，参与起草《直接投资外汇管理银行业务操作指南》《资本项目系统操作指南》等。先后发表过《建立个人投资者境外投资制度》《中国企业境外投资操作实务》《辽宁企业境外投资发展现状及特点分析》《完善证券与市场业务》等研究报告和论文20余篇。

阿塞拜疆

执笔人：张 玥

1. 经济金融

1.1 宏观经济

经济增长率　后金融危机时期的阿塞拜疆经济进入了一个低速、平稳的发展期。2012年、2013年和2014年阿塞拜疆经济增长率分别为5.7%、6.4%和1.4%。2015年，受全球经济低迷、油价低位运行、各国量化宽松政策等不利影响，阿塞拜疆GDP仅为544亿马纳特，约合518亿美元[①]，GDP增长率为-31.1%，人均GDP为5704马纳特，约合5432美元。

表1　2006—2015年阿塞拜疆主要经济数据

项目＼年份	2006	2007	2008	2009	2010	2011	2012	2013	2014	2015
GDP（亿美元）	210	331	489	443	529	659	697	742	752	518
GDP增长率（%）	58.4	57.5	47.8	-9.3	19.4	24.7	5.7	6.4	1.4	-31.1
人均GDP（美元）	2473	3851	5574	4950	5843	7190	7494	7913	7986	5432

数据来源：阿塞拜疆国家统计署。

财政收支　2015年，阿塞拜疆财政收支基本平衡，其中财政收入为171亿

---

① 按照2015年12月折算率1马纳特=1.05美元计算，余同。

马纳特（约合165亿美元），财政支出为177亿马纳特（约合169亿美元），财政赤字6.3亿马纳特（约合6亿美元），约占GDP的1.2%。

（通货膨胀） 世界银行统计数据显示，2015年阿塞拜疆通货膨胀率为4.2%。

1.2 产业结构

阿塞拜疆统计和信息中心数据显示，2015年阿塞拜疆农业、工业、服务业占GDP的比重分别为6%、58%和36%。建筑业和产品税收分别占GDP的12%和8%。2015年，阿塞拜疆油气领域占GDP总量的31%，非油气领域占69%。2015年阿塞拜疆固定资产投资达152亿美元，贸易总额206亿美元，分别占GDP的29%和40%。

1.3 支柱产业

（石油天然气开采及相关产业） 阿塞拜疆石油开采已超过150年的历史，石油成为该国最重要的产业部门。阿塞拜疆国家石油公司是该行业最具实力的大型企业，拥有石油和天然气开发、炼油、石油化工、石油机械、石油运输、销售和油田技术服务和工程服务等多个企业，其主要利润来自原油出口。阿塞拜疆国家石油公司还是国内唯一的石油产品生产企业，在阿塞拜疆、格鲁吉亚、乌克兰和罗马尼亚拥有自己的加油站。

2015年阿塞拜疆油气领域实现产值167亿马纳特（约合159亿美元），约占GDP的31%。其中，石油产量4169万吨，同比下降0.8%；天然气产量297亿立方米，同比增长1.1%。石油出口3252万吨，同比下降1.6%；天然气出口84亿立方米，同比下降1.9%。石油及石油产品的出口额占阿塞拜疆出口总额的85%以上。现阶段，阿塞拜疆油气领域的开采量仍主要来自其境内里海水域最大、最主要的阿泽利—齐拉克—居涅什里油田和沙赫丹尼兹气田。但近年来阿塞拜疆石油开采增长过快，从中长期看，其石油生产有递减的趋势。2015年，阿泽利—齐拉克—居涅什里油田和沙赫丹尼兹气田的油气产量分别为3130万吨和99亿立方米。

（运输业） 阿塞拜疆地处欧亚交界处，拥有里海最大的港口，南与伊朗交界，北与俄罗斯接壤，东西方向处在中亚和外高加索之间，拥有较便捷的公路、铁路、能源管道和外高加索地区最大的民用机场，为其提供了发展跨国运输的良好条件。

阿塞拜疆的铁路、航空和里海运输基本由国家经营，但现已允许私营和外国航空公司进入国际客运、货运运输业务领域。公路运输基本实现私有化经营。2015年，阿塞拜疆国内运输业新增产值29亿马纳特（约合28亿美元），同比下降1.7%，占其GDP的5.4%。2015年阿塞拜疆各种运输方式在全国货物运输总量中的份额依次为公路62%、管道27%、铁路8%和水路3%。

从中国运输至阿塞拜疆可参考选择以下运输路线：海运至伊朗的阿巴斯港，再经公路从伊朗过境运往阿塞拜疆；海运至格鲁吉亚的黑海港口波季，再经铁路运往巴库；货物从中国与哈萨克斯坦边境铁路口岸阿拉山口出关，途经哈萨克斯坦和俄罗斯，最后进入阿塞拜疆，全程采用铁路运输；货物经陆路运至哈萨克斯坦或土库曼斯坦的里海港口，经里海航运到巴库。

1.4 对外贸易

（贸易总额） 受全球经济衰退和国际油价暴跌等影响，2015年阿塞拜疆对外贸易额、出口额和进口额均有所下滑。2015年阿塞拜疆与160多个国家有贸易往来，完成对外贸易总额207亿美元，同比下降33.2%。其中，出口总额为114亿美元，同比下降47.7%；进口总额为93亿美元，同比增长1%。实现贸易顺差21亿美元，同比下降83.3%。

亿美元

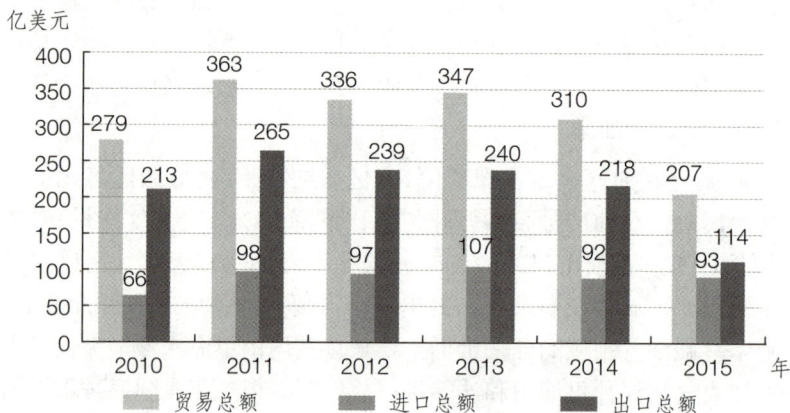

资料来源：阿塞拜疆海关统计。

图1　2010—2015年阿塞拜疆对外贸易统计

（贸易伙伴） 2015年阿塞拜疆前十大贸易伙伴为意大利（28亿美元）、德国（19亿美元）、俄罗斯（19亿美元）、土耳其（15亿美元）、美国（12亿美元）、法国（11亿美元）、以色列（8亿美元）、捷克（6亿美元）、中国（6亿美元）和英国（5亿美元）。其中，前十大出口目的地为意大利（约占阿塞拜疆出口总额的20%）、德国（11%）、法国（8%）、以色列（7%）、捷克（5%）、印度尼西亚（4%）、俄罗斯、奥地利、葡萄牙和格鲁吉亚。前十大进口来源国为俄罗斯（约占阿塞拜疆全年进口总额的16%）、土耳其（13%）、美国（9%）、德国（8%）、意大利（6%）、日本、英国、中国、乌克兰和法国。

2015年阿塞拜疆对外贸易重心在欧盟和独联体，占其外贸的比重达59%。其中，欧盟约占47%（89亿美元），独联体约占12%（25亿美元）。阿塞拜疆对欧盟出口和自欧盟进口分别占其出口和进口总额的59%和32%，对独联体出口和自独联体进口分别占其出口和进口总额的4.6%和21%。

商品结构 2015年阿塞拜疆出口商品达2500种。从出口商品构成来看，石油和天然气仍是其重要的出口产品。据阿塞拜疆海关统计，石油约占其出口总额的85%，天然气约占2%。从出口商品结构上看，除了石油及其产品外，其他出口商品比重较小，表明阿塞拜疆出口以资源产品为主的格局没有改变。

2015年阿塞拜疆进口6200种商品。从进口商品构成来看，阿塞拜疆进口商品几乎涵盖了各大类商品，主要有机电产品（约占进口总额的27%）、黑色金属（约占17%）、交通工具及其配件（约占13%）、粮食（约占3%）。

1.5 货币政策

阿塞拜疆法定流通货币是马纳特。2006年1月，新马纳特（AZN）取代旧马纳特，正式进入流通，对美元初始汇率为1美元=0.92马纳特；此后，马纳特不断升值。2010年以来，马纳特对美元的汇率一直保持稳定（1美元=0.78马纳特）。但受国际金融危机、国际油价持续下跌以及主要贸易伙伴国货币纷纷大幅贬值等因素影响，阿塞拜疆中央银行于2015年2月21日和12月21日分别对马纳特实行贬值。2015年12月21日后，阿塞拜疆中央银行宣布马纳特实行浮动汇率制。

1.6 外汇管理

阿塞拜疆对资金的汇入与汇出进行严格管控。根据阿塞拜疆《外汇调节法》，外资企业可在当地银行开立外汇账户，用于进出口结算。贸易往来汇出外汇金额超过规定限额5万美元时需要申报，并提供完税证明或资金来源证明。在阿塞拜疆合法工作的外国人完税后可将个人收入全部汇出。外国人携带1000美元以上现金出境时须向海关申报，但出境携带现金总量不能超过1万美元。

阿塞拜疆境内任何一家银行机构均可将马纳特与美元、欧元或英镑进行自由兑换，人民币暂时不能与马纳特直接兑换。

外汇储备 阿塞拜疆外汇储备由中央银行外汇储备和国家石油基金组成。截至2016年1月1日，阿塞拜疆外汇储备约390亿美元，其中，中央银行外汇储备50

亿美元，国家石油基金340亿美元。

> **外债余额**　截至2016年1月1日，阿塞拜疆外债余额约为69亿美元，同比增长6.4%。外债总额中，10年以下的短期外债占8%，10～20年的中长期外债占59%，20年以上的长期外债占33%。

目前，阿塞拜疆的外债主要由世界银行、国际货币基金组织等国际性金融机构提供，资金主要用于国内经济改革，公路、铁路、电站以及城市给排水等基础设施项目的建设与改造。

1.7　金融

阿塞拜疆对外国银行在本国开设分行进行限制，对资金的跨境流动也有严格管控。

> **银　行**　据阿塞拜疆官方统计，截至2016年3月末，阿塞拜疆共有37家商业银行，主要有阿塞拜疆国际银行、Pasha Bank和Kapital Bank等。阿塞拜疆商业银行数量较多，但规模较小，该国中央银行一直采取措施减少商业银行数量。此外，银行贷款利率较高，导致很多外资企业很少通过阿塞拜疆商业银行借贷。目前，阿塞拜疆没有中资银行，中国工商银行也仅与阿塞拜疆国际银行有合作关系。

信用卡可以在国际机场、星级饭店以及部分银行、超市、商店使用。中国发行的VISA卡和Master Card卡也可以在部分场所使用。

> **证　券**　阿塞拜疆证券交易市场起步于2000年，巴库金融交易所是国内唯一的证券交易所。此外，还有一家随私有化进程而建立的阿塞拜疆信托中心，也是股份有限公司性质，其主要职能是代客户保管有价证券，同时也可代理客户进行部分有价证券交易。阿塞拜疆证券市场现在发行的金融工具主要有短期国债、短期中央银行票据、企业债券、公司股票等。

阿塞拜疆现行法律规定，外国法人和自然人可投资短期国债、公司股票和企业债券。2015年巴库证券交易所成交额达84亿马纳特（约合80亿美元），同比下降35%。

> **保　险**　近年来，阿塞拜疆保险市场持续发展，保险业务涉及社会经济各个领域，主要险种包括寿险、财产险、不动产险、交强险及商业车险、商业医疗险等。2016年1月1日，阿塞拜疆正式加入国际汽车保险"Green Card"体系。目前，阿塞拜疆共有27家保险公司，居前两位的Azersogorta和AzSigorta为国有保险公司。2015年阿塞拜疆保费收入约为4.4亿马纳特（约合4.2亿美元），同比增长3.2%。

1.8 中阿经贸

双方贸易　中阿两国开展经贸合作从无到有，合作的规模也在不断扩大。据中国海关统计，2015年中阿双边贸易额约为6.6亿美元。

出口商品类别　据中国海关统计，2015年中国对阿塞拜疆出口商品种类包括机械器具、针织服装、电机电气、音像设备、家具、车辆及配件、铝制品等。其中，机械器具、服装、家具等传统产品的出口约为2.5亿美元，占出口总额的一半以上。

进口商品类别　据中国海关统计，2015年中国自阿塞拜疆进口商品以矿物燃料、塑料制品、铜制品、矿砂及矿渣等为主。其中，矿物燃料进口额占中国自阿塞拜疆进口总额的69%。

表2　2010—2015年中国和阿塞拜疆双边贸易统计　　单位：亿美元，%

项目 年份	贸易总额		中国出口		中国进口	
	金额	增幅	金额	增幅	金额	增幅
2010	9.3	12.7	8.5	3.4	0.8	300
2011	10.9	17.2	8.9	4.7	2	150
2012	12.8	17.4	10.6	19.1	2.2	10
2013	11.1	−13.3	8.7	−17.9	2.4	8
2014	9.4	−15.3	6.4	−26.4	3	25
2015	6.6	−29.8	4.4	−31.2	2.2	−26.7

资料来源：中国海关。

双方投资　据中国商务部统计，2015年中国对阿塞拜疆直接投资流量约为136万美元，直接投资存量约为6370万美元。中国对阿塞拜疆投资主要集中在石油领域，对石油开采项目的投资带动了中国石油开采设备和服务的出口以及相关企业在阿塞拜疆的投资。阿塞拜疆与中国开展的经贸合作以贸易居多，投资规模和数量不大。

双方协定　主要有《中华人民共和国政府和阿塞拜疆共和国政府关于鼓励和相互保护投资的协定》（1994年）、《中华人民共和国政府和阿塞拜疆共和国政府经济贸易合作协定》（2005年）、《中华人民共和国信息产业部与阿塞拜疆共和国通信与信息技术部合作谅解备忘录》（2005年）、《中华人民共和国政府和阿塞拜疆共和国政府关于对所得避免双重征税和防止偷漏税的协定》（2005年）、《中华人民共和国政府和阿塞拜疆共和国政府关于海关事务的互助协定》（2005年）。

2. 经济环境

2.1 国内市场

销售总额 据阿塞拜疆国家统计委员会公布的数据，2015年阿塞拜疆全国商品零售和服务消费总额约为332亿马纳特（约合316亿美元）。其中，全社会商品零售总额为257亿马纳特（约合245亿美元），占77%，同比增长11%；全社会服务消费总额为75亿马纳特（约合71亿美元），占23%，同比增长5%。

物价水平 2015年阿塞拜疆通货膨胀率达4%，食品类商品、非食品类商品和服务价格分别上涨6%、4%和1%。阿塞拜疆中低收入阶层仍占其人口的多数，虽然近年来工薪阶层的收入有所提高，但食品价格的上涨使得食物消费支出仍占较大比重。

生活支出 据阿塞拜疆国家统计委员会统计数据，2015年居民总收入约为420亿马纳特（约合400亿美元），同比增长5.7%；扣除各项社会保险和个人所得税，阿塞拜疆实际居民总收入约为379亿马纳特（约合361美元），同比增长5.6%；人均可支配收入约为4000马纳特（约合3810美元），同比增长4.3%。在职人员平均月工资470马纳特（约合448美元），同比增长5%。

据阿塞拜疆国家统计委公布的数据，截至2016年1月1日，阿塞拜疆居民银行存款总额约为95亿马纳特（约合90亿美元），同比增长33.6%。其中，外币存款约80亿马纳特（约合76亿美元），占居民存款总额的85%。居民对收入的支配如下：72%用于商品与服务消费，10%用于纳税与各类社会保险，15%用于储蓄，3%用于还贷。

2.2 基础设施

公　路 2015年阿塞拜疆全国公路总里程约为5.9万公里。其中，国家级干线和区域级干线总长约为4645公里，地方级公路总长约为1.4万公里。首都巴库市公路总长约为1500公里。近年来，阿塞拜疆着力加快公路建设，2015年投资额约为12亿马纳特（约合11.4亿美元）。

阿塞拜疆境内有两条运输主干线：一是贯穿阿塞拜疆南北的干线公路，全长约521公里，是连接俄罗斯和伊朗的重要过境运输通道；二是贯穿阿塞拜疆东西的干线公路，与格鲁吉亚边境相连，境内全长约503公里。2015年公路运输货物量为1.4亿吨，同比增长7%，占阿塞拜疆国内运输总量的62%。

（铁 路） 2015年阿塞拜疆国内铁路总长2929公里，其中2099公里为正在使用中的铁路，830公里为双轨铁路，1650公里的铁路配备了自动信号系统，电气化铁路长约1300公里。2015年阿塞拜疆对铁路领域的投资达2.3亿马纳特（约合2.2亿美元），同比增长40.9%。

目前，阿塞拜疆铁路运输以通往格鲁吉亚方向为主，从巴库至格鲁吉亚的货运量约占全国铁路货物运输总量的70%。阿塞拜疆铁路客运设有开往全国各主要城市以及俄罗斯、乌克兰和格鲁吉亚等国的班次。2015年阿塞拜疆铁路运输量为1710万吨，同比下降21.5%，占当年国内运输总量的7.7%。

巴库市有地铁交通，2015年阿塞拜疆对地铁建设与改造的投资达4.6亿马纳特（约合4.4亿美元），同比增长20.7%。2015年阿塞拜疆地铁客运量为2.2亿人次，同比增长3%。

（水 运） 阿塞拜疆水运以里海货物运输为主，货运的六成以上为原油和成品油。巴库港是里海沿岸最大港口，不但可衔接里海水运与国内铁路运输，还可将里海水运与俄罗斯内河运输相连。巴库港与土库曼斯坦的土库曼巴希港和哈萨克斯坦的阿克套港之间有里海轮渡交通。

水运由阿塞拜疆国家里海海运轮船公司经营。该公司拥有油轮、轮渡船、货轮等自有船只总计288艘。2015年阿塞拜疆水运运输量为660万吨，同比下降33.3%，占阿塞拜疆国内运输总量的3%。其中，石油及石油产品占水运总量的64.9%，干货占35.1%。

（空 运） 阿塞拜疆现有6个机场。其中，盖达尔·阿利耶夫国际机场为全国最大的机场。2015年阿塞拜疆国内航空公司完成客运总量180万人次，同比增长1.8%。航空客运量的99.5%由阿塞拜疆航空公司完成，私企航空公司完成客运量的0.5%。巴库和乌鲁木齐之间已开通定期航班，该航段由中国南方航空公司执行飞行。此外，阿塞拜疆航空公司于2013年8月开通了巴库至北京直航，每周两个航班。

阿塞拜疆航空公司总部设在巴库，主要经营从巴库到独联体国家、欧洲、中国和中东地区，以及国内的定期客运和货运航班服务。目前，该公司通航的城市有35个。

（通 信） 近年来，阿塞拜疆移动通信市场发展迅速。2015年阿塞拜疆通信业实现产值10.8亿马纳特（约合10.3亿美元），同比增长6.8%，占其GDP总量的1.9%。其中，移动业务收入占全行业总收入的53%。阿塞拜疆现有3家GSM运营商，Azercell公司拥有480万户用户，Bakcell公司拥有290万户用户，Azerfon公司拥有180万户用户。

阿塞拜疆平均每100户家庭拥有69部电话。巴库市内通话免费（每月收取2马纳特月租费）；国内长途电话0.05马纳特/分钟；国际通话根据拨叫地区不同，每分钟话费为0.36～0.54马纳特。宽带网络在阿塞拜疆也发展较快，目前全国宽带网络普及率达65%，60%的家庭拥有电脑，75%的家庭有网络接入。

（ 电 力 ） 阿塞拜疆全国电力总装机容量790万千瓦。目前有10个水电站和14个火电站，以及200多个功率为500千瓦、330千瓦、220千瓦和110千瓦的变电站。

据统计，阿塞拜疆每年发电量约240亿千瓦时，其中约89%为火力发电，约11%为水力发电。阿塞拜疆能源供应充分，电力供应不仅能满足国内需求，每年还对外出口约21亿千瓦时。阿塞拜疆电网与格鲁吉亚、土耳其、俄罗斯和伊朗相连，每年向格鲁吉亚、土耳其和俄罗斯出口电力，并与伊朗互换电力。2015年阿塞拜疆生产电力229亿千瓦时，同比下降0.7%。

2.3 商务成本

（ 水、电、气价格 ）

电价：0.06马纳特（约合0.04美元）/度。

水价：上水：民用0.18马纳特（约合0.12美元）/立方米，企事业单位用水0.70马纳特（约合0.45美元）/立方米。下水：民用0.04马纳特（约合0.03美元）/立方米，企事业单位用水0.20马纳特（约合0.13美元）/立方米。

天然气：0.10马纳特（约合0.065美元）/立方米。

汽油：95号汽油0.95马纳特（约合0.6美元）/升，92号汽油0.7马纳特（约合0.45美元）/升，柴油0.6马纳特（约合0.39美元）/升。

2.4 劳动力供求及工薪

（ 劳动力供求及工薪 ） 截至2016年1月1日，阿塞拜疆全国有劳动能力的居民总计492万人，就业人口467万人，全国正式登记的失业人数为3万人，人均失业补助金为262马纳特（约合250美元）。2015年新增就业岗位10万个。阿塞拜疆官方公布的失业率为4.9%。此外，阿塞拜疆还有数十万名本国劳动力在俄罗斯、伊朗和土耳其等国务工，每年带回巨额汇款并减轻了国内就业压力。2015年阿塞拜疆侨汇收入达11.8亿美元。

据阿塞拜疆官方统计，2015年阿塞拜疆人均月工资466.4马纳特（约合444美元），同比增长5%。开采业、金融业、房地产以及租赁行业的职工人均工资水平大大高于全国平均值。2015年阿塞拜疆国内最低月工资标准为105马纳特（约合100美元）。

【土地及房屋价格】 截至2015年12月末，巴库市土地平均价格是每平方米166美元，其他地区土地价格略低。

【住宅交易价格】 截至2015年12月末，阿塞拜疆巴库市一级住宅市场平均价格为每平方米958美元，二级住宅市场价格为每平方米1605美元。巴库市最贵房屋价格为每平方米约4500美元，最便宜的价格约每平方米500美元。写字楼市场价格为每平方米3000美元。

【租用住宅价格】 巴库市区公寓房平均月租金约400美元/套，每平方米平均月租金6～10美元。

2.5 风险评估

【社会安全】 阿塞拜疆较少发生暴力事件，近年来风险防范能力明显增强。

【经济风险】 阿塞拜疆自身资源丰富，国内政局相对稳定，经济平稳增长，投资环境总体上不断改善，经济外向度逐渐提高，目前已成为对外资具有吸引力的国家之一。

3. 政策规定

3.1 投资方面

【投资主管部门】 阿塞拜疆政府投资主管部门是经济部，负责外资事务的部门是其下属的外国投资和技术援助协调司，主管国内投资政策、国家投资规划以及协调国家投资项目的执行部门是该部的国家投资司。

【投资方式的规定】 根据阿塞拜疆《投资法》和《外国投资保护法》，外资企业的主要权利包括：通过在阿塞拜疆境内建立独资企业、合资企业以及购买企业股份、债券、有价证券、土地和自然资源的使用权、其他财产权等方式在阿塞拜疆进行投资；参与阿塞拜疆国有资产、地方自治机构资产的私有化；从事阿塞拜疆法律未加禁止的其他任何经营活动。目前，阿塞拜疆尚未制定出台有关外资并购安全审查、国有企业投资并购、反垄断、经营者集中等方面的法律，但针对具体并购项目时，则须由当地审计公司进行审计。必要时，有关项目须提交阿塞拜疆紧急情况部审批。

投资行业的规定　阿塞拜疆《投资法》虽未对限制外国投资的行业做明确规定，但实际上在外资进入其国内金融市场等行业的市场准入方面存在一定限制。阿塞拜疆涉及投资活动的现行主要法律法规有《民法》《投资活动法》《外国投资保护法》《企业经营法》《税法通则》《海关法》《反垄断经营法》《私有化法》《法人注册法》《破产法》《会计法》《保险法》《商业秘密法》《价格调节法》和《关于向部分经营活动发放经营许可证的办法》等。

《外国投资保护法》颁布于1992年1月15日，历经5次修改，最近一次修改于2001年11月23日颁布生效。根据该法规，外国投资者在阿塞拜疆享有如下基本权利：通过在阿塞拜疆境内建立独资企业、合资企业，以及购买企业股份、债券、有价证券、土地和自然资源的使用权及其他财产权等方式进行投资活动；参与国有资产、地方自治机构资产的私有化。企业出口产品所得外汇、正常经营所得利润、外籍员工的工资收入均可由外资企业或员工自主支配。依法完税后可自由兑换成外币并汇到境外。

3.2　贸易方面

贸易主管部门　阿塞拜疆政府贸易主管部门是经济部。

贸易法规体系　阿塞拜疆与贸易相关的法律法规主要有《关税通则》《外汇调节法》《反垄断经营法》《价格调节法》以及《关于向部分经营活动颁发经营许可证的办法》等。

贸易管理相关规定　阿塞拜疆实行自由贸易制度，所有经济实体和自然人有权从事进出口贸易。从事烟酒产品、药品、爆炸品等特殊商品生产或贸易的企业和个人须向政府主管部门申请经营许可证。

3.3　税收方面

税收体系和制度　阿塞拜疆实行属地和属人原则相结合的税制，凡阿塞拜疆公民、在阿塞拜疆长期居住的外籍人员，以及在阿塞拜疆注册登记的法人或虽未在阿塞拜疆设立机构、场所，但有来源于阿塞拜疆境内收入的外国企业、公司和经济组织，均适用阿塞拜疆税法。

阿塞拜疆税法规定，实行国家、自治共和国、地区三级税制，全国实行统一的税收制度。

主要赋税和税率

（1）自然人所得税：按年征收，征税对象包括在阿塞拜疆获得长期居留权的外籍人士。年收入24000马纳特以内者，按年收入的14%纳税；年收入超过24000马纳特者，税金计算方式为：3306马纳特+（实际收入–24000马纳特）×35%。

（2）法人利润税：按年征收。在阿塞拜疆注册经营的外资企业与当地企业按同样规定纳税。税率为扣除增值税和消费税后企业在阿塞拜疆境内收入总额的22%，残疾员工过半的社会福利企业减半纳税。

（3）增值税：阿塞拜疆税收体制的核心税种，税率为18%。政府不定期地对免征增值税的进口商品名录进行调整。

（4）消费税：应税商品包括烟、酒、成品油、轿车、游艇。在阿塞拜疆法律规定的特殊情况下可免征消费税或退税，如进行转口贸易或利用应缴消费税的原材料生产其他消费税商品等情况。政府主管部门对税率进行不定期调整。

（5）营业税：按月征收。征税对象为未进行法人增值税登记但从事经营活动的企业和自然人。首都巴库市商品零售业、服务业的税率为月销售额的4%，其他地区为2%。

3.4 劳动就业方面

雇佣和解聘 阿塞拜疆《劳动法》规定，雇用员工时劳资双方应签订劳动合同。"劳动手册"是反映个人工龄、专业等就业状况的重要证件和依据，用人单位应对在本单位就职5天以上的雇员在"劳动手册"上及时进行登记，登记内容包括何时雇用、专业或工种、专业资格（学历）、任职情况、被解雇的日期等。解除劳动合同之时雇主应把"劳动手册"交给被解雇人。阿塞拜疆政府对未签订劳动合同、隐瞒不合法用工的雇佣方将给予重罚。

工薪规定 2007年，阿塞拜疆着手实行最低工资和基础退休金指数化，将两项指标的基准线确定为50马纳特（约合60美元）。2009年这两项指标的基准线提高到80马纳特。从2012年12月1日起，这两项指标的基准线进一步提高至93.5马纳特（约合118美元）。2014年阿塞拜疆政府制定的最低工资为105马纳特（约合65美元）。

社保基金 阿塞拜疆法律规定，包括外资企业、外资机构在内的所有用工单位和个人均应缴纳社保基金，缴纳金额是企业或单位员工工资总额的25%，雇主和受雇人分别支付22%和3%。

3.5 环境保护方面

（环保管理部门） 阿塞拜疆政府环保主管部门是生态与自然资源部。其主要职责包括制定国家环境保护和自然资源利用领域的法规和政策并监督其执行情况，审批环保和资源开发项目以及发放相应的经营许可，协调环保项目和矿产资源开发领域的国际合作等。

（主要环保法律法规） 阿塞拜疆有关环保的法律法规包括《环境保护法》《大气空间保护法》《生态安全法》《土地法》《动物法》《植物保护法》《渔业捕捞法》《水文气象法》《地下资源法》《工业废料法》《供水及废水法》《自然区域和物种保护法》等。

（环保法律法规基本要点） 现行法律规定，新的工业和建设项目开工前必须进行环保论证，取得相应主管部门的认可。发生环境污染的，按相关规定执行罚款、整顿、关停等惩处措施。

3.6 承包工程方面

（许可制度） 阿塞拜疆《国家采购法》规定，具备相应资质的外国承包商均有权通过投标或议标的方式进入国内工程承包市场。参与国际金融组织或外国政府投资项目的资格限制根据投资方和业主的规定办理。外国承包商在阿塞拜疆享受国民待遇，但不允许外国自然人在当地承揽承包项目。

（禁止领域） 除涉及国防安全和国家机密的项目外，对外国承包商无特别禁止领域。

3.7 知识产权方面

阿塞拜疆有关知识产权保护的主要法律有《著作权及相关权利法》《专利法》《商标和地理标志法》等，对违反知识产权相关保护规定的行为将给予法律和行政处罚。

3.8 优惠政策

（优惠政策框架） 阿塞拜疆法律规定，外资企业在阿塞拜疆享受国民待遇。以下情况可向外资提供有限度的税收优惠：

（1）对外商作为投资向阿塞拜疆输入的设备、材料等货物，以及外企工作人员及家属携带入境的私人财产和物品可免征关税和增值税；

（2）对重大外国投资项目，可通过签订个案合同的方式，规定项目可享受的税收优惠，例如石油天然气或其他矿产资源的投资开发项目，外商可根据与阿塞拜疆政府签署的合作协议享受免征进口关税、增值税等税收优惠。

（行业鼓励政策） 阿塞拜疆政府鼓励外资投向非石油产业，阿塞拜疆政府对投入基础设施建设项目（道路、电站）的外国贷款提供主权担保。

（地区鼓励政策） 阿塞拜疆政府鼓励向首都以外地区的社会经济发展项目投资，如基础设施、农业等领域。

4. 办事手续及流程

4.1 注册企业

（受理机构） 受理外国企业注册的机构是司法部。

（需要提交的材料） 申请书、公司发起文件（包括公司章程、法人代表的授权等）、已缴纳国家税费的收据、授权文件、经公证的签名样本、申请人法定地址文件等。

（所需时间） 2个月左右。

4.2 承揽工程

（受理机构） 主管承包工程的部门是国家建筑和设计委员会。

（主要程序） 按招标通告的具体要求递交相应的资质证明。中标签约后，须在当地办理法人注册，方可取得承包工程的许可。

（获取信息） 阿塞拜疆法律规定，招标通告应按规定期限和规定要求在国家级报纸及具有国际影响的大众媒体上予以公布，可通过当地主要报纸或网站查询。

（招标方式） 国家采购性质的工程项目招标主要有公开招标、两阶段招标、限制招标和不公开招标、议标等形式。造价预算在2.5亿马纳特（约合1.61亿美元）以上的大型项目必须采取公开招标方式。业主如不准备采用公开招标方式，必须有符合《国家采购法》规定的理由并获得主管部门批准。私人授资项目多采用议标方式。

4.3　申请专利

（受理机构）　国家标准、计量和专利署。

（申请方式）　外国法人和自然人在阿塞拜疆申请专利必须通过在阿塞拜疆正式注册的专利代理人办理。

4.4　注册商标

（受理机构）　国家标准、计量和专利署。

（申请方式）　外国法人和自然人每次只能申请一种商标，且必须通过在阿塞拜疆正式注册的代理人办理。

4.5　纳税申报

阿塞拜疆法律规定，纳税人应在规定期限内向其进行税务登记所在地的税务机关报税，并按规定格式正确填写报税单。一般情况下，纳税人应根据法律规定的方法和税率自行计算税款。

（纳税申报时间）　纳税申报截止日期

自然人所得税：长期居留者4月15日，非长期居留者4月1日。

增值税：1月20日、12月20日。

消费税：1月20日、12月20日。

营业税：1月20日、4月20日、7月20日、10月20日。

（纳税申报渠道）　可前往税务机关或通过互联网报税，也可通过正规税务代理机构办理报税。

（纳税申报资料）　报税单。

4.6　工作签证

根据阿塞拜疆现行法规，外国人必须先取得工作签证后才能申请长期居留签证。

（主管部门）　劳动和社会保障部。

（申请程序）　由雇主向主管部门提出申请。申请的主要条件是当地劳动力无法满足工作的需要。

（所需资料）　雇主资料、受聘人资料（包括专业技能和资质证书）等。

4.7 能为中国企业提供帮助的机构

中国驻阿塞拜疆大使馆经济商务参赞处

地址：Str.M.Araz112, Baku City, Azerbaijan Republic

邮编：1069

电话：00994-12-4656214

电邮：az@mofcom.gov.cn

阿塞拜疆驻中国大使馆

地址：北京市齐家园外交公寓B-3号别墅

邮编：100600

电话：010-65324614/65324698

5. 中国企业应注意的事项

5.1 投资方面

适应当地法律环境，包括了解和掌握相关的法律规定、执法程序，做到守法经营。

做好投资风险评估。阿塞拜疆现行法律规定，对外资实行国民待遇，外资企业可享受的政策优惠不多。此外，在阿塞拜疆经营的成本比国内高，建议企业在投资决策前充分评估市场风险，认真核算预期收益，选择适合本企业的切实可行的项目。

5.2 贸易方面

中阿双边贸易以中方对阿塞拜疆出口为主，且两国银行间尚未建立结算合作关系，因此建议：（1）重视贸易合同的订立，尤其是在中国出口货物支付保障条款方面，最大限度地减少出口收款的风险。（2）诚信经营，以质取胜。为进一步扩大中国商品在阿塞拜疆的市场认知度，中国企业应出口高质量的商品来满足消费者的需求。（3）谨慎选择贸易伙伴，采取有效措施开展贸易活动，规避风险。（4）大多数到阿塞拜疆经商的中国企业或个人，在当地都寻找到了可靠的合作伙伴，并且要求对方在支付完货款后才能拿到提货单，以避免商务纠纷的发生和确保在阿塞拜疆的长期发展。

需要注意的是，阿塞拜疆海关指定专门的报关公司对进口商品进行包税进口清关（类似于俄罗斯的灰色清关），请相关贸易公司按照当地法律和规章制度进行操作，在操作过程中要单证齐全，货物与单证相一致，并注意保留手续备份，以免发生意外纠纷。

5.3　承包工程方面

阿塞拜疆正处于经济上升期，基础设施承包工程市场潜力较大。2014年中国企业在阿塞拜疆新签承包工程合同22份，新签合同额6858万美元，完成营业额1.29亿美元；当年派出各类劳务人员133人，年末在阿塞拜疆劳务人员366人。新签大型工程承包项目包括中国石油集团长城钻探工程有限公司承建阿塞拜疆钻井修井服务、沈阳远大铝业工程有限公司承建巴库新月官、华为技术有限公司承建阿塞拜疆电信等。由于阿塞拜疆工程招标市场在规范操作方面仍有待完善，故建议拟开拓承包工程市场的中国承包商加大投标前的工作力度，深入研究阿塞拜疆国情和市场特点，充分了解业主需求，加强与当地有实力承包企业的合作，实现优势互补。

5.4　劳务合作方面

中国工人技术熟练，工作效率高，很多阿塞拜疆企业主愿意雇用中国工人从事建筑、装修等工作，但目前阿塞拜疆进一步从严审批外国人的工作签证，中国工人进入阿塞拜疆劳务市场的难度比以前更大。建议中国工程承包企业加强对有关法规的了解，避免中国工人入境后无法办理工作签证。

5.5　防范投资风险

在阿塞拜疆开展投资、贸易、承包工程和劳务合作的过程中，要特别注意事前调查、分析、评估相关风险，做好风险规避和管理工作，切实保障自身利益，包括对项目或贸易客户及相关方的资信调查和评估、对投资或承包工程国家政治风险和商业风险的分析和规避、对项目本身实施的可行性分析等。建议相关企业积极利用保险、担保、银行等金融机构和其他专业风险管理机构的相关业务保障自身利益。

5.6　妥善处理与政府及非政府组织间关系

中国企业在阿塞拜疆开展投资合作，不仅需要与各级政府职能部门、执法部门建立和谐关系，还要关心和及时了解议会在经济立法、政策走向等方面的动态。建议中资企业在有条件或有机会的情况下与当地议员建立良好的合作关系，以获得更多的信息和支持。

5.7　妥善处理与工会间关系

阿塞拜疆工会协会于1993年在阿塞拜疆工会联合会的基础上重组而成，会员超过120万人。近年来，阿塞拜疆工会在职工教育、维权等方面发挥着越来越大的作用。中国企业要严格遵守当地《劳动法》及其他相关法律法规，掌握当地及本行业职工工资和待遇水平；要了解工会组织在相关行业的作用、影响及活动特点；有条件的企业可参加当地的雇主协会，了解和参考其他会员企业处理劳资纠纷的常用办法和途径；注意与工会保持友好沟通和经常对话，以便在发生问题和处理纠纷时能够及时准确地了解情况，得到配合和理解。

5.8　尊重当地的风土民情

阿塞拜疆在风俗习惯方面既保持穆斯林的宗教传统，又深受前苏联生活方式的影响。中国企业应尊重当地居民的宗教信仰和民族习俗，在与当地居民的交往中，应注意个人形象，着装得体，文明礼貌。在有条件的情况下，企业应积极参与当地和社区的社会公益活动，为民生事业做些力所能及的实事。

6.　中国企业遇到问题该如何解决

6.1　寻求法律保护

中国企业和人员在阿塞拜疆不但要守法经营，还应经常关注和了解当地相关法律法规的变化，在遇到困难或受到不公正待遇时应通过法律手段维护自己的合法权益，具体有以下几种途径：

（1）聘请当地有经验的律师帮助企业处理日常法律事务。一旦涉及纠纷，首先通过律师寻求法律途径。

（2）可就某个重大问题请当地有信誉的法律咨询公司、律师事务所或投资促进机构的专职律师提供专项咨询服务。

（3）阿塞拜疆政府职能机构内部一般都设有条法部门或专职律师，与当地企业开展合作时，可向相关行业主管机构的条法部门或专职律师进行咨询或寻求帮助。

6.2　寻求当地政府的帮助

中国企业应与阿塞拜疆相关的政府主管部门保持密切的沟通，定期向其通报企业经营情况，主动接受其指导。发生困难时及时向其反映情况，积极寻求其帮助。如遇突发事件和紧急状况，除及时报告中国驻阿塞拜疆使领馆和当地政府主管部门外，还应积极寻求警察局、紧急状态部等政府强力部门的帮助。

6.3　取得中国驻阿塞拜疆使（领）馆的保护

阿塞拜疆是与中国有外交关系的主权国家，中国公民在其境内的行为受国际法和阿塞拜疆法律约束。中国公民在当地的合法权益受到侵害时，中国驻阿塞拜疆使（领）馆有责任在国际法、当地法律及中阿两国政府签署的有关双边协议允许的范围内实施保护。

此外，中国企业在进入阿塞拜疆市场之前应征求中国驻阿塞拜疆使馆经济商务参赞处的意见，在完成企业法人注册后应到使馆经济商务参赞处报到备案，并在企业经营过程中与经济商务参赞处保持联系。

6.4　部分政府部门和相关机构

遇到紧急情况及时拨打电话求助：火警电话101，报警电话102，急救电话103，煤气服务电话104。

内阁：www.cabmin.gov.az

议会：www.meclis.gov.az

内务部：www.mia.gov.az

经济部：www.economy.gov.az

财政部：www.maliyye.gov.az

税务部：www.taxes.gov.az

外交部：www.mfa.gov.az

生态和自然资源部：www.eco.gov.az

卫生部：www.sehiyye.gov.az

劳动和社会保障部：www.mlspp.gov.az

交通部：www.mot.gov.az

农业部：www.agro.gov.az

能源部：www.mie.gov.az

国防工业部：www.mdi.gov.az

教育部：www.edu.gov.az

文化和旅游部：www.mct.gov.az

总检察院：www.genprosecutor.gov.az

海外侨民事务委员会：www.diaspora.gov.az

7. 阿塞拜疆司法制度及基本特点

7.1 司法制度

阿塞拜疆现行宪法于1995年11月12日经全民公决通过。宪法规定建立民主、法制、文明的世俗国家；国家实行总统制，总统为国家元首，最高行政首脑和武装力量总司令由全民直接选举产生，任期5年，连任不得超过两届；立法、行政、司法三权分立。2002年8月24日经全民公决对宪法部分条款作出修改，包括将总统当选的得票数由原来的2/3改为过半数，一旦总统不能履行职务，由议长改为总理代行总统职权。国民议会是阿塞拜疆的立法机构，实行一院制，每届任期5年，议会由125名议员组成，实行选举制，从年满18周岁的公民中选出。

阿塞拜疆司法权由法院依照法律独立行使。法院体系包括宪法法院、最高法院、经济法院及各级普通和专门法院。宪法法院由9名法官组成，均由议会根据总统提名任命。最高法院是阿塞拜疆最高审判机关，由23名法官组成，均由议会根据总统提名任命。检察院依法独立行使检察权，最高检察机关为共和国总检察院，总检察长经议会同意由总统任免。

7.2 基本特点

宪法法院的主要职权是：裁定国家法律、总统令、议会决议、政府规定、中央权力执行机构制定的法规条例是否违背国家宪法；判定政府规定和中央权力执行机构制定的法规是否违背总统令；审定阿塞拜疆与其他国家签署的国际条约和政府协定是否有悖宪法及其他法律；判定禁止政党或其他社会组织活动问题；解决与立法、行政、司法三权有关的争端；解释宪法、法律条款。宪法法院的决定必须在全国范围内执行。

最高法院是国内最高级别的审判机关，由普通院和专门院组成，负责对全国上诉的各种民事、刑事、行政和其他案件的最终审理，行使对下级普通院和专门院工作的指导和监督权。最高法院由23名法官组成，均由议会根据总统提名任命，任期10年。

经济法院是经济案件的最高审判机关，依法对下属各级专门法院的审判工作进行监督。经济法院院长由议会根据总统提名任命。

检察院依法行使独立检察权。各级地方和检察院检察长直属共和国总检察长领导。总检察长经过议会同意由总统任免，任期由总统决定；副总检察长、共和国专门检察院检察长和纳希切万自治共和国检察长由总统根据总检察长提名任免。各级地方和专门检察院检察长经总统同意由总检察长任免。

附 录

1. 国家概况

阿塞拜疆共和国简称阿塞拜疆，位于外高加索的东南部，东临里海，南邻伊朗，北靠俄罗斯，东部与哈萨克斯坦、土库曼斯坦隔海相望，西接格鲁吉亚和亚美尼亚。

国 旗 阿塞拜疆共和国国旗呈横长方形，长与宽之比为2：1。由三个平行的横长方形相连而成，自上而下分别为浅蓝、红、绿三色。红色部分中间有一弯新月和一颗八角星，月和星均为白色。阿塞拜疆于1936年成为前苏联的一个加盟共和国，之后采用的国旗是有五角星、镰刀和铁锤图案的红旗，旗面下部有蓝色宽边。阿塞拜疆在1990年8月宣布独立，1991年2月5日恢复1936年以前采用的国旗，即上述三色旗。

国　徽　阿塞拜疆国徽由国旗的蓝、红、绿三色组成的同心圆构成，中央是一枚八角星，熊熊燃烧的火焰跃然其上，象征自由独立之火在阿塞拜疆大地上点燃。下方饰有金黄的麦穗和翠绿的棉花树叶，象征丰富的自然资源。

法定货币　马纳特为阿塞拜疆流通货币，辅币单位为戈比。1马纳特=100戈比。马纳特由1戈比、3戈比、5戈比、10戈比、20戈比、50戈比的硬币以及1马纳特、5马纳特、10马纳特、20马纳特、50马纳特和100马纳特的纸币组成。

首　都　巴库是阿塞拜疆首都，位于里海西岸阿普歇伦半岛南部。其面积约2192平方公里，人口近350万人。巴库由10个行政区和46个城镇组成，1月平均气温为4℃，7月平均气温为27℃。巴库是历史上著名的古城。在18世纪，巴库为巴库汗国都城。1813年并入沙俄的版图，19世纪70年代开始工业开采石油。1922年成为前苏联的一部分，1991年前苏联解体后为阿塞拜疆共和国首都。巴库依靠传统石油产业和农业，加大吸引欧美投资，同时兼顾发展其他新兴领域，近年来实现了旧貌换新颜，吸引着越来越多的阿塞拜疆国内和世界各地的人前来旅游和投资。

地理位置

阿塞拜疆位于欧亚大陆交界处的外高加索地区东南部，地处东经44°～52°、北纬38°～42°，面积8.66万平方公里。东濒里海，南接伊朗和土耳其，北与俄罗斯相邻，西与格鲁吉亚和亚美尼亚接壤，大小高加索山自西向东穿越全境。阿塞拜疆陆地边境线总长2657公里，海岸线长456公里。阿塞拜疆属东四时区，首都巴库比北京时间晚4个小时。

气候特点

阿塞拜疆气候呈多样化特征，中部和东部为干燥型气候，东南部降雨较为充沛。首都巴库紧邻里海，冬季温暖，1月平均气温为4℃，7月平均气温为27℃。北部与西部山区气温较低，夏季平均气温为12℃，冬季平均气温为-9℃。境内大部分地区全年降水量500毫米左右，但少数地区，如高加索山脉的高海拔区，以及东南部的连科兰平原全年降水量可达1000毫米左右。大部分地区夏天为旱季，干燥少雨；秋末至次年春季为雨季，部分地区有降雪。阿普歇伦半岛全年多风，传说首都巴库意为"风城"。

自然资源

油气和矿产资源　石油天然气资源极为丰富，主要分布在阿普歇伦半岛和里海大陆架。据现有资料，属于阿塞拜疆里海区域的石油探明储量约20亿吨，地质储量约40亿吨，石油具有埋藏浅、杂质少的特征。天然气探明储量2.55万亿立方米，远景储量6万亿立方米。此外，境内还有铁、钼、铜、黄金等金属矿藏，以及丰富的非金属矿产和矿泉水资源。

农业和渔业资源　阿塞拜疆气候温和，少严寒。秋冬阴冷多雨，夏天干旱少雨，全境平原地区无冰冻，日照时间长，适于棉花、小麦、葡萄、桑树、烟草等农作物的生长，南部地区种植茶叶，橄榄、榛子、核桃等坚果类作物也是阿塞拜疆的特产。此外，阿塞拜疆还拥有丰富的渔业资源和较丰富的野生动物资源。里海鲟鱼的黑鱼子闻名世界，是阿塞拜疆除石油之外最著名的传统出口产品。

野生动植物资源　阿塞拜疆拥有较丰富的动物资源。东高加索野山羊、小亚细亚盘羊、高加索岩羚羊和狍子等珍贵动物多生活在高加索山麓地带，半沙漠地带则是鹅喉羚（瞪羚）、赤狐和亚洲胡狼的出没地，貂、猞猁、豪猪、豹子、雪豹、野猪和熊也属于常见的野生动物。此外，穿越阿塞拜疆全境的库拉河不但是16种珍稀鱼类的产卵地，还是约200种候鸟的越冬栖息地。

阿塞拜疆共有约4000种植物，其中很多可入药。主要树种有橡树、山毛榉、鹅耳枥，其南部与伊朗接壤的塔雷什山坡不乏珍贵树种，如黄杨、合欢、铁树、榉树，以及被称为"永久树"的紫杉。

人口分布

根据阿塞拜疆国家统计委员会数据，截至2016年1月1日，全国总人口961万人，城市人口约占53%。首都巴库市常住人口约300万人。第二大城市甘贾市常住人口超过30万人，第三大城市苏姆盖特市人口约30万人，其他城市常住人口均在10万人以下。在阿塞拜疆，华人主要集中在巴库。

主要城市

第一大城市是首都巴库，为全国政治、经济和文化中心，位于阿布谢隆半岛南侧的海湾内，是里海沿岸最大的港口，也是外高加索地区最大的城市以及航运、航空和铁路枢纽。

第二大城市甘贾市，位于阿塞拜疆西部，距格鲁吉亚边境约60公里。产业以纺织工业为主，此外还有石油加工、化工及葡萄酒酿造业。

第三大城市苏姆盖特市，在巴库西北30公里，是阿塞拜疆主要工业基地，产业以化工为主。

2. 社会文化

民族文化

阿塞拜疆是一个多民族国家，共有43个民族，其中阿塞拜疆族占90%，列兹根族占2.2%，俄罗斯族占1.8%，亚美尼亚族占1.5%，塔雷什族占1%，其他民族占3.5%。阿塞拜疆语是官方语言，居民也多通晓俄语。

在外来人口方面，阿塞拜疆境内目前约有10万名长期居住的外国人，其中美国人位居第一，其次是俄罗斯人、德国人和乌克兰人。据非正式统计，长期居住的中国人约3000人。

风土人情

阿塞拜疆居民主要信奉伊斯兰教（什叶派），俄罗斯族、亚美尼亚族、格鲁吉亚族等少数民族信奉东正教。穆斯林重要节日如古尔邦节、开斋节、纳吾鲁斯节以及俄罗斯、东欧节日等都是法定公众假日。

衣、食、住、用、行

阿塞拜疆人重视家庭，家族观念浓厚，尊重长辈，爱护子女。人们在正式场合及节庆场合讲究衣着，家居环境整洁。男性见面时都会握手致意，女性则习惯相互亲吻面颊。较熟悉的同事或朋友见面和分别时，不论性别、年龄，还会以相互贴面或亲吻脸颊的方式表示尊重和友情。鲜花是应邀正式做客或参加欢庆活动时送女主人的常见礼物。阿塞拜疆人民饮食以牛羊肉以及家禽、鱼类为主要食材，喜食烧烤类食品、奶制品、甜食和瓜果。当地人日常饮食较简单，但喜欢在节日和私人纪念日举办聚会和宴请活动，宴请客人时大多不劝酒。

拜会当地官方机构前，一般需提前以书面形式预约，得到答复后前往。与当地企业、团体或个人会面之前，也需提前电话预约。

教育、医疗制度

（教育）阿塞拜疆实行11年制义务教育，教育体制分为学前教育、普通中小学教育、职业技术教育、中等专业教育和高等教育。现有全日制普通学校4513所，学生约118.8万人；中等专业学校108所，学生约29.33万人；国立高等院校37所，学生约11.95万人；私立高等院校15所，学生约2.66万人。著名高校有国立巴库拉苏尔扎德大学和阿塞拜疆国家石油学院，主要高校有斯拉夫语言大学、国立经济大学等。

医 疗 阿塞拜疆原有公立医院大部分私有化，成为商业化收费医院。阿塞拜疆不实行强制性医疗保险制度，本地居民在公立门诊就诊可享受免费待遇，但须自费购买药品。阿塞拜疆对外国人不实行强制性医疗保险，外国人自行决定是否购买医疗保险。如在阿塞拜疆停留期较长并计划购买医疗保险，一定要选择国家承认且信誉较好的保险公司。保险公司负担哪些医疗费用，取决于所参加保险的种类。

2015年阿塞拜疆国家财政对医疗领域投入7.7亿马纳特（约合7.3亿美元），同比增长6.4%，建设和修缮了60家医疗机构。截至2015年末，阿塞拜疆共有566所医院和1763家诊所、3.29万名医生和5.79万名中级医务人员。

传播媒介

报 刊 阿塞拜疆有各类报刊400多种。主要报刊有：《巴库工人报》，1906年创刊，用俄文出版，发行量约5000份；《人民报》，1919年创刊，用阿塞拜疆文出版，发行量约9000份；《阿塞拜疆报》，1918年创刊，用阿塞拜疆文出版，发行量约7500份。

广播电视 阿塞拜疆中央电台，用阿塞拜疆语、俄语、英语、法语、德语、阿拉伯语、波斯语等13种语言播音。阿塞拜疆国家电视台、阿塞拜疆公共电视台及ANS、SPACE、ATV、LIDER等私营电视台，绝大部分节目用阿塞拜疆语播出。

社会治安

阿塞拜疆社会治安情况总体良好，没有反政府武装组织，也很少有恐怖袭击事件发生，当地居民不允许持有枪支，属于犯罪率较低的国家。

传统节日

阿塞拜疆实行5天工作制，法定公众假日有新年（1月1日）、国际妇女节（3月8日）、纳吾鲁斯节（3月21日）、反法西斯胜利日（5月9日）、共和国日（5月28日）、民族拯救日（6月15日）、武装力量日（6月26日）、独立日（10月18日）、宪法日（11月12日）、民族复兴日（11月17日）、全球阿塞拜疆人团结日（12月31日）。此外，古尔邦节、开斋节等穆斯林节日也是法定假日。

参考文献

[1] 商务部. 对外投资合作国别(地区)指南——阿塞拜疆[Z], 2016.

[2] 薛君度, 邢广程. 中国与中亚[M]. 北京: 社会科学文献出版社, 1999.

[3] 赵常庆. 十年巨变——中亚和外高加索卷 [M]. 北京: 东方出版社, 2003.

[4] 须同凯. 新丝绸之路[M]. 北京: 中国物资出版社, 2001.

[5] 赵龙庚. 独联体各国概览[M]. 北京: 时事出版社, 1992.

[6] 徐小杰. 新世纪的油气地缘政治[M]. 北京: 社会科学文献出版社, 1998.

[7] 张森. 俄罗斯和东欧中亚国家年鉴(1996—2001) [M]. 北京: 当代世界出版社, 1998—2001.

[8] 邢广程. 中国和新独立的中亚国家的关系[M]. 哈尔滨: 黑龙江教育出版社, 1996.

[9] 孙壮志. 列国志——阿塞拜疆[M]. 北京: 社会科学文献出版社, 2005.

[10] 中国出口信用保险公司. 国家风险分析报告[M]. 北京: 中国金融出版社, 2016.

执笔人简介

张玥, 现就职于中国人民银行朝阳市中心支行, 毕业于英国格拉斯哥大学国际会计专业, 会计学硕士, 从事资本项目相关工作。参与撰写《人民币有效汇率再审视》《宏观审慎目标下我国跨境资本流动风险识别与调控工具选择》等课题研究。20余篇信息被人民银行总分行采用。

埃及

执笔人：李晓旭

1. 经济金融

1.1 宏观经济

经济增长率　近年来，埃及经济依然稳步增长。2015年，由于政府采取了一系列适当的政策措施，如大力吸引外资、进行市场化改革、取消能源补贴等，埃及经济快速发展。2015年GDP约为3307.8亿美元，居世界第38位；人均GDP为2707.1美元。2011—2015年埃及主要经济数据见表1。

表1　2011—2015 年埃及主要经济指标

指标 \ 年份	2011	2012	2013	2014	2015
GDP（10 亿美元）	236	276.35	286	301.5	330.8
GDP 年增长率（%）	1.8	2.21	2.1	2.2	4.2
人均 GDP（美元）	2659.9	2658.8	2654.3	2653.9	2707.1
人均 GDP 年增长率（%）	0.05	0.53	0.44	−0.04	2

数据来源：www.trading economics.com。

外汇储备和外债余额　近几年，受美国持续加息影响，埃及外资流出较明显，外汇储备有所下降，截至2016年11月，外汇储备约为230.8亿美元（见图1）。

2016年7月，埃及外债余额约为557.6亿美元（见图2）。

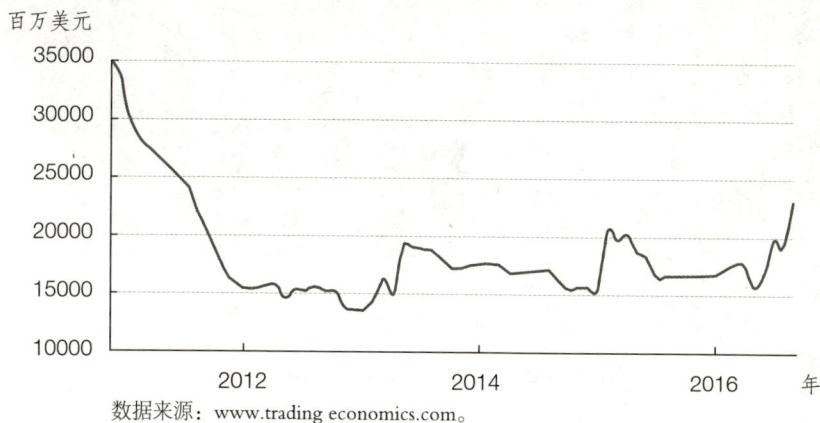

百万美元

图1 埃及近几年外汇储备

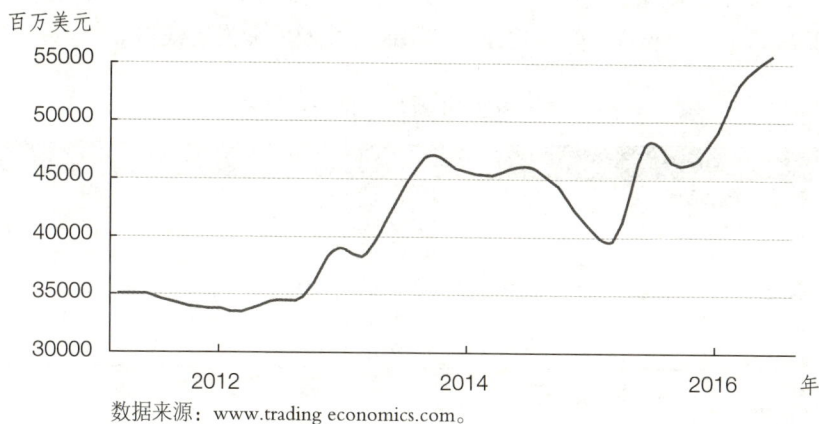

数据来源：www.trading economics.com。

图1 埃及近几年外汇储备

百万美元

数据来源：www.trading economics.com。

图2 埃及近几年外债余额

（通货膨胀率） 2016年以来，埃及各月的通货膨胀率整体呈上升趋势，并且均高于10%，通货膨胀较为严重，2016年12月高达23.3%（见图3）。

（财政收支） 财政收支有望双双下降，财政赤字减少。埃及财政支出当中，为民众提供的燃料和粮食补贴占1/3，造成财政长期赤字。塞西上台后，引入补贴改革，计划五年内逐步取消财政对能源和食品的补贴，以减少财政支出。2016年改革取得了显著效果，财政赤字规模有所下降。

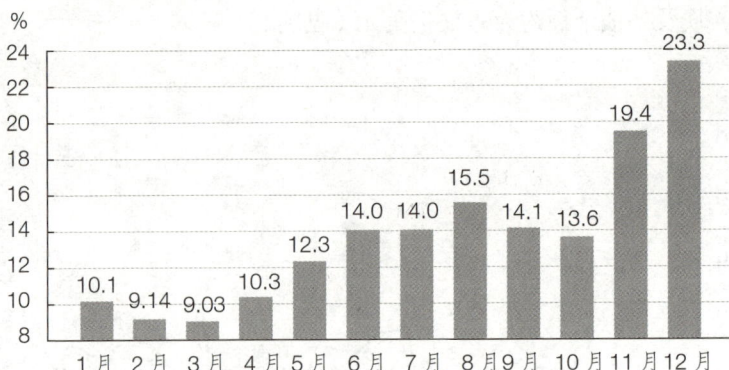

数据来源：www.trading economics.com。

图 3　2016 年埃及各月通货膨胀率

1.2　产业结构

埃及产业结构以服务业为主，服务业是该国经济的基础产业，占GDP的一半以上，其次为工业和农业。受耕地面积的限制，埃及农业发展缓慢。

表 2　2013/2014 财年三大产业分布

	总额（亿埃及镑）	占 GDP 比例（%）
农业、畜牧业、渔业	2767.3	14.5
采掘业（包括油气）	3298.1	17.3
制造业	3140.1	16.4
生产性服务业	5393.8	28.2
其他服务业	3325.6	17.4
其他	1187.7	6.2

资料来源：中国驻埃及使馆经济商务参赞处。

1.3　支柱产业

埃及曾经的四大支柱产业是旅游业、石油天然气、侨汇和航运业。然而，受到美国2008年次贷危机引发的国际金融危机和社会频繁动荡的影响，原四大支柱产业中旅游业和石油天然气产业的支柱作用已减弱。

（石油天然气）　埃及曾是石油天然气富国，2015年石油产量居世界第24位，但由于人口的迅速增长加大了本国对能源的消耗，埃及自2009年起由原油出口国转变为净进口国。2015年8月，埃及发现了地中海最大的气田，储量预计为8500亿立方米，将为埃及油气产业注入新的力量。

（农业） 作为传统农业国的埃及，农业产值占GDP的14.7%，全国劳动力总数的近1/3为农业从业人员，政府非常重视农业发展，鼓励更多的年轻人置身于农业，并且大力推进农业政策改革。然而，受自然环境限制，埃及只有5%的国土面积适合耕种和居住，所以埃及的农业发展也受到了限制。

（纺织业） 埃及纺织工业产业链完整，是传统工业和支柱产业。产品大部分销往欧盟和美国，是埃及出口的重要部分。

（侨　汇） 全球石油价格的攀升加快了西亚产油国家对石油的开发，同时阿拉伯劳务市场对埃及的开放，加上埃及自身地理位置的优势和丰富的劳动力资源，使得埃及劳动力输出大大增加，侨汇成为埃及外汇收入中不可或缺的一部分。

（旅游业） 埃及作为四大文明古国之一，具备发展旅游业的先决条件，旅游业成为继侨汇之后埃及的又一个外汇收入来源。旅游业收入占GDP的12%，对外汇储备的贡献超过14%。

（苏伊士运河） 苏伊士运河为埃及带来的税收高达50亿美元/年，成为其外汇收入的另一个主要来源。苏伊士运河全长101公里，连接地中海与红海，是大西洋通往印度洋、太平洋最便捷的水道。随着欧亚贸易的快速增长，埃及政府以扩大运能为目的，进行运河改造，在原运河旁边开凿新河道。2016年8月6日新运河正式开通，预计在2023年为埃及带来约150亿美元外汇收入的同时，也为埃及引进了众多商机。

1.4 对外贸易

埃及中央银行数据显示，2015/2016财年埃及外贸额约为750.2亿美元，比2014/2015财年减少了约85.4亿美元。2015/2016财年埃及进口额约为563.1亿美元，比2014/2015财年减少近50亿美元；出口额约为187亿美元，比2014/2015财年减少约35.4亿美元。

与埃及有贸易关系的国家和地区多达120个，主要有德国、美国、意大利、法国、日本、英国、阿联酋、沙特阿拉伯等。由于出口商品少，外贸连年逆差。为打破这种格局，埃及政府限制进口，尤其是限制消费性制成品；大力发展民族工业，增加进口替代商品；积极扩大出口，尤其是原棉、原油以外的非传统性商品的出口等。

1.5 货币政策

由于动荡的政治环境和经济上的不确定性，埃及中央银行制定和实施货币政策时面临着很大的挑战。针对经济下行，2015年埃及的存贷款利率较2014年均有所下降，贷款利率11.6%，存款利率6.9%，但由于2015年美联储开启加息进程，埃及镑贬值压力加大。为维持埃及镑与美元的利差，2015年12月，埃及中央银行加息50个基点。

从长期来看，埃及经济、政治形势向好，货币政策有一定的宽松余地；从短期来看，随着美联储加息已定，埃及货币政策也将趋紧，各项利率还将上升。

1.6 外汇管理

为解决外汇短缺的问题，2015年2月，埃及政府宣布限制国内外汇交易，并限制银行账户内的外汇现金存款。2015年12月，中央银行规定不再提供任何形式的进口贸易融资，并限制国内银行对国内进口商提供各项融资服务。

2016年3月14日，由于贬值压力加大，埃及宣布实行更为自由的汇率制度，以此来缓解外汇短缺的压力。2016年11月3日，埃及中央银行宣布埃及镑汇率自由浮动，与美元脱钩。宣布当天，埃及镑兑美元下跌48%，从之前的8.8:1下调至13:1（见图4）。

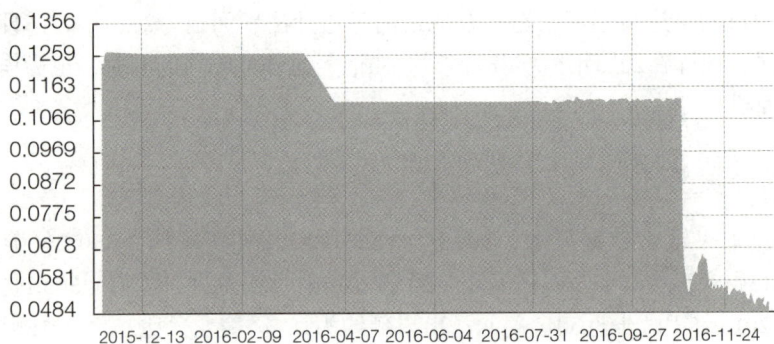

图4 2016年内埃及镑兑美元汇率走势

1.7 金融

（银 行） 埃及银行种类多，体系较发达，包括中央银行、国有银行、合资银行、外资银行、专业银行等。其特点是国有银行数量少，合资银行、外资银行多。

（1）中央银行。埃及中央银行是一个独立的监管机构，2002年埃及宣布该行在实现政府目标的前提下享有独立决策权，并依照埃及在2003年颁布的88号法规和在2004年颁布的65号总统令，享有其所被赋予的权力。埃及中央银行的主要目标和功能如下：实现价格稳定和保障银行体系的稳健，制定和执行货币、信贷和银行业务的相关政策，发行纸币和确定其面值、规格，监管银行业，管理国家的外汇储备，调节外汇市场的功能，国家支付体系监管，记录并跟踪埃及的对外债务。

（2）商业银行。埃及商业银行有28家，其中国有商业银行有4家，分别是埃及国民银行、埃及银行、开罗银行和亚历山大银行。同时，还有32家投资和实业银行，其中21家是外资银行。另有专业银行21家，包括工业银行2家、房地产银行2家、农业银行17家。此外，还有费萨尔银行，它是按伊斯兰教法经营的银行，与沙特阿拉伯等海湾国家合资开办。埃及四大国有商业银行都设有伊斯兰营业部。

（ 证券 ） 亚历山大证券交易所和开罗证券交易所是埃及现有的两个证券交易所，这两个证券交易所由一个董事会管理，简称埃及证券交易所。埃及证券交易所的董事会主席由总理任命。埃及证券交易所的监管机构是埃及资本市场管理署，其署长由总统直接任命。2005年埃及证券交易所加入了全球证券市场联盟，是第一个加入该组织的阿拉伯证券市场。主要指数是埃及指数EXG。埃及指数包含亚历山大交易所和开罗交易所的上市公司股票，是投资中东与非洲的重要指数之一。

（ 股票 ） 埃及股票市场交易所拥有314家上市公司，市值达3450亿埃及镑，外国公司和实体可自由买卖股票。

1.8　中埃经贸

埃及作为中国在北非地区重要的经贸伙伴，与中国的贸易并未受到全球经济贸易陷入低潮的大环境影响。

（ 双方贸易 ） 2015年，中国与埃及双边货物进出口额为128.8亿美元。其中，中国对埃及出口119.6亿美元，增长14.3%；中国自埃及进口9.2亿美元，下降20.9%。中国与埃及的贸易顺差110.4亿美元。

埃及驻华使馆经济商务处资料显示，中国进口埃及商品以石油和石油化工产品、棉花、棉纱、金属制品、牛皮革、大理石、陶瓷制品、地毯、塑料和橡胶等产品为主。中国出口埃及商品以服装、电子产品、机械设备、手机、化学品、汽车产品、金属制品、纺织品等为主。

（ 双方投资 ） 截至2014年4月，在埃及参与投资的中国公司及项目总数约1200个，投资领域集中在工业、建筑业、金融业、信息技术产业以及服务业。埃及已成为中国在阿拉伯地区的第六大投资目的国。2015年，埃及正式宣布申请作为意向创始成员国加入亚洲基础设施投资银行。

双方协定 1955年中埃两国签订了政府间第一个贸易协定。1956年初，中国首先在开罗设立了商务代表处，同年5月两国正式建交。1985年8月，两国签订了新的贸易协定，规定两国间贸易以现汇支付。1992年，两国建立了经贸混合委员交流机制。1994年两国签订了投资保护协定。1995年3月，两国签订了经济贸易协定，取代了1985年的贸易协定。1997年以来，两国政府先后签署了《关于中国帮助埃及规划建设苏伊士湾经济特区的谅解备忘录》《中国政府鼓励公民出国旅游目的地国协议》等。2001年，双边民间交流机制正式启动，进一步推动两国间合作规模不断扩大。2016年，中国商务部和埃及贸工部签署了12项贸易协定，合同金额达6040万美元。

2. 投资与经济环境

2.1 国内市场

销售总额 埃及中央银行发布的数据显示，2011/2012财年埃及批发和零售销售总额约为1663亿埃及镑，增长率为10.4%。

生活支出 随着埃及经济的快速发展，其居民消费已逐步由基本生活消费阶段转变为方便生活消费阶段，甚至部分已达到了享受生活消费阶段，这样的转变同样还依赖于埃及人均收入的提高。目前埃及进出口额比例为3:1，进口商品成了埃及所需物品的重要渠道。

物价水平 2016年以来埃及持续处于严重通货膨胀，通货膨胀水平一路走高。根据埃及统计局提供的数据，以2004/2005财年的价格为100，截至2016年5月，埃及PPI指数为212.8，其他各消费类型价格指数分别为：农业、渔业331.1，矿产100.3，工业品210.4，电气供暖266.9，运输与仓储169.8，住宿和食品149.7，信息与教育112.5。

2.2 基础设施

公 路 埃及的公路网基本已经连接了大部分城乡，承担了95%以上的货物运输。目前埃及共已建成约6.4万公里的初级公路和二级公路，有近5万公里的公路正在建设中。

铁 路 埃及是世界上第二个建设铁路的国家。其首条铁路始建于1851年，从开罗开往亚历山大，全长209公里。之后，又开通了苏伊士至开罗线。目前，埃及国内的主要火车路线为开罗—卢克索—阿斯旺、开罗—亚历山大、亚历山大—玛特鲁。

地 铁 埃及是非洲首个建设地铁的国家。早在1987年开罗地铁就开始运营了，现在1号线和2号线已运营；3号线连接机场，正在建设；4号、5号、6号线在规划中。

空 运 全国共有22个机场，其中10个是国际机场，大多数用于军事，也有一些用于商业。开罗机场、霍尔哥达、沙姆沙伊赫以及亚历山大、卢克索机场均是盈利的。

水 运 埃及境内的尼罗河可以全线通航，通航水道总长约3000公里。2009年埃及政府制定了内河航运发展规划，主要是内河港口建设和河道疏通，将阿斯旺至尼罗河入海口全线通航作为发展的目标。苏伊士运河是世界上最重要的运河之一，有着145年的历史，全长190.3公里，宽280～345米，水深22.5米，连接着红海和地中海，以海运方式进行的世界贸易量中有1/10是由苏伊士运河运输的，为埃及赚取的外汇金额约50亿美元。2015年，埃及花费80亿美元和11个月的时间，在原苏伊士运河旁，毗邻而建一条新运河，于7月25日试航，通过了第一艘集装箱船；于8月6日正式通航，并成为世界上船舶通过最快的运河（原来船舶通过运河的时间为22个小时，新运河将其缩短为11个小时）。新苏伊士运河可以使更大型的船舶通行，并能实现双向航行。

通 信 埃及通信基础设施不断扩展。主要固话运营商为Telecom Egypt。埃及手机市场份额占比最大的运营商有三家：Vodafone、Mobinil和Etisalat。它们均能提供2G和3G等相关服务。

电 力 埃及共有52家发电站，发电能力居非洲地区首位。埃及全境基本上已经被电网覆盖，全部居民生活用电、工农业生产都能得到满足，但夏季用电高峰期电力供应紧张，经常停电。埃及的电厂大部分为火力发电厂，使用燃油和天然气进行发电，其中天然气发电量占总发电量的77.3%。水电站有一座——阿斯旺水电站。另外，风能发电厂、核电站、太阳能发电厂也正在建设中。

2.3 商务成本

埃及的水电、土地等价格比较低廉，投资的商业成本较低，这构成了在埃及投资的一个优势。

（水、电、气价格） 埃及的水、电、气按照所在工业区的不同，有不同的供应方式。成熟的工业区基础设施齐备，排水、供电等服务由相关部门有偿提供。新工业区中，大部分是由私人承包开发的，开发商提供自然状态的土地，提供通信、供水、排水、道路、用电等服务，但接通公共基础设施、土地平整等需由投资者自行解决。

埃及水价为1埃及镑/立方米，工业电价为0.25埃及镑/度。除此之外，用电企业往往还要被征收少量金额不等的接入费，平均用电费用为0.3埃及镑/度，天然气价格为0.4埃及镑/立方米，92号汽油价格为6.5埃及镑/公升，95号汽油价格为5.9埃及镑/升，92号汽油自2016年7月实施智能卡制度，超出消费限额的将不再享受补贴。

（劳动力供求及工薪） 在中东地区，埃及是人口大国，约8300万人，有着充裕的劳动力资源，占埃及人口的31.5%。

埃及的劳动力工资水平在中东和地中海沿岸地区有一定的竞争力，平均工资为150～250美元。2013年，埃及政府最新颁布的最低工资标准约合172美元/月。加班费白天为正常工资的1.3倍，夜间为1.5倍，假期为2倍。

（土地及房屋价格） 总体看来，埃及的土地成本比较低。根据埃及各工业区交通条件、地理位置和基础设施完备情况，其土地售价为50～200埃及镑/平方米，厂房为400～1500埃及镑/平方米，厂房租价为每月10～20埃及镑/平方米。

购地付款方式分为两种：即时付款和分期付款。分期付款方式即在签订购地合同的同时，缴纳土地款总额20%的首付款，剩余款项分4年缴纳，每年缴纳土地总款的20%，同时支付7%的利息。土地购买5年内须动工建设。埃及东岸部分土地可免费提供，条件是3年内必须开工建设。

（建筑成本） 埃及镑贬值影响了原材料进口价格，加之自2012年12月起，埃及工贸部决定征收每吨6.8%的保护性关税，埃及原材料价格上涨，其最大的钢铁公司连续5次涨价，2013年4月埃及螺纹钢价格上涨至5050埃及镑/吨，总涨幅1000埃及镑/吨。2013年2月普通袋装水泥价格为95.25埃及镑/袋。

3. 政策规定

3.1 投资方面

（投资主管部门） 埃及投资总局是埃及投资的管理机构，是促进投资以及为国内外投资者提供援助的政府机构，从传统管理架构逐步转变为投资促进的专门机构，为埃及的投资者提供一站式服务。它统一管理自由区和外资项目，部门职责是改善外资环境，制定和修改投资法，外资项目审批、管理和咨询服务等。目的是简化开设企业的程序、解决投资者的问题、推介不同领域的投资机会，为现有和或有的投资者提供更专业、更全面的服务。

〔投资规定〕 对于外国直接投资，埃及制定了一系列法律和法规，以起到鼓励的作用。

《投资保障与鼓励法》规定了投资的法规、基本政策和优惠条款，鼓励内外资在技术和软件业、工业、基础设施、新兴建设区的发展、石油产品等领域进行投入。

《经济特区法》于2002年颁布，主要适用的投资是在苏伊士湾西北经济区的加工贸易等。允许出口导向型经济特区的建立，开展农业、工业和其他服务活动。

其他涉及投资的法律有《海关法修正案》《房地产投资法》《知识产权法》《新统一劳动法》《保护竞争和反垄断法》等。

〔投资行业的规定〕

在投资行业，埃及有着严格的用工限制和规定。埃及《公司法》规定公司雇员中埃及人的占比必须大于或等于90%，工资必须大于或等于工资总额的80%；对于管理和专业人员，埃及人必须大于或等于同类雇员总数的75%，工资必须大于或等于同类员工工资总额的70%。因此，除高新技术企业较易获得劳工长期签证外，一般企业均较难，这加大了企业进入埃及的难度。

同时，埃及的法律对投资形式和领域存在限制。政府规定外商只能以合资的形式成立建筑公司，且外资股权不得超过49%；在埃及开办超市和连锁经营要经特别委员会审批通过；只允许埃及人注册从事投标业务的商业代理，外国人不可注册从事；不允许外国投资者进入棉花种植业。在计算机服务领域可以允许有大量外资的存在，前提是埃及通信与信息技术部认定该服务是某个大型商业模块不可分割的一部分，同时该服务也能使埃及本国获益。对于与计算机相关的产业，埃及规定，60%的高级管理人员必须是埃及人，同时需有三年的相关工作经验。

3.2 贸易方面

〔主管部门〕 埃及工业与外贸部是埃及贸易主管部门。其管辖范围包括：
（1）进出口控制总局：负责所有进出口商品的检验及控制。
（2）贸易协定局：负责世贸组织事务以及反倾销、反补贴和保障措施事务。

（3）商务代表处：负责向各国派遣贸易代表。

（4）展览和会议总局：负责代表埃及在国外办展并管理埃及境内举办的展览。

除上述部门外，还包括工业发展总局、标准和质量总局、出口促进中心、外贸培训中心等机构。

(贸易法规) 包括《进出口法》（1975）、《海关法》（1963）以及《贸易法》（1999）。2005年埃及修订了《进出口法》《海关法》，颁布了《进出口法实施条例》和《出口促进法》（2002）。1995年埃及成为世贸组织成员国，遵守相关规则和所做的承诺。

(进出口管制) 埃及方面规定凡对埃及出口的产品原产地文件、证书及附件应由驻出口国的埃及使馆或领事馆予以认证。如果埃及在出口国尚未设立使馆或领事馆，则应由驻出口国的其他阿拉伯贸易代表机构予以认证。

（1）进口规定。从2015年4月1日起，埃及出台了限制中国商品进口的新法令，要求进口商品必须符合埃及标准或埃及认可的六种国际标准，即国际电工委员会（IEC）、国际标准化组织（ISO）、欧洲标准（EN）、美国材料实验协会标准（ASTM）、美国国家标准学会标准（ANSI）和日本工业标准（JIS），否则将被退运。因此，在向埃及出口产品时，应尽量搜集所经营出口产品的埃及标准，避免出现滞港或退运等不必要的损失。建议企业在与埃及签署贸易合同时，索取有关标准文件。

（2）出口规定。2015年12月30日，埃及贸工部出台新规定：装运单据（提单、发票、产地证等）必须由出口商银行直接交给进口商银行，不可交给进口商或通过出口商递交给进口商银行，否则将被拒收。同时，对埃及出口商品的生产厂商需在埃及进出口控制总局注册。未完成注册的厂商，埃及海关将对其产品不予放行。新规定于2016年3月1日正式生效。在此情况下，中国产品在出口埃及的过程中注册、通关和结汇等程序将更复杂，耗时更多。

（3）进出口商品检验检疫。负责埃及大部分进出口商品检验的部门是埃及进出口控制总局，特定的一些商品则需要相关机构进行检验，并且在进口的食品标签上必须标明关于食品配料、保存方法、添加剂等的详细信息。

3.3 税收方面

(税收体系和制度) 埃及实行一级课税，以直接税为主，中央具有税收立法权和征收权。现行的主要税种有公司所得税、销售税、个人所得税、印花税、土地税和社会保障税等。

主要赋税

（1）公司所得税。在埃及经营的公司及分支机构都需要就其营业额扣除必要成本的所得纳税。法人不同，税收范围不同：在埃及境内的外国公司及其分支机构只缴纳在埃及所得部分的税，对于居民公司则就其全世界所得缴税。除苏伊士运河、中央银行、石油产业公司税率为40%外，其余公司所得税税率为20%。

（2）个人所得税。埃及居民，包括在埃及境内工作6个月以上的（可不连续）和在埃及有主要住所的外来居民，都需要就其在埃及所得薪酬缴纳个人所得税。

2005年7月1日起各级薪酬适用税率见图5。

税率　　　　　0%　　　　10%　　　　15%　　　　20%

0 埃及镑　　　5000 埃及镑　20000 埃及镑　40000 埃及镑

图5　各级薪酬适用税率

（3）营业税。按照年营业额和行业，制造业和服务业≥5.4万埃及镑，批发零售业≥15万埃及镑，进口商（不论营业额多少）均需每月报税。大部分在埃及进行的交易需缴纳，税率不同：服务为5%～15%，商品为10%～25%，但大部分服务和商品征收10%的销售税。

（4）关税。埃及商品的加权平均关税为5.5%，商品的从价关税税率为5%。企业项目建设使用进口机械设备的关税税率为5%。

3.4　劳动就业方面

劳动法的核心内容

（1）劳资协议。在埃及，工作期限超过6个月的所有工人需要持工作许可证上岗。外国员工需获得劳务部批准，才能在埃及工作，许可期限一般为10个月。签订合同需一式三份，雇员、雇主和社会保障办公室各一份。若试用，则试用期不得超过3个月，签订合同时需注明具体期限。在埃及工作，工作时间必须小于8小时/天（特殊情况可以增加到9小时/天），每周小于48小时，每周需休息至少两天。若加班，则有加班费。休假方式为：工作满1年，带薪休21天；10年以上，带薪休1个月。

（2）解雇工人。在出现工作表现差、长期旷工、故意损坏财产等情况时，可以解雇雇员。若解雇，须由劳动部协调委员会进行非强制性听证协调。

外国人在当地工作的规定 为保障埃及的就业率，2011年3月起，埃及不再为从事非稀缺工种的外国人出具工作许可。

3.5 环境保护方面

埃及环保事务国务部是埃及政府的环保管理部门，其主要职责包括环保领域法律法规的研究制定，国家环保发展规划和报告的编写，运营项目环保标准、各类建设和规范的制定，区域和国际环境公约的执行，国家环保基金的管理等。

3.6 承包工程方面

在承包工程方面，埃及对本土公司有一定的照顾，如同等技术下的埃及公司在价格高于外国公司15%时也可以参与竞标，并根据规定，在项目施工结束后，外国公司若没有新项目，施工设备必须马上离境。

在承包的领域方面，虽然没有相关法规禁止外国承包方涉入的领域，但是按照埃及的法律，军事工程项目的建设禁止一般商业企业参与。对于没有禁止的领域，无论是政府项目还是私人项目，业主均可以根据自己的需求，决定是否采取国际招标方式。

3.7 知识产权方面

相关法律有《专利和工业设计法》（1949）、《商标法》《版权法》《知识产权保护法》（2002）、《知识产权保护条例》（2003）。

专利和工业设计 《专利和工业设计法》规定专利的保护期限为申请之日起15年，可延期5年；工业设计的保护期限为5年，可延期2次，每次5年。

商　　标 《商标法》规定商标所有权有效期限为10年，可多次延期，每次10年。商标的所有者即注册人，注册后连续使用5年以上即不得对所有者的所有权提出质疑。

著作权 《版权法》规定保护版权至作者死后50年。

3.8 优惠政策

优惠政策框架 在埃及，投资优惠政策按照区域划分。

在工业区（包括新城区），投资项目仪器、机器设备的进口征收5%的关税，10年内缴清10%的销售税；10年免企业所得税，10年后按32%纳税；产品销售税税率为10%。项目合同从注册起3年内免除印花税。产品可在国内销售，不限制出口比例。

在自由区，投资项目仪器、机器设备的进口免征税；销往国内的产品视同进口，产品征收关税、海关费、产品销售税等。所生产的产品出口需在一半以上。

在苏伊士经济区，投资项目仪器、机器设备的进口免征税，进口用于生产或服务的各种专用汽车和船舶，根据规定的标准免征各种税费；投资项目所得统一按10%的税率征税，免除其他税费。

【地区鼓励政策】 目前，开罗地区已基本不再批准建立生产型项目，而是鼓励产业向外地转移。

位于开罗以南的尼罗河谷地拥有30%的埃及人口，但发展程度较低。埃及政府实施一系列优惠政策鼓励对上埃及地区投资，如上埃及的工业区可向投资者免费供地，项目建成3年后获得永久土地使用权，以及连通水、电、气等市政设施。

4. 办事手续及流程

4.1 注册企业

【参照法规】 在埃及注册公司时，可选择依照以下三部法规进行注册：《投资保障鼓励法》《资本市场法》《特区法》。

【注册公司的形式】 按经营模式划分，有五种公司组建的法律形式：股份公司、有限责任公司、有限合伙企业、普通合伙制企业（外国投资者可以参与，但不能管理）、完全独资企业（仅埃及人可申请）。企业可在埃及设立分支机构或办事处。

【受理机构】 投资部——投资总局投资服务中心和自由区。

【申请材料】 有限公司合同或股份公司合同、章程，资金到位证明或实物评估证明，厂房租赁合同或土地购买合同，授权公司注册代理人的公证材料，企业基本情况，投资人的安全质询表，确定法律顾问和财务监督的函，企业名称合法证明，埃及雇员和非埃及雇员比例。

所有材料均需由股东签字，并经公证处公证。

审批程序

（1）在投资服务中心办理所有批准手续；

（2）上交上述文件，经初步审核后转交业务部门；

（3）在埃及某银行开立公司注册账户，汇入资本金；

（4）持银行注册资本金到位证明副本，前往投资总局法律部审查合同，向律师协会申请核准公司成立合同，然后向不动产公证处进行合同公证；

（5）将不动产公证处有关文件送交法律部，由法律部拟订同意公司成立的决定并公布；

（6）向商业注册处申请进行企业注册登记；

（7）向法律部备案，企业开始正常经营活动。

申请设立分支机构 外国公司需和埃及公立或私营部门签署合同。与办事处不同，分支机构可以从事商务、金融、产业以及合同规定的其他商业活动。

4.2 承揽工程

招标投标 通常进行公开的国际招标，中资公司可以参与投标；有时业主会在其熟悉的范围内进行邀标。在招标文件中，业主会提出明确的资质要求，企业可按照业主的要求完成资质审查报告，待资质审查通过后即可达到业主的要求。

许可手续 须与埃及代理商合作，但不适用于军事项目。

4.3 申请专利

专利局是埃及专利管理机构，其受理范围包括发明、实用新型和外观设计三种。

4.4 注册商标

埃及贸工部商标局负责商标注册。需提交的文件包括申请书、申请注册的商标图案。

4.5 纳税申报

在埃及，每月第一周为报税时间。企业可以自行报税，或委托会计师事务所，只需按照企业销售收入和销售数量情况表向埃及税务部门提供月销售额和销售数量即可。

4.6 工作准证

外国人赴埃及工作的政府主管部门是内政部、劳动部移民局、自由区总局、埃及投资部，无工作许可不能在埃及工作。

「工作许可制度」 埃及工作许可的一些重要规定如下：办理1个外国人工作签证必须要解决10个埃及人的就业；工作许可获得60天内必须办理工作签证，否则作废，有效期1年，期满后办理续签，超期14天作废；工作结束后，签证需交还工作签证办公室，消除工作名额；专家、技术人员在续签时提供埃及助手情况的报告；更换工作岗位时，要办理工作签证的变更；签证申请被拒绝的，应在1个月内到劳动部外国人工作签证局提出申诉。

「申请程序」 办理工作签证主要有三个环节。

环节一：工作许可。

（1）到有关部门办理准许赴埃及工作的许可。

（2）向投资服务中心提出申请。

（3）经审查，出具同意许可函。

（4）申请单位将许可函送内政部护照、移民和国籍局，内政部出具黄色收据。

（5）护照持有人持上述文件前往驻华使馆办理签证（在埃及停留期限为2个月）。上述黄色收据和劳动部的批件由使馆验看但不得留馆，还要带回埃及。目前，埃及驻华使馆一般只发放旅游签证入境。申请人进入埃及后，开始正式办理工作签证，再办理旅游签证转工作签证。

（6）得到埃及驻华使馆签证后，持照人连同内政部的黄色收据和劳动部的批件一并带到埃及办理工作签证。

环节二：工作签证。外籍劳务办理赴埃及的工作签证，需经过以下程序：

（1）得到工作许可后2个月内，申请人需赴埃及，否则许可将作废。

（2）进入埃及国境后，立即做艾滋病的检查。

（3）单位前往投资和自由区总局投资服务中心办理工作签证申请手续，被出具同意办理工作签证的函。

（4）申请单位持上报材料，前往投资和自由区总局外国人工作签证办公室办理手续。

（5）劳动办公室在审查文件齐全并符合要求后，按照外国人工作签证表发给企业文件收据。

（6）申请人单位前往投资和自由区总局签证办公室，获得为期6个月的临时居留签证。

（7）待提出安全审查意见后，劳动办公室正式发放工作签证。凭签证前往签证办公室办理为期1年的居留签证。

环节三：签证续签。在埃及，工作签证到期后可申请续签工作签证。续签要提前1个月办理。

4.7　能为中国企业提供帮助的机构

中国驻埃及大使馆经济商务参赞处

地址：No.22, Bahgat Aly Street, Zamalek, Cairo, Egypt

电话：00202-27363712

网址：eg.mofcom.gov.cn

埃及驻中国大使馆

地址：北京市日坛东路2号

电话：010-65321825

中国商务部研究院海外投资咨询中心

地址：北京市东城区安外东后巷28号

电话：010-64515042、64515043、64226273

网址：www.caitec.org.cn

5. 中国企业应注意的事项

5.1　投资方面

目标长远，互利共赢　　中国企业应该利用埃及的自然优势和政策优势进行投资。中国企业应充分利用当地充足的劳动力，以劳动密集型企业为主，增加埃及人工作机会，降低生产成本，从而实现社会效益和经济效益的双重目标。

埃及政府支持出口企业，所以出口导向型加工企业更受欢迎，开拓周边国家市场，扩大出口；投资项目应该选择相对较小的、起点相对较高的，并使其生产设备、研发水平、管理水平处于国内中上游水平。

(充分了解投资相关信息) 为了作出正确的决策，避免盲目选择投资方向，中资企业要充分了解埃及的投资政策，对埃及政府出台的一系列政策与法规信息进行收集和分析。

在选择合作伙伴时要慎重，要选择信誉过硬的合作伙伴。埃及政府对中小企业的鼓励，使得埃及个体和中小企业占比较大，资信良莠不齐，因此在进入埃及市场前，应做好可行性研究，确保顺利建厂投产，避免造成损失。

5.2 贸易方面

(注意品质保证) 为保障产品质量，中埃两国政府自2009年起实施出口埃及工业品装船前检验检疫认证，并于2011年开展对非打假保真专项行动，收效良好，但仍有部分产品，特别是化工类产品，易出现假冒伪劣问题。

5.3 承包工程方面

(技术标准和规范劣势) 我国企业承包的项目大多集中于铁路、电力等，而这些项目由于历史的原因长期被西方垄断，并且埃及大多数专家有西方留学经历，更倾向于其技术和设备，对我国的技术和产品认识不全面，存在一定的偏见。因此，我国应该多制造交流的机会，从学术和官方两个方面，全面展示我国的技术、产品等。

(土建方面) 埃及土建力量较强，阿拉伯承包商等均为在当地具有较大影响的工程建筑商，并且只有在埃及当地注册的公司才有资质参与，所以中国承包商大多选择当地中小施工企业作为分包商，但中小施工企业的能力较弱，返工率高，所以在签订土建分包合同时需严格规定工期和惩罚条款，同时在选择当地分包商时，埃方大多要求用当地货币支付，所以承包商需认真考虑收到当地货币后如何使用。

5.4 劳动合作方面

埃及是劳务净输出国，因此，政府一直限制外国劳务进入埃及市场。进入埃及的劳务人员要适应当地的文化环境和生活条件。

5.5 防范投资风险

在埃及开展贸易、投资、劳务合作和承包工程的过程中，要特别注意事前、事中的风险评估和规避等工作，切实保障自身利益。

5.6 妥善处理与政府及议会间关系

〔了解埃及各级政府的职责〕 埃及中央政府统揽经济事务，包括征税、注册等；地方政府权限较小，仅在用地等方面具有一定决定权。中国企业要在埃及建立和谐关系，首先要详细了解中央政府部门和地方政府的相关职责，与埃及中央政府有关部门、地方政府建立密切关系，特别要与埃及工贸部、投资总局、内政部建立工作关系，及时报告有关情况。其次，要密切关注中央政府的最新经济政策走向，尤其是对投资、贸易政策进行跟踪了解。

〔了解议会及其议员的关注点〕 埃及议会是法律制定机关，议员在埃及社会中拥有一定影响力。目前，埃及议会主要由自由党和公正党议员组成。中国企业应了解议会各专业委员会的职责和它们关注的焦点、热点问题，对埃及议会所关心的焦点和热点问题予以关注。在合作伙伴选择上，与有议员身份的大企业家合作不仅是到埃及经商成功的重要途径，也是建立和谐关系的重要方法。

5.7 妥善处理与工会间关系

埃及工会组织力量较弱，主要在国有企业存有工会组织，私营企业及外商投资企业没有明显的工人组织。但是，目前埃及罢工事件频繁，若劳方认为资方侵犯了其权利，劳方有权罢工。因此，中国企业在埃及投资或参股埃及国有企业，应与工会组织保持密切沟通，吸收工会领袖参与企业管理。独资企业应掌握工人的动向，与工人保持密切沟通，了解员工的思想动态。

5.8 尊重当地的风土民情

〔宗教信仰〕 伊斯兰教是埃及的国教。穆斯林教徒占总人口的90%，其他主要是基督教徒，宗教是埃及人民的一种生活方式，对人们的思想和行为有很大的影响。因此，在和埃及人进行贸易往来时，要尊重他们的信仰。要时刻注意尊重穆斯林的习惯，在公众场合不要谈论宗教内容。工厂应设立专门的祈祷间，在穆斯林祈祷期间，不要安排员工工作。斋月期间，减少埃及员工工作量，中国员工不要在埃及员工在场的情况下公开饮食。

〔性格特点〕 埃及人感情丰富，性格外向，待人热情好客，社交活动频繁，有着强烈的民族自豪感。他们认为自己的国家历史悠久，并且是中东和非洲地区大国。因此，在进行贸易往来的过程中，我们一定要对他们表示尊重。

（饮食习惯） 作为伊斯兰国家，埃及大多数人不饮酒。酒后与埃及人会见、会谈是很不礼貌的行为。斋月期间要特别注意上述要求。不要打听埃及人的收入、家庭等隐私。很多埃及人不抽烟，因此要注意吸烟的场合。

（商务洽谈） 要注意商务礼仪。埃及人在工作场合普遍穿西服，与埃及人会谈穿休闲装是很不礼貌的做法。埃及人时间观念较为淡薄，常常不依照约定时间行事，他们认为这样反而显得有风度。与埃及客户谈生意很难一次谈成，因此在和埃及客户洽谈时要有耐心，并且事先约好商务拜访时间，并在该次会谈结束后为下次洽谈约定时间。

6. 中国企业遇到问题该如何解决

6.1 寻求法律保护

（依法用法） 在埃及，企业不仅要依法注册、合法经营，在解决纠纷时还要拿起法律的武器，捍卫权益。

在埃及，按照企业的不同，受理纠纷的地点也不同。国有企业相关的经济案件由埃及经济法庭审理，与民营企业相关的案件由各个地方法院审理。企业还可通过国际仲裁委员会在埃及设立的分支机构解决经济纠纷，但要事先在合同中注明纠纷由仲裁机构解决。埃及法院是独立的司法机构，实行两级终审制度。

（聘请律师） 受法律体系和语言差异的限制，中国企业在处理法律纠纷时应当聘请当地律师，一旦涉及经济纠纷，可以借助律师的力量寻求通过法律途径解决，保护自身利益。

6.2 寻求当地政府的帮助

（密切联系） 埃及政府一向重视外国投资，因此在投资合作中要与当地政府相关部门建立密切关系，并及时通报企业发展情况，反映遇到的问题，寻求所在地政府更多的支持。

（寻求帮助） 遇有突发事件，除向中国驻埃及大使馆经济商务参赞处、公司总部报告外，还应及时与埃及所在地政府取得联系，寻求帮助。

6.3　取得中国驻埃及使（领）馆的保护

（保护责任）　中国公民在其他国家境内的行为主要受国际法和驻在国当地法律约束。中国公民（包括触犯当地法律的中国籍公民）在所在地享有的合法权益受到侵害时，中国驻外使（领）馆有责任在国际法及当地法律允许的范围内实施保护。

（服从领导）　遇有重大问题和事件发生时，应及时向使馆报告；在处理相关事宜时，要服从使馆领导和协调。中国驻埃及大使馆领事部网站为eg.china-embassy.org/chn/qzyhz。中国驻埃及大使馆经济商务参赞处网站为eg.mofcom.gov.cn。

6.4　部分政府和相关机构

埃及政府门户网站：www.egypt.gov.eg

内阁：www.cabinet.gov.eg

电力与能源部：www.moee.gov.eg

规划与国际合作部：www.mic.gov.eg，www.mop.gov.eg

住房、公共事务及城市发展部：www.moh.gov.eg

供应与社会事务部：www.mss.gov.eg

旅游部：www.egypt.travel

石油与冶金部：www.petroleum.gov.eg

地方发展国务部：www.mold.gov.eg

宗教基金部：www.awkaf.org

外交部：www.mfa.gov.eg

工贸部：www.mti.gov.eg，www.mfti.gov.eg

军工国务部：www.mmc.gov.eg

通讯与信息技术部：www.mcit.gov.eg

水资源与灌溉部：www.mwri.gov.eg

司法部：www.moj.gov.eg

交通部：www.mot.gov.eg

财政部：www.mof.gov.eg

新闻部：www.minfo.gov.eg

民航部：www.civilaviation.gov.eg

内政部：www.moiegypt.gov.eg

投资部：www.investment.org.eg

卫生与房产部：www.mohp.gov.eg

劳动与移民部：www.manpower.gov.eg

文化部：www.ecm.gov.eg

教育部：www.emoe.org

环境事务国务部：www.eeaa.gov.eg

农业与农垦部：www.agri.gov.eg

7. 埃及司法制度及基本特点

7.1 司法制度

埃及共有四种相互独立的法院，即普通法院、军事法院、行政法院、宪法法院，见图6。

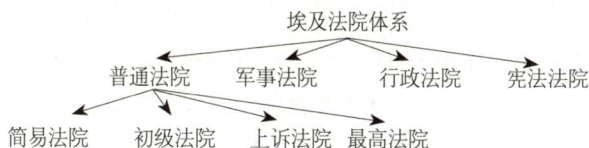

图6 埃及法院体系

(普通法院) 埃及的普通法院分为四级，即简易法院、初级法院、上诉法院、最高法院。

(宪法法院) 埃及宪法法院的宗旨在于保护人权，通过审理案件，让所有公民知道自己享有宪法所规定的权利。

宪法法院有三种职能：一是审理违宪案件，公民、法官、法院认为某一个法律规定违宪，都有权要求提请宪法法院审理。宪法法院共有15名法官，提起违宪的案件材料送交15名法官审阅，经讨论取得一致意见方能作出某一个法律违宪的决定。宪法法院一经作出判决，各个机关和个人都必须遵守。同时，各个机关和个人不得以同一事由再提出违宪的申请。二是宪法法院享有解释法律的权利，政府可以要求宪法法院就某一个法律作出宪法解释。宪法法院只根据政府部门的要求进行法律解释，个人无权要求宪法法院对法律进行解释。三是宪法法院负责解决两个以及两个以上法院在适用法律方面产生的矛盾和纠纷。

7.2　法律制度的基本特点

埃及是伊斯兰国家，曾沦为英、法殖民地，故其宪政法律制度呈现混合发展的趋势。同时，埃及宪政法律法制还受到伊斯兰法、大陆法、英美法、苏联法的多重影响，但总体上属于资本主义宪政法律制度的范畴。

附　录

1．国家概况

阿拉伯埃及共和国，简称埃及，是世界四大文明发祥地之一。

古埃及文明始于公元前3200年，终于公元前7世纪。现代埃及文明始于公元641年，伴随着阿拉伯人的入侵，埃及逐步阿拉伯化，建立阿拉伯帝国，成为伊斯兰教的一个重要中心。之后，又成为英国的殖民地。1922年，埃及在形式上从英国政权中独立，但依旧被英国政府控制，直到1953年6月18日，在纳赛尔的领导下，推翻了旧政权，埃及共和国才真正成立。

1958年2月至1961年，埃及同叙利亚合并成阿拉伯联合共和国，但伴随着叙利亚的政变退出而解体。1971年9月1日埃及更名为阿拉伯埃及共和国。

　国　旗　　自上而下由红、白、黑三色的相等的长方形构成，在白色区域中间是埃及国徽。

　国　徽　　萨拉丁之鹰，形状是一只望向西方的金色雄鹰，其胸前是国旗背景的盾牌，雄鹰栖息在用阿拉伯文书写的"阿拉伯埃及共和国"文字图案的牌匾上。

　法定货币　　埃及镑（简称埃镑）是埃及的法定流通货币，辅币单位是皮阿斯特，1埃及镑=100皮阿斯特。纸币有5分、10分、25分、50分的皮阿斯特，以及1、5、10、20、50、100的埃及镑。铸币有1、2、5、10、20的埃及镑和1分、2分、5

分、10分、20分、25分的皮阿斯特。

地理位置

埃及地跨亚、非两洲，面积为100.145万平方公里，除西奈半岛位于亚洲外，其余领土均在非洲。埃及与其北部的欧洲隔地中海相望，东邻巴基斯坦，西连利比亚，南接苏丹。海岸线长2900多公里。

气候特点

埃及气候干燥炎热，除尼罗河三角洲和北部沿海地区属亚热带地中海气候、相对温和外，其余大部地区属热带沙漠气候。

自然资源

水资源 尼罗河水是埃及最主要的水资源，占埃及淡水资源的90%，对于埃及的生活用水和农业发展十分重要。

矿产资源 石油、天然气、钢铁、煤炭等矿产资源丰富。埃及是石油、天然气资源丰富的国家。

人口分布

近几年，埃及人口增长较快。截至2014年11月，埃及总人口约8453万人，男女比例为1.01:1，人口增长率为2.71%，平均寿命为71岁，人口密集程度为91.8人/平方公里。

主要城市

尼罗河孕育了埃及文明，埃及主要城市都坐落在埃及尼罗河两岸。

开 罗 开罗是埃及的首府，位于埃及北部，是埃及最大的城市。尼罗河水穿过开罗流淌，孕育了灿烂悠久的文明，使开罗成为中东地区和埃及的政治、文化、经济中心。

埃及人惯称的大开罗由开罗、吉萨、盖勒尤卜三省组成。

开罗有许多的文化古迹，狮身人面像、金字塔、伊斯兰教堂等都是世界旅游胜地，也是伊斯兰世界的文化瑰宝和政治中心。

亚历山大港 亚历山大港是埃及在地中海岸的一个最重要的海港，是埃及和非洲的第二大城市，也是亚历山大港省的省会。其位于尼罗河口以西，距离开罗西北208公里，风景秀美，气候宜人，是埃及的夏都和避暑胜地。

阿斯旺 阿斯旺在开罗以南、尼罗河东岸，距开罗900公里，是埃及的海上门户。阿斯旺是著名的旅游城市，其中阿斯旺高坝列入世界七大水坝，十分壮观。同时，阿斯旺也是埃及的贸易中心。

吉　萨 吉萨位于尼罗河下游，是埃及第三大城市和旅游胜地，有著名的金字塔、狮身人面像。除此之外，吉萨还是农业、化工业、文化业十分发达的城市。

2. 社会文化

民族文化

埃及主要民族为东方哈姆族（埃及阿拉伯人、科普特人、贝都因人、柏柏尔人），占总人口的99%，努比亚人、希腊人、亚美尼亚人、意大利人后裔和法国人后裔占1%。

埃及约90%的人口信仰伊斯兰教逊尼派，约10%的人口信仰基督教的科普特正教、科普特天主教和希腊正教等教派。宗教是埃及人的一种生活方式，对人们的思想和行为有极大的影响力。

官方语言为阿拉伯语，大多数国民也将其视作母语；科普特语（由古埃及语演变而来）在埃及的科普特人基督教教堂中使用。另外，英语及法语在大城市及旅游区通用。

风土人情

埃及人热情、性格外向、感情丰富，并且十分谦虚虔诚。每周五是埃及的"主麻日聚礼"，这一天人们要去清真寺集体做礼拜。埃及人以右为尊，因此，用左手与他人握手或递东西是极不礼貌的。

衣、食、住、用、行

衣　着 埃及服装独具风格，按照服饰风格可把埃及服装分为古埃及服装和现代埃及服装，两种风格各有千秋。现代埃及服饰除了保留有古埃及服饰的部分特点外，更多地体现了现代化时尚元素。

饮　食 在埃及，不同的宗教节日里有不同的节日食品。埃及人在饮食上严格遵守伊斯兰教的教规，不吃猪肉，信徒不饮酒。斋月里白天禁食，不吃食物；吃饭时不与人谈话，喝热汤及饮料时禁止发出声响，食物入口后不可复出，而且忌讳用左手触摸食具和食品。

(住 房)　人口增长为埃及带来了住房压力，房价逐年上涨。埃及黄金地段的房子每平方米售价已经超过了3000埃及镑，市区房屋均价在每平方米1200埃及镑左右，相对于国民收入而言，房价较高。

(通 信)　埃及移动电话网络使用GSM系统。中国的SIM卡能在埃及使用，但是必须开通国际漫游。

(通 行)　埃及靠右行驶，市区限速60公里，高速公路限速90公里，沙漠公路限速100公里。

教育、医疗、福利制度

(教 育)　埃及有两种教育体系，分别是世俗教育体系和宗教艾资哈尔教育体系。

世俗教育体系下，普通教育为11年，年龄在6～17岁，分为三个阶段：第一阶段为基础教育，学制8年，年龄在6～14岁，学习基础课程；第二阶段是预备教育，学制为3年，年龄在11～14岁，分为普通教育和职业教育；第三阶段为中学阶段，学制3年，年龄在15～17岁，接受普通预备教育的进入普通中学，接受职业教育的进入职业中学。

宗教艾资哈尔教育体系下，初等教育6岁入学，学制6年；预备教育学制3年，毕业后通过考试，可以获得宗教艾资哈尔预备教育资格。

(医 疗)　据世界卫生组织统计，2011年埃及全国医疗卫生总支出占GDP的4.9%，按照购买力平价计算，人均医疗健康支出308美元。2006—2013年，平均每万人拥有医生29人、护理和助产人员36人、牙医5人、药师17人；2006—2012年，平均每万人拥有医院床位5张。

(福利制度)　埃及的社会保障体系主要包括医疗保险、工伤保险和退休人员的养老保险。社会保险费方面，企业主缴纳15%，雇工个人缴纳11%。其中，企业缴费中的4%和雇工个人缴费中的1%合计5%为医疗保险金，政府另外给予补贴。埃及的无业人员可以向有关部门缴费参加医保，享受与就业人员同样的医疗待遇。同时，国家还为没有参加医保的无业人员提供免费的基本医疗保障，无业人员可到政府设立的、由卫生部门管理的医院就医，医疗费在政府筹集的4%的医疗基金中列支。农村每三四个村设有一个医疗中心，农民在医疗中心看病是免费的。

传播媒介

报 刊　埃及现有日报17家，各种期刊70多种。主要阿拉伯文报刊有《消息报》《金字塔报》《共和国报》《晚报》《金字塔经济学家》等，主要英文报刊有《埃及公报》，主要法文报刊有《埃及前进报》和《埃及日报》。

通讯社　埃及国家通讯社是中东通讯社，成立于1956年，发稿文字采用阿拉伯文、英文、法文三种文字。

广播电台　埃及全国现有202家广播电台。国家广播电台于1928年创建，用阿拉伯语及30多种外语向国内外广播；中东广播电台建于1964年，主要为商业服务；亚历山大广播电台建于1960年，用阿拉伯语播音。

电视台　埃及电视台建于1960年，共有3个频道，用阿拉伯语播放节目。第二频道每天在固定时间里用英语、法语播放新闻节目。

传统节日

新年（1月1日）、独立日（2月28日）、圣纪节（3月12日）、西奈解放日（4月25日）、五月节（5月1日）、国庆日（7月23日）、建军节（10月6日）。埃及实行每周五天工作制，每周五、周六为公休日。

参考文献

[1]　商务部.外商投资合作国别(地区)指南——埃及[Z]. 2015, 2016.

[2]　徐宝娇.中国企业赴埃及投资环境与对策分析[J].经济研究导刊, 2013(16).

[3]　高雪莲.渐进式开放：埃及入世历程——入世后政策调整国际经验[J].开放导报, 2004(3).

[4]　周国建.入世后的中埃经贸关系[J].阿拉伯世界, 2003(1).

[5]　中国信保.埃及投资与经贸风险分析报告[J].国际融资, 2007(1).

[6]　蒋琳珍.与埃及商人做生意时应注意的事项[J].科技信息, 2009.

[7]　安维华.埃及政治变局与经济因素[J].北京教育, 2011(4).

[8]　刘琳琳.变局下的中国与埃及关系[J].百家讲坛, 2013(10).

[9]　埃及吸引外资和投资政策[J].国别政策, 2007(3).

[10]　高焰辉.埃及,经济改革好榜样[J].大经贸, 2003(2).

[11]　高玲. 埃及产品进入中国市场影响因素浅析[J]. 管理观察, 2009(6).

[12]　斯蒂芬·马希尔. 埃及动荡的政治经济学分析[J]. 国外理论动态, 2012(7).

[13]　褚王涛, 谢波. 埃及政治乱局演进趋势与埃及油漆投资环境分析[J]. 国际石油经济, 2013(10).

[14]　马欢. 萧条动荡的埃及[J]. 全球, 2013(10).

[15]　王艳. 浅析埃及近期货币政策实施的困境和走向[J]. 知识经济, 2014(1).

[16]　安维华. 埃及的经济发展与社会问题探析[J]. 西亚非洲, 2011(6).

[17]　王京烈. 埃及外交政策分析[J].西亚非洲, 2006(4).

[18]　王林聪. 中国与埃及经贸关系简析[J]. 阿拉伯世界研究, 2006 (1).

[19]　张荣忠. 中国投资在埃及[J].中国外资, 2010(7).

[20]　蒋传瑛. 中东剧变对变革中阿拉伯国家经济的影响[J]. 阿拉伯世界研究, 2012(6).

[21]　王可. 工程承包企业在埃及市场战略分析[J]. 世界有色金属, 2014(4).

[22]　金欣, 王玲莉.埃及经济发展现状及中埃经贸合作前景展望[J]. 对外经贸, 2014(5).

[23]　张帆. 中国如何开拓埃及承包工程市场[J]. 经济, 2013.

执笔人简介

李晓旭, 现就职于中国人民银行沈阳分行资本项目管理处, 工程学硕士。从事外债管理、跨境担保管理相关工作, 参与外债管理方式改革及系统需求修改工作, 参与修改《资本项目外汇业务操作指引（2017）》、外债管理相关法规及政策问答, 参与撰写《警惕跨境融资恶意欺诈风险》并在《中国外汇》上发表。

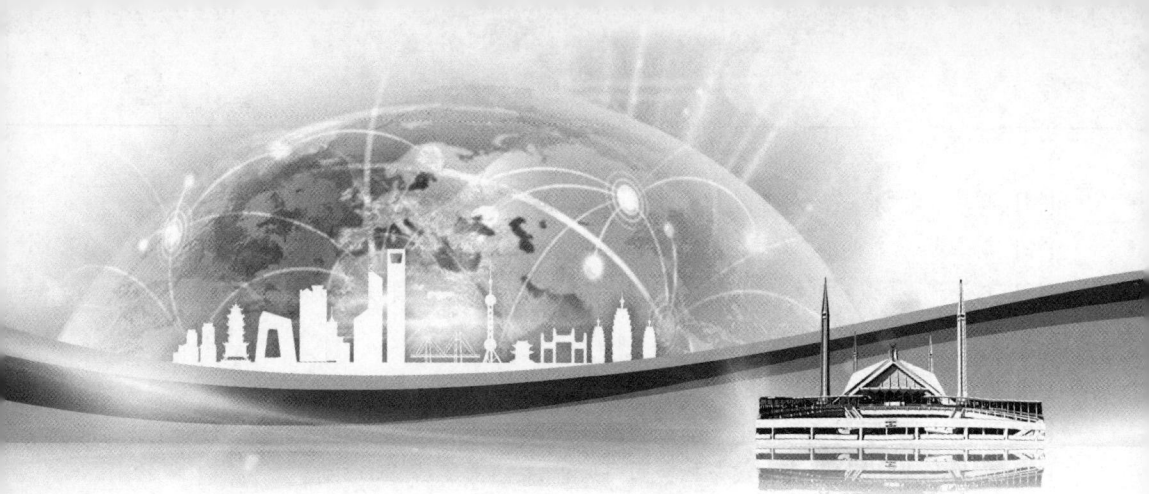

巴基斯坦

执笔人：杨 慧

1. 经济金融

1.1 宏观经济

经济增长率 2015年，巴基斯坦GDP约为2674亿美元，增长率为8.3%，人均GDP约为1407美元。2008年以来受国际金融危机影响，巴基斯坦国民经济发展放缓，2009年GDP出现负增长，并在此后多年维持10%左右的高通货膨胀率。随着近年来国内政局趋于稳定，巴基斯坦国民经济复苏迹象明显。

2006—2015年巴基斯坦主要经济数据见表1。

表 1 2006—2015 年巴基斯坦主要经济数据

项目 \ 年份	2006	2007	2008	2009	2010	2011	2012	2013	2014	2015
GDP（亿美元）	1373	1524	1701	1682	1774	2138	2246	2323	2468	2674
GDP 增长率（%）	25.4	11.1	11.6	−1.1	5.5	20.5	5.1	3.4	6.2	8.3
人均 GDP（美元）	723	929	1018	989	1025	1213	1254	1275	1334	1407

数据来源：世界银行。

财政收支 2015/2016财年巴基斯坦税收收入3万亿巴基斯坦卢比（以下

简称卢比），约合298亿美元^①，同比增长21%。中央政府公共债务总额19万亿卢比，其中内债约13万亿卢比，外债约6万亿卢比，分别增长12%、12%和13%。年度新增债务2万亿卢比，其中外债增加6720亿卢比，创7年来新高。债务支出占财政支出的47%，同比增长1.5%。

（通货膨胀率） 2015/2016财年巴基斯坦通货膨胀率从上财年的5%下降至3%，消费者物价指数从4.5%下降至2.9%。

（失业率） 2015年巴基斯坦平均失业率为5.9%。

1.2 产业结构

2015/2016财年，巴基斯坦农业产值同比下降0.2%。畜牧业、林业和渔业分别实现了3.6%、8.8%和3.3%的增长。而受天气及病虫害影响，棉花产量同比下降27.8%，大米和玉米产量分别下降2.7%和0.4%，小麦和甘蔗产量则分别增长1.6%和4.2%。工业产值同比增长6.8%，超过6.4%的财年增长目标。得益于电力和天然气供应的增长，占制造业产值近80%的大规模制造业增长4.7%，高于上财年2.8%的增速。第三产业同比增长5.7%，高于上财年4.1%的增速，继续保持良好发展势头，成为巴基斯坦经济增长最重要的驱动力。

1.3 支柱产业

（工业） 纺织业是巴基斯坦工业中最重要的行业，其次为食品加工业，近年来工程、机械、电子、汽车、化工等行业也逐步发展。巴基斯坦较大的纺织业企业约有456家，主要产品是棉纱线、棉布等。皮革业是巴基斯坦第二大出口创汇产业，全国皮革企业约有720家。

（农林牧渔业） 巴基斯坦是典型的农业国家，农村人口约占全国总人口的60%，农业在国民经济中占有重要地位。巴基斯坦粮食作物主要有小麦、水稻、小米、高粱、玉米、大麦等，其中以小麦、水稻为主。经济作物主要有棉花、甘蔗、烟草等，其中以棉花、甘蔗为主。棉花是巴基斯坦支柱产业——纺织业的基础和出口创汇的主要来源。

巴基斯坦森林覆盖率不高，林业产值约占国内生产总值的1%，畜牧业产值约占10%。巴基斯坦水产资源丰富，渔业比较发达，海产品年产量约为45万吨，加上内陆淡水养鱼，总产量约为60万吨。渔业产值在国民经济中所占比重不大，但却是巴基斯坦重要出口商品。

---

① 按照2016年12月1美元兑换105卢比折算，下同。

1.4 对外贸易

巴基斯坦是关税及贸易总协定和世贸组织的创始成员之一。2015年巴基斯坦货物贸易进出口总额约为656亿美元，其中进口额约为448亿美元，出口额约为208亿美元，同比分别下降2.3%和12.1%。

（主要贸易伙伴）巴基斯坦前十大货物贸易伙伴分别为中国、阿联酋、美国、新加坡、沙特阿拉伯、英国、科威特、德国、印度和阿富汗。前十大出口目的国为美国、中国、阿富汗、英国、阿联酋、德国、西班牙、意大利、孟加拉国和荷兰。前十大进口来源国为阿联酋、中国、新加坡、沙特阿拉伯、科威特、印度、日本、美国、印度尼西亚和德国。

（货物贸易结构）巴基斯坦主要出口商品包括纺织品、食品、珠宝、皮革、地毯等，主要进口商品包括原油及石油产品、水产品、钢铁、塑料原料等。

1.5 货币政策

卢比（字母代码PKR）是巴基斯坦的货币，流通的硬币有1卢比、2卢比、5卢比三种，纸币有10卢比、20卢比、50卢比、100卢比、500卢比、1000卢比及5000卢比七种。

1.6 外汇管理

巴基斯坦外汇管理政策主要有以下七个方面：一是允许外国投资者将全部资本、资本所得、红利和利润汇回。二是外国投资者可以借入国外私人贷款，用于在允许的投资领域为设立投资项目引进所需的机械设备，但借款合同需向巴基斯坦中央银行备案。三是外国控股的制造企业可以根据流动资金的需要从国内借款。四是对于外国控股的非制造企业，国内借款额度为实缴资本的75%；对于外国控股的非制造企业，国内借款额度为50%。五是对制造业领域的特许权使用费和技术服务费汇回没有限制，不过此类协议需要在中央银行备案。六是向外国公司支付特许权使用费和技术服务费应缴税15%。与各国所签协定中规定有更低税率的，则从低适用。七是得到授权可从事外汇经营的银行可以不经中央银行事先批准，为境内外的巴基斯坦居民开立外汇账户，这些账户可以由居民和非居民联合开立。在巴基斯坦境内设立的含有外资成分的公司，包括投资银行及含有外资的公司，也可以开立、使用外汇账户。在巴基斯坦居住的外国人及在国外登记但在巴基斯坦经营的外国公司，也可以在授权银行开立、使用外汇账户。这些账户可以从国外收入汇款，也可从本地存入现金。

1.7 金融

巴基斯坦的金融业主要包括商业银行、外国银行、发展金融机构、非银行金融公司、股票交易所、保险公司等。

中央银行 巴基斯坦国家银行是该国中央银行，成立于1948年，1974年1月1日国有化，其主要职能包括制定和执行货币政策、发行本国货币、监督管理银行系统秩序、实施外汇管理和维护合理汇率水平、防范和化解系统性金融风险、维护国家金融稳定等。

商业银行

（1）国有商业银行，包括国民银行、旁遮普银行、中小企业银行、第一妇女银行、巴基斯坦工业发展银行、旁遮普省合作银行等。

（2）私营银行，包括Allied银行、MCB银行、United银行、Habib银行、Askari银行、Atlas银行、NIB银行、Faysal银行等。

（3）外资银行，包括花旗银行、渣打银行、东京三菱银行、德意志银行、巴克莱银行、马来亚银行、中国银行、中国工商银行等。

（4）伊斯兰银行，包括巴伊斯兰银行、迪拜伊斯兰银行、Dawood伊斯兰银行等。

（5）联合投资机构，包括巴基斯坦—科威特联合投资公司、巴基斯坦—阿曼联合投资公司、巴基斯坦—文莱联合投资公司、巴基斯坦—伊朗联合投资公司、巴基斯坦—沙特联合投资公司、巴基斯坦—利比亚联合投资公司、巴基斯坦—中国联合投资公司。

近年来，中巴两国银行业合作发展较快。目前，巴基斯坦的国民银行、Askari银行、联合银行已在北京设立代表处，Habib银行在新疆乌鲁木齐开设巴基斯坦银行在华第一家分行。中国国家开发银行与巴方在巴基斯坦合资成立了中巴联合投资公司，并派工作组常驻巴基斯坦，中国工商银行在卡拉奇设立了分行。

巴基斯坦大城市的大型商铺配有POS机，带有VISA、MASTER和银联标识的信用卡可在当地使用。

证 券 巴基斯坦原有3家证券交易所，分别设于卡拉奇、拉合尔和伊斯兰堡，3家证券交易所交易量分别占全国交易量的78%、18%和4%。2015年8月，3家证券交易所合并组成巴基斯坦证券交易所。目前巴基斯坦证券交易所共有583家上市公司，总市值约5.1万亿卢比。巴基斯坦证券市场经营的主要业务包括股票、信托、共同基金、公司债券、政府债券等。

保　险　巴基斯坦证券委员会负责规划和监管证券和保险市场的发展，商务部拥有国家寿险公司和再保险公司的直接管理权及行业法规条例的最终审批权，两个部门同监共管。多数保险企业已加入保险业协会。保险公司主要包括国家人寿保险公司、国民保险公司、巴基斯坦再保险公司、EFU保险集团等。

1.8　中巴经贸

中巴经贸合作发展良好。两国自20世纪50年代初就建立起贸易关系。1963年两国签订了贸易协定，1967年启动边境贸易，1982年两国成立了中巴经贸和科技合作联合委员会。近年来，双方致力于深化和拓展经济联系，采取了一系列战略性举措和制度性安排，如2006年11月签署《中巴自由贸易区协定》《中巴经贸合作五年发展规划》，2009年签署《中巴自贸区服务贸易协定》，2011年12月签署《中巴经贸合作五年发展规划的补充协议》等，以推动实现共同发展。

双方贸易　中巴贸易有一定的互补性，合作空间和潜力较大。近年来，双边贸易增速均保持在10%以上。目前，中国已成为巴基斯坦第二大贸易伙伴。中国对巴基斯坦出口的商品也日趋多样化，机电产品所占比重逐年增加。中国对巴基斯坦出口的商品主要有机械设备、钢铁及其制品、化学品、计算机与通信产品、肥料和农产品等。中国自巴基斯坦进口的商品有棉纱、棉布、大米、矿石和皮革等。

据中国海关统计，2015年中巴双边贸易额约为190亿美元，同比增长18%。其中，中国出口约165亿美元，同比增长24%；中国进口约25亿美元，同比下降10%；贸易顺差为140亿美元。

双方投资　据中国商务部统计，2015年中国对巴基斯坦直接投资流量约为3.2亿美元。截至2015年末，中国对巴基斯坦直接投资存量约为40.4亿美元。中国企业在巴基斯坦投资的主要项目包括卡拉奇至拉合尔高速公路、曼格拉大坝加高项目、尼勒姆杰勒姆水电站项目等。

双方协议　《双边投资保护协定》（1989年2月）、《关于对所得避免双重征税和防止偷漏税的协定》（1989年11月）、《海关事务合作与互助协定》（2005年4月）、《能源领域合作框架协议》和《扩大和深化双边经济贸易合作的框架协定》（2006年2月），《中巴自由贸易协定》（2006年11月）、《矿产领域合作框架协议》（2007）、《中巴自贸区服务贸易协定》（2009年2月）、《中巴经贸合作五年发展规划》（2011年12月）。

2. 经济环境

2.1 国内市场

销售总额 根据巴基斯坦联邦统计局数据，2013/2014财年，巴基斯坦商品销售总额约11万亿卢比（约合1048亿美元），其中农业商品约5.5万亿卢比（约合524亿美元），工业商品约4.8万亿卢比（约合457亿美元），其他商品约0.7万亿卢比（约合67万美元）。

物价水平 巴基斯坦近年来物价持续上涨，2015年以来情况有所好转。巴基斯坦联邦统计局数据显示，2014/2015财年，巴基斯坦消费者物价指数（CPI）、敏感物价指数（SPI）和批发物价指数（WPI）较上一财年同期分别上涨4.5%、6.5%和80.3%。

2016年，巴基斯坦主要基本生活用品平均价格分别为：面粉38卢比/公斤，大米60卢比/公斤，牛肉318卢比/公斤，羊肉637卢比/公斤，食用油182卢比/升，汽油65卢比/升，柴油73.4卢比/升。

生活支出 巴基斯坦国民储蓄占GDP的比例为15%左右。在消费支出中，饮食约占43%，住房约占15%，衣着约占6%，交通约占5%，其他生活开支约占31%。

2.2 基础设施

公路 公路是巴基斯坦主要的交通命脉。截至2015年末，巴基斯坦公路总里程约为27万公里，包括6条高速公路、23条国道和若干辅助道路，与周边邻国均有公路连接。巴基斯坦公路客运量约占客运总量的90%，公路货运量约占货运总量的96%。公路主管部门是交通部和国家公路局。

铁路 巴基斯坦铁路总里程约为1.1万公里，运营里程约为8000公里。其中，复线运营里程约为1200公里，电气化运营里程约为300公里。年运送旅客能力约为7800万人次，货物运载能力约为600万吨。巴基斯坦铁路以南北向线路为主，三大主干线分别为卡拉奇—白沙瓦线、卡拉奇—拉合尔线、拉合尔—白沙瓦线，而东西向仅有苏库尔—奎塔线及其支线。巴基斯坦铁路时速为120公里/小时，卡拉奇到坎布尔的线路可以达到140公里/小时。铁路主管部门是铁道部。

（水 运）　巴基斯坦有三大海港，分别是卡拉奇港、卡西姆港和瓜达尔港。卡拉奇港和卡西姆港货物年吞吐量约占巴基斯坦国际货物贸易量的九成。

（空 运）　巴基斯坦有9个国际机场和27个国内机场，开辟了30多条国际航线。伊斯兰堡、拉合尔、卡拉奇分别为北部、中部和南部地区的航空枢纽。巴基斯坦国际航空公司承担着80%的客运和货物运输。目前，巴基斯坦与中国、印度、阿富汗等邻国，以及欧洲、北美、东南亚许多国家都有直航。中国和巴基斯坦之间可直航，也可经泰国、阿联酋等国转机。两国之间的直航航班有北京—伊斯兰堡、乌鲁木齐—伊斯兰堡、北京—卡拉奇。

（通 信）　巴基斯坦现有固话运营商1家、宽带运营商8家、移动通信运营商5家，移动用户约1.4亿户，宽带用户接近3000万户，电信覆盖率达80%。

（电 力）　巴基斯坦有大中型电厂66座，其中火电厂有21座，燃气电站有15座，水电站有22座，核电站有2座，其他类型电站有6座。巴基斯坦在夏季的用电高峰期间，电力供应会比较紧张。

2.3　商务成本

（水、电、气价格）　巴基斯坦各城市的水、电、气价格不同，水的用量、用途和使用时段也使价格有变化。目前的平均电价约为1.8卢比/千瓦时，水价约为8卢比/千加仑，汽油价格约为73卢比/升，柴油价格约为82卢比/升，具体价格还需参照各地区实际情况。

（劳动力供求及工薪）　巴基斯坦国内劳动力资源丰富，适龄劳动力约有6000万人。其中，从事农业劳动的约占45%，从事制造业的约占12%，从事建筑业的约占6%。巴基斯坦劳动力工资为9000～15000卢比。因为巴基斯坦是劳务输出国，因此对外籍劳务需求不大，目前在巴基斯坦的外籍劳务大部分是管理人员和专业技术工人。

（土地及房屋价格）　巴基斯坦房屋价格根据所在地区以及用途不同，价格差距悬殊，市中心繁华地段的房价较贵，偏远地区的房价便宜。近年来，巴基斯坦土地价格上涨较快，2015年巴基斯坦房地产平均价格增长了约10%，2012—2015年，卡拉奇繁华市区的平均房价从3万卢比/平方米（约合350美元/平方米）涨到10万卢比/平方米（约合1100美元/平方米），预计未来巴基斯坦房地产市场将延续繁荣趋势。

2.4　风险评估

（社会安全）　巴基斯坦大城市的社会治安状况总体良好，但在与阿富汗接壤的西北边境省、部落区，宗教派别冲突导致的恐怖袭击事件时有发生，在巴基斯坦应强化安全防范意识，不要到不安全区域旅游和经商。

（经济风险）巴基斯坦人口增长较快，城镇人口比例的上升和城市化进程的加速为巴基斯坦经济增长提供了机会。

3. 政策规定

3.1 投资方面

（投资主管部门）巴基斯坦投资部是投资事务的主管部门，下辖的投资局负责在投资商与其他政府部门之间发挥联络和纽带作用、提供投资商所需的必要信息和咨询服务。巴基斯坦投资局在各省均有分支机构。

（投资规定）外商可以采取绿地投资或并购等方式在巴基斯坦投资。巴基斯坦对外国人在当地开展投资合作并未另行做特殊规定。与投资相关的法律有《1947年外汇管制法》《1976年外国私人投资（促进与保护）法》《1984年公司法》《1992年经济改革促进和保护法》《1997年公司规则》《2001年私有化委员会法》以及相关的投资政策和私有化政策等，其中涉及外资并购安全、国有企业投资并购、反垄断、经营者集中的法律主要是《2001年投资委员会法令》《2007年竞争（并购控制）条例》和《2010年竞争法》。

（投资行业的规定）根据巴基斯坦《1976年外国私人投资（促进与保护）法》、《1992年经济改革促进和保护法》以及巴基斯坦投资优惠政策，巴基斯坦大部分经济领域均向外资开放，外资同本国投资者享有同等待遇。在最低投资金额方面，对制造业没有限制，但在非制造业方面，则根据行业不同有最低要求。例如，服务业最低为15万美元，农业和其他行业最低为30万美元。

巴基斯坦限制投资的五个领域有武器、高强炸药、放射性物质、证券印制和造币、酒类（工业酒精除外）生产。此外，由于巴基斯坦是伊斯兰国家，外国企业不得从事夜总会、歌舞厅、电影院、按摩、洗浴等娱乐休闲业。

3.2 贸易方面

（贸易主管部门）贸易主管部门是巴基斯坦商务部，其主要职责是国内外贸易管理和政策制定、出口促进、公平贸易、多双边贸易协议谈判等。

贸易法规体系　与贸易相关的主要法律法规有《公司法》《贸易组织法》《贸易垄断与限制法》《海关法》《反倾销法》等。

贸易管理相关规定　巴基斯坦政府将出口产品分为禁止类、限制类、限价类和一般类。其中禁止类商品出口需要获得相关政府主管部门的许可，限制类商品的出口需符合政府规定的相关要求。进口产品分为禁止类、限制类和一般类。其中，禁止类商品包括违反伊斯兰教义的相关商品等十几大类，限制类商品的进口需要符合政府规定的相关要求。在巴基斯坦从事贸易除遵守有关现行法律外，还应密切关注政府每财年初发布的新财年贸易政策，以获取最新规定及最新商品关税税率等信息。

3.3　税收方面

税收体系和制度　税收主管部门是巴基斯坦联邦税收委员会，其主要职责是制定和实施税收政策，以及联邦税种的征收和管理。

巴基斯坦是联邦制国家，税收分联邦政府、省政府和地区政府三级，但税收以联邦政府为主，占70%左右。联邦政府主要税种包括所得税、关税、销售税、联邦消费税。省政府主要税种包括职业税、财产税、车辆税、印花税、土地税等。地区政府主要税种包括财产税、水资源税、进出口税、转让税以及其他收费等。

巴基斯坦税收又分为直接税和间接税两大类。直接税主要包括上述所得税、财产税、土地税、车辆税，间接税包括关税、销售税（增值税）、联邦消费税等。

主要税赋和税率

（1）所得税。金融类企业、国有企业和私人企业所得税的税率为35%，营业额在2亿卢比以内的小企业的所得税税率为25%，企业可以选择按利润或者合同额纳税。个人所得税税率为0.75%~20%，起征点为月收入2.5万卢比。企业和个人还须缴纳多种形式的代扣税，税率为0.75%~30%不等。其中，在支付合同款时要代扣6%的税额，支付房租时要代扣5%的税额，利息代扣10%的税额。

（2）销售税。巴基斯坦联邦政府在20世纪90年代取消增值税，改设销售税。自2008年7月起，销售税税率为16%~21%。进口商品和巴基斯坦本国生产的商品均需缴纳销售税，部分商品免征销售税，主要是计算机软件、药品、未加工农产品等。其中，绝大部分商品税率为16%，称为普通销售税。

（3）联邦消费税。进口商品和巴基斯坦本国生产的商品及保险、广告、邮件快递、会计等服务均需缴纳消费税，税率为5%~100%，其中，通信服务税率为

20%，银行、保险服务税率为10%。部分商品和服务免征联邦消费税。

（4）关税。大部分商品关税税率为5%～35%。

3.4 劳动就业方面

巴基斯坦劳动力资源丰富，是劳务输出大国，但技术专家、管理人员、技术工人等较为缺乏。巴基斯坦政府对外籍劳务进入该国工作无限制性要求，仅规定外国技术和管理人员赴巴基斯坦工作前，需取得在巴基斯坦正式注册成立公司提出的邀请，并向巴基斯坦投资委员会申请获得工作签证。

在雇用工人方面，经过本人或监护人申请并取得体检证明的14～18岁少年，可被雇用从事非繁重劳动，每天工作时间不得超过7.5小时，每周工作时间不得超过42小时，不得兼职，不得值夜班；年满18岁的雇员，每天工作不得超过9小时，每周工作不得超过48小时；斋月期间工作时间要相应减少。

3.5 环境保护方面

〔环保管理部门〕 环境部是巴基斯坦的环保管理部门，环境部下设环境保护局，环境保护局与各省环境部门负责环保法规的实施。

〔主要环保法律法规〕 巴基斯坦实行以《巴基斯坦环境保护法（1997）》为核心的环保体系。

〔环保法律法规基本要点〕 主要包括以下内容：

（1）土壤保持。促进有机农业；防止土地退化；综合防治病虫害，防止滥施化学肥料、农药；建立国家控制沙化基金；鼓励发展生态和谐的农作物体系。

（2）森林保护。实施森林保护政策；保护残存和特殊森林生态系统；鼓励保持及恢复濒危生态系统；加强对现有森林的研究，增加科技人员力量。

（3）大气污染防治。制定并实施室内外空气质量标准，依法保证降低有害物质排放，提升燃料规格，提高主要城市间公共交通效率。

（4）水体保护。增加供水和水处理装置；建立水质监控体系；完善用水计量制，避免工业用水和城市用水混杂；监控流入海洋的淡水；建立地表水体划分标准；实施水体清洁水质升级阶段性计划。

3.6 承包工程方面

〔许可制度〕 外国承包工程企业进入巴基斯坦市场需在巴基斯坦工程理事会

注册。

（禁止领域） 除非获政府特殊批准，外国承包商在巴基斯坦不可承揽涉及武器、炸药、放射性物质、证券印制和造币、酒类生产（工业酒精除外）等领域的工程项目。

3.7　知识产权方面

巴基斯坦知识产权立法体系包括《商标法》《专利法》《设计法》《版权法》。

《商标法》规定，商标注册的有效期为10年，自申请之日计算。到期后可续展10年。连续5年不使用注册商标，将予以撤销。对非法使用已注册商标或提供伪造文件和材料进行注册的，将根据情节严重程度，分别处以刑罚和罚款。

《专利法》规定，专利权的保护期为20年，自申请之日计算。对非法使用已注册设计的，或者提供伪造文件和材料进行注册的，处2年以下有期徒刑和罚款。

《设计法》规定，设计注册的有效期为10年，自申请之日计算。到期后可续展，续展最多20年。

《版权法》规定，版权第一次转让的有效期为10年。10年期满后，作品的作者将重新拥有版权，并可以再次转让权利。未经著作权人许可，以改编、翻译等方式使用作品的，或者制作、出售盗版音像产品的，处3年以下有期徒刑及相应罚款；提供虚假材料注册版权的，或者制作、出售假冒他人署名的作品的，处2年以下有期徒刑及相应罚款。

3.8　优惠政策

（优惠政策框架） 巴基斯坦制定了《1976年外国私人投资（促进与保护）法》《1992年经济改革促进和保护法》以及《2013年巴基斯坦投资政策》。此外，巴基斯坦已与包括中国在内的47个国家签署了双边投资协定，与52个国家签署了避免双重征税协定。

（行业鼓励政策） 外商在巴基斯坦投资享受设备进口关税、初期折旧提存、版权技术服务等方面的优惠政策。

（地区鼓励政策） 巴基斯坦部分省在投资政策方面有一定的优惠。其中，旁遮普省允许外资100%持有股权，机械进口零销售税，用于出口加工的原材料零税率。信德省因为有较多的工业园区和出口加工区，其小企业发展促进机构提供各种融资方式（如信贷计划、个体经营融资计划等），满足中小企业的融资需求。

4. 办事手续及流程

4.1 注册企业

受理机构 巴基斯坦负责公司注册和管理的部门是证券与交易委员会，主要职能是管理证券市场及相关研究，公司法的执行监督、管理（包括公司注册），除银行以外的信贷机构的管理，保险业的管理等。

主要程序 外国公司在巴基斯坦设立分支机构，需在设立前30天内向巴基斯坦投资委员会提出申请，然后到证券与交易委员会登记注册，经登记注册后的企业应持有关批准文件到巴基斯坦税务部门办理税务登记，获取税号，并且到商业银行履行开户等手续。

所需材料

（1）私营有限公司：有发起人签字的公司章程、填写公司地址的表格、填写公司董事及其他人员情况的表格。

（2）上市公司：除私营有限公司注册所需的文件外，还需要填写同意出任首席执行官和董事人选的两个指定表格。

（3）开设联络处、项目办公室或办事处：需填表向巴基斯坦投资委员会申请许可。

所需时间 30~40个工作日。

4.2 承揽工程

获取信息 根据巴基斯坦政府的规定，采购或建设价格在10万卢比以上的项目，需在公共采购管理局网站或媒体上刊登招标公告。因此，外国承包工程企业可以通过当地媒体、网站或项目负责部门网站及当地代理处获取工程招标信息。

招标方式 竞标单位需通过项目资格预审，并在规定时间内提交投标文件，巴基斯坦国内招标项目招标期通常不少于15个工作日，国际公开招标期通常不少于30个工作日。

4.3 申请专利

巴基斯坦知识产权组织专利办公室是巴基斯坦受理专利申请的主管部门。注册巴基斯坦专利需提交的申请材料主要包括申请书、委托书（如通过代理申请）、专利说明书。

申请程序：提交申请；审查和核准；如通过审查，则在官方公报中发布受理通知（如未通过审查，将要求申请人补充或修改材料）；颁发证书。

4.4 注册商标

注册巴基斯坦国内商标，应到巴基斯坦知识产权组织商标注册处办理，需提交的申请材料包括商标申请书、商标图样、委托书（如通过代理申请）。国际商标保护可通过巴基斯坦商标注册处向瑞士日内瓦的世界知识产权组织办公室国际局申请。

4.5 纳税申报

【报税时间】 企业应在每月15日前上报并缴纳上一月份的销售税、联邦消费税等。进（出）口税费应在货物进（出）口之日起15天内完成上报并缴纳。企业所得税则在当年末申报并缴纳。

【报税渠道】 企业可以选择自行申报，也可通过业主代扣或由当地会计师事务所代为申报。

【报税资料】 报税资料包括税务报表、企业税号文件、报税单等。当地税务机构每年不定期抽查企业相关会计凭证和单据是否与上述文件相符。

4.6 工作签证

【主管部门】 巴基斯坦负责外国人工作签证的管理部门是投资局和内政部，投资局负责工作签证的申请和延期，内政部负责授权和签发。工作签证有效期为2年。

【申请程序】 外国人赴巴基斯坦办理工作签证，需由雇佣单位向巴基斯坦投资局提交相关资料，投资局审批通过后将出具同意函，申请人持函向巴基斯坦内政部申办工作签证。

【所需资料】 护照信息、专业资格证书、雇佣单位资信证明文件等。

4.7 能为中国企业提供帮助的机构

【 中国驻巴基斯坦大使馆经济商务参赞处 】

地址：Economic and Commercial Counsellor's Office,Embassy of the People's Republic of China, House 6, Street 6, F-7/3, Islamabad, Pakistan

电话：0092-51-2610823、0092-51-2610825

网址：pk.mofcom.gov.cn

【 中国驻卡拉奇总领事馆经济商务参赞室 】

地址：The Economic and Commercial Office of the Consulate General of the People's Republic of China, 43-6-B, Block 6, P.E.C.H.S, Karachi, Pakistan

电话：0092-21-34530913；0092-21-34530919

网址：karachi.mofcom.gov.cn

【 巴基斯坦驻中国大使馆 】

地址：北京市东直门外大街1号

电话：010-65322504

【 巴基斯坦驻上海总领事馆 】

辖区包括上海市、安徽省、江苏省和浙江省。

地址：上海市长宁区虹桥路虹桥商务中心7楼2378号

电话：021-62377000

【 巴基斯坦驻成都总领事馆 】

辖区包括四川省、云南省、贵州省、重庆市。

地址：四川省成都市人民南路4段19号威斯顿联邦大厦8楼

电话：028-85268316

【 巴基斯坦驻广州总领事馆 】

辖区包括广东、福建、湖南、海南、广西。

地址：广州市天河路228号广晟大厦705—706室

电话：020-85505679-80

5. 中国企业应注意的事项

5.1 投资方面

中国在巴基斯坦投资企业应着眼大局，从长远考虑，坚持互利共赢，自觉承担必要的社会责任。中国企业除根据巴基斯坦政府规定每年承担一定的职业培训义务外，还应尽可能为本企业巴基斯坦籍员工提供职业培训机会，帮助培养技术型人才。

巴基斯坦是伊斯兰教国家，在巴基斯坦开展投资合作，不仅要认真研究当地法律法规，熟悉当地人文环境和风俗习惯，还要尊重当地宗教习俗，避免因过度追求商业利益而与当地合作伙伴或政府、宗教团体产生摩擦和纠纷。

5.2 贸易方面

巴基斯坦经济受外界因素影响较多，企业应随时关注巴基斯坦政治形势、经济和安全形势、债务状况、通货膨胀及汇率变化情况等，减少经营风险。

在选择贸易伙伴和签订贸易合同前，应了解当地对外贸易、海关、港口等相关政策法规，降低合同条款中的潜在风险，在公平合理条款下开展贸易活动。

5.3 承包工程方面

中国企业在巴基斯坦开展承包工程业务前，通常需通过当地代理公司获取相关信息、参与项目投标和解决项目实施过程中遇到的问题。因此，建议选择实力强、信誉好的代理公司。在参与巴基斯坦工程项目的投标过程中，应认真分析业主提供的资料，并充分考虑政局、当地劳工价格及汇率变动等因素。企业在项目实施过程中还要抓好生产安全，强化安全意识，加强内部安全管理。

5.4 劳务合作方面

巴基斯坦是劳务输出国，劳动力资源丰富，无须从外部引进。企业在选派劳务人员时，应注意选派素质较高、劳动技能好的人员。国内劳务人员在出国前，应做好培训，尤其是要了解巴基斯坦国情、宗教禁忌和社会习俗等，保证劳务人员遵纪守法。

5.5　防范投资风险

在巴基斯坦开展贸易、投资、承包工程和劳务合作的过程中，要在事前调查、分析、评估相关风险，包括对项目或贸易客户及相关方的资信调查和评估、对项目所在地政治风险和商业风险的分析和规避、对项目本身实施的可行性分析等；事中做好风险规避，积极利用保险、担保等金融机构和专业风险管理机构的相关业务保障自身利益，降低风险。

5.6　妥善处理与政府及非政府组织间关系

应了解巴基斯坦政府和非政府组织的结构、相关职责以及政策规定等，与各级政府和与企业有关的非政府组织保持联系，宣传企业为巴基斯坦发展所做的工作和取得的成绩。如果企业在部落地区开展业务，除需取得当地政府的支持外，还应争取当地部落首领的支持。

5.7　妥善处理与工会间关系

巴基斯坦法律规定，工会组织可在本企业之内设立，也可在企业之外设立。中国企业应主动在本企业设立工会，以便通过工会了解当地雇员的诉求和思想动态。巴基斯坦工人联合会是巴基斯坦最大的工会组织，由巴基斯坦工会联合会、劳工联合会和国家工会联合会组成，是国际劳工组织和国际自由劳工联盟的成员。中国企业应妥善处理与当地工会、行业协会等的关系。

5.8　尊重当地的风土民情

巴基斯坦是伊斯兰国家，严禁携带各种酒类、猪肉及猪肉制品、色情音像品等违反伊斯兰教义的物品入境。与当地人交往过程中，切记勿谈论亵渎伊斯兰教义或穆斯林的话题。切勿随意放置《古兰经》及相关宗教书籍。女性在外要戴头巾，着装不可以暴露。

6. 中国企业遇到问题该如何解决

6.1　寻求法律保护

中国企业可通过中国驻巴基斯坦使（领）馆、当地政府部门或聘请律师协助处理生产经营过程中遇到的问题。如涉及经济纠纷或受到不公正待遇，应通过法律途径解决，以保护自身利益。

6.2　寻求当地政府的帮助

中国企业在巴基斯坦开展投资合作，要与当地政府各相关部门建立密切联系，及时通报企业发展情况，反映遇到的问题，寻求所在地政府更多的支持。

6.3　取得中国驻巴基斯坦使（领）馆的保护

中国企业进入巴基斯坦市场前，应征求中国驻巴基斯坦使馆经济商务参赞处的意见，在按规定履行国内外投资合作报批手续后，及时到经济商务参赞处报到备案。日常生产经营过程中与中国驻巴基斯坦大使馆经济商务参赞处保持联系。中国驻巴基斯坦使（领）馆可以对中国公民提供的帮助包括提供国际旅行安全信息、协助聘请律师和翻译、协助撤离危险地区、为遗失旅行证件或无证件的中国公民签发旅行证或回国证明、办理文件公证和认证等。

巴基斯坦紧急联系方式：报警15，火警16，查号17，救护115。

6.4　部分政府部门和相关机构

外交部：www.mofa.gov.pk

商务部：www.commerce.gov.pk

财政部：www.finance.gov.pk

国家银行：www.sbp.org.pk

投资委员会：www.boi.gov.pk

证券交易委员会：www.secp.gov.pk

联邦税收委员会：www.fbr.gov.pk

经济事务部：www.ead.gov.pk

水利电力部：www.mowp.gov.pk

铁道部：www.railways.gov.pk

公路局：www.nha.gov.pk

7. 巴基斯坦司法制度及基本特点

7.1 司法制度

宪 法 巴基斯坦建国后分别于1956年、1962年和1973年颁布了三部宪法。1999年穆沙拉夫执政后颁布临时宪法1号令，宣布暂停实施宪法。2002年8月，穆沙拉夫颁布"法律框架令"，宣布恢复1973年宪法和哈克时代宪法第8修正案，规定总统有权解散国民议会、任命参联会主席和三军参谋长。2003年12月29日，巴基斯坦议会通过宪法第17修正案，规定总统经最高法院批准后有权解散议会，与总理协商后有权任免三军领导人。2010年4月19日，宪法第18修正案经扎尔达里总统签署生效，总统部分权力移交给总理，并在涉及中央与地方分权等重大敏感问题上作出调整。2011年1月，巴基斯坦议会通过关于高等法院法官任命的宪法第19修正案。

司法机构 巴基斯坦最高法院为最高司法机关，各省和伊斯兰堡设高等法院，各由一名首席大法官和若干法官组成，全国设总检察长，各省设省检察长。

7.2 基本特点

议会是巴基斯坦的立法机构。1947年建国后长期实行一院制，1973年宪法颁布后实行两院制，由国民议会（下院）和参议院（上院）组成。国民议会经普选产生，参议院按每省议席均等的原则，由省议会和国民议会遴选产生。国民议会共342席，其中332席为穆斯林席，10席为少数教派特别席，分别由穆斯林和少数教派选民直接选举产生。国民议会设议长和副议长各1人，议员任期5年。参议院设100个议席，议员任期6年，每3年退职半数；设主席和副主席各1人，任期3年。

附　录

1. 国家概况

巴基斯坦伊斯兰共和国（简称巴基斯坦）是一个多民族伊斯兰国家。巴基斯坦是发展中国家，是世贸组织、伊斯兰会议组织、77国集团、不结盟运动成员国。乌尔都语是巴基斯坦国语，英语为官方语言，其他民族语言还有旁遮普语、信德语、普什图语和俾路支语等。

国　旗　巴基斯坦国旗呈长方形，长宽之比为3:2。左侧是白色竖长方形，宽度占整个旗面的1/4，右侧为深绿色长方形，中央有一颗白色五角星和一弯白色新月。白色象征和平，代表国内信奉印度教、佛教、基督教的居民和其他少数民族。绿色象征繁荣，新月象征进步，五角星象征光明。

国　徽　巴基斯坦国徽颜色与国旗颜色相同，都是深绿色和白色。顶端是五角星和新月图案，象征对伊斯兰教的信仰、光明和进步。中间是盾徽，盾面分为四部分，分别绘有棉花、小麦、茶、黄麻四种农作物，象征立国之本。盾徽两侧饰以鲜花、绿叶，象征和平。下端的绿色饰带上用乌尔都语写着"虔诚、统一、戒律"。

法定货币　巴基斯坦法定货币为巴基斯坦卢比。纸币有10卢比、20卢比、50卢比、100卢比、500卢比、1000卢比及5000卢比七种，硬币有1卢比、2卢比、5卢比三种。

首　都　伊斯兰堡是巴基斯坦的首都，也是全国的政治中心。位于巴基斯坦东北部海拔540米的山麓平原上，北靠马尔加拉山，东临拉瓦尔湖，西南距拉瓦尔品第11公里。伊斯兰堡市区多现代化建筑，具有传统的伊斯兰特色。

地理位置

巴基斯坦位于南亚次大陆西北部，南濒阿拉伯海，海岸线长840公里，北枕喀喇昆仑山和喜马拉雅山。东、北、西三面分别与印度、中国、阿富汗和伊朗接壤。巴基斯坦全境3/5为山区和丘陵地形，印度河从北流入巴基斯坦境内后，向南蜿蜒2300公里，注入阿拉伯海。巴基斯坦位于东五区，标准时间比北京时间晚3个小时。

气候特点

巴基斯坦大部分地区处于亚热带，气候炎热干燥，降水较少，年降水量少于250毫米的地区占全国总面积的3/4以上。巴基斯坦除南部属热带气候外，其余属亚热带气候。南部湿热，受季风影响，雨季较长，最炎热的时节是6月和7月。北部地区干燥寒冷，有些地区终年积雪，温度最低的时节是12月至次年2月。

自然资源

巴基斯坦煤炭资源丰富。巴基斯坦地质调查局估算的煤炭资源量约为1850亿吨，其中99%在信德省。巴基斯坦的主要矿藏储备有天然气、石油、煤、铁、铝土等，还有大量的铬矿、大理石和宝石。

人口分布

巴基斯坦人口约2亿人，是世界第六人口大国。近年来，巴基斯坦人口增长较快，年增长率约为1.5%。最大城市卡拉奇人口约2200万人，第二大城市拉合尔人口约1000万人，首都伊斯兰堡约有150万人。在巴基斯坦华人华侨近1万人，主要生活在旁遮普省和信德省。

主要城市

伊斯兰堡 伊斯兰堡是一座新兴城市，始建于1961年，1965年巴基斯坦首都从卡拉奇迁于此地。伊斯兰堡市区面积约为909平方公里，多现代化建筑，并具有传统的伊斯兰特色，分行政、使馆、居民、工业、商业、绿化等区。市内有政府大厦、总统府、总理府、议会大厦、最高法院、会议中心、真纳大学、费萨尔大清真寺等。1992年10月，伊斯兰堡与北京结为友好城市。

卡拉奇 卡拉奇是信德省省会，也是巴基斯坦第一大城市与最大的海港和军港，全国工商业、贸易和金融中心，还是往来东南亚和中东、非洲、欧洲的国际航空站。卡拉奇位于印度河三角洲西北侧，南濒阿拉伯海，城市面积591平方公里。1947—1959年曾为巴基斯坦首都。市内多高层建筑，市场繁华，交通拥挤。20世纪80年代，卡拉奇同中国上海结为友好城市。市内主要景点有真纳墓、巴图大清真寺等。

拉合尔 拉合尔是旁遮普省省会，巴基斯坦第二大城市。该市位于伊斯兰堡东南约300公里，距印巴边界30公里，是巴基斯坦历史文化名城，素有"巴基斯坦灵魂"之称。1021—1186年迦兹纳维王朝即建都于此。1525—1707年为莫卧尔王朝都城。拉合尔1992年与中国西安市结为友好城市。主要古迹有拉合尔古堡、皇家清真寺、夏利玛公园等。

拉瓦尔品第　　拉瓦尔品第位于伊斯兰堡西南12公里，人口约141万人。1959—1965年作为巴基斯坦临时首都，旧总统府、总理府、陆军总部和国宾馆等重要场所均在此设立。整个城市分新城和老城，新城原为英国殖民军的兵营，多为老式庭院住宅，现为政府高级官员和富商居住之地，市场繁华，交通便利。该市的纺织、毛织、皮革等轻工业较发达，手工艺品和刺绣品小有名气。市内有国家公园和陆军博物馆。

2. 社会文化

民族文化

巴基斯坦的国教为伊斯兰教，伊斯兰教徒占全国人口总数的95%。其中，逊尼派人数约占80%。此外，还有印度教、基督教等。

风土人情

巴基斯坦是伊斯兰国家，外国人要遵守伊斯兰国家的风俗。伊斯兰教是禁酒的，在巴基斯坦的外国人不得在公共场所饮酒。穆斯林不食猪肉、动物血液和自死动物，很多传统食品是用手抓食，但只能用右手。

伊斯兰教徒特别注意男女有别，在公共场所青年男女互不来往，所以在见到女士时，男士一般不主动握手，女士主动伸手时男士才与其握手，但严忌男女当众拥抱或接吻。女子上街时，严禁穿着暴露的服饰。

衣、食、住、用、行

巴基斯坦男人除穿白色长裤和各式上衣外，冬天很多人戴一种被称为"真纳帽"的皮帽。妇女按伊斯兰教要求装扮，用长袍、长裤和罩衫遮住身体。巴基斯坦妇女在戴头巾上与阿拉伯妇女有所不同，她们并不是用头巾把耳朵和头发包严实，而是用一种薄纱巾松松地搭在头上，将垂下来的部分搭在肩上或胸前即可。

巴基斯坦人喜欢吃香辣的食品，他们用胡椒、姜黄等做的咖喱食品闻名世界。常见的菜肴有土豆沙拉、炖豆、炖鸡、炖牛羊肉、豌豆肉末等。食用油主要是牛油，也用葵花籽油、橄榄油等植物油。巴基斯坦人的主食是面粉和大米，一种名叫"恰巴提"的粗面饼最受欢迎。

在巴基斯坦最受欢迎的运动是板球，巴基斯坦曾在1992年赢得过板球世界杯冠军，并在奥运会上赢得过数次板球比赛的金牌。此外，卡巴迪也是非常受巴基斯坦人欢迎的民间运动。

教育、医疗、福利制度

教 育 巴基斯坦实行中小学免费教育，目前全国约有小学16万所、初中3万所、高中1.6万所、大学51所。

医 疗 巴基斯坦医院分公立和私立两种。公立医院收费低，主要面向普通市民，私立医院费用较高。巴基斯坦大城市都有公立医院，能够保证一般常见病的治疗。据世界卫生组织统计，2013年巴基斯坦全国医疗卫生总支出约占GDP的2.8%，人均医疗健康支出约126美元。2015年，巴基斯坦人均寿命为66岁。

福利制度 巴基斯坦政府努力解决社会问题，改善人民生活条件，特别是就业和医疗卫生问题。

传播媒介

报 刊 英文报刊有《新闻报》《黎明报》《国民报》《商业记录报》等。乌尔都文报刊有《战斗报》《时代之声》《东方报》等。

广播电视 国营的电视台有巴基斯坦电视公司，私营的电视台有GEO电视台、黎明新闻电视台等。2009年，巴基斯坦约有60个私营电视频道。广播电台主要是巴基斯坦广播公司，有27个电台，对外用7种语言广播。

社会治安

巴基斯坦伊斯兰堡和拉合尔治安较好，而卡拉奇治安形势较为复杂。2015年以来，巴基斯坦政府在卡拉奇进行治安整治，取得了一定成效。中国人到巴基斯坦要强化安全防范意识，避免到不安全区域旅游和经商。巴基斯坦严禁非法持有枪支，但民间非法持枪现象仍存在。

传统节日

巴基斯坦实行每周五天半工作制，周五下午为礼拜时间，周六正常上班，周日为公休日。工作时间一般为上午9点至下午3点。主要节假日有开斋节（每年的斋月之后，时间每年有变化）、赎罪节（3月13~14日）、巴基斯坦国庆日（3月23日）、先知穆罕默德生日（5月14日）、巴基斯坦独立日（8月14日）、国父真纳生日（12月25日）。

参考文献

[1] 商务部. 对外投资合作国别(地区)指南——巴基斯坦[Z]. 2016.

[2] 杨翠柏, 李德昌. 当代巴基斯坦[M]. 成都: 四川人民出版社, 1999.

[3] 李德昌. 巴基斯坦经济发展[M]. 成都: 四川大学出版社, 1992.

[4] 刘乐声, 王士录. 巴基斯坦(各国手册丛书)[M]. 上海: 上海辞书出版社, 1988.

[5] 【巴】乌丁, 斯瓦蒂. 巴基斯坦经济发展历程[M]. 成都: 巴蜀书社, 2010.

[6] 杨翠柏, 刘成琼. 巴基斯坦史[M]. 台湾: 三民书局, 2005.

[7] 陈继东, 晏世经. 巴基斯坦报告[M]. 昆明: 云南大学出版社, 2015.

[8] 唐孟生等. 亲历巴基斯坦[M]. 北京: 经济日报出版社, 2012.

[9] 杨翠柏, 刘成琼. 列国志——巴基斯坦[M]. 北京: 社会科学文献出版社, 2005.

[10] 孔亮. 巴基斯坦概论[M]. 北京: 世界图书出版公司, 2016.

[11] 伊夫提哈尔·H. 马里克. 巴基斯坦史[M]. 北京: 中国大百科出版社, 2010.

[12] 陆水林. 巴基斯坦[M]. 重庆: 重庆出版社, 2004.

执笔人简介

杨慧, 现就职于中国人民银行丹东市中心支行外汇管理科, 中级经济师。从事国际收支、资本管理及外汇检查工作多年, 多次组织、参与对商业银行和大型企业的专项检查和审计, 在外汇检查方面经验丰富, 曾多次参加国家外汇管理局辽宁省分局组织的专项检查。参与编写《应对和打击"热钱"违规流动研究文集》等书籍, 先后在《金融时报》《金融电子化》等杂志上发表《谨防国际贸易融资风险》等10余篇文章。

波兰

执笔人：吴 溪

1. 经济金融

1.1 宏观经济

经济增长率 2006—2015年，波兰经济总体呈现增长趋势，偶有回落。2015年，GDP约合4771亿美元，人均GDP约为14650美元。2006—2015年波兰GDP走势见图1。

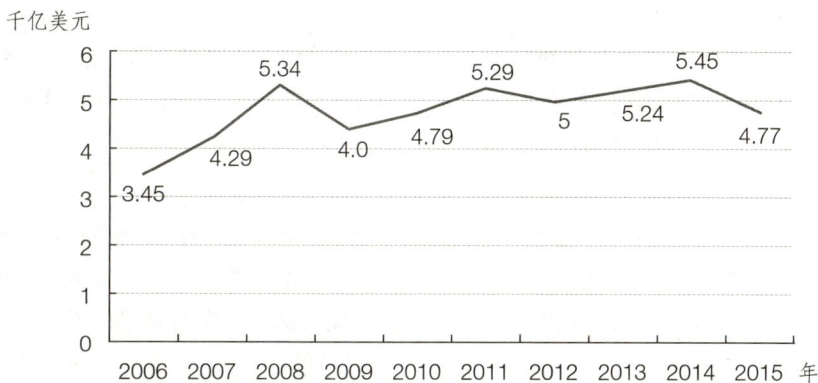

千亿美元

资料来源：世界银行和波兰统计局。

图1 2006—2015年波兰GDP走势

（财政收支） 2015年，政府预算赤字约占GDP的2.6%，政府支出约占GDP的41.6%，政府债务约占GDP的51.1%。

（外汇储备及外债） 截至2015年末，波兰外汇储备约合1005亿美元，外债余额为3787.33亿美元，外债占GDP比例约为69%。

1.2 产业结构

波兰第一、第二、第三产业占GDP的比重分别为3%、22%和75%。投资、消费和出口占GDP的比重分别为20%、78%和46%。

1.3 支柱产业

（农 业） 波兰是欧洲农业大国。世界银行统计显示，波兰2015年农业增加值占GDP的2.78%，农村人口总量约为1499万人，农业用地约为1460万公顷，其中耕地占70%。主要农作物有小麦、黑麦、马铃薯、甜菜等，产量均居欧洲前十位。肉制品、奶制品、苹果、洋葱、卷心菜和菜花等果蔬产量也居欧洲前列。2015年，波兰农产品出口额约为250亿欧元，其中对中国出口约为2.8亿欧元。

（矿 业） 2015年，波兰采矿业产值约为585亿兹罗提，约占工业总产值的4.9%。

（1）煤炭。煤炭占波兰国内初级能源的60%左右，占发电用燃料的92%。波兰是居俄罗斯之后欧洲第二大硬煤生产国和出口国，也是褐煤的重要生产国。2015年，煤炭产量约13082万吨，同比下降3.5%。2015年，波兰硬煤探明储量约为513亿吨，主要分布在西里西亚和卢布林地区；褐煤探明储量约为226亿吨，分布在波兰中部和西南部。

（2）铜和银。波兰是居俄罗斯之后欧洲第二大、世界第九大产铜国。铜矿储量17.62亿吨。铜矿含银量较大，开采收益率较高。波兰白银生产居世界第六位、欧洲第一位。产出的铜和银大部分出口到欧盟国家市场。

（汽车工业） 波兰汽车工业的主要特点是：外资企业占主导地位，以汽车装配为主，汽车零部件生产商技术标准高、品种齐全、加工生产增长较快；汽车已成为波兰重点产业、热门出口行业，产品种类多、品牌多，而且外需旺盛。波兰中央统计局数据显示，2015年波兰汽车产量约为66万辆，汽车行业员工总数约17万名，汽车类产品出口约205亿欧元，约占波兰出口总额的15%。近年来，波兰汽车零部件产业蓬勃发展，已成为欧洲汽车零部件主要生产国之一。大众、欧宝、奥迪、菲亚特、斯科达、本田等著名品牌的发动机、变速箱等零部件都在波兰生产。

木材工业 与其他工业比较，波兰木材工业附加值较高，收益高于工业企业平均水平，出口持续较快增长。波兰家具及木地板生产和贸易在国际上占有一席之地，是世界第三大多孔纤维板生产国、第六大刨花板和硬纤维板生产国、第十大家具生产国和第四大出口国。2015年末，木材及相关制品产值约255亿兹罗提，约占工业总产值的2.5%。家具产值约281亿兹罗提，约占工业总产值的2.4%。纸业产值约314亿兹罗提，约占工业总产值的2.5%。2015年木业产品出口额约133亿兹罗提，进口额约47亿兹罗提。

旅游业 波兰自然风光优美，历史文化遗产丰富。近年来，赴波兰旅游人数持续增加。波兰2007年加入申根协定后，跨境旅游更为便利。重点旅游城市包括华沙、克拉科夫和格但斯克等。2015年波兰接待的外国游客约为534万人次。

1.4 对外贸易

贸易总量 2015年，波兰出口总额约1722亿欧元，同比增长8.54%；进口总额约1699亿欧元，同比增长4.98%；贸易逆差23亿欧元。

贸易结构 2015年波兰进口商品主要有机械工业产品、化工产品、矿产品、冶金产品、食品和活畜等，占比最大的是机械工业产品，占进口总额的37%。出口商品主要有机电行业产品、化工产品、农产食品、冶金产品、木材纸张产品等，占比最大的是机电行业产品，占出口总额的40%。

主要贸易伙伴 主要贸易伙伴是欧洲国家。德国仍是波兰最大贸易伙伴、最大出口市场和最大进口来源国，中国是波兰第二大进口来源国。

区域和双边贸易协定 1995年1月1日，波兰成为世贸组织的创始成员国，1996年11月22日成为经济合作与发展组织（OECD）正式成员。2004年5月1日加入欧盟。

加入欧盟后，波兰加入欧盟与其他伙伴缔结的自由贸易协定。除与欧洲自由贸易联盟（欧洲经济区）、瑞士（自由贸易区）和土耳其（关税同盟）签订的这三个协议外，其他主要协定还包括欧盟与地中海国家的联系协议，与原南斯拉夫国家的稳定和联系协议，与墨西哥和智利签订的联系协议，与南非的贸易、发展与合作协议，与韩国的自由贸易协定，与哥伦比亚和秘鲁的多边贸易协定，与中美洲国家的贸易协定。

1.5 货币政策

波兰货币为兹罗提。波兰《外汇法》规定，兹罗提为可自由兑换货币。在金融机构和兑换点，兹罗提与美元、欧元等可自由兑换。2000年4月12日，兹罗提汇率实行完全自由浮动，不再采取官定汇率、滚动贬值或浮动区间等形成机制，但中央银行可以对外汇市场实行干预。

2015年上半年，兹罗提对欧元和美元总体呈贬值趋势，对美元贬值尤其明显。2015年6月30日，兹罗提兑欧元汇率为4.19:1，兑美元汇率为3.76:1。目前，人民币与兹罗提暂时不能直接兑换。

1.6 外汇管理

根据波兰《外汇法》，在波兰注册的外国企业可以在波兰银行开设外汇账户，用于进出口和资本结算。外汇进出波兰需要申报。汇出无须缴纳特别税金。在波兰工作的外国人，其合法收入完税后可全部转往国外，如果外汇交易金额超过1万欧元或等值的其他货币，无论居民还是非居民均须通过银行办理。银行对居民与非居民之间涉及外汇交易的资金转移负有监管义务。出入境时，个人携带1万欧元以下外币或与之等值的兹罗提无须申报；若携带外币超过此限，需出示外汇申报单或银行出具的外汇携带证明，否则海关有权予以没收并罚款。个人在波兰银行开设外汇账户时需凭入境外汇申报单办理。

1.7 金融

波兰的中央银行是波兰国家银行，执行《宪法》《国家银行法》和《银行法》赋予的职权，上述三部法律确保了波兰国家银行相对于其他机构的独立性。波兰主要国有银行是国民经济银行，该行的主要任务是通过运作包括欧盟援助基金在内的公共基金，执行中央政府和地方政府的经济计划和地区发展项目。此外，该行也为地方政府和战略性企业提供银行业服务，并为个人客户提供定期存款服务。

波兰主要商业银行有波兰邮政储蓄银行、波兰援助银行、波兰出口发展银行、荷兰国际银行、波兰西部银行、千禧银行、华沙贸易银行、合作集团银行、波兰合作银行、花旗银行、汇丰银行等。绝大多数银行是综合性银行，部分银行从事投资银行业务，提供咨询服务、股票和债券发行担保等。

中国银行、中国工商银行也在波兰华沙设立了分行。

（1）中国银行有限公司波兰分行

地址：ul.Zielna 41/43，00-108，Warszawa

电话：（0048 22）4178888

（2）中国工商银行华沙分行

地址：Plac Trzech Krzyzy 18，00-499

电话：（0048 22）2788066

（证券） 华沙证券交易所是波兰唯一的证券交易市场，符合国际标准，经营股票、期货、债券交易、投资凭证、衍生工具和期货交易，是仅次于维也纳证券交易所的中欧第二大证券交易市场。在股指期货交易量方面，华沙证券交易所成为继欧洲期货交易所、纽约泛欧交易所、纳斯达克OMX集团之后的第四大交易所。

1.8 中波经贸

（双边贸易） 据欧盟统计局统计，2015年双边贸易总额为165.3亿美元，同比增长2%。其中，波兰对中国出口20.2亿美元，同比减少9.5%。波兰是中国在中东欧地区最大的贸易伙伴、欧盟中第九大贸易伙伴。据波兰统计，2015年中国是波兰在亚洲地区最大的贸易伙伴、第二大进口来源地。中国向波兰出口的前五大商品类别为机械器具、电气设备、光学仪器、家具与寝具、针织服装。中国自波兰进口的前五大商品类别为金属制品、机电产品、塑料橡胶制品、家具玩具、化工产品。

（相互投资） 根据波兰中央统计局数据，截至2013年末，中国在波兰注册企业共计826家，主要投资领域为贸易和服务、制造业、房地产、承包工程等。截至2015年末，中国在波兰累计直接投资约3.4亿美元，波兰在华投资累计约2.1亿美元。

（经贸协定） 《投资保护协定》（1988）、《避免双重征税和防止偷漏税协定》（1988）、《经济合作协定》（2004）、《关于加强基础设施领域合作协定》（2012）、《关于促进中小企业交流与合作的谅解备忘录》（2012）、《中波基础设施指导委员会规则》（2013）。

2. 经济环境

2.1 国内市场

（销售总额） 2015年，波兰消费支出约10495亿兹罗提，同比增长2.89%；工业生产销售总额约12666亿兹罗提，比上年增长3.1%。

物价水平 2015年，波兰通货膨胀率全年为负，月度通胀率平均在-1%左右。核心消费者物价指数平均在100左右，居民消费价格指数全年平均在169左右，除2015年3月、4月外，价格指数基本没有上升。

生活支出 2015年，月平均工资约为3968兹罗提，同比增长3.3%；月人均支出为1076兹罗提，同比上升1.4%。波兰家庭收入消费结构中，住房、水、电、天然气及其他燃料支出的占比最高，为21%。

2.2 基础设施

公 路 截至2015年末，高速公路总长为1482公里，快速公路总长为1244公里。2015年，公路运送旅客3.67亿人次，同比下降15%。作为连接东西欧的枢纽，波兰的地缘优势显著，横贯欧洲大陆的A2高速公路是波兰高速公路主干网的重要组成部分，波兰政府正在加紧建设南北走向的A1高速公路，以打通连接波罗的海国家和中欧国家的交通走廊。

铁 路 截至2015年末，波兰运营的铁路线共有1.93万公里，密度为6.2公里/百平方公里，高于欧盟平均水平。2015年，铁路运送旅客2.76亿人次，同比增长3%；铁路货运量2.24亿吨，同比下降1.6%。近几年，铁路运货量在货运总量中的比重不断下降。

水 运 波兰主要港口包括格但斯克、格丁尼亚、什切青、希维诺乌伊西切等。各港提供的服务有所侧重：格丁尼亚为北波罗的海最大的集装箱港口，格但斯克海港是波罗的海最大的石油中转码头之一，什切青—希维诺乌伊西切海港组为波兰最大的轮渡码头，其他地区级港口如科罗布塞格、达尔沃夫、埃尔布隆格主要发挥旅游和渔港的作用。

空 运 波兰现有13个国际机场，其中12个为地区级空港，重要空港位于华沙、克拉科夫、格但斯克、波兹南、弗洛茨瓦夫和卡托维茨。2015年，航空运送旅客960万人次，同比增长23.3%，国际旅客运输约占85%。

通 信 波兰有线电话覆盖率约为每百人16部，在欧盟中排名靠后。波兰移动电话发展迅速，移动网络几乎覆盖全国。截至2015年末，约73%的波兰家庭已连接和使用互联网。

电 力 波兰约85%的电力来自燃煤电厂。2015年，国内电力总供给量约为1725亿千瓦时。

2.3 商务成本

水、电、气价格 波兰水、电、气供应充足，消费成本较低，工业用电、用气价格低于居民生活用电和服务业用电。2015年波兰水、电、气价格见表1。

表1　2015年波兰水、电、气价格

消费用途	水（兹罗提／立方米）	电（兹罗提／千瓦时）	气（兹罗提／立方米）
个人消费者	3.23	0.63	2.56

资料来源：波兰统计局。

（劳动力供求及工薪）　波兰劳动力资源相对充足，64岁以下人口比例高于欧盟平均水平。截至2015年末，就业人数约为1628万人，约占总人口的42.4%。波兰加入欧盟后，大量劳动力进入老欧盟成员国，2006年下半年开始出现结构性劳动力短缺，其中最紧俏的人才是技术工人。

波兰中央统计局数据显示，2015年，波兰人月平均工资约3968兹罗提，同比增长3.3%；人均支出约1076.37兹罗提，同比上升1.4%。自2015年1月1日起，雇员月税前工资最低为1750兹罗提。平均工资最高的行业依次为矿业（6805兹罗提），电力、燃气及水的生产和供应（6231兹罗提），金融保险（6149兹罗提），信息和通信（6141兹罗提）。

（土地及房屋价格）　据Open Finance公司的报告，2014年波兰平均房价同比上涨1.88%，上涨最快的城市有比得哥什、罗兹和华沙。在波兰12个大城市中，华沙房价均价最高，为每平方米7000兹罗提；排名靠后的是罗兹，为每平方米3600兹罗提。

2.4　风险评估

波兰经济增长基本稳定，长期经济走势向好，银行系统较为稳定，储蓄较充足，没有大量不良贷款，银行业系统风险不大。国际储备比较稳定，能够保证该国进口需求，总体来看，经济风险比较小。

3. 政策规定

3.1　投资方面

（投资主管部门）　波兰负责外商投资政策的具体执行和外资促进机构是波兰信息和外国投资局，主要职能是：为外国投资者提供法律和政策方面的咨询及信息服务，协助企业选择合适的投资目的地及申请获得大额投资所享受的优惠待遇，并协调解决投资中遇到的各种困难和问题。波兰各省省长办公室设地区投资服务中心，具体负责本地区外商投资服务。波兰驻外使（领）馆也负责提供相关投资咨询服务，并将重要投资项目向波兰外交部对外经济政策司和经济部促进与双边经济合作司报告。

（投资方式规定） 根据波兰相关法律规定，外国企业作为法人实体在波兰境内可注册的形式有代表处、分公司、有限合伙企业、有限股份合伙企业、有限责任公司和股份公司。中国企业和个人在波兰注册的一般为代表处、分公司、有限责任公司和股份公司。外商可以以现汇、实物和知识产权等方式在波兰开展投资合作。

（投资行业的规定） 根据波兰信息和外国投资局提供的信息，波兰政府鼓励外商投资的重点领域包括基础设施、能创造新就业机会的工业投资以及新兴行业等。同时，也对一些领域的外商投资进行了限制。根据波兰《经济活动自由法》，从2005年1月1日起，以下行业属于限制类行业，从事相关经济活动须事先获得相关政府主管部门颁发的特许，有效期一般不少于5年，不超过50年：矿藏勘探、矿物开采、弹药以及军事和警用产品与技术的制造和经营、燃料和能源的生产销售、人身和财产的安保、航空运输、广播电视节目传播等。

3.2 贸易方面

（贸易主管部门） 波兰主管贸易的政府部门是经济部。其职能主要包括：制定与外国经济合作的目标；根据欧盟与第三国贸易政策的规定，特别是在欧盟共同商业政策框架下，与国际经济组织开展合作；促进波兰经济发展，包括支持出口和对外投资、吸引外国直接投资；控制涉及国家安全的战略性商品、技术和服务的贸易；管理商品和服务贸易及技术进出口事宜。此外，农业和农村发展部、竞争和消费者保护局等也承担与贸易政策有关的职能。

（贸易法规体系） 波兰国内与贸易相关的最重要的法律有《对外贸易管理法》和《海关法》。

（贸易管理相关规定） 波兰从1990年起对外贸管理体制进行了彻底改革，取消垄断性外贸经营管理体制，所有经济实体享有经营对外经济贸易的同等权利，除少数商品受许可证、配额等限制外，其余商品均放开经营。

3.3 税收方面

税收体系和制度 波兰实行全国统一的税收制度，只在地方税上略有差异。目前，波兰已建立了以所得税和增值税为核心的税收体系。外国公司和自然人与本国法人和自然人同等纳税。波兰共有12个税种，其中包括9种直接税和3种间接税。直接税包括个人所得税、公司所得税、遗产与赠与税、民法交易税、农业税、森林税、房地产税、交通工具税和犬税，间接税包括增值税和消费税、博彩税。

波兰实行属地税法，根据企业在全球范围内的收入对其征收所得税。公司在波兰注册或其管理机构位于波兰境内即具有居民地位。外国公司在波兰的子公司视为居民并依据条例征税。对非居民公司的企业所得税征缴仅限于其产生于波兰的全部收入，波兰政府与第三国缔结避免双重税收协定另有规定的除外。

主要税赋和税率

（1）企业所得税。波兰对内外资企业实行统一的所得税缴纳标准，所有法人和具有法人资格的组织（合伙企业除外）都要按年度缴纳企业所得税，标准税率为18%。对有限纳税义务人，利息收入、版税收入以及无形服务收入所得税为20%，股息收入所得税率为18%。在经济特区投资的企业可以享受企业所得税减让，减让数额视投资规模和创造就业岗位的数量而定。

（2）增值税。在波兰境内销售商品和提供服务需按月缴纳增值税。增值税分为23%、8%、5%和免税四个类别，其中23%为基本税率，其他几种为特殊商品和服务税率。医疗、社会保健和教育免征增值税。

（3）房地产税。该税为地方税，各地税赋略有差异，按年收取，住宅较低，商用建筑物较高。2013年，住宅使用面积每平方米0.73兹罗提，商用土地每平方米0.88兹罗提，商用房屋使用面积每平方米22.82兹罗提。新建或在建建筑则按照总价值的2%征收。乡议会有权减免房地产税。

（4）民法交易税。波兰一系列民法活动须缴纳印花税。这些活动包括销售协议、物和物权修订协议、租借租赁协议、贷款协议、公司协议、担保协议。印花税因合同的活动类别不同而税率不等，税额一般为5~100兹罗提。购买房产许可的印花税较高，为1400兹罗提。

3.4 劳动就业方面

波兰劳务领域最主要的法律是《劳动法》。它规定了雇佣关系的法律基础、雇员的权利和义务等，其中包括劳动合同的签订、解除和到期以及工资报酬、工作时间、休假等具体内容。

劳动合同的签订和解除 雇用员工的依据是劳动合同。劳动合同分为四种：无限期合同、定期合同、为完成特定工作而签订的合同以及在其他雇员脱岗期间签订的替代合同。在签订上述四种合同之前，均可先签订为期不超过3个月的试用合同。劳动合同应以书面形式签订，主要内容包括当事方、合同类型、合同执行地点、生效日期、工作性质和条件、报酬的具体构成、工作时间等。解除劳动合同包括两种情形：一种是合同已到期或合同规定的工作任务已完成；另一种是合同尚未到期，但经双方协商同意或应一方要求而提前解除。如系协商同意，双方应就此签订书面共同声明；如系一方提出，则提出方应提前通知另一方，除非出现法律所允许的无须通知的情况。

工作时间和报酬 自2001年5月1日起波兰实行每周5天工作制。通常，在不超过4个月的期限内，平均每天工作时间不超过8小时，每周不超过40小时。如需加班，每周全部工作时间不超过48小时。工作一年后，根据工龄和职位不同，雇员享有20～26个工作日的带薪休假。《劳动法》允许部分雇主根据自己所采用的计时系统对上述原则性规定进行必要修改。波兰最低工资法和部长会议有关条例规定了全职雇员应获得的最低工资。自2015年1月1日起，雇员月税前工资最低为1750兹罗提。如果雇员要求加班，则仅能按正常工资标准获得加班工资。如系雇主要求加班，雇员除可按正常工资标准获得加班工资外，还可获得相当于正常工资标准50%或100%的额外工资。雇主有责任以雇员和自己的名义向社会保险公司缴纳退休保险、残疾补贴、保险事故保险、病假保险、劳动基金及职工福利保障基金等。

3.5 环境保护方面

环保管理部门 波兰政府主管环境保护的部门是环境部，其主要职能是负责波兰水资源和环境保护与有效利用。

主要法律法规 主要包括《环境保护法》《废料法》《水法》《部分垃圾经营中的企业责任及生产费和存放费法》《破坏臭氧层物质法》《防止环境损害和弥补法》等。

环保法律法规基本要点 波兰完全适用欧盟有关环保方面的法律。法律规定，无普遍使用性质的环境利用需获得环保机关颁发的许可，许可中规定了利用范围和条件。波兰政府环境保护与治理的焦点主要放在废料及污水排放、森林及动植物保护等问题上。污水经济主体必须登记排放物质的种类和数量并每年向省督（中央政府在各省的特派员）提交环境影响报告；限制和禁止将污水和废料排放到水体中，禁止在受水灾威胁的地区安排投资项目。

3.6 承包工程方面

许可制度 波兰法律未对外国企业在波兰参与当地公共项目招投标予以限制。波兰允许外国自然人在当地承揽承包工程项目，但需要具备一些必要条件，如拥有相应的资质证书和文件、具备专业知识和经验、拥有一定数量和质量的专业设备和技术人员以及具备符合要求的经济能力和投资能力。

禁止领域 外国承包商不得承揽波兰军工、石化、输变电等行业的工程项目。

3.7 知识产权方面

波兰知识产权保护法适应现代国际标准，其中最重要的法律包括《著作权和相关权利法》（1994）和《工业产权法》（2000）。波兰是下列国际工业产权和知识产权协议的缔约国：《巴黎工业产权保护公约》（1975年起）、《伯尔尼文学艺术作品保护公约》（1990年起）、《世界贸易组织与贸易有关的知识产权协议》（2000年起）、《世界知识产权组织表演和录像制品条约》（2003年起）、《关于授予欧洲专利的公约》（2004年起）。

波兰工业知识产权（专利、商标）的管理由波兰专利局负责，著作权的管理由文化部负责。波兰专利局设有专利纠纷委员会，对不服从审查委员会决定的申诉和有关授予知识产权保护对象的异议进行审查。海关虽然受理侵权知识产权的举报投诉，但仅可对侵权货物进行罚没，而没有行政处罚权。

3.8 优惠政策

优惠政策框架 波兰在吸收外资方面态度积极，政府在欧盟允许的范围内采取不同措施鼓励外资进入，仅对少数领域实行限制。外国投资者基本上可自由在波兰进行投资。波兰对外国直接投资的鼓励政策主要包括四种：中央政府资助、欧盟结构基金、经济特区政策及地方政府资助。

行业鼓励政策 根据波兰"2011—2020支持对国民经济有重要意义的投资计划"，投资者满足一定条件即可向波兰经济部申请政府资助。若投资汽车、电子、航空、生物技术、现代服务业及研发等领域，且为新投资，则可申请"投资资助"和"就业资助"。重大投资项目不受上述行业限制，均可申请资助。此外，根据欧盟产业资助政策，波兰政府对敏感产业的改造投资项目可实行公共资助，包括矿业、汽车、造船、钢铁、广播等。同时，根据欧盟水平资助政策，波兰政府对中小企业、研发、环保、劳工市场的投资项目可实行公共资助。

地区鼓励政策 欧盟规定，在欧盟内人均GDP低于欧盟平均水平75%的地区投资，可以得到公共补贴。波兰全境均低于此平均水平，符合地区发展补贴标准，可以对投资项目给予公共资助。但农业、渔业、矿业、造船、钢铁、化纤领域的投资项目和投资额超过5000万欧元的项目，不在该资助之列。

地方政府资助　地方政府资助主要体现在地方税的部分减免上。地方政府所属土地的价格优惠、承担投资项目所在地土地基础建设等，由各地方政府自主决定。有意义的税收减免主要为地产税和交通工具税，这两项税的减免各地无统一标准，一般地产税可免5~10年。该项优惠为"自动减免"，即企业满足一定条件后将自动享受相关税费减免，但企业应履行通报义务。

地区发展资助　东部发展规划是波兰重要的地区发展规划，适用于波兰东部五省，即卢布林省、下喀尔巴阡省、波德拉调十省、圣十字省和瓦尔米亚—马祖里省。主要包括增加东部各省投资吸引力、拓展重点大城市功能、道路基础设施建设和技术援助。资金主要源于欧盟援助资金，波兰中央政府和地方自治政府根据欧盟地区发展基金原则共同资助项目实施。

4. 办事手续及流程

4.1　注册企业

受理机构　在波兰注册企业要按照企业形式分别到相应机构申请。中国企业和个人在波兰注册的企业一般为代表处、分公司、有限责任公司和股份公司，主要受理机构是波兰经济部外国企业家登记处及地方法院经济庭注册处。

（1）设立代表处：由母公司或其委托人向波兰经济部外国企业家登记处申请注册。

（2）设立分公司：由母公司或其委托人向地方法院经济庭注册处申请注册。

（3）设立有限责任公司：由公司股东向地方法院经济庭注册处申请注册。注册资金最低为5000兹罗提，须在登记前全额付清。

（4）设立股份公司：由公司股东向地方法院经济庭注册处申请注册。外国公司或个人均可申请，可通过在波兰股市上市获得资金。注册资金最低为10万兹罗提，每股最低股价不得低于0.01兹罗提。

主要程序

（1）注册申请。

（2）注册审批。注册申请受理后，注册机构将申请材料转递波兰外交部，由其通过波兰驻申请方所在国大使馆对该申请公司的情况进行核查。核查无误后，由波兰注册机构颁发注册证明。

（3）申请统计代码。获准注册后，需向当地统计局申请统计代码（REGON），一般2小时即可办完。

（4）开立银行账号。企业获准注册并取得REGON代码后，须立即在波兰银行开立公司银行账号，需提供注册证明和REGON代码复印件，一般需1~2天。

（5）申请增值税号（NIP）。企业获得注册后，需向所在地税务局申请增值税号，一般2~3周可获得。

投资者可在波兰经济活动注册与信息中心网站注册公司，并可申请税号、社保号等。

（所需材料）

（1）注册代表处（或分公司）所需文件

①由波兰律师填写的申请表（需经母公司负责人或其委托人签名）。

②母公司营业执照副本。

③母公司章程复印件。

④经母公司所在地公证处公证并由波兰驻母公司所在国大使馆盖章确认的母公司营业执照、母公司授权委托书和母公司章程全套资料。

⑤由波兰公证处公证的代表处（或分公司）章程和代表处（或分公司）总代表签名样本，代表处（或分公司）章程应包含代表处（或分公司）名称、地址、业务范围、总代表（或总经理）姓名及其在波兰的住址等。

（2）注册有限责任公司所需文件

①由波兰律师填写的须经公司董事会成员签名的公司注册申请表（需经波兰公证处公证）。

②如股东为法人，需提供该股东原法人注册证明材料（需经波兰公证处公证）；如股东为自然人，需提供在波兰公证的股东自愿成立公司说明书和护照复印件。

③公司章程和董事会成员签名样本（需经波兰公证处公证）。

（3）注册股份公司所需文件

①由波兰律师填写的经公司董事会成员签名的公司注册申请表（需经波兰公证处公证）。

②股东原注册证明材料（需经波兰公证处公证）、公司章程和董事会成员签名样本（需经波兰公证处公证）。

<u>所需时间</u>　注册审批时间视企业形式而定，一般为2～12周。

4.2　承揽工程

<u>获取信息</u>　国家筹资的项目由各主管部门发布信息；各省及主要城市设有市政基础设施管理部门，负责发布本地区的发展战略与项目信息。此外，各主要报刊也定期发布招标信息。

<u>招标方式</u>　根据波兰《建筑法》《公共采购法》等规定，波兰国家投资项目或国际组织贷款和援助项目一律采用招标方式。大型项目招标要经过漫长和严密的法律程序；自筹资金项目可通过议标方式进行；小型项目，如项目单位不进行招标，须向主管部门陈述充分理由，获准后可以其他方式开展项目。

4.3　申请专利

专利主管部门是波兰专利局。在波兰，申请者本人可到专利局办公大厅递交申请材料或通过网络两种方式申请专利，其中网络申请需登录波兰专利局网站，填写电子申请表及相关电子文件。所需文件根据申请专利的种类不同而各有不同，申请材料语种为波兰语。

申请发明专利的，申请文件应包括发明专利申请书、摘要、摘要附图、说明书、权利要求书、说明书附图。申请实用新型专利的，申请文件应包括实用新型专利申请书、摘要、摘要附图、说明书、权利要求书、说明书附图。申请外观设计专利的，申请文件应包括外观设计专利申请书、图片或者照片以及对该外观设计的简要说明。

4.4　注册商标

波兰的商标分为国内商标、欧盟内部商标和国际商标。申请波兰国内商标和国际商标须到华沙专利办公室注册登记，未在波兰注册的外国企业必须通过波兰的专利代理申请商标注册。申请欧盟内部商标须向设在西班牙阿里坎特的协调办公室申请办理。

4.5　纳税申报

<u>报税时间</u>　申报缴税要及时，一般规定按月度和年度定期申报。企业所得

税和个人所得税在每月20日前上缴，增值税在每月25日前上缴，可以预缴。年终清算时，企业所得税纳税人必须在下一个税务年度的前3个月内提交财务和税务报表；个人所得税报税材料应在次年2月前提交税务局，标明收入来源和额外应纳税项。

报税渠道 企业自行到税务部门申报，税务部门核准后，企业采用银行转账或邮局汇款方式支付。

报税资料 根据波兰的法律，企业委托会计师行或企业自聘会计制作企业资产负债表、损益表、现金流量表等财务报表，并根据企业实际收入和开支情况填写税务部门统一格式的税务申报表报送所在地税务部门审核，确认无误后，企业按核准数缴纳税款。

4.6 工作签证

主管部门 外国人工作许可主管部门是各省省督府的劳动社会政策部门及所属地区各地方办事处，在马佐夫舍省为华沙劳动局及该局在本省各地的分支机构。

申请程序 工作许可由波兰雇主或外国雇主向波兰所在地劳动主管部门提出请求，劳动部门在审查申请材料并考虑当地市场状况后，如认为符合条件，可签发工作许可。

所需资料 工作许可申请表格及相关文件和证明主要包括：

（1）国家注册法院出具的企业注册证明或从事经济活动的证明。

（2）工作许可的缴费证明。

（3）有效护照复印件。

（4）外国人专业技能确认文件（由宣誓翻译译成波兰文）。

（5）公司协议复印件（包括协议及之后的修订）。

（6）REGON统计号。

（7）波兰社会保险公司出具的雇主没有拖欠员工社会保险费用的证明。

（8）税务局出具的雇主没有拖欠税款的证明。

（9）招聘声明及县长评估（发布招聘声明，向县劳动局通报招聘岗位。在EURES上公布的招聘公告，县长要对雇主的人员需求及当地劳动市场情况作出评估）。

（10）雇主关于最近12个月遵守劳动法、就业促进和劳动市场机构法的声明。如由他人代办，需提供雇主全权委托书原件。

（11）国家刑事注册信息局出具的无犯罪证明。

（12）如果外国人有波兰居留权，还应提交短期居留许可（如果在递交工作申请时有该居留许可）和外国人的居住登记证明。

（13）如果工作申请涉及"在波兰的关键岗位"，如商法中的合伙人或股东，或外国人在董事会任职，则还应提交：①任命外国人担任公司重要职位的决议；②公司最近12个月的纳税证明；③如果公司亏损，应说明具体原因，如由于投资或技术转让，或是用于创新和创造新的工作岗位；④涉及关键岗位时，要提供外国公司至少1年内在该岗位雇用人员的情况；⑤外国人的责任范围。

4.7 能为中国企业提供帮助的机构

中国驻波兰大使馆经济商务参赞处

地址：UI. Bonifraterska l.00-203 Warsaw. Poland

电话：0048-22-8313861，或0048-22-6358333转3117/3118/3119/3120/3122

网址：pl.mofcom.gov.cn

波兰驻中国使领馆

（1）波兰驻中国大使馆

地址：北京市朝阳区建国门外日坛路1号

电话：010-65321235, 65323567（领事处）

网址：www.PolandEmbassyChina.net

（2）波兰驻上海总领事馆

电话：021-64339288

网址：www.polandshanghai.org

（3）波兰驻广州总领事馆

电话：020-81219993，020-81219994

5. 中国企业应注意的事项

5.1 投资方面

（1）适应法律环境的复杂性。波兰法律体系较为完善，又是欧盟成员国。

中国企业不仅要严格按波兰法律办事，还要遵守欧盟相关法律法规，并应密切关注当地法律变动情况。重大投资项目最好在当地聘请资深专业律师作为法律顾问，处理所有与法律相关的事宜。投资项目要符合当地发展规划、投资政策、环保要求等，按规定履行有关投资程序和手续，不要规避政府管理和有关规定。

（2）认真做好前期市场调研。实地考察组应由商务、法律和技术等方面的专业人员组成，考察内容包括但不限于宏观经济、法律、人文和经营环境，重点了解与拟投资相关的环境保护、用工限制与成本、水电气供应、通信和运输便利程度、企业应承担的社会责任等方面的要求和限制以及办事程序。投资者可向波兰信息与外国投资局寻求帮助，并与海关、税务等政府部门取得联系，同时应特别注意向当地政府部门了解环境许可、建筑许可等审批手续的要求及审批时间，做好相应准备。

（3）合理有效控制工资成本。员工工资主要包括净工资和社保金两部分，其中社保金约占工资总额的1/3。当地工会对工薪、社保金等待遇要求很高，中国企业到波兰投资要了解当地劳动法中的具体规定，仔细核算工资成本。

（4）审慎商签合同条款。应依照相关法律法规明确各方的责权，特别要注意质量、技术规格、财务条款、支付方式以及争端解决等条款。对一些关键词或易造成不同解释或引起异议的词，合同中最好作出定义，尽可能避免日后出现麻烦和纠纷。

（5）提高投资合作软实力。中国企业应注重了解当地政治、经济、社会、文化、宗教、习俗等，注重语言、文化、心理等方面的软实力建设，不断加深理解和积极适应当地的要求与习惯做法，本着相互尊重、和谐相处、互利共赢的原则，从历史、社会、文化及心理等方面妥善把握，从容应对各种问题，以更加包容的心态对待日常的交流沟通及与外方伙伴的合作，并切实履行当地社会责任，塑造良好的国家、企业、个人形象。

5.2 贸易方面

在波兰经商必须熟悉并适应当地特殊的贸易环境，采取有效措施规避风险。

（1）适应当地支付条件。波兰进口商通常向出口商开立信用证，但部分进口商在签订合同后先付30%的定金，待收到发货通知单后由波兰银行为出口商提供担保，只有货到并验收合格后，出口商方可向开户银行提取货款。

（2）提高质量，维护信誉。波兰人有质量第一的观念，认为质量就是信誉。中国企业在波兰要树立良好的企业形象，注重产品质量和售后服务。

（3）保持警惕，防范风险。为确保交易安全，维护双方合法权益，双方须在充分洽谈之后签订正式合同，除其他外，应约定纠纷解决方式和违约责任条款，以规避风险。在仅通过网络联系，彼此缺少充分了解的情况下，不宜贸然签订合同、支付货款或发运货物，以免陷入被动。

5.3　承包工程方面

近年来，基础设施落后已经成为制约波兰社会经济发展的瓶颈。波兰政府加大国内财政对基础设施的投入，放宽对基础设施投资的管制，限制破坏环境的基础设施投资。同时，波兰承包工程市场属于相对成熟的欧盟市场，中国企业进入较晚且面临一系列法律法规、环境评估以及设计资质等方面的问题，可以说是市场机遇与挑战并存。中资企业应扎实做好波兰市场和经营环境等方面的前期调研，求真务实、积极稳妥地开拓波兰承包工程市场。

中国企业在波兰开展工程承包业务应实行本地化经营，多数岗位应雇用当地人员，避免与当地人争抢就业机会。在波兰开展工程承包，承包商须符合相应的资质要求，并具备必要的管理能力、融资能力和人力资源等，企业进入波兰市场前应客观评价自身实力，量力而行。

5.4　劳务合作方面

波兰劳动力市场存在一定的结构性短缺，为中国企业提供了一定的机会。但波兰总体失业率较高，市场容量有限，劳务进入前后问题较多，需要慎重对待。

中国劳务合作企业应严格执行国内有关规定，守法经营，诚信经营。应以务实、严谨、负责的态度认真做好市场调研，搞清相关法律法规，签订好对外劳务合作合同。能否获得工作许可和签证具有较大不确定性，这对长期劳务合同构成了风险，应在合同中列明专门条款加以规避。

5.5　防范投资风险

在波兰开展投资、贸易、承包工程和劳务合作的过程中，要特别注意事前调查、分析、评估相关风险，做好风险规避和管理工作，切实保障自身利益，包括对项目或贸易客户及相关方的资信调查和评估、对项目所在地政治风险和商业风险的分析和规避、对项目本身实施的可行性分析等。

5.6　妥善处理与政府及非政府组织间关系

中国企业要在当地建立积极和谐的公共关系，不仅要与波兰中央政府主管部门和地方自治政府建立良好的关系，而且要积极发展与议会的关系。对可能在当地产生重大影响的事务，要听取议员的意见，取得议员的支持，必要时可请议员到企业实地参观考察。

5.7　妥善处理与工会间关系

在波兰的中国企业要实现合理控制工薪成本，减少劳资摩擦，维护企业的正常经营，就必须学会妥善处理与当地工会的关系。

首先，要全面了解波兰的《劳动法》《工会法》等法律规定，熟悉当地工会组织的发展状况、规章制度和运行模式。根据法律规定，雇用50人以上的企业，需成立本企业工会组织。

其次，要严格遵守波兰有关雇用、解聘、社会保障的规定，依法签订劳动合同，按时足额发放员工工资，缴纳退休保险、残疾补贴保险等，对员工进行必要的技能培训。解除劳动合同要严格遵守规定，提前通知员工，并支付解聘补偿金。

再次，要积极参加当地雇主联合会尤其是行业协会，了解业内工资待遇水平和处理工会问题的常规做法。在一些设有行业工会的产业，只有参加雇主联合会才能够与行业工会谈判对话。

最后，要善于与工会谈判和保持良好沟通。在波兰并购企业或者新建企业，须与当地工会商谈员工工资待遇、增加工资和解雇员工的条件，并签署协议。如果工会提出不合理要求，发生罢工事件，要进行充分沟通，争取通过谈判方式和解，必要时可寻求法律途径解决。日常生产经营中与工会组织保持必要的沟通，了解员工的思想动态，发现问题及时妥善解决。要建立和谐的企业文化，视情况邀请工会成员参与企业管理，凝聚和激发员工的积极性和创造力。

5.8　尊重当地的文化及风土民情

要尊重宗教信仰。要时时处处尊重罗马天主教的习惯，最好不在13日和星期五为同一天时举行仪式性活动。要尊重当地风俗习惯。切忌在公共场所大声喧哗，切忌随地吐痰；根据不同场合，恰当着装；不宜打听个人隐私；波兰法律规定，在餐厅、酒吧等公共场所一般分有禁烟区和吸烟区。

6. 中国企业遇到问题该如何解决

6.1 寻求法律保护

在波兰，企业不仅要依法注册、依法经营，必要时还要懂得通过法律手段解决纠纷，维护自己的合法权益。波兰与经济活动有关的案件由普通法院的专门机构——经济庭审理。企业还可以通过调解庭和仲裁庭解决经济纠纷。调解庭和仲裁庭的裁决具有普通法院裁决的法律效力。波兰法院是独立的司法机构，实行两级终审制度。最高法院履行对审判的监督。

6.2 寻求当地政府的帮助

波兰政府重视外国直接投资。中国企业在投资合作当中，要与所在地政府相关部门建立密切联系，并及时通报企业发展情况，反映遇到的问题，寻求必要的支持和协助。遇到突发事件，除向中国驻波兰大使馆、驻格但斯克总领馆、公司总部报告外，还应及时与波兰所在地政府部门联系，取得支持。波兰主管外商投资合作的部门主要为信息与外国投资局。

6.3 取得中国驻波兰使（领）馆的保护

中资企业在进入波兰前，在相关法律法规等方面应征求中国驻波兰使馆经济商务参赞处意见。投资注册后，按规定到使馆经济商务参赞处备案，并保持日常联络。在遇到合法权益受到侵害或其他问题时，应向使馆寻求帮助。

中国驻波兰大使馆领事部网址：www.chinaembassy.org.pl。

中国驻波兰格但斯克总领馆网址：www.chinaembassy.org.pl。

6.4 部分政府部门和相关机构

总统府：www.prezydent.pl

总理府：www.kprm.gov.pl

外交部：www.msz.gov.pl

经济部：www.mgip.gov.pl

财政部：www.mf.gov.pl

司法部：www.ms.gov.pl

行政与数字化部：www .mac.gov.pl

农业和农村发展部：www.minrol.gov.pl

劳动和社会政策部：www.mps.gov.pl, www.pozytek.gov.pl

基础设施和发展部：www.mir.gov.pl

波兰保险和养老基金监管委员会：www.knuife.gov.pl

波兰金融监管委员会：www.kpwig.gov.pl

波兰信息和外国投资局：www.paiz.gov.pl

波兰国家计量总局：www.gum.gov.pl

波兰专利局：www.uprp.pl

农业社会保障基金会：www.krus.gov.pl

外国人事务局：www.udsc.gov.pl

农业市场局：www.arr.gov.pl

工业发展局：www.parp.gov.pl

7. 波兰司法制度及基本特点

7.1 司法制度

波兰实行三权分立的政治制度，立法权、司法权和行政权相互独立、互相制衡。1997年4月，波兰国民大会通过新《宪法》。新《宪法》确立了三权分立的政治制度和以社会市场经济为主的经济体制。众议院和参议院拥有立法权，总统和政府拥有执法权，法院和法庭行使司法权；波兰经济体制的基础为经济自由化、私有制等原则；波兰武装力量在国家政治事务中保持中立。根据新《宪法》，如总统否决了议会或政府提交的法案，议会可以3/5的多数否决总统的决定。

最高法院是国家最高审判机关。最高法院对下属法院的审判活动实行监督，法官由总统任命。1990年3月，波兰众议院通过《检察院法》，规定检察院作为一个司隶属于司法部，由司法部长兼任总检察长。

7.2 基本特点

波兰司法体系的一个重要组成部分是宪法裁判所。宪法裁判所是由《宪法》认定的、独立的国家司法机构。宪法裁判所是与法院系统并列的、行使国家司法权的机关之一，是司法体系的一个组成部分。宪法裁判所具有独立的法律地位。这种独立性的表现之一是其拥有自治权。裁判所有一套自己内部的工作程序和关于裁判所办公室的组织章程；裁判所法官只对裁判所负有纪律上的责任，法官任职结束必须以裁判所决议的形式通过；裁判所的预算草案由裁判所主席起草，直接交由议会纳入国家财政预算；裁判所主席对裁判所办公室人员的设置和任免有决定权。宪法裁判所设有15名法官，包括1名主席和1名副主席。法官由众议院任命，任期9年。50名以上的众议院议员或众议院主席团可以提名法官候选人。候选人必须具备最高法院或行政法院法官的任职资格。

附 录

1. 国家概况

国 旗　波兰国旗呈横长方形，长与宽之比约为8:5，旗面由上白下红两个平行相等的横长方形构成。白色不仅象征古老传说中的白鹰，而且还象征着纯洁，表达出波兰人民渴望自由、和平、民主、幸福的美好愿望；红色象征热血，也象征着革命斗争取得胜利。

国 徽　波兰国徽为盾徽。红色的盾面上绘有一只头戴金冠、舒展双翼的白鹰。红、白两色是波兰人民喜爱的传统颜色，也是国旗之颜色。白鹰象征波兰人民不屈的爱国精神。

法定货币　兹罗提（PLZ）是波兰法定货币，纸币有10兹罗提、20兹罗提、50兹罗提、100兹罗提、200兹罗提、500兹罗提，硬币有1格罗希、2格罗希、5格罗希、10格罗希、20格罗希、50格罗希以及1兹罗提、2兹罗提、5兹罗提。

地理位置

波兰地处欧洲中部，北濒波罗的海，南接捷克和斯洛伐克，东邻白俄罗斯，西接德国，东北和东南部则与俄罗斯、立陶宛以及乌克兰接壤。国土面积31.27万平方公里，全境地势平坦、广阔，河湖密布。波兰首都华沙属于东一时区，比北京时间晚7小时。

气候特点

波兰属海洋性向大陆性气候过渡的温带阔叶林气候。气候温和，冬季寒冷潮湿，平均气温为-10℃～5℃；春季、秋季气候宜人，雨水充沛；夏季凉爽，平均温度为15℃～24℃。

自然资源

波兰拥有丰富的矿产资源，煤、硫黄、铜、银的产量和出口量居世界前列。截至2012年末，已探明铜储量为17.93亿吨，电解铜年产量为58万吨，其他资源还有锌、铅、天然气、盐、琥珀等。截至2012年末，波兰已探明硬煤储量为482.26亿吨，褐煤储量为225.84亿吨。2014年粗钢年产量为860万吨。波兰天然气储量约为1180亿立方米，国内天然气产量占需求量的37%左右。另外，据波兰地理协会评估，页岩气储量为3460亿～7680亿立方米。

人口分布

据波兰国家统计局2014年6月的数据，波兰全国人口为3848万人，其中男性为1862万人，女性为1986万人，男女人口比例约为48：52。城市人口为2325万人，占全国总人口的60.4%，农村人口为1523万人，占全国人口总数的39.6%。分布比较集中的城市包括华沙（173万人）、克拉科夫（76万人）、卡托维茨（75万人）、罗兹（71万人）、弗罗兹瓦夫（63万人）等。华人在波兰约1万人，主要集中在华沙等大城市。

主要城市

华沙 波兰第一大城市，人口173万人（2013年），年平均气温9.6℃。是全国的工业、贸易及科学文化中心，也是全国最大的交通运输枢纽。位于国内中部平原上，坐落在维斯瓦河中游西岸，面积450平方公里，是中欧诸国贸易的通商要道，自古以来就是非常繁华的地方。

克拉科夫市 位于波兰南部离华沙约300公里的维斯瓦河畔，人口76万人，波兰最大的文化、科学、工业与旅游中心。

格但斯克市 波莫瑞省首府，位于波罗的海沿岸维斯瓦河的入海口，人口约46万人，是波兰北部最大的城市，与索波特、格丁尼亚两市形成港口城市联合体。

2. 社会文化

民族文化

波兰族占人口的98%以上，少数民族主要有德意志族、乌克兰族、俄罗斯族和白俄罗斯族，还有少量犹太族、立陶宛族、斯洛伐克族等。大多数波兰人信仰罗马天主教，少部分信仰东正教或基督教新教。教会在波兰影响力很大，圣诞节是波兰人最重要、最喜爱的节日。

风土人情

波兰人真诚、豪爽、重感情，社交场合衣着整齐、得体。在社交场合与客人相见时，要与被介绍过的客人握手，并自报姓名；亲朋好友之间相见时，习惯施拥抱礼；与女士见面还可施吻手礼。在波兰，如与对方见面必须事先约好，贸然到访属不礼貌行为，甚至会被拒绝见面。无论商务还是私人约会，一定要准时。去家里拜访，按惯例要给女主人送鲜花，递交给女主人时要拆掉包装纸。无论正式的或非正式的宴会上，都要祝酒。在波兰，人们见面交谈忌讳打探个人收入、年龄、宗教信仰、情感等隐私。

衣、食、住、用、行

波兰人以西餐为主，菜肴以烤、煮、烩为主。波兰餐以肉类、马铃薯和奶油为主食，啤酒和伏特加很受人们欢迎。

波兰境内交通非常发达，以火车为主。公共汽车作为市区短程的交通工具更是便捷快速，无论市区任何地方只需3兹罗提，直达车只需10兹罗提，另外还有市营的电车以及出租车等可供选择。

教育、医疗、福利制度

教 育 波兰实行免费教育。从1999年9月1日起，实行新的教育体制，分为小学6年、初中3年、高中3年，前9年为义务教育。高等教育一般为4年或5年。2013年，波兰用于国民教育体系的公共支出占GDP的比重为4.47%，约743亿兹罗提。2014年，波兰共有高等院校439所，学术教师数量为98735人，高校学生约为155万人。著名的高等学府有克拉科夫雅盖隆大学、华沙大学、波兹南密茨凯维奇大学、华沙工业大学等。

医　疗　2003年1月，波兰议会通过了《成立国家医疗卫生基金及普遍医疗保险法》，并于同年4月经总统批准正式生效。根据新法规，波兰建立了新的、全国性的医疗保险体制。新的医疗保险体制的基本原则有：（1）人人平等地免费获得各种医疗保险待遇；（2）自由选择各类医生；（3）在医疗保险服务范围内，所有人享有相同的待遇；（4）从个人收入中强制征收一定费用用于医疗保险费；（5）对没有收入的人员，政府通过预算的方式负担医疗保险费用。据世界卫生组织统计，2012年波兰全国医疗卫生总支出占GDP的6.8%，按照购买力平价计算，人均医疗健康支出1509美元。2007—2013年，平均每万人拥有医生22人、护理和助产人员62人、牙医3人、药师7人。2013年人均寿命为77岁。

福利制度　波兰社会保障制度主要包括以下几个方面。

（1）养老保险。养老保险包括三个层次：第一层次是强制性基本养老保险，保证统一的支付比率，以维持退休人员的基本生活水平；第二层次是强制性补充养老保险，支付比率因人而异；第三层次是个人自愿参加的企业补充养老保险。

（2）失业保险。主要通过政府建立的"劳动基金"（50%由企业负担，按职工工资总额的3%提取，50%来自国家财政预算）提供资金来源，对失业者发放为期6个月的失业救济金。

（3）工伤保险。

（4）疾病与生育保险。包括现金补助和医疗补助两种方式。

（5）医疗待遇。购买医保，享受波兰人医疗待遇，到国家指定的医疗机构看病无门诊费，所用药物会按比例补贴，住院一切费用全免。

传播媒介

通讯社　国家通讯社是波兰通讯社。

电视和广播　国家主要电台和电视台分别是波兰广播电台和波兰电视公司TVP。1990年10月，众议院通过关于允许开办私营电台和电视台的法令。波兰共有296家广播电台，其中全国性电台8家；电视台20家，其中全国性电视台12家。

报刊媒体　波兰全国出版发行的报刊有近7000种。全国性综合报刊主要有《事实》《选举报》《日报》等。

网络媒体　主要的商务网络媒体是波兰信息与外国投资局网站（www.paiz.gov.pl）。

社会治安

波兰治安状况总体较好，社会安定。波兰法律规定，符合条件的个人经批准可持有枪支。

传统节日

法定假日包括新年（1月1日）、三王节（1月6日）、复活节（每年4月的第三个周日和周一）、劳动节（5月1日）、国庆日（5月3日）、圣体节（6月15日）、国家复兴节（7月22日）、圣母升天节（8月15日）、圣人纪念日（11月1日）、独立纪念日（11月11日）、圣诞节（12月25日）。每周六、周日为公休日。

参考文献

[1]　商务部. 对外投资合作国别(地区)指南——波兰[Z]. 2016.

[2]　须同凯. 新丝绸之路[M]. 北京: 中国物资出版社, 2001.

[3]　中国出口信用保险公司.全球投资风险分析报告[M].北京:中国财政经济出版社,2015.

[4]　中国出口信用保险公司. 国家风险分析报告[M]. 北京:中国金融出版社, 2015.

[5]　沈子傲. "一带一路"共建中的中国与波兰贸易合作研究[J]. 商业现代化, 2016(21).

[6]　高德平.列国志：波兰[M]. 北京:社会科学文献出版社, 2005.

[7]　陈钢. 波兰法律译丛[M]. 北京:法律出版社, 2015.

[8]　中华人民共和国驻捷克共和国大使馆经济商务参赞处(cz.mofcom.gov.cn).

[9]　中国国际贸易促进委员会(www.ccpit.org).

[10]　世界银行数据库(data.worldbank.org).

[11]　世界华商投资促进会(www.wsmip.org).

执笔人简介

吴溪，现就职于中国人民银行抚顺市中心支行外汇管理科，金融工程硕士。从事资本项目外汇管理工作多年，参与起草《直接投资外汇管理银行业务操作指南》《资本项目系统操作指南》等。先后发表过《关注对外担保履约形成的债权性境外投资资金汇回现象》《中国企业境外投资操作实务》等多篇文章。

菲律宾

执笔人：栗元姝

1. 经济金融

1.1　宏观经济

经济增长率　过去10年，菲律宾经济保持持续增长，年均经济增长率高达5%以上。2009年菲律宾受国际金融危机影响，出口下滑，当年经济增长率仅为1.15%，为近年来经济增长率最低水平。受全球经济复苏、菲律宾出口增长以及总统大选支出等有利影响，2010年菲律宾经济增长率高达7.63%，为近30年来最高水平。2013年以来，菲律宾经济增长率不断回落。2015年，菲律宾全年GDP为2919.6亿美元，GDP增长率为5.81%，人均GDP为2899.3美元。2006—2015年菲律宾主要经济数据详见表1。

表1　2006—2015年菲律宾主要经济数据

项目＼年份	2006	2007	2008	2009	2010	2011	2012	2013	2014	2015
GDP增长率（%）	5.24	6.61	4.15	1.15	7.63	3.66	6.68	7.06	6.13	5.81
人均GDP（美元）	1395	1678	1929	1836	2145	2371	2604	2786	2872	2899

数据来源：世界银行。

财政收支　2015年菲律宾财政收支基本平衡。其中，财政收入466.4亿美元，同比增长7.9%；财政支出477.6亿美元，同比增长6.1%。财政赤字11.2亿美元，占GDP的比重较小，仅为0.38%。

（外汇储备）近两年菲律宾外汇储备波动不大，截至2015年末，菲律宾的外汇储备为806.7亿美元，同比仅增长1%。

（汇　率）2016年比索轻微贬值，在美联储加息预期下，比索对美元的汇率跌至2010年以来的最低水平，从2015年初的1美元兑44.6比索跌至1美元兑49.7比索。

1.2　产业结构

近年来，菲律宾的产业结构不断向第三产业倾斜。2015年菲律宾第一、第二、第三产业占GDP的比重分别为9.5%、33.5%和57%。

1.3　支柱产业

（服务业）菲律宾拥有数量众多、受过教育、懂英语的劳动力，是全球主要劳务输出国之一，在海外工作的劳工超过1000万人。服务业对菲律宾经济增长的贡献率举足轻重，2015年菲律宾服务业总产值为1718亿美元，同比增长6.7%。

（旅游业）2015年菲律宾共接待外国游客536万人次，同比增长11%；旅游收入50亿美元，同比增长6%；吸收就业500万人次，占劳动力人口的12.7%。韩国、美国、日本是菲律宾前三大游客来源国，2015年游客人数分别为134万人次、77.9万人次、49.6万人次，中国成为菲律宾第四大外国游客来源国，2015年到菲律宾旅游的中国游客为49.1万人次，同比增长24.3%，占9.2%。主要旅游景点有长沙岛、保和岛、百胜滩、蓝色港湾和马荣火山等。

（采矿和采石业）菲律宾具有丰富的矿藏资源，矿藏主要有铜、金、银、铁、镍等20余种，金矿储量为48亿吨，铜矿储量为81亿吨，镍矿储量为7亿吨，铬矿储量为4092万吨。2015年，矿业产值为22.5亿美元，同比下降17.2%。

（农　业）菲律宾农业部曾提出要在未来5～10年赶超泰国、越南，实现农业机械化。菲律宾主要出口椰子油、鱼虾、菠萝、香蕉、糖和糖制品、橡胶等农业产品。2015年，菲律宾农业产值为299.7亿美元，同比变动不大，仅增长0.2%。

1.4　对外贸易

菲律宾是世贸组织、亚太经合组织和东盟的成员国，菲律宾承诺推进区域贸易自由化并逐步消除贸易壁垒。

贸易规模 2015年菲律宾对外贸易额为1299亿美元，同比变动不大，仅增长1.8%。其中，出口总额为588.3亿美元，同比下降5.3%；进口总额为710.7亿美元，同比增长8.7%。货物贸易逆差122.4亿美元，同比大幅增长272%。

贸易结构 2015年菲律宾前十类出口商品的销售额共计491.1亿美元，占总出口额的83.5%。2015年菲律宾前十类出口商品分别为电子产品、其他制成品、机械和运输设备、木雕及家具出口、飞机轮船的点火线路和其他布线组分、化学品、服装、矿产、金属部件及椰子油。2015年菲律宾出口商品的出口情况详见表2。

表2 2015年菲律宾出口商品出口情况

排名	产品名称	出口额（亿美元）	占比（%）
1	电子产品	289.04	49.1
2	其他制成品	39.93	6.8
3	机械和运输设备	39.44	6.7
4	木雕及家具出口	31.28	5.3
5	飞机轮船的点火线路和其他布线组分	21.34	3.6
6	其他	70.07	28.5

2015年菲律宾前十类进口商品的销售额共计525.9亿美元，占总进口额的74%。2015年菲律宾前十类进口商品分别为电子产品、矿物燃料润滑油及有关材料、交通运输设备、工业机械设备、其他食物和活畜、钢铁、谷物及谷物制品、杂项制成品、电信设备和塑料。2015年菲律宾进口商品的进口情况详见表3。

表3 2015年菲律宾进口商品进口情况

排名	产品名称	进口额（亿美元）	占比（%）
1	电子产品	205.59	28.9
2	矿物燃料润滑油及有关材料	92.49	13
3	交通运输设备	61.59	8.7
4	工业机械设备	41.44	5.8
5	其他食物和活畜	26.96	3.8
6	其他	97.83	39.8

主要贸易伙伴 2015年菲律宾与前十大贸易伙伴的总贸易额为1019.28亿美元，占菲律宾对外贸易总额的778.5%。三大出口目的地为日本、美国、中国香港。三大进口来源地为中国、美国、日本。十大主要贸易伙伴分别为日本、中国、美国、新加坡、中国香港、中国台湾、泰国、韩国、德国和马来西亚。2015年菲律宾主要贸易伙伴的贸易情况详见表4。

表 4 2015 年菲律宾与主要贸易伙伴贸易情况

排名	国家或（地区）名称	双边贸易额（亿美元）	占比（%）
1	日本	186.7	14.4
2	中国	176.5	13.6
3	美国	164.9	12.7
4	新加坡	88.1	6.8
5	中国香港	82.3	6.3
6	其他国家（地区）	320.8	31.5

（区域贸易情况）　2015年菲律宾与欧盟成员国的货物贸易额总计138.74亿美元，占菲律宾贸易总额的10.7%，贸易盈余4.94亿美元。在欧盟成员国中，德国是菲律宾最大的贸易伙伴。2015年菲律宾与东盟成员国的贸易总额为267亿美元，占菲律宾贸易总额的20.6%，贸易逆差92亿美元。在东盟成员国中，新加坡是菲律宾第一大贸易伙伴。2015年菲律宾与亚太经合组织贸易总额达到1066.4亿美元，占贸易总额的82.1%，贸易逆差92.7亿美元。

1.5　货币政策

（货币政策目标）　自2002年1月起，菲律宾开始执行以通货膨胀为目标的货币政策框架，致力于将通货膨胀率维持在2%～4%的目标区域。考虑到货币政策的时滞，政府会提前两年公布未来年度将要实现的通胀目标（如2015年12月公布2017年的目标），该目标由一个跨机构的经济计划组织——发展预算协调委员会和菲律宾中央银行共同设定，选取的指标为CPI的年均同比变动值。

（货币政策决定）　菲律宾的货币政策由咨询委员会讨论研究并提供建议，最终由货币委员会决定，主要内容是确定隔夜的正逆回购利率（基准政策利率）调整与否及调整幅度。咨询委员会的成员包括菲律宾中央银行的行长、主管货币稳定部和监管检查部的两名副行长、货币政策分部和国库部的两名执行董事、经济研究部下设的技术秘书处的主管。咨询委员会每六周召开一次会议，如有必要也可以召开临时会议。货币委员会决定货币政策的会议在咨询委员会最近一次会议召开后的首个星期四举行，在会议结束四周后发布货币政策纪要。

（货币政策的实施）　菲律宾中央银行采用多种货币政策工具，调节金融系统的流动性，促进价格的稳定。主要工具有以下几种：（1）公开市场操作，包括正逆回购、买（卖）断交易以及外汇掉期等；（2）接受定期存款；（3）常备便利；（4）准备金要求。

1.6 外汇管理

菲律宾中央银行是负责制定和实施外汇政策的主要部门。菲律宾政府针对经常项目、资本项目、海外金融单位、外国银行代表处及外汇存款机构等制定了不同的外汇管理制度。1992年，菲律宾进行了外汇管理制度改革，主要内容为：解除汇率管制，实行浮动汇率；在银行体系外，可以自由买卖外汇；外汇收入和所得可以通过授权代理行结汇；允许在菲律宾国境内外自由存储外币，并且可以自由用于任何目的。

经常项目 在经常项目项下，中央银行对进出口贸易、本国货币和黄金的非贸易外汇收入、支付和过户、非居民购汇和黄金买卖都做了规定。除特殊规定外，外汇可在银行系统之外进行自由买卖，无须中央银行的批准。黄金和含金金属也可以自由买卖。所有进出口商品的支付方式均无须中央银行批准，商业银行可以按下列方式售汇用于企业支付进口费用：信用证、付款交单、承兑交单、直接汇款。在所有出口商品中，出口商均需向商业银行申领出口报关单。

资本项目 菲律宾中央银行对外国贷款执行较严格的控制和管理，但对外商投资则采取较宽松的管理办法。符合下列条件的外商投资企业可获准在菲律宾中央银行注册：（1）符合菲律宾现行法律。（2）资产以下列形式投资到菲律宾：现金、授权银行证明外汇已汇入并结汇成比索存入接受投资方账户、其他形式的资产（包括机器和设备、原材料、供应品、零配件，以及投资企业运营所需的材料），但实物投资价值需经中央银行评估。外国投资在全额转出资本、汇出股息或利润时，如需要从授权银行购汇，必须到中央银行进行登记，登记时应提交有效的汇入汇款证明或资产转入证据及有关发票、收据等。外资在菲律宾证券交易所进行证券投资时，中央银行委派本国托管银行或离岸银行机构对该类投资进行登记。登记后，由中央银行或托管银行对单笔投资或单个投资者发放登记证明文件。菲律宾居民可以从授权银行购汇，进行境外直接投资或证券投资，如果每年购汇不超过3000万美元，则无须中央银行审批；如果超过3000万美元，则需要中央银行审批并进行登记。对保险公司、共同基金、投资信托、养老基金等合格投资者，该上限可以向中央银行申请提高。中央银行监管的机构如果要对境外附属公司进行证券投资，则无论金额多少都需要审批。售汇和汇款银行应在每月结束后5日内向中央银行国际部报告居民购汇进行境外投资的有关情况。

1.7 金融

银 行 菲律宾的银行系统中有商业银行、储蓄银行、政府特别银行和农村银行四类银行，其中，商业银行是菲律宾银行体系的核心。

菲律宾主要的私营商业银行有国家银行、菲律宾群岛银行、首都银行和菲律宾金融银行等。主要的国有商业银行有菲律宾土地银行及菲律宾发展银行等。

菲律宾国家银行是菲律宾最大的银行之一。1916年7月，菲律宾国家银行由菲律宾政府成立，起初为政府全资拥有的银行机构，后被陈永裁收购，被政府私有化。

菲律宾群岛银行是菲律宾最古老的仍在运行的银行之一，是菲律宾第三大资产银行，其拥有者为菲律宾最大的企业集团——阿亚拉公司。

首都银行成立于20世纪60年代初，并于1962年9月5日正式开始营业。目前，首都银行在菲律宾国内设有500多家分行，在包括美国、英国、西班牙、日本、韩国、新加坡和中国在内的世界各地设有多家分支和附属机构。首都银行于1992年和1994年先后在上海和北京设立代表处。2010年3月，首都银行（中国）有限公司总行及南京分行正式成立。

菲律宾金融银行是菲律宾最大的银行之一，是菲律宾大型企业集团SM集团旗下的银行，是可以提供全方位服务的全能型银行。

菲律宾土地银行是菲律宾国有银行，拥有者为菲律宾政府，也是菲律宾最大的政府拥有及控制的银行。菲律宾土地银行主要为农民和渔民提供服务，是菲律宾第四大资产银行。

中国银行在马尼拉设有分行。

地址：Ground Floor, Philamlife Tower, 8767 Paseo de Roxas, Makati City 1229 Philippines

电话：00632-8850111

（证券） 成立于1994年3月25日的菲律宾证券交易所是菲律宾唯一的证券交易所，经营股票、债券和期货交易。菲律宾证券交易所目前有296家上市公司、134家证券交易商。菲律宾证券交易所为菲律宾股市主要交易板块，所有上市公司皆在菲律宾证券交易所上市。菲律宾证交所交易的普通股依公司发行区分为A股与B股。公司同时发行A股、B股时，A股仅限菲律宾籍人士购买，通常占公司总股本的60%以上；B股则是任何国籍人士皆可买卖，但不能超过总股本的40%。公司只发行A股时，则允许外资投资该公司的A股，但依产业区分外资可持有的上限。上市公司可以同时发行A股与B股，或单独发行A股，但不能单独发行B股。

（保险） 菲律宾的保险市场起步较早，但仍有很大的发展空间。2014年，菲律宾保费收入57.88亿美元，保险密度58美元/人，保险深度2%，远低于亚洲平均水平，菲律宾保险市场发展大事记详见表5。目前，菲律宾有保险公司100多家，其中，有约67家财产险公司和4家经营财险业务的综合性保险公司，菲律宾主要的财产险公司有中华保险、保诚、BPI/MS、Pioneer等。菲律宾有约27家寿险公司和4家经营寿险业务的综合性保险公司，菲律宾主要的寿险公司有永明、菲律宾美国人寿和财产保险公司（友邦）、安盛、宏利等。在菲律宾财险中，车险和火险占比最高，分别为32.8%和31.6%。在菲律宾寿险中，变额投连险产品占比最高，约为71.3%。

表5　菲律宾保险市场发展大事记

年份	事件
1898	加拿大永明在菲律宾成立了第一家寿险公司
1906	第一家本土财产险公司 Yek Tong Lin 成立
1910	第一家本土寿险公司海岛寿险（Insular Life）成立
1915	第一次明确保险监管职责
1949	保险委员会成立
1978	颁布《保险法》
2013	颁布《共和国第 10607 号令》，提出监管资本要求

1.8　中菲经贸

双边贸易　1975年6月9日，中菲两国正式建交，当年中菲两国的双边贸易额仅为7200万美元。现中国已成为菲律宾第二大贸易伙伴，2015年中菲双边贸易额为176.5亿美元，占菲律宾贸易总额的13.6%。菲律宾出口到中国61.75亿美元，从中国进口114.71亿美元，贸易逆差为52.96亿美元。菲律宾向中国出口的产品主要为电子产品和矿产品，从中国进口的产品主要是电子产品和钢铁。

双边投资　据中国商务部统计，2015年，中国对菲律宾直接投资流量为3142万美元；截至2015年末，中国对菲律宾直接投资存量达4.32亿美元。2015年中国企业在菲律宾新签合同金额为13.16亿美元，共完成营业额8.57亿美元，同比增长35.6%。2015年中国向菲律宾派出各类劳务人员1255人，截至2015年末在菲律宾的中国劳务人员为1665人。中国在菲律宾投资主要涉及矿业、制造业和电力等领域。

双方协议　自1975年6月9日中菲两国正式建交以来，中菲两国关系总体发展顺利，各领域合作不断拓展。中菲两国签署的经贸领域的双边协议主要有《关于相互鼓励和保护投资协议》（1992）、《经济技术合作协定》（1993）、《关于对所得避免双重征税和防止偷漏税的协定》（1999）、《关于加强农业及有关领域合作协定》（1999）、《渔业合作谅解备忘录》（2004）、《关于促进贸易和投资合作的谅解备忘录》（2005）、《关于建立中菲经济合作伙伴关系的谅解备忘录》（2006）、《关于扩大和深化双边经济贸易合作的框架协定》（2007）、《中菲经贸合作五年发展规划（2011—2016年）》（2011）。

2016年10月20日，中国国家主席习近平与菲律宾总统杜特尔特签署了涉及中菲经贸、投资、产能、农业、新闻、质检、旅游、禁毒、金融、海警、基础设施等领域共13项双边合作文件，以推动中菲关系全面改善。上述协定的签署为中菲经贸健康发展奠定了良好基础。

2. 经济环境

2.1 国内市场

【销售总额】 2015年菲律宾国内零售业消费总额为525亿美元，占国内生产总值的18%，较2014年同期的5%有较大幅度上升。

【物价水平】 菲律宾各地区的物价水平极不均衡，马尼拉都会区的物价水平总体高于菲律宾的其他地区。总体来看，蔬菜、粮油、鸡蛋等食物类的价格为中国的2倍左右，但菲律宾盛产的海产品、热带水果的价格较中国便宜。因菲律宾基础设施水平落后，水、电、液化气在菲律宾的价格为中国的2~3倍；马尼拉都会区的房屋价格及租用价格与中国一线城市相当。

【生活支出】 菲律宾的家庭储蓄率不高，近年来基本保持在18%左右。根据菲律宾国家统计局公布的数据，菲律宾的家庭支出主要集中在食品、医疗等日常用品上，其中食品支出占整个家庭支出的比重较大，约为45%；而服装、鞋帽等生活用品的支出占比较小，仅占整个家庭支出的3%左右。

2.2 基础设施

【公　路】 菲律宾的公路总里程约为20万公里，基本可以构成覆盖菲律宾全国各岛的公路网，但路况质量较差，只有20%左右的公路铺有混凝土和沥青。国道仅占15%，省道及市镇路约占15%，其余2/3的公路均是支线和村间小路，道路密度仅为0.72公里/平方公里。全国高速公路共6条，总长约200公里。其中，最长的公路是用日本低息贷款修建的泛菲公路，北起吕宋岛的拉奥市，南抵棉兰老岛的三宝颜市，全长13000公里。近年来，菲律宾政府逐步推动高速公路修建。菲律宾注册客运汽车约6万辆，公路客运量约占全国运输总量的80%，货物运输量占全国运输总量的55%。

【铁　路】 菲律宾铁路总里程约20万公里，主要集中在吕宋岛，其次为班乃岛和宿务岛，而其他岛屿几乎无铁路分布。菲律宾的铁路网以马尼拉为中央，北起圣费尔南多、南至黎牙实比的铁路线为吕宋岛的重要铁路支线，全长约900公里。从2005年起，菲律宾政府重点投入铁路网建设，一个现代的铁路网正从马尼拉延长到整个首都圈。目前，菲律宾可运营的铁路为400多公里，其余均需改造升级。2015年，菲律宾国家铁路公司表示，公司将投入25亿比索用于现有机车设备和铁路设施的全面升级改造，并计划在未来50年内，将现有运营能力扩大2～3倍甚至更多，以不断满足民众的交通需求。

空 运 菲律宾有203个机场，但大多数机场基础设施落后，跑道仍为土石跑道。菲律宾有包括马尼拉的阿奎诺国际机场和宿务的马克坦国际机场在内的8个国际机场，国际机场每天或每周都有多个航班从菲律宾飞往世界各主要城市。菲律宾40%的机场为国营机场，60%的机场为私营机场。2014年12月，菲律宾交通与通信部批准了新的公私合营项目协议，包括总价值1163亿比索的六座省会机场项目，这些机场主要位于旅游、商务目的地。六座省会机场分别为巴科洛德—锡莱国际机场、达沃国际机场、东米萨米斯机场、新保机场、普林塞萨港机场和伊洛伊洛机场。

水 运 菲律宾有400多个主要港口，但大多数港口需要扩建和升级，以容纳大吨位轮船及货物。近年来，菲律宾的港口拥堵问题日渐突出，这将导致贸易商承担更多的滞港费和卡车费用。2015年4月，菲律宾就Tubigan港扩建项目、Tabaco港重建项目、Baybay港扩建项目和Calapan港建设项目发出招标邀请，合同总价约5.43亿比索。

通 信 菲律宾的通信基础设施发展较好，菲律宾全国有固定线路、移动电话、有线电视、无线电视、广播及VSAT系统共六个网络质量较高的可用平台。依据《2011—2016菲律宾发展规划》，菲律宾政府致力于发展快速、可靠的通信和信息服务，积极为农村和无服务地区覆盖通信设施。此外，近几年菲律宾政府致力于在学校、医院、机场等公共区域实现免费网络覆盖。

电 力 菲律宾国内能源产量短缺导致菲律宾电力成本高昂，菲律宾电价始终位于世界前列，2015年菲律宾居民用电价格和工业用电价格为中国的2～3倍。目前，菲律宾电力供应仍严重依赖于燃煤，菲律宾能源部公布的数据显示，菲律宾电力供应的70%来源于煤电。未来，菲律宾政府希望不断提高菲律宾可再生能源的电力供应比重，以实现天然气、煤、重油和其他各种发电方式之间更好的平衡，不断提高菲律宾发电量以降低居民和企业的用电成本。

2.3 商务成本

水、电、气价格　菲律宾是亚洲电费最贵的国家，一是因为岛国资源稀缺，二是因为电力私有化，实行阶梯付费，政府不对电费提供任何补贴，全国的发电和配电系统被3～4家大的私营机构垄断。以2014年12月马尼拉电力公司的供电价格为例，居民住宅用电价格约为每度14.22比索（约合0.31美元），工业用电价格约每度11.83比索（约合0.25美元）。菲律宾用水价格采取阶梯收费制度，城市供水执行社会化水价政策，把大部分的水费转嫁给富人和用水大户，城市居民用水按基本生活水费和商品水费收费，采取"服务成本+用户承受能力"的定价模式，比如在马尼拉西部地区，居民用水单价在20立方米以内为13～14比索/立方米，超过20立方米后用水单价为27～28比索/立方米。在菲律宾，工业用水价格远高于居民用水价格，工业用水单价为65～66比索/立方米。此外，工业用水还要征收20%的环保费、20%的污水处理费和12%的增值税。以2015年的价格为例，菲律宾天然气价格约为61.3比索/立方米，罐装液化气价格约为750比索/罐。

劳动力供求及工薪　菲律宾劳动力素质较高，劳动力资源比较充沛。菲律宾人口过亿，平均年龄只有23岁，适合就业人口近6000万人，其中有近一半的菲律宾公民就职于服务行业，约1/3的菲律宾公民从事农业，仅有15%左右的菲律宾公民就职于工业部门。菲律宾不同地区的居民收入水平不尽相同，马尼拉地区的工资水平普遍高于其他地区，日工资约为500比索。技术人员的工资高于普通劳动者工资，普通劳动者平均月薪为1万比索左右，技术人员月薪为2万～4万比索。

土地及房屋价格　菲律宾不同地区房屋在不同用途下的租赁、买卖价格有所不同。菲律宾工业用地月租费为57～60比索/平方米，工业小区卖出价为1800～3500比索/平方米，仓库月租费为100～330比索/平方米，空地及拟建建筑地月租费为170～250比索/平方米。三星级饭店每天房价为2500～4000比索，四星级饭店每天房价为4000～7500比索，五星级饭店每天房价为7500～12500比索。A级写字楼及公寓单元楼的买卖、租赁价格详见表6、表7。

表6　A级写字楼买卖、租赁价格

区域	买卖	租赁
玛卡蒂中心商业区	7.5万比索/平方米	450～500比索/平方米
奥蒂喀斯中心商业区	4万比索/平方米	300～400比索/平方米

表7　公寓单元楼（两居室）买卖、租赁价格

区域	买卖	租赁
玛卡蒂	7万比索/平方米	500比索/平方米
奥蒂喀斯	4万比索/平方米	300比索/平方米

2.4 风险评估

近年来，菲律宾经济平稳增长。在吸引外资方面，菲律宾具有境内人力资源优势明显、市场内需前景广阔、资源能源蕴藏丰富等优势，但在菲律宾投资也应注意以下风险：一是菲律宾外资法律政策限制严格，特别是在经营公用事业、自然资源开发及拥有公用土地等方面规定了限制条款，对于经营其他行业也有相应的股权比例限制；二是外资企业运营成本高昂；三是菲律宾税种多，税率高；四是基础设施较落后，电力成本较高。

3. 政策规定

3.1 投资方面

投资主管部门 在菲律宾负责实施、协调投资政策，促进投资便利化的主要职能部门是贸工部，贸工部下设的投资署和经济特区管理委员会负责外资政策的实施和监督。外资企业在菲律宾投资设厂等投资行为均需通过贸工部的审批。如果在菲律宾自由港区或经济特区（如苏比克、克拉克等地）进行投资，则由当地的政府机构负责审批管理。

投资规定 菲律宾具有多部涉及外商投资的重要法规，具体法规如下：《1987年综合投资法典》《1991年外国投资法》《1992年基地转型及发展法案》《1995年经济特区法案》《地区总部、地区生产总部和地区仓储中心相关法案》《投资者租赁法案》。

投资行业的规定 菲律宾政府将所有投资领域分为三类不同级别的领域，即优先投资领域、限制投资领域和禁止投资领域。

（1）优先投资领域。优先投资领域由菲律宾政府每年制订的投资优先计划确定，投资优先计划中列出政府鼓励投资的领域和可享受的优惠条件，引导外资向国家指定行业投资。2015年4月6日菲律宾投资署发布的《2014—2016年投资优先计划实施指南》确保了2014年投资署发布的投资优先计划政策的连续性，将制造业、商务、农业和渔业、服务业（集成电路设计、创意产业和知识型服务、船舶修理、电动车的充电站、保养维修和飞机大修、工业废物处理）、医院、节能、公共基础设施和物流、公私合作项目等领域列入2014—2016年菲律宾优先投资领域。投资者可根据该企业对经济发展的实际贡献而享受相应补助政策，且依据投资项目的净附加收益、创造工作机会、乘数递增效应、实际能力等因素确定企业所得税的免税期限。

（2）限制投资领域。菲律宾政府每两年更新一次限制外资投资领域清单，现行有效清单为2015年5月29日公布的第十版。

（3）禁止投资领域。禁止外资进入的领域主要有大众传媒，执照专业服务，注册资本低于250万美元的商业零售，供电所，私人保安机构，小型矿业开采，菲律宾内海、领海或专属经济区域的海洋资源开发与利用，核武器及生化、放射性武器的生产、维修、仓储及分销，烟花炮竹及烟火器材等。

(投资方式的规定)　菲律宾对于以新设或并购成立的外资投资企业具有严格的外资股权比例限制，对于绝大多数领域，外资股权比例不得超过40%，外国人在董事会成员中的比例不得超过40%。经投资署批准70%以上的产品用于出口且菲律宾公民无法承担的先进项目，或产品全部用于出口且在注册之日起30年内成为菲律宾本国企业可不受该股权比例限制。

（1）新设成立。在菲律宾新设成立的外资企业应到证券交易委员会提交以下材料，申请注册：

①在证券交易委员会领取并填写申请表格，一式6份。

②经证券交易委员会确认，不存在与其他公司重复的注册企业名称。

③英文版的公司章程。

④银行出具的申办企业注册资本到位的出资证明及外方资金到位的出资证明。

⑤菲律宾移民局出具的外方股东常驻身份证明。

⑥如为与菲律宾合资企业，还需提交菲方的董事会决议。

（2）外资并购成立。依据菲律宾《公司法》和《反垄断和限制贸易的合并法》对于外资并购菲律宾企业的相关规定，外资并购菲律宾企业时应提供外资并购方案（外资并购方案需得到2/3以上股东成员赞成或以2/3以上股权票通过），并购方案在经双方签字后提交至证券交易委员会，如外资并购行业涉及银行、非银行业金融机构、信托公司、保险公司、公用事业、教育机构或其他特别法律规定的特别行业，还需提交由政府相关机构出具的推荐函。由证券交易委员会审核本次外资并购行为是否违背了《公司法》或其他相关法律，如证券交易委员会通过了本次并购方案则出具并购许可，外资并购行为就此生效。

3.2　贸易方面

(贸易主管部门)　菲律宾主管贸易的相关部门有贸工部、海关总署、国家经济发展署、中央银行、环境管理署、卫生部、技术转让署、食品和医药品局、危险药品局、渔业和水产资源局、国家肉类检疫委员会、能源管理署和服装纺织品出口局等。其中，贸工部是菲律宾的外贸政策制定及管理部门，负责制定综合的工业发展战略和进出口政策，促进竞争和公平贸易，负责双边和多边投资贸易合作的谈判。在菲律宾负责关税政策制定和实施的主要部门有菲律宾国家经济发展署下设的关税委员会和菲律宾财政部下设的关税局。其中，关税委员会负责关税政策的制定、召开反倾销和反补贴的公众听证会以及保障措施的调查工作。关税局负责关税相关法律的具体实施以及征收进出口关税、增值税及其他附加税。

贸易法规体系 贸易相关的法律主要有《海关法》《反倾销法》《反补贴法》和《保障措施法》等。

进出口商品管理 进口方面，菲律宾对于进口商品分为两类不同级别的限制进口商品。

第一类为禁止进口商品，主要包括枪支弹药，不道德印刷品、底片、电影、艺术品，违法堕胎物品及宣传广告，用于赌博的装备用具，含金、银等贵重金属或合金制成的物品，假冒劣质的食品或药品，鸦片或其他麻醉品及其合成品，合成盐或成品盐，鸦片吸管及配件，有关菲律宾法律禁止进口的物品及配件。

第二类为限制进口商品，主要包括汽车、拖拉机、柴油机、汽油机、摩托车、耐用消费品、水泥和与公共健康相关的产品等130多种。如要进口限制进口产品，须提供由菲律宾政府机构如农业部、食品药品局核发的进口许可证才能进口。

除了上述禁止进口商品和限制进口商品外的其他商品均为自由进口商品。

出口方面，菲律宾鼓励商品出口，除对部分矿产品、海产品、动植物产品出口需获相关部门的批准外，对于大多数出口商品颁布了多种优惠政策鼓励企业出口商品，包括给予出口企业免征出口附加税、外汇资助、使用出口加工区低成本设施等优惠政策。

进出口商品检验检疫 菲律宾负责进出口产品质量标准的机构是产品质量局。产品质量局通过对进口商品粘贴质量合格标志的质量管理认证手段来管理进口商品。菲律宾对于不同产品具有不同的质检标准。如民生、健康、安全和财产类产品需出具产品标准许可和产品标准局的证明，食品类需符合国际食品法典委员会和世界动物卫生组织制定的标准，化妆品及医药类产品还需有生产许可证和国际认证机构的临床试验报告。

3.3 税收方面

（所得税） 菲律宾征收个人所得税和企业所得税。2017年3月菲律宾将个人所得税的最高边际税率由32%降至25%，企业所得税普通税率由30%降至25%。具体情况如下：

（1）个人所得税。菲律宾对居民和非居民均征收个人所得税。对于从事商业和贸易的居民或非居民，按5%～25%的超额累进税率征收个人所得税；对于不从事商业和贸易的非居民，按25%的税率对其收益征收所得税。

（2）企业所得税。菲律宾对菲律宾国内企业、常驻（180天以上）外国企业、非常驻外国企业均征收企业所得税。国内企业所得税的纳税基础为企业在菲律宾国内外取得的净收入，常驻外国企业的纳税基础为在菲律宾境内取得的净收入，非常驻外国企业的纳税基础为在菲律宾境内取得的总收入。菲律宾依据企业所属行业的不同制定了不同税率，一般企业的税率为25%，专营教育机构和非营利性医院的税率为10%。如果企业应缴税收入为零或负数，或最低企业所得税超过其普通企业应缴纳所得税，则该企业自第四个年度即可按2%的最低企业所得税纳税。

（增值税） 菲律宾在1997年正式颁布《增值税法案》，根据《增值税法案》的规定，任何从事交易或业务、货物销售、交换、租赁商品或财产以及提供服务的人士均应缴纳增值税，税率为12%。免征增值税的交易主要有农产品、水产品、种子、由个人提供的服务、直接用于农业投入的进口机械和设备等。菲律宾增值税计算采用购进扣除法，其中销项税额的计税基础是所销售货物或资产的总售价或者提供服务收到的总收入。

（消费税） 菲律宾对于烟草、酒精等特定商品征收消费税，同时对部分进口产品在关税或增值税的基础上也征收消费税。

（关 税） 菲律宾根据关税和海关代码中的商品分类对进口到菲律宾的商品征收关税，特殊进口商品（进入免税仓库的商品）或从东盟国家进口商品可以免税。

3.4 劳动就业方面

《劳动法》是菲律宾确定工资标准和雇佣关系的基本法，菲律宾对于雇佣关系、工资标准及雇员工作时间具有严格限制。在工资发放方面规定，菲律宾的最低工资水平由工资委员会决定。在工作时间方面规定，对于普通雇员而言，每天工作时间不得超过8小时且每周工作时间不得超过48小时，如超过规定的工作时间，可以领取加班补贴。在解雇雇员方面规定，在菲律宾除非雇员犯有一系列错误或故意不听从命令或明显的、经常性的工作疏忽，欺骗、冒犯雇主外，雇主一般不得随意解雇雇员。如因特殊原因解雇雇员，应书面通知雇员2次并且听取雇员申述1次。如因雇主安装工业设备节约了劳动力或企业关闭、终止经营而解雇雇员，雇主应提前1个月向雇员和劳动部出示书面通知。

3.5 环境保护方面

菲律宾环境与自然资源部内设的环境管理局是菲律宾的环保管理部门，该局在菲律宾全国13个行政区均设有分局。环保相关法律法规主要有菲律宾宪法中关于环境保护的有关条款和《污染控制法》《菲律宾环境法典》《洁净空气法》《洁净水法》和《森林法修订案》等。其中，《菲律宾环境法典》对空气质量管理、水质量管理、土地利用管理、自然资源保护方面作出了明确规定，《洁净空气法》《洁净水法》和《森林法修订案》则对具体处罚方式作出了明确要求。

3.6 承包工程方面

许可制度 外国承包商在菲律宾从事工程承包的相关法律法规主要有《合同法》《外国投资法》《承包执照法》《BOT法》《政府采购法》《建筑行业仲裁法》等。在菲律宾，外国承包商从事建筑工程承包程序烦琐，须向菲律宾承包商资格评审委员会申请特别执照，在菲律宾证券交易委员会登记注册，政府项目还需要国家经济发展署立项审批，财政部、预算部为出资方或贷款担保人，工造部、农业部作为业主单位负责招标、监督执行等具体工作。菲律宾承包商认证协会负责审查外国承包商资格。菲律宾建筑工业局对承包商进行监督管理。不同行业的项目业主对承包商的资质要求有所不同，有关手续和程序也有所不同，但核心是审查承包商在财务、技术方面的履约能力。

禁止领域 菲律宾对于外资进入承包工程的领域并无限制，但对于由菲律宾本国政府出资的项目，外国承包商承揽的部分不能超过项目总金额的25%。

招投标方式 外国承包商在菲律宾承包工程，必须遵守菲律宾第1594号总统令关于政府工程招投标的规定，在招标方发出招标邀请后，投标人应提交法律方面的文件（如有效承包商执照等）及技术方面的文件（如营业执照、税务登记证、公司章程、审计财务报告、最近三年承包并完工的工程项目报表、正在进行的工程项目报表、主要人员报表等）进行资格预审，在通过投标人资格预审后，按照规定提交投标书，并缴纳投标保证金，之后进行投标、开标、评标、决授标。

3.7 知识产权方面

菲律宾早在1946年以前就有知识产权保护方面的法律措施，1997年颁布的《知识产权法典》是菲律宾知识产权保护方面的核心法规。菲律宾知识产权的执法单位有菲律宾贸工部、知识产权办公室和音像法规委员会。其中，菲律宾贸工部负责受理侵权投诉，知识产权办公室负责调解纠纷。侵权处罚分为情节较轻和情节较重两种情况。情节较轻时，由执法单位责令停止侵权行为、处以相应罚款（6000～10万比索）、吊销执照等。情节严重时，可由当事人提起司法诉讼，由法院进行裁决并给予刑事处罚。

3.8 优惠政策

优惠政策框架 菲律宾给予外国投资者的优惠政策可以分为财政优惠政策和非财政优惠政策。财政优惠政策主要包括一定期限的减免所得税（投资不同领域及项目的企业会有不同期限的所得税减免期间，如投资优先项目领域的企业有6年的减免所得税期限、投资于传统项目领域的企业有4年的减免所得税期限等）、减免码头费用及出口关税等一系列减税措施。非财政优惠政策主要包括简化海关手续、托用设备的非限制使用和进入保税工厂系统等一系列便利措施。

行业鼓励政策 菲律宾投资署每年制订投资优先计划，规定政府优先发展项目领域，对于优先发展项目领域提供一系列优惠政策。

地区鼓励政策 菲律宾将棉兰老岛地区列入优先投资计划，在棉兰老岛地区投资农业、渔业、基础设施及水电供给等行业享有优惠政策。同时，不同的经济区、经济特区也享受不同程度的优惠政策。

4. 办事手续及流程

4.1 注册企业

受理机构 在菲律宾注册不同类型的企业应向不同机构提出申请，如注册个人独资企业或注册商业名称应向贸工部提出申请，注册合伙企业（3人以上）或注册法人企业（5人以上）应向证券交易委员会提出申请。注册投资优先计划下享有优惠政策的企业应向投资署提出申请。在经济区或经济特区注册企业应向相应的经济区或经济特区提出申请。菲律宾中央银行负责注册以资本回收和利润汇出为目的的外资企业。

主要程序 投资人向相关部门提交申请，在申请审核通过后，投资人支付登记费并提交相关文件，获得批准后可以领取注册证明。在菲律宾注册的外商投资企业应在收到实际汇入资金后一年内向菲律宾中央银行登记。

所需材料 外国投资者在菲律宾注册企业应提交以下文件：允许在菲律宾经营的授权书复印件、由菲律宾当地政府部门签发的经营许可证复印件、外资企业注册原件及复印件、菲律宾常设机构的书面委托书、相关行业许可等。

所需时间 在菲律宾注册企业手续烦琐，办理开业登记平均需要80天。

4.2 承揽工程

获取信息 可以通过菲律宾政府部门或菲律宾当地媒体上发布的招标信息，业主直接邀请，或者业主通过中国驻菲律宾大使馆经济商务参赞处、中资企业（菲律宾）协会承包分会发布的消息来获取工程招标消息。

招标方式 对于使用菲律宾政府财政资金的政府项目，承揽企业的外资比例不得超过25%，而大多数私营项目对于承揽企业的外资比例不做具体限制。外资企业在菲律宾承揽工程项目，须向菲律宾承包商资格评审委员会申请特别执照。工程招标一般要经历以下程序：招标信息发布；企业报名，递交意向书；资格预审；编制发售招标文件；投标预备会；投标；开标、评标、决授标。

4.3 申请专利

申请专利需要向菲律宾知识产权办公室的专利局提出。提出专利申请时应提交以下材料并缴纳申请费用：专利申请书（包括申请人姓名、地址和签名等信息，申请人要求优先权的，还应写明在国外提出申请的具体日期和受理该申请的国家）、申请专利的具体说明（对于发明或使用模型作出说明，可以附图）。

菲律宾针对不同的专利性质采取不同的审查方式，发明类专利采用实质审查制度，审查周期为2～2.5年，正常情况下3年授权；实用型专利和外观设计类专利采用审查注册制度，正常情况下实用型专利1～1.5年授权，外观设计类专利1年左右授权。

在菲律宾知识产权办公室的专利局最终批准授权前，申请人还可以修改申请或撤销申请。经菲律宾知识产权办公室的专利局批准通过后，菲律宾知识产权办公室在公报上对该专利予以公告。

4.4 注册商标

菲律宾商标注册采用使用在先原则，可注册商标包括商品商标、服务商标及集体商标。商标注册需要向菲律宾知识产权办公室的商标局提出，申请时应提交申请人信息、签署的委托书、签署确认表、商标图样、商品类别及项目。在申请人提交申请后，经商标局对商标注册申请进行查证，查证无类似或相同的商标注册申请后，进行实质审查。通过实质审查的商标，菲律宾知识产权办公室在公报上予以公示，公示后30天内无异议的予以核准注册，颁发注册证书，并予以公告。商标专用权从核准之日起算，有效期为10年，每次续展注册的有效期为10年。

4.5 纳税申报

外商投资企业在菲律宾注册成立后、开始经营前应到菲律宾税务局领取税收证明号。企业可以通过地区办公室授权代理银行或收入征集官报税。

报税时间 每年4月15日前应上报上一年的所得税。

报税资料 申报所得税需要以下材料（不需要缴纳预提税的应提交收入证明，并填写税务局2304号表；符合税收减免条件的应填写税务局2307号表，并提供税收减免备忘录；符合国外税收减免的，还应提交相关材料）：账户信息表格；经审计的财务报表；上一年税收应返还金额，如税收返还有调整的，应将多返还的前期税收返还。

4.6 工作签证

主管部门 菲律宾工作签证的主管部门为菲律宾劳动和就业部及菲律宾移民局。其中，菲律宾劳动和就业部负责办理劳工许可证，菲律宾移民局负责办理签证、身份证。

许可制度 菲律宾政府针对在菲律宾工作或提供服务的外国人提供以下五种签证：协议商人/投资者签证、预订雇员签证、特别非移民签证、苏比克工作签证和临时访客签证。

其中，在菲律宾投资（最初投资不低于3万美元）、与所属国从事贸易活动（年贸易额不低于12万美元）的外国人可以申请协议商人/投资者签证。从事菲律宾居民不愿或无法胜任的相关技术、管理、保密、服务工作的外国人可以申请预订雇员签证。特别非移民签证签发给在菲律宾经济署和投资署注册的企业雇用的外国人，以及被临时指派到政府项目工作的外国人，或在菲律宾投资署注册、在菲律宾的跨国公司总部工作的外国人，或在菲律宾中央银行正式授权、作为离岸银行业务单位运作的离岸银行工作的外国人。在苏比克自由港内企业雇用的高级管理人员可以申请苏比克工作签证。去菲律宾旅游的外国人可以申请临时访客签证，持有临时访客签证的外国人可以在菲律宾停留59天，并可以申请延期至1年。

〔所需材料〕 在菲律宾申请工作签证应提交以下材料：申请人护照、2寸照片8张、1寸照片6张、个人简历、个人税号、在菲律宾工作的劳务雇用合同，工作所在的企业在菲律宾证券交易委员会注册文件、企业有效营业执照、企业最近一期的财务审计报告和税务报表（如是新企业，则需提供税务局的登记证明）。

4.7 能为中国企业提供帮助的机构

〔菲律宾驻中国大使馆〕
（1）菲律宾驻中国大使馆
地址：北京市建国门外秀水北街23号
电话：010-65321872，65322451，65322518
（2）菲律宾驻厦门总领事馆
地址：福建省厦门市莲花新村麦香里2号
电话：0592-5130335，5130366
（3）菲律宾驻广州领事馆
地址：广东省广州市环市东路339号广东国际大酒店主楼701—711室
电话：020-83311461
（4）菲律宾驻上海领事馆
地址：上海市静安区南京西路1376上海商城东峰368室
电话：021-62798337

〔中国驻菲律宾大使馆〕
（1）中国驻菲律宾大使馆经济商务参赞处
地址：No.10 Flame Tree Road, South Forbes Park, Makati, Metro Manila, Republic of the Philippines
电话：0063-28195991，28195998
（2）中国驻宿务总领事馆经济商务室

地址：Fire Brigade Building, Llorente Street, Cebu City 6000, Philippines

电话：0063-322563448

（3）中国驻拉瓦格领事馆

地址：No.216 National Highway, Brgy 1, San Francisco San Nicolas, llcos Norte 2901, Philippines

电话：0063-777721874

5. 中国企业应注意的事项

5.1 投资方面

中国企业去菲律宾投资，首先要关注中菲两国政治关系走向。其次，要熟悉菲律宾关于投资的法规，菲律宾对投资不同行业的外资比例具有严格限制。最后，在选择投资地区时，应进行实地考察。菲律宾不同地区的基础设施、运营成本、优惠政策均有所不同。

5.2 贸易方面

近年来中菲两国贸易发展迅速，中国已成为菲律宾第二大贸易伙伴。中国与东盟国家签署了中国—东盟自贸区货物贸易协议，中国向菲律宾出口产品、从菲律宾进口商品可以获得减免关税的优惠政策。中国企业在与菲律宾企业开展贸易往来时应注意选择安全的付款方式，选择信誉好、实力强的船运代理以避免不必要的损失。

5.3 承包工程方面

菲律宾政府将加强基础设施建设列为菲律宾近几年的重要发展规划，而中国在基础设施建设上具有先进技术和经验，可以多关注菲律宾基础设施建设相关的工程。菲律宾的承包工程项目大致分为海外援助项目、菲律宾政府资金项目和私营项目三类。大多数的菲律宾政府项目只允许菲律宾国内企业参加或对企业的外资投资比例具有严格的限制，中国企业可以关注资金来源充裕、项目收款比较有保障的海外援助项目和周期短、推进快、效率高的私营项目。同时，中国企业在菲律宾承包工程项目时应遵守当地法律，防范风险。

5.4 劳务合作方面

菲律宾对外籍人员在菲律宾务工有严格的限制，投资者、高级管理人员、技术人员要经过一系列审批后才能获得工作签证或居住许可。近年来，菲律宾移民局以未持工作签证非法在菲律宾务工为由多次抓扣外籍在菲律宾务工人员。

5.5 防范投资风险

在菲律宾开展投资、贸易、承包工程和劳务合作的过程中，要注意事前调查、分析、评估相关风险，事中做好风险规避和管理工作，包括对项目或贸易客户及相关方的资信调查及评估、对项目所在地政治风险和商业风险的分析、对项目的可行性分析等。同时，也应注意汇率风险、政治风险和法律风险等。

5.6 妥善处理与政府及非政府组织间关系

菲律宾实行行政、立法和司法三权分立的政治体制。菲律宾地方政府在处理当地事务中具有较大权限。因此，中国企业应了解菲律宾政府各相关部门职责，针对在菲律宾投资合作可能涉及的问题及时与相应的部门进行沟通，妥善处理好与相关部门及地方的关系。此外，中国企业也应时时关注菲律宾政局的走势和变化，把握与相关部门沟通的技巧和尺度。

5.7 妥善处理与工会间关系

菲律宾工会组织需得到所在企业人力资源部门的认可后方可成立，而法律并不强制要求企业成立工会。菲律宾的《劳动法》对职工的工作时间、工资标准、雇佣关系和雇佣关系的解除具有严格要求，除特殊原因外，企业不可以随意解雇雇员，并且解雇雇员应履行相应程序。中国在菲律宾投资的企业应严格遵守菲律宾关于雇用、解聘、工资、社会保障等方面的规定，依法签订雇佣合同，按时、按标准发放工资，缴纳各类保险基金，解雇雇员时按规定提前通知雇员，以减少劳资矛盾，创建和谐的企业内部环境。

5.8 尊重当地的风土民情

中资企业和员工应深入了解菲律宾的传统和文化，尊重当地的宗教信仰、风俗习惯和生活习惯。菲律宾国民大多信仰天主教，部分菲律宾人信仰伊斯兰教。

6. 中国企业遇到问题该如何解决

6.1 寻求法律保护

在菲律宾，中资企业必须依法注册，合法经营。遇到问题时，可以考虑通过协商解决，以减少损失；也可以经双方同意，采取仲裁的方式解决；还可以利用法律诉讼的方式，通过司法程序解决。菲律宾法院体系共分四级，由上至下依次为最高法院、上诉法院、地区法院和城市法院。地区法院和城市法院分别受理不同程度的民事案件，如对地区法院或城市法院的判决有异议，可上诉至上诉法院，直至最高法院。

6.2 寻求当地政府的帮助

菲律宾非常重视吸引外资，中国企业在菲律宾投资合作当中，应充分了解各政府部门的主要职能，并与当地政府保持密切联系，如遇问题，应向相关职能部门寻求帮助。

6.3 取得中国驻菲律宾使（领）馆的保护

中国企业在进入菲律宾市场前，应征求中国驻菲律宾使馆经济商务参赞处意见；投资注册后，按规定到中国驻菲律宾大使馆经济商务参赞处备案；日常经营中应经常与经济商务参赞处保持沟通。如在经营过程中遇到重大问题，应及时向领事馆报告，并听从领事馆的领导和协调。

6.4 部分政府部门和相关机构

总统办公室：www.op.gov.ph

外交部：www.dfa.gov.ph

财政部：www.doe.gov.ph

最高法院：www.supremcourt.gov.ph

司法部：www.doj.gov.ph

国防部：www.dnd.gov.ph

农业部：www.da.gov.ph

教育部：www.deped.gov.ph

能源部：www.doe.gov.ph

贸工部：www.dti.gov.ph

劳工部：www.dole.gov.ph

移民局：www.immigration.gov.ph

中央银行：www.bsp.gov.ph

海关管理局：www.customs.gov.ph

国家经济发展署：www.neda.gov.ph

证券交易管理委员会：www.sec.gov.ph

专业法律委员会：www.prc.gov.ph

7. 菲律宾司法制度及基本特点

7.1 司法制度

依据菲律宾1987年宪法和1980年司法重组法案，菲律宾的司法权属于最高法院和各级法院。除最高法院、上诉法院、地区法院和城市法院等四级普通法院外，菲律宾还设有一些专门法院及法庭，包括特别法院、穆斯林法院、税务上诉法院、合作法院、土地法院、军事法院、选举法庭等。

7.2 基本特点

城市法院是初级法院，对于涉案价值不超过2万比索的个人财产诉讼、遗嘱检验（不超过2万比索）、非法侵入和非法扣押他人财产等具有初审管辖权和专属管辖权。地区法院负责受理城市法院的上诉案件和一些较为严重的刑事案件与民事案件。菲律宾有13个司法管辖区域，每一管辖区域设立一个地区法院。上诉法院主要负责受理对民事、刑事一审不服上诉的案件，由1个首席上诉法官和49个区法院的法官组成。上诉法院又分为10个小组，其中有4个民事小组、2个刑事小组和4个特别案件小组。上诉法院同时对证券交易委员会、专利局、保险委员会等准司法机构的裁决行使上诉管辖权。最高法院只负责受理对法院各条款解释有争议的案件。最高法院由1位首席法官和14位陪审法官组成。

只有年满40周岁、曾任下级法院法官或在菲律宾执行律师事务满7年的菲律宾公民才有资格被任命为最高法院法官或下级合议制法院法官。只有加入菲律宾律师协会的人才有资格被任命为下级法院法官。最高法院和各下级法院的法官均由总统根据司法和律师理事会所提供的名单挑选任命。最高法院的法官和各下级法院的法官可以在服务优良的情况下任职到70周岁或无能力继续任职为止，最高法院全体法官会议有权对下级法院法官作出纪律性处分决定，或以实际参与审议法官的票数表决下令予以撤职。

最高法院受理的案件，应在案件提交至最高法院之日起24个月内作出判决或裁决。所有下级合议制法院，应在12个月内作出裁决和判决。其他下级法院应在3个月内作出裁决和判决。

附　录

1. 国家概况

1521年，麦哲伦率领西班牙远征队到达菲律宾群岛。此后，西班牙统治菲律宾300多年。1898年菲律宾被美国占领，1942年被日本占领，第二次世界大战后重新沦为美国殖民地。1946年7月4日，菲律宾独立。

国　旗　菲律宾国旗靠近旗杆一侧为白色等边三角形，三角形中间为放射着八束光芒的黄色太阳，有三颗黄色的五角星分别位于三角形的三个角上，旗面右侧为红蓝两色的直角梯形，两色的上下位置可以互换，平时蓝色在上，战争时期红色在上。太阳和光芒象征自由，三颗五角星代表菲律宾三大区域——吕宋、萨马和棉兰老，蓝色象征忠诚、正直，红色象征勇气，白色象征和平与纯洁。

国　徽　菲律宾国徽呈盾形，盾形下方有一条飘带，上面写着菲律宾共和国。上方白色部分代表菲律宾共和国时期，左下方蓝色部分代表美国殖民统治时期，右下方红色部分代表西班牙统治时期，国徽象征菲律宾摆脱殖民统治、获得独立的历史进程。

法定货币　菲律宾比索是菲律宾的法定货币，目前流通的纸币有1000比索、500比索、200比索、100比索、50比索、20比索、10比索。硬币有1比索和0.5比索。

地理位置

菲律宾位于亚洲东南部，总面积29.97万平方公里，共有大小岛屿7107个，其中吕宋岛、棉兰老岛、萨马岛等11个主要岛屿面积占全国总面积的96%。海岸线长约18533公里。

气候特点

菲律宾属季风型热带雨林气候，高温多雨，湿度大，台风多。全年平均气温在27℃左右，月平均气温为24℃～28℃。年降水量2000～3000毫米，年平均湿度78%。11月至次年5月为旱季，雨量较少，气温较高。6～10月为雨季，雨量充沛，台风频繁。

自然资源

菲律宾具有丰富的矿物资源、森林资源和水产资源。矿藏主要有铜、金、银、铁、铬、镍等20余种。菲律宾森林面积约1585万公顷，森林覆盖率较高，约为53%。菲律宾有多种名贵木材，如乌木、紫檀。菲律宾有近2500种鱼类，水产资源位居世界前列。

人口分布

截至2016年，菲律宾总人口突破1.003亿人。近年来菲律宾人口增长率近2%，属于世界上人口增长率较高的国家，但菲律宾人口分布极不平衡，城市人口约占总人口的一半。马尼拉的人口密度高达每平方公里近万人，而吕宋岛北部一些省的人口密度仅为每平方公里几十人。

主要城市

马尼拉　马尼拉是菲律宾首都，是菲律宾的经济、文化、教育、工业中心和最大的港口。巴石河将马尼拉分为两个部分，马尼拉有14个区，7个位于巴石河北岸，6个位于南岸，1个被一分为二。马尼拉人口约178万人（2015年8月菲律宾人口普查结果）。

奎松市　奎松市又称计顺市，人口超过230万人，是首都马尼拉的卫星城市，也是菲律宾的第一大城市。奎松市位于马尼拉东北8公里，建于1939年，市名源自菲律宾前总统曼努埃尔·奎松。该市在1948—1976年曾是菲律宾首都。菲律宾两大著名学府马尼拉大学和菲律宾大学均坐落于奎松市。

加洛坎市 加洛坎市是菲律宾马尼拉大都会的城市之一，位于马尼拉市之北，是仅次于奎松市、马尼拉市的全国第三大城市。该市分为南北两区，居民共有138万人。

达沃市 达沃市是菲律宾南部棉兰老岛最重要的城市，位于该岛东部，常住人口136.3万人。此外，还有200多万人的流动人口。达沃市临达沃湾，是棉兰老岛主要港口和贸易中心。

宿务市 宿务市是宿务省的首府，位于菲律宾中部，是菲律宾主要的国际航班中心，也是米沙鄢和棉兰老地区最重要的商业、贸易和工业中心，有"南方皇后市"之称。人口86.6万人。

2. 社会文化

民族文化

菲律宾的主要民族为马来族，约占菲律宾总人口的85%，包括他加禄人、伊洛戈人、邦班牙人、维萨亚人和比科尔人等。其余人口主要为少数民族、外来后裔及为数不多的原住居民。外来后裔主要有华人、阿拉伯人、印度人、西班牙人和美国人。国语是以他加禄语为基础的菲律宾语，英语为官方语言。菲律宾居民大多信奉天主教，天主教对菲律宾的社会发展影响巨大，同时也有部分居民信奉伊斯兰教，少数居民信奉独立教，原住居民信奉原始宗教。

风土人情

菲律宾人天性和蔼可亲，善于交际，作风大方。在菲律宾日常见面时，无论男女都握手，男人之间有时也拍肩膀。在选举期间禁止喝酒，商店里禁止售酒。收小费在菲律宾十分普遍，乘坐出租车和旅馆住宿一般要付小费。菲律宾人忌讳数字13和星期五，忌进门时脚踏门槛，认为门槛下住着神灵，不可冒犯。忌红色，忌鹤和龟以及印有这两种动物形状的物品。忌讳左手传递东西或抓取食物，使用左手是对他人极大的不敬。

衣、食、住、用、行

菲律宾的传统服饰为国服，分为男子国服和女子国服。男子国服也称"巴隆他加禄"，是一种丝质紧身衬衣，领口如同一般可打领带的衬衫，长袖，前领口直到下襟两侧都有抽丝镂空图案。女子国服也称"特尔诺"，是一种圆领短袖连衣裙，由于两袖挺直，两边高出肩些许，宛如蝴蝶展翅，所以也称"蝴蝶服"。现在，菲律宾中上层人士多穿西装，普通老百姓的衣着则比较简单。男子上身穿衬衣，喜用白色，下身穿西裤。女子则喜欢穿无领连衣裙。大部分青年穿西式皮鞋，老年人仍穿用木头、麻或草做成的拖鞋。

菲律宾人的主食是大米和玉米。米饭放在瓦缸或竹筒里煮，菲律宾人最喜欢用椰子汁煮饭，用香蕉叶包饭。玉米一般在晒干后磨成粉，再做成各种食品。菲律宾中上层人士大多喜欢吃西餐。菲律宾穆斯林人的主食是大米，不吃猪肉，不喝烈性酒。他们和其他马来人一样喜欢吃鱼，不喝牛奶，喜欢使用刺激性的调味品。

菲律宾常见的地面交通工具有出租车、公交车、三轮车和吉普尼等。三轮车可搭载4～6人，三轮车包车的费用大致为60比索。吉普尼是菲律宾最常见的交通工具，随招随停，车费按距离计算，起价一人7～8比索，4公里后每1公里加1比索。出租车则分为点对点出租车和正规出租车。菲律宾水上交通工具主要有渡轮、渡船和螃蟹船等。

教育、医疗、福利制度

（教育） 菲律宾宪法规定，菲律宾中小学实行义务教育。初级教育、中等教育以政府办学为主，而高等教育大多为私人办学。初级教育或小学教育一般为6年，中等教育或中学教育为4年，高等教育也为4年。菲律宾儿童一般6岁入学，目前菲律宾全国共有小学约4万所，小学生入学率达97%。菲律宾中等教育提供两种课程：普通中学和职业中学。普通中学提供4年的中等学术综合理论课程，而职业中学除提供与普通中学相同的课程外还加上职业课程。目前菲律宾约有中学7000所，中学入学率为65%。菲律宾有近1400家高等教育学府。著名高等院校有菲律宾大学、德拉萨大学、雅典耀大学、东方大学、远东大学等。

（医疗） 菲律宾卫生部是菲律宾唯一的医疗卫生管理机构。它不但制定和实施医疗服务及医疗设施的标准和制度、监管国家级公立医院，而且有权力监管地方性公立医院的经营情况以及促进其发展。菲律宾全国约有660所公立医院，其中，菲律宾卫生部直接管理72所。此外，菲律宾全国共有私立医院近千所。菲律宾医疗设施最好的公立医院为菲律宾总医院，声誉较好的私立医院有圣·琉柯医院、马卡提医疗中心、圣托—托马斯大学附属医院、圣托斯主教医疗中心、马尼拉医生之家医院等。此外，菲律宾对于有工作的菲律宾居民采用强制性的社会保险，而没有工作的菲律宾居民则可以自愿加入。

福利制度 菲律宾具有强制性的社会保险系统和政府服务保险系统，私人雇员适用社会保险系统，政府雇员适用政府服务保险系统，雇主应每月向该系统支付其雇员工资的1%作为贡献金。凡是在一年内已交满3个月贡献金的女性雇员，可享受60天的带薪产假或78天的剖腹产假。已婚男性雇员可在其合法妻子生产前四个孩子时，在每次生产时享受7天的带薪假期。所有的菲律宾公民还享受由菲律宾健康保险公司管理的国家健康保险计划，该计划是非强制性的，受益范围包括专业的健康服务，医疗检查服务，处方药及生物制剂，急救、医疗和牙科服务等。同时，菲律宾劳动和就业部要求每个雇主备有紧急救助药物和设备。

传播媒介

通讯社 菲律宾的官方通讯社是成立于1973年3月1日的菲律宾通讯社，菲律宾通讯社与包括中国、日本、马来西亚在内的15个国家和地区的通讯社建有新闻交换关系。

报纸媒体 菲律宾的报纸分为英语日报、菲文日报和中文日报。菲律宾主要的英语日报有《菲律宾星报》《菲律宾每日询问者报》《马尼拉时报》《马尼拉公报》等。主要的菲文日报有《菲律宾快报》和《消息报》等，主要的中文日报有《菲律宾华报》和《商报》等。

广播电视媒体 菲律宾的广播电台、电视台主要使用英语、菲律宾语和中文。菲律宾全国有约600家广播电台，包括以商业信息为主要内容的广播电台、以宗教传播为主要内容的广播电台和以科教为主要内容的广播电台。菲律宾有约137家电视台，其中菲律宾广播局和人民电视台属政府电视台，其余为私营。

传统节日 元旦（1月1日）、人民力量革命纪念日（2月22日）、濯足节（4月1日）、复活节（4月2日）、勇敢节（4月9日）、劳动节（5月1日）、独立日（6月14日）、尼诺邮可基诺日（8月23日）、国家英雄日（8月30日）、巴丹日（11月29日）、圣诞节（12月25日）、黎刹节（12月27日）。

菲律宾政府机关一般每周工作五天，周六、周日休息、但部分银行周六、周日正常营业。

参考文献

[1] 商务部. 对外投资合作国别(地区)指南[Z], 2015.

[2] 李涛, 陈丙先. 菲律宾概论[M].北京：世界图书出版公司,2012.

[3] 申涛, 缪慧星. 菲律宾经济社会地理[M]. 北京：世界图书出版公司,2014.

[4] 阳阳, 黄瑜, 曾填翼, 李宏伟. 菲律宾文化概论[M]. 北京：世界图书出版公司, 2014.

[5] 吴杰伟. 菲律宾社会文化与投资环境[M]. 北京：世界图书出版公司, 2012.

[6] 李欢, 何望山. 菲律宾[M].北京：中国旅游出版社,2009.

[7] 沈红芳. 改朝换代后的菲律宾经济：2011年回顾与展望[J].南洋问题研究, 2012(2).

[8] 胡大立, 肖乐明, 曲绍民. 菲律宾海员劳务优势的文化背景及借鉴[J].国际经济合作, 2011(6).

[9] 段东南. 最近两次金融危机对菲律宾经济影响的比较[J].经济社会与发展, 2010(6).

[10] 2015年菲律宾经济形势及2016年展望, http://ph.mofcom.gov.cn/article/law/201605/20160501319042.shtml.

[11] 2015年菲律宾对外贸易情况及2016年展望, http://www.mofcom.gov.cn/article/i/dxfw/cj/201608/20160801376394.shtml.

[12] 菲律宾投资环境概述, http://www.ccpit.org/Contents/Channel_4128/2016/0727/679010/content_679010.htm.

[13] "一带一路"之菲律宾投资法律规则与实践, http://world.xinhua08.com/a/20150728/1531295_2.shtml.

执笔人简介

栗元姝，现就职于中国人民银行沈阳分行资本项目管理处，经济学硕士。从事跨境直接投资相关工作，主要负责直接投资相关政策解读及监测分析。参与修订2017年版《资本项目外汇业务操作指引》。曾在期刊上发表《银行审核外商投资企业利润汇出时应注意的几个问题》。

吉尔吉斯斯坦

执笔人：付华蓉

1. 经济金融

1.1 宏观经济

经济增长率 吉尔吉斯斯坦2015年GDP约为4236.4亿索姆（约合65.7亿美元）[1]，同比增长3.5%；人均GDP约为74400索姆（约合1154美元），同比增长1.4%。经济增长主要依靠农业、建筑业、服务业等行业的拉动。若不计库姆托尔金矿的产值，GDP约为3933.5亿索姆（约合61亿美元），同比增长4.5%。

2010—2015年吉尔吉斯斯坦GDP详见图1。

财政收支 根据吉尔吉斯斯坦财政部数据，2015年前11个月，国家财政收入约为1148.0亿索姆，同比增长7.7%，其中税收部分约为748.1亿索姆。支出部分约为1153.3亿索姆，同比增长12.5%。其中，社会文化、国家公务、公共安全和国防领域支出约为910.1亿索姆，占预算支出的78.9%；购买非金融资产支出约为243.2亿索姆，占预算支出的21.1%。前11个月，中央预算收入约为1016.7亿索姆，支出约为1033.6亿索姆；地方预算收入约为159.2亿索姆，支出约为147.6亿索姆。截至2015年12月末，吉尔吉斯斯坦外债总额约为36.1亿美元。吉尔吉斯斯坦最大的债权方为中国进出口银行，贷款余额约为13.0亿美元，占吉尔吉斯斯坦外债总额的35.9%。

---

① 按照 2015 年 1 美元兑换 64.48 索姆折算，余同。

亿美元

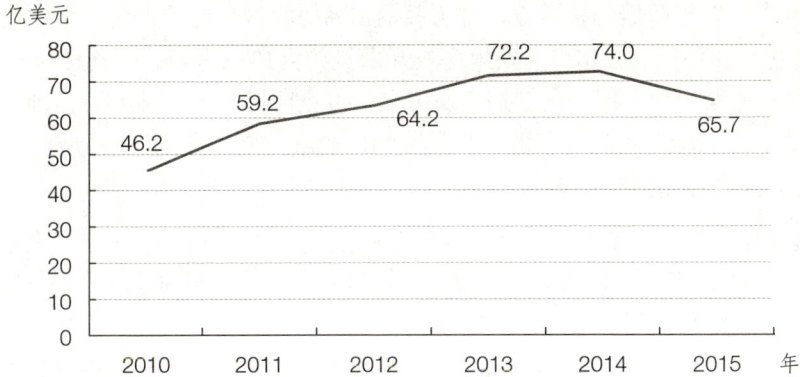

数据来源：中国驻吉尔吉斯斯坦使馆经济商务参赞处。

图 1　2010—2015 年吉尔吉斯斯坦 GDP

1.2　产业结构

吉尔吉斯斯坦第三产业增加值占GDP比重最多，第一产业占比最少。2015年，第三产业增加值约为2129.0亿索姆，第二产业增加值约为1002.8亿索姆，第一产业增加值约为594.0亿索姆。

1.3　支柱产业

农业　农业是吉尔吉斯斯坦经济的主要支柱产业，2015年风调雨顺，国家农林牧业的总产量约为1970.7亿索姆（约合30.6亿美元），同比增长6.2%。其中，种植业占50.3%，畜牧业占47.6%，农业服务占2%，林业和狩猎占0.1%。

工业　吉尔吉斯斯坦2015年工业总产量约为1751.6亿索姆（约合27.3亿美元），同比下降4.4%。若不计库姆托尔金矿相关产量，则约为936.5亿索姆（约合14.53亿美元），同比下降0.6%。其中，加工业产量约为1348.3亿索姆（约合20.9亿美元），同比下降7.8%。2015年，吉尔吉斯斯坦金属加工、食品、饮料及香烟制品、纺织品和服装、化工品、橡胶、塑料制品及其他非金属矿产品、电子产品、交通工具等加工业品的产量均有所下降。同期，环保石油产品增幅为70%，电子和光学设备，制药产品增幅为36.2%，机器及设备修理、安装增幅为7.2%，纸制品及印刷类增幅为3.6%。

采矿业　吉尔吉斯斯坦2015年采矿业产量约为79.9亿索姆（约合1.2亿美元），同比增长63.8%。库姆托尔金矿公司是该国大型企业，由南加拿大卡梅柯公司与吉尔吉斯斯坦政府合资成立，加方持有67%的股份，吉尔吉斯斯坦政府持有33%的股份。2015年，吉尔吉斯斯坦煤炭开采量约为188.2万吨，同比增长3%。其中，吉尔吉斯斯坦向中国、乌兹别克斯坦和塔吉克斯坦共出口煤炭6.5万吨。吉尔吉斯斯坦主要产煤地区及其产量分别为：奥什州77.5万吨，纳伦州69.5万吨，巴特肯州25万吨，贾拉拉巴德州16万吨。

（建筑业） 吉尔吉斯斯坦2015年建筑业总产量约为1161.2亿索姆（约合18.0亿美元），同比增幅为13.9%。建筑业产量增长源于建筑承包商完成工程量以及各类建筑维修、修复费用的增长。

1.4 对外贸易

2015年，吉尔吉斯斯坦与144个国家有贸易关系，其中出口89个国家，进口136个国家。俄罗斯是吉尔吉斯斯坦第一大贸易伙伴，在吉尔吉斯斯坦进口国中位居第一，出口位居第三。2015年，吉尔吉斯斯坦对外贸易总额约为57.5亿美元，同比下降24.6%。其中，出口约16.8亿美元，同比下降11%；进口约40.7亿美元，同比下降29%。外贸结构中，出口占29.2%，进口占70.8%；外贸逆差约为23.94亿美元，同比下降37.9%。在整个对外贸易中，独联体国家占51.3%，独联体以外国家占48.7%。主要国家占比情况如下：俄罗斯24.9%，中国18.5%，哈萨克斯坦15.8%，瑞士10.1%。吉尔吉斯斯坦是古丝绸之路的重要枢纽，是欧亚连接的重要通道，对乌兹别克斯坦、哈萨克斯坦、塔吉克斯坦等中亚邻国的辐射作用明显，中国出口到吉尔吉斯斯坦的产品，约70%转口至中亚邻国。

吉尔吉斯斯坦出口产品主要为贵金属、农产品、航空煤油等。进口产品主要为煤、黑色金属钢板、药物、纸张和各类纸制品、小麦等。

1.5 货币政策

吉尔吉斯斯坦货币为索姆，可自由兑换。吉尔吉斯斯坦国家银行数据显示，2015年12月，美元兑索姆的汇率达到1美元兑换75.9索姆，2015年全年平均汇率为1：64.5。人民币与当地货币不能直接结算，但可以在当地货币兑换点自由兑换。

1.6 外汇管理

吉尔吉斯斯坦外汇管理的主要法律依据是《吉尔吉斯斯坦共和国外汇交易法》，以及吉尔吉斯斯坦政府与国际货币基金组织签署的有关协定。吉尔吉斯斯坦实行浮动汇率制度，本国货币索姆在国内实行完全可兑换。在吉尔吉斯斯坦注册的商业银行可在吉尔吉斯斯坦境内和境外自由买进或卖出外汇。任何个人、机构、团体都可在商业银行、金融机构以及兑换点将索姆与美元进行自由兑换，无须任何手续，不受额度限制。吉尔吉斯斯坦中央银行每天根据银行间外汇市场的交易情况发布当日平均汇率，并以此作为确定商务交易价格和进行结算的依据。

《吉尔吉斯斯坦共和国外汇交易法》还规定，吉尔吉斯斯坦本国公民和外国人均可自由携带自由兑换货币出入境，或将其汇出、入境，只需履行规定程序（海关申报，向汇款银行出示相关文件和证明）即可，不受金额限制。在吉尔吉斯斯坦，外资企业和商人可自由地将经营所得利润通过银行汇往国内或第三国，手续简便。吉尔吉斯斯坦多数商业银行是SWIFT成员，可通过电子支付方式进行国际汇款业务。目前，中吉两国商业银行之间汇路通畅。一些驻吉中资企业和商人已经利用吉尔吉斯斯坦的银行服务进行跨国汇款（汇进、汇出）业务，提高了支付的安全性及人身安全保障。

1.7　金融

（银　行）　吉尔吉斯斯坦独立20余年来，金融业有了长足的发展，吉尔吉斯斯坦国家银行（National Bank of Kyrgyzstan，NBKR）为中央银行，各种经济成分并存的商业银行有20多家，非银行金融机构有近1000家。吉尔吉斯斯坦没有明确的政策性银行，但是，银联体成员行——结算储蓄公司是完全国有并具有很多政策性职能的商业银行。

此外，国际金融机构世界银行、国际货币基金组织、亚洲开发银行、欧洲复兴开发银行等在吉尔吉斯斯坦首都比什凯克均设有代表处。

目前，在吉尔吉斯斯坦无中资银行。

（证　券）　吉尔吉斯斯坦股票交易市场规模较小，只有吉尔吉斯斯坦电信、玛纳斯国际机场等14家企业的股票在交易，且年交易额很少，平均约合1亿美元。

1.8　中吉经贸

（双方贸易）　中吉两国自建交起，双边贸易基本保持稳定增长态势，特别是近几年增速明显。2015年，吉尔吉斯斯坦与中国贸易额约为10.7亿美元。其中，吉方出口约0.4亿美元，吉方进口约10.3亿美元。吉中贸易额占吉尔吉斯斯坦整体外贸总额的18.5%，中国是吉尔吉斯斯坦第二大贸易伙伴和进口来源国。在吉中贸易结构中，吉方出口占3.4%，吉方进口占96.6%，吉方贸易逆差为9.9亿美元，占吉尔吉斯斯坦整体外贸逆差额的41.5%。

（双方投资） 中吉两国的投资合作始于20世纪90年代初。2015年，中国对吉尔吉斯斯坦投资约1.1亿美元，占吉尔吉斯斯坦吸引直接外资总额的13.3%，同比下降51%。自2015年8月吉尔吉斯斯坦加入欧亚经济联盟后，联盟伙伴国对吉尔吉斯斯坦投资热情上涨明显，在吉尔吉斯斯坦生产的商品销售市场范围得到拓展，中国与吉尔吉斯斯坦开展合作的意愿不断增强。

目前，中国在吉尔吉斯斯坦注册企业有200多家，涉及贸易、工程承包、通信服务、矿产资源勘探和开发、农业种植、养殖、食品和农产品加工、金属冶炼、建材生产、轻工业、运输、房地产开发、建筑、餐饮、旅游、娱乐等多个领域和行业。

2. 经济环境

2.1 国内市场

（销售总额） 吉尔吉斯斯坦2015年国内各类服务业的总产量约为5687亿索姆（约合88.23亿美元），同比增长6%。按服务内容的类型分，商品零售、批发及汽车维修占73.3%，货物运输与仓储占7.4%，宾馆饭店占4.9%，信息通信占4.6%，金融中介与保险占3.5%。

（物价水平） 2015年12月，吉尔吉斯斯坦国内消费者价格指数较11月提高了1%。通货膨胀率为3.4%。截至2015年末，食品类和无酒精类饮品价格比2013年同期上涨0.6%，奶制品、鸡蛋价格上涨5.2%，食用油价格上涨2.8%，香肠及肉制品价格上涨2.3%，白糖价格上涨1.6%，糖果点心价格上涨1.2%，蔬菜价格上涨14.4%，水果价格上涨2.2%。

（生活支出） 截至2015年12月末，吉尔吉斯斯坦人均月工资约为13277索姆（约合206美元），收入水平相对物价明显较低，基本生活消费占居民支出的绝大部分，教育、医疗等可享受一定福利。

2.2 基础设施

（公 路） 吉尔吉斯斯坦是典型的内陆国家，没有出海口。公路运输是其最重要的运输方式，公路总里程约为3.4万公里，其中各地州的公路总长1.88万公里，其余1.52万公里为城镇、乡村及各类企业用路。吉尔吉斯斯坦境内共有8条主要交通干线，总长2242公里，包括比什凯克—奥什公路（672公里）、比什凯克—纳伦—吐尔尕特公路（539公里）、奥什—伊尔克什坦公路（258公里）、奥什—伊斯法纳公路（385公里）、萨雷塔什—卡拉梅克公路（142公里）、比什凯克（卡拉巴尔塔）—恰尔多瓦尔公路（31公里）、塔拉兹—塔拉斯—苏萨梅尔公路（199公里）和比什凯克—格奥尔吉耶夫卡公路（16公里）。公路运输占吉尔吉斯斯坦全国货运总量的90%以上，占客运总量的99%以上。2015年公路运输过货量2815.87万吨，同比上涨3.7%。

（ 铁 路 ）吉尔吉斯斯坦境内铁路交通不发达，自1991年苏联解体后，其铁路网被分割为互不相连的南北两部分，铁路总长度423.9公里。目前北部铁路长322.7公里，东起伊塞克湖两岸的巴雷克奇，向西经吉哈边境与哈萨克斯坦铁路网相连，并可直达俄罗斯；南部铁路长101.2公里，自奥什至贾拉拉巴德。2015年，铁路运输过货量127.91万吨，同比下降14.4%。

（ 水 运 ）吉尔吉斯斯坦内河航运以伊塞克湖为主，港口包括巴雷克奇和卡拉阔尔，航线总长189公里。年货运量不超过5万吨。2015年水上运输1.22万吨，同比下降18.7%。

（ 空 运 ）吉尔吉斯斯坦现有14家航空公司从事民航经营。其中，吉尔吉斯斯坦本国民航企业7家：伊太克航空公司、吉尔吉斯斯坦黄金航空公司、吉尔吉斯斯坦航空运输公司、尤特航空公司、奥什航空公司、Avia Traffic航空公司、Aseman Airlines航空公司。外航企业7家：中国南方航空公司、British Mediterranean Airways航空公司（英国）、Tochikiston航空公司（塔吉克斯坦）、俄罗斯国家航空公司、普科沃航空公司（俄罗斯）、Turkish Airlines航空公司（土耳其）、乌兹别克斯坦航空公司。2015年航空运输过货量200吨，与上年持平。

目前，吉尔吉斯斯坦开通民用航线19条，其中国内航线3条，包括比什凯克—巴特肯、比什凯克—贾拉拉巴德、比什凯克—奥什；国际航线16条，包括比什凯克—乌鲁木齐（中国）、比什凯克—杜尚别（塔吉克斯坦）、比什凯克—塔什干（乌兹别克斯坦）、比什凯克—莫斯科（俄罗斯）、比什凯克—圣彼得堡（俄罗斯）、比什凯克—阿拉木图（哈萨克斯坦）、奥什—莫斯科（俄罗斯）、奥什—乌鲁木齐（中国）、比什凯克—迪拜（阿联酋）、比什凯克—马什哈德（伊朗）、比什凯克—伦敦（英国）、比什凯克—伊斯坦布尔（土耳其）等。

中国飞往吉尔吉斯斯坦的主要航线有两条：乌鲁木齐—比什凯克、乌鲁木齐—奥什。

（ 通 信 ）2015年，吉尔吉斯斯坦通信服务的总收入为276.993亿索姆（约合4.3亿美元），同比增长5.3%。其中，移动通信产值为233.549亿索姆，行业占比为84%；互联网产值为26.868亿索姆，行业占比为10%。固网通信运营商主要包括国家电信公司、Saima-Telecom公司和Megaline公司。国家电信公司是吉尔吉斯斯坦国内最大的固网运营商，为国家控股企业（国有股份占公司的77.84%），拥有50万用户。Saima-Telecom公司和Megaline公司是吉尔吉斯斯坦通信市场放开后首批进入吉尔吉斯斯坦固定运营市场的私人公司，其中Saima-Telecom公司拥有8000名用户，业务覆盖范围仅限于比什凯克市及周边地区；Megaline公司为小运营商，网络小，以宽带为主，目前用户数约1万户，业务覆盖吉尔吉斯斯坦北部地区、奥什市和贾拉拉巴德市。移动通信运营商主要包括Skymobile公司、Alfatelecom公司和Nurtelecom公司。

（电力）吉尔吉斯斯坦水能储量非常丰富，目前仅开发了10%，但已基本可以保障国内用电需求。现有水电站18座，年均可发电140亿千瓦时，总装机容量为291万千瓦，基本可满足国内工农业生产需求。托克托库尔水库位于吉尔吉斯斯坦纳伦河下游和锡尔河起点，蓄水规模195亿立方米，水坝高215米；托克托库尔水电站装机容量120万千瓦，年均发电量57亿千瓦时。该电站负有调节纳伦、锡尔河流域费尔干纳盆地的农田灌溉职能，并负责向吉尔吉斯斯坦北部地区供电。2015年，吉尔吉斯斯坦发电量129.8亿度，同比下降11.2%；配电及售电服务总额70.6亿索姆，同比增长0.9%；供热290.4万亿卡，同比增长3.8%。

目前，吉尔吉斯斯坦国内电网与哈萨克斯坦、乌兹别克斯坦及中国相连通，吉尔吉斯斯坦每年从乌兹别克斯坦、哈萨克斯坦进口部分电力，并向哈萨克斯坦、中国出口部分电力。世界银行为casa-1000项目（中亚—南亚输变电线）提供资金支持，该项目将吉尔吉斯斯坦、塔吉克斯坦的电力输送到阿富汗和巴基斯坦。

2.3 商务成本

（劳动力供求及工薪）吉尔吉斯斯坦是农业国，约有36%的劳动力务农，加之本国工作机会少、工资低，形成了大量的劳动移民。每年在境外工作谋生的吉尔吉斯斯坦公民约有70万人，其中，由于具备语言（本国语言及俄语）优势，在俄罗斯工作的吉尔吉斯斯坦人占大多数，约为50万人，在哈萨克斯坦工作的有7万多人。其余人则分布在欧盟、阿联酋、韩国等国家和地区。2015年，吉尔吉斯斯坦劳动者平均月工资12848索姆，同比上涨9%。根据吉尔吉斯斯坦国家银行的官方外汇牌价，2015年1~11月，吉尔吉斯斯坦劳动者平均月工资为202.6美元。按行业分，金融、保险业居首位，月人均工资28739索姆，信息通讯业25245索姆，采矿业21087索姆，物流行业18720索姆，科技行业17327索姆。吉尔吉斯斯坦政府未设定最低工资标准。

土地及房屋价格 吉尔吉斯斯坦商业用房销售以写字间、门市房为主，其中门市房尤为畅销。以比什凯克市为例，目前，门市价为300～600美元/平方米，写字间售价为240～500美元/平方米不等。

2.4 风险评估

社会安全 2011年末新总统阿塔姆巴耶夫上任以来，政局总体趋稳，经济势头良好，犯罪率因此有所下降，但仍有刑事案件发生。

经济风险 吉尔吉斯斯坦2015年正式成为欧亚经济联盟成员国，依托联盟吸引投资是该国积极入盟的重要原因之一。如果欧亚经济联盟所带来的经济红利有限，吉尔吉斯斯坦经济脆弱性特征将很难得到改善，未来经济风险展望为稳定。

3. 政策规定

3.1 投资方面

投资主管部门 经济调节部是吉尔吉斯斯坦实行投资政策的授权机构，与其他各部、国家管委会与行政机构共同确立吸引国外直接投资的方针与优先方向，判定相关政策。

投资规定 外国投资的主要方式为直接投资和间接投资，包括实物、不动产、购买企业股票、债券、知识产权、企业盈利和利润。外国企业可通过全资收购和部分参股等形式对吉尔吉斯斯坦企业实行并购。

外国企业在吉尔吉斯斯坦收（并）购可以咨询吉尔吉斯斯坦经济部下属的投资促进署。

投资行业的规定 吉尔吉斯斯坦对外国投资者无行业限制。

3.2 贸易方面

贸易主管部门 吉尔吉斯斯坦经济部是对外经贸主管部门，其职能是制定并实施国家经济政策、开展对外经贸联系、协调建立市场经济体制、促进企业发展。

贸易法规体系 吉尔吉斯斯坦对外贸易活动的基本法律依据是《吉尔吉斯斯坦共和国对外贸易法》《吉尔吉斯斯坦共和国海关法》《吉尔吉斯斯坦共和国许

可证法》等。

实行进口许可证管理的商品包括：

（1）密码设备及其备件，以及密码程序软件；

（2）武器和军事装备，用于武器生产专用配套产品、军事技术合作领域工程和服务（涉及商品名录由吉尔吉斯斯坦国防部另行规定）；

（3）防止战争毒害物质的设备及其配件（涉及商品名录由吉尔吉斯斯坦国防部另行规定）；

（4）军服及其标志（涉及商品名录由吉尔吉斯斯坦国防部另行规定）；

（5）军用产品的技术规范文件，包括设计文件和使用说明（涉及商品名录由吉尔吉斯斯坦国防部另行规定）；

（6）火药、爆破物、引爆物和烟花制造设备；

（7）核材料、核技术、核武器及装备、特种非核材料、放射源及放射性废料；

（8）可能被用于制造大规模杀伤武器的民用材料、设备和技术；

（9）可能被用于制造武器和军用设备的部分原料、材料、设备和技术；

（10）贵金属、贵金属合金及其制品，贵金属镀膜材料及其制品，矿石，精矿粉，边角材料和废料；

（11）贵重天然石材及其制品，贵重天然石和再生材料及其制品；

（12）毒品和精神药物、导致麻醉的物品；

（13）剧毒物；

（14）危险废料；

（15）药品；

（16）公务用或民用武器；

（17）烟草；

（18）酒精及酒精制品；

（19）破坏臭氧层的物质及含有该物质成分的产品。

实行出口许可证管理的商品包括以上名录中第1～14项和第16项，以及活牲畜、植物类的制药原料、战争物资、弹药、有色金属边角料和废料。

吉尔吉斯斯坦对用于生产酒精制品的乙醇酒精的生产和采购（包括该类产品

的进口）实行配额制度。吉尔吉斯斯坦农业、水利和加工工业部负责配额数量的制定、分配和监督。申请使用配额的企业必须具备经营酒精制品业务的许可证。

3.3 税收方面

税收体系和制度 2008年10月20日吉尔吉斯斯坦出台新税法，并于2009年1月1日起实施。新税法将现行税法中的16项税种（8项国税，8项地税）缩减至9项，包括7项国税和2项地税。国税包括所得税、利润税、增值税、消费税、地矿税、销售税、财产税，地税包括土地税和宾馆行业税。

主要税赋和税率 吉尔吉斯斯坦新税法规定，在吉尔吉斯斯坦领土从事经营活动的吉尔吉斯斯坦和外国公司的常设机构有义务缴纳以下税种。

（1）企业所得税：新税法规定，税率为10%。对于以土地为基本生产资料的企业仅征收土地税。

（2）增值税：从2009年起降为12%，进口环节的增值税由海关代征。

（3）个人收入调节税：个人月收入650索姆及以上的税率为10%，其他免缴。

（4）土地税：采用级差计税办法，根据土地用途、位置及其他因素的不同而定。新税法规定将农业土地税税率平均提高30%，别墅用地土地税税率提高6倍。

（5）消费税：涉及燃油产品、酒精类产品、金银首饰、烟草、高档裘皮类商品等。税率由吉尔吉斯斯坦政府确定，每年公布一次。新税法免除了咖啡、可可、水晶制品、地毯等原纳税客体的消费税。

3.4 劳动就业方面

到吉尔吉斯斯坦以从事劳动行为为目的的外国公民、无国籍人士需在劳动、就业和移民部登记，按规定程序取得工作许可，在企业工作。从事个体商业行为的外国公民、无国籍人士由劳动、就业和移民部授予工作许可证。

企业外籍领导人、外国专家的工作许可证有效期为1年，并允许逐年延期。外国职业工作人员的工作许可证总有效期不得超过2年，外国个体企业主不得超过3年。劳动、就业和移民部自申办所需文件全部递交之日起，15天内应作出颁发或拒发工作许可证的决定。

在吉尔吉斯斯坦工作的外国人必须持有工作许可证。吉尔吉斯斯坦就业岗位较为有限，主要是外资企业中所需的一些高技术人才，往往随工程项目进入。

经济危机后，吉尔吉斯斯坦经济不景气，本国居民就业困难，因此客观上并不欢迎外籍劳务进入，以免影响本地居民就业。吉尔吉斯斯坦政府规定，只有获得招收外国劳动力许可证的企业才可雇用外籍劳务。企业根据该许可证以及雇用外籍劳务配额为外籍劳务办理工作许可证。

3.5 环境保护方面

（环保管理部门） 吉尔吉斯斯坦国家环境与林业保护署是国家环保及林业主管部门，主要职能是保护国家生态环境、合理利用自然资源、发展林业经济。

（主要环保法律法规） 《山地区域法》《生态保护法》《特殊自然区域保护法》《地矿法》《生态鉴定法》《大气层保护法》《生态区域保护法》《植被利用与保护法》《关于吉尔吉斯斯坦与邻国跨界河流水力资源利用对外政策的总统令》。

吉尔吉斯斯坦环保法规定，对违法责任人追究民事和刑事责任，起诉有效期为20年。责任人及责任单位除恢复自然环境，并对受害个人及单位进行经济赔偿外，还要被追加刑事处罚。

（环保法律法规基本要点） 《生态保护法》：旨在制定生态环境保护、自然资源使用的政策，协调法律关系。该法内容为对经济与其他类型活动生态保护规定，包括国家生态鉴定规则。

《生态鉴定法》：旨在调控生态鉴定的法律关系，杜绝经济活动对生态造成不良后果。国家生态鉴定参照以下文件实施：调控经济活动的法规草案、技术章程、方法指导以及其他文件。

3.6 承包工程方面

（许可制度） 吉尔吉斯斯坦建筑法规定，除民用住宅外，其他建筑工程实行许可制度。办理建筑许可证的部门是吉尔吉斯斯坦政府建筑委员会。

（禁止领域） 外国承包商在吉尔吉斯斯坦承包军工项目需由两国政府签订备忘录，由指定公司执行。

3.7 知识产权方面

吉尔吉斯斯坦保护知识产权方面的基础法律是《吉尔吉斯斯坦共和国民法》《专利法》《关于商品标记、设备代号和商品发源地名称法》《关于保护作者权利和类似权利法》《关于保护电子软件和计算机及相关数据库法》。

对于侵犯知识产权者追究相应民事、行政及刑事责任。例如，对侵犯知识产权的责任人没收其非法所得，处以5000～20000索姆的罚款，或处以3年以下有期徒刑；对集团犯罪的首犯处以3年以上5年以下有期徒刑。

3.8 优惠政策

优惠政策框架

（1）对外国投资者实行国民待遇。除了在自由经济区注册的外资企业，其他外资企业一般情况下不享受税收优惠。

（2）对投资性进口商品（如外资企业用于生产的机器设备）免征进口关税。

（3）对外国投资不得歧视。外国投资者在吉尔吉斯斯坦法律允许的范围内可在吉尔吉斯斯坦境内独立自主地进行投资活动，其财产、投资及合法权利受到吉尔吉斯斯坦法律保护。

（4）外国投资者可自由支配一切合法所得，可将在吉尔吉斯斯坦经营所得利润及人员的工资收入自由汇往境外，且金额不受限制。

（5）外资企业依法享有充分的经营自主权，吉尔吉斯斯坦政府部门不得随意干涉外资企业的正常经营活动（国家税务部门每年只能对企业进行一次检查）。

（6）凡在吉尔吉斯斯坦政府鼓励投资的优先发展领域进行投资，以及在吉尔吉斯斯坦国家发展规划项下对特定区域进行投资，均可根据吉尔吉斯斯坦现行有关法律规定对投资者给予相应的优惠。

（7）在吉尔吉斯斯坦政府对投资法、税法和关系到国家安全、公众健康及环境保护的法规进行修改或补充的情况下，外国投资者有权在上述修改或补充生效之日起10年内自由选择对其自身最为有利的适用法规条款，即外国投资者可以根据自身利益的需求，在原有法规和修改后的法规之间进行自由选择。

（8）在吉尔吉斯斯坦法律对自由货币在其境内外的流通实行限制的情况下，外国投资者不受其限制。如对外国投资者实行此种限制，则必须以防止洗钱交易的法规为依据。

（9）外国人有权在吉尔吉斯斯坦购置不动产，但无权取得土地所有权（可以取得土地使用权）。外国自然人无权在吉尔吉斯斯坦购置住宅，但在吉尔吉斯斯坦注册的外国法人可以按规定程序购买住宅。

行业鼓励政策　吉尔吉斯斯坦对外资企业实行国民待遇，无特殊行业鼓励政策。

地区鼓励政策　目前，吉尔吉斯斯坦暂无特殊地区鼓励政策。

4. 办事手续及流程

4.1 注册企业

受理机构　在吉尔吉斯斯坦设立企业应在以下三个国家机关进行注册：司法部（每个州区设有州区管理局）、国家统计委员会（负责将注册资料记入国家统一投资目录）、国家税务监察局。个体企业主只需在国家统计委员会与税务机构注册。

外国投资者与吉尔吉斯斯坦投资者享有同等法律地位，可作为独资外企，或与吉尔吉斯斯坦企业、其他外企成立合资企业从事有关活动。外国人可购买吉尔吉斯斯坦公司股票或其他有价证券，并可参与有关私有化规划。

主要程序　注册包括在吉尔吉斯斯坦司法部法人地位注册、统计委员会与税务机构注册、获取从事固定行为类型许可证（有关类型在《吉尔吉斯斯坦许可证法》第9条中有具体规定）以及与企业行为类型有关的许可。

法人注册　包括检查创办法人单位文件是否符合吉尔吉斯斯坦法律规定、向企业颁发带有注册号码的国家注册证书、将法人注册资料列入国家统一目录。

在吉尔吉斯斯坦司法部注册时，公司代表或承包人本人应提供如下文件：（1）注册申请；（2）取决于公司形式的其他文件。

注册股份公司时，创办人应出具确认提交50%注册资金的银行证明。外国公民作为创办人，应出具其本人护照复印件，或其他个人证明文件（应附带有注明签证日期标注）；注册登记卡应在吉尔吉斯斯坦国家统计委员会领取，办理时间为2个工作日。所有注册文件均应附带经公证的吉文、俄文译文。

个体业主注册　吉尔吉斯斯坦国家统计委员会及其地区机构负责对个体业主依照其所在地进行注册。注册依据业主护照和注册申请进行。注册后统计机构颁发注有单独登记号码的注册证明。

分公司与代表处注册　分公司与代表处注册程序同法人注册相似，应另提交的补充文件包括分公司或代表处总则、分公司或代表处组建人的注册文件复印件。外国企业或自然人应出具证明分公司或代表处组建公司合法法人地位的文件，以及确认其支付能力的银行证明。所有文件应附带经公证的吉文、俄文译文。

自由经济区企业注册 自由经济区企业注册实行特殊规定。企业应在自由经济区经理委员会注册。所有企业及个体业主均应在吉尔吉斯斯坦国家税务总局或在其所在地税务分局登记。在吉尔吉斯斯坦国家税务总局登记，法人应提供企业创办文件复印件、国家注册证明以及其他相关文件，自然人应提供注册登记卡、护照及其他必要文件。纳税人应填写税务登记卡，一式3份。登记后，纳税人可获取单独税号，供填写所有财会、报关文件之用。如纳税人首次进行税务登记，国家税务总局应向其提供纳税人应缴纳所有税种、支出与义务的信息清单。

4.2 承揽工程

获取信息 吉尔吉斯斯坦大中型项目的招投标由国有资产管理委员会负责。项目招投标信息由该委员会在媒体公布。

招标方式 吉尔吉斯斯坦招标委员会要求投标公司准备的文件主要包括企业法人地址、公司章程、经营许可、企业近两年主要完工项目介绍、企业验资证明、技术人员名单、项目技术经济论证等。

4.3 申请专利

在吉尔吉斯斯坦专利注册、工业或知识产权保护程序规定，任何国籍的法人、自然人均可向吉尔吉斯斯坦政府国家科学与知识产权署（吉尔吉斯斯坦专利局）递交有关专利申请。

4.4 注册商标

吉尔吉斯斯坦商标注册管理局是国家商标注册指定单位。

企业注册商标时应提交注册申请，注册申请包括申请单位情况、拟注册商标的商品或服务产品清单、完税证明、单位介绍信等材料。根据吉尔吉斯斯坦相关法律，商标管理局在1个月内进行初步鉴定，若符合商标法规定，即给予商标注册。

4.5 纳税申报

报税时间 企业在吉尔吉斯斯坦税务部门报税的时间是每月20日前报上月税。

报税渠道 根据吉尔吉斯斯坦税法，企业自行在所属税务局报税。

报税资料 企业报税时应递交法人和会计签署的会计报表。

4.6　工作签证

〔主管部门〕　为在吉尔吉斯斯坦务工的外国人办理劳动许可的主管部门是各州移民与就业委员会。

〔申请程序〕　雇主应向州移民与就业委员会递交招收外国劳动力许可证办理申请，申请所附文件清单与许可证格式由国家移民与就业委员会确定。在个别情况下，应提供吉尔吉斯斯坦有关国家机关确认的关于招收具体专业人员的情况说明。申请人应对办理许可证申请内容的真实性承担责任。

〔所需资料〕

（1）按规定格式填写的吸纳外国劳动力申请表；

（2）雇主吸纳外籍劳动力的说明信；

（3）外国公民就业许可申请，包括个人履历表、护照签证复印件、劳动合同、艾滋病验血医疗证明；

（4）雇主身份证明；

（5）单位介绍信；

（6）企业员工编制和当地员工名单；

（7）企业从业许可证；

（8）企业厂址证明文件；

（9）经公证的企业注册证明复印件；

（10）创办章程；

（11）劳动许可延期应提交许可证原件；

（12）简易文件夹；

（13）办证缴费单据。

4.7　能为中国企业提供帮助的机构

〔中国驻吉尔吉斯共和国大使馆经济商务参赞处〕

地址：吉尔吉斯共和国比什凯克市玛纳斯大街6号

Kyrgyzstan Bishkek city Manasa str.6.（zipcode: 720017）

电话：00996-312-311744-200

网站：kg.mofcom.gov.cn

吉尔吉斯斯坦

吉尔吉斯斯坦驻中国大使馆

地址：北京市朝阳区霄云路18号，京润水上花园别墅H座10号、11号

电话：010-64681295，64681297（商务处），64681348（领事处）

5．中国企业应注意的事项

5.1　投资方面

（1）采取积极有效的方式，通过当地政府、中介组织和中国驻吉尔吉斯共和国大使馆经济商务参赞处，介绍和推荐有信誉和可靠的合作伙伴进行合资合作，以避免不必要的风险。

（2）选择可靠的、实力雄厚的合作伙伴。即便是中方独资项目或企业，也需聘请有实力的顾问，帮助协调解决与各级政府部门和企业之间的相关事宜。

（3）在吉尔吉斯斯坦从事投资和生产等经营活动，必须严格遵守当地的相关法律，规范在当地的投资经营活动。首先，要获得合法的身份，缴纳税费。其次，要加强与所在地政府部门、执法机关的沟通，还要融入当地社会，建立平等互利的合作伙伴关系。

（4）完善企业登记注册手续。最好聘用当地律师协助准备注册文件，正确履行相关程序。

（5）当中方企业或人员的合法权益在吉尔吉斯斯坦受到侵犯，以及中方企业或人员与他人发生经济、劳资等民事纠纷，并通过法律途径维护自己的权益时，可向当地的政府部门及中国使馆反映有关情况，请求提供必要的协助。

5.2　贸易方面

遵守当地的相关法律法规，规范贸易秩序，避免双边贸易中存在不规范现象，为合作长期、稳定、健康发展打下良好基础。实事求是地介绍自己的产品和服务，坦诚提出各自的要求和条件，充分洽商以达成共识。签约后要信守合同，严格执行要约的各项条款，保证商品和服务的质量，保障合同各方的利益。

203

5.3 承包工程方面

在工程承包方面应注意以下几点：

（1）及时、全面了解吉尔吉斯斯坦合作方资信情况。

（2）深入掌握工程项目资金落实情况。如项目为自筹资金项目，看其资金来源是否有保障。

（3）由于吉尔吉斯斯坦当地建材价格高于中国国内，中国施工单位多由国内进口建材，长途运输有时导致停工待料现象。

（4）要高度重视安全施工。

5.4 劳务合作方面

第一，认真研究吉尔吉斯斯坦相关法律。吉尔吉斯斯坦政府规定，只有获得招收外国劳动力许可证的企业才可雇用外籍劳务。企业根据该许可证以及雇用外籍劳务配额为外籍劳务办理工作许可证。

第二，注意提升中国劳务人员的素质。吉尔吉斯斯坦对外来劳务工种的要求较细，中方在派遣劳务人员时，应选派符合工种要求的技术工人，选派有国际劳务经验的管理人员，提升中国劳务的总体水平，树立良好的中国劳务形象。

第三，劳务派出单位应组织劳务人员的出国前培训，使其了解吉尔吉斯斯坦的风土人情、礼仪礼节，自觉遵守当地的相关法律法规，明确在吉尔吉斯斯坦的工作环境和工作任务，学会维权，以保证中方的利益。

第四，严格审评申报和备案程序。劳务人员的派出应严格按照国内的批准权限和申报批准程序，并报中国驻吉尔吉斯共和国大使馆经济商务参赞处批准备案。

5.5 防范投资风险

在吉尔吉斯斯坦开展投资、贸易、承包工程和劳务合作的过程中，要特别注意事前调查、分析、评估相关风险，事中做好风险规避和管理工作，切实保障自身利益。

5.6 妥善处理与政府及非政府组织间关系

中国企业在吉尔吉斯斯坦应处理好与主管部门及政府的关系，吉尔吉斯斯坦议会有检查政府工作和直接上诉的权力。因此，中国企业在吉尔吉斯斯坦经营应先熟悉当地法律，依法办事、守法经营。

5.7 妥善处理与工会间关系

吉尔吉斯斯坦工会是职工维权组织，中国在吉尔吉斯斯坦企业与当地员工很少有劳资纠纷，中国企业与吉尔吉斯斯坦工会间没有大的冲突，但企业应注意保障当地员工权益。

5.8 尊重当地的风土民情

吉尔吉斯人是由游牧逐渐走向定居的民族，同时也是由最初信仰原始宗教到以后改信伊斯兰教的民族。对于吉尔吉斯人来说，纳乌鲁斯节是一年中最重要的节日之一。另外，依据伊斯兰教教历，每年3月12日，为纪念先知穆罕默德的诞生日和逝世日，举行纪念性宗教节日——圣纪节。伊斯兰教教历每年9月，成年穆斯林守斋一个月。守斋结束，举行开斋节。伊斯兰教教历每年12月10日，举行宰牲节。

吉尔吉斯人有相互馈赠的风俗，依照礼尚往来的习惯，得到赠品者也要回赠，而且要回赠更有分量的东西。到吉尔吉斯斯坦应注意，不要对毡房指手画脚、说三道四，不能随便抛掷帽子，不能从衣服上跳过。吉尔吉斯人同其他穆斯林一样，忌食猪、狗、驴、骡、蛇肉以及猛禽肉和自死畜肉。

6. 中国企业遇到问题该如何解决

6.1 寻求法律保护

在吉尔吉斯斯坦打官司耗时长、费用高，通过司法程序解决问题较复杂。因此，中国企业应尽量避免走打官司这一步，需要从企业创办之初就一切依法行事，并寻求当地权威律师事务所支持。

6.2 寻求当地政府的帮助

中国企业或人员在人身安全受到威胁时，紧急情况下可立即寻求当地警务部门保护，吉尔吉斯斯坦境内匪警电话为102。

6.3 取得中国驻吉尔吉斯斯坦使（领）馆的保护

当中方企业或人员的合法权益在吉尔吉斯斯坦受到侵犯，以及中方企业或人员与他人发生经济、劳资等民事纠纷或涉入刑事案件，并已通过法律途径维护自己的权益时，可向中国驻当地使（领）馆反映有关情况，请求使（领）馆提供必要的协助。中方人员被拘留、逮捕或正在服刑时，使（领）馆可根据中方人员的要求，前往进行探视。

如中方人员遭遇意外，使（领）馆将事故或损伤情况通知中方人员的亲属，也可对中方人员或家属通过调解或法律途径争取赔偿提供必要的协助。当驻在国发生诸如地震等重大自然灾害时，以及当驻在国发生政治动乱、战乱或突发事件等紧急情况时，使（领）馆将在必要时协助中方人员撤离危险地区。

中国驻吉尔吉斯共和国大使馆网址：kg.chineseembassy.org

中国驻吉尔吉斯共和国大使馆经济商务参赞处网址：kg.mofcom.gov.cn

6.4 部分政府部门和相关机构

外交部：www.mfa.kg

财政部：www.minfin.kg

经济部：www.mert.kg

吉尔吉斯斯坦投资促进署：www.invest.gov.kg

农业和土壤改良部：www.mert.kg

交通通讯部：www.mtk.gov.kg

国家地质和矿产资源署：www.geo.gov.kg

国家海关总署：www.customs.gov.kg

国家税务总局：www.sti.gov.kg

司法部注册局：www.minjust.gov.kg

国有资产管理委员会：www.spf.gov.kg

7. 吉尔吉斯斯坦司法制度及基本特点

7.1 司法制度

吉尔吉斯斯坦的法院系统包括共和国宪法法院、共和国最高法院和地方法院以及军事法院。此外，根据宪法性法律，可建立专门法院。

共和国宪法法院是维护国家宪法的最高司法权力机关。共和国宪法法院由院长、若干副院长和7名法官组成。其主要职能是：认定哪些同共和国宪法发生分歧的法律及其他规范性法律文件是违宪的；解决与宪法的效力、适用和解释有关的争议；就总统选举的合法性作出结论；就罢免总统以及共和国宪法法院、最高法院法官的职务问题作出结论；就是否同意追究地方法院法官的刑事责任进行表态；就依照宪法有关条款对宪法进行修改和补充问题作出结论；废除地方自治机关与国家宪法相抵触的决定；解决关于政党、社会团体和宗教组织的活动是否合乎宪法的问题。共和国最高法院是民事、刑事和行政诉讼程序方面以及处理国家法律规定的其他案件方面的最高司法权力机关。

共和国最高法院对地方法院的司法活动进行监督，对它们的司法文件进行重新审理，并就这些司法文件作出最终裁定。由共和国最高法院所有法官组成的共和国最高法院全体会议有权就司法实际问题作出下级法院必须服从的指导性说明。

7.2 基本特点

年龄在35岁以上和70岁以下、受过高等法学教育、法学专业工龄至少10年的吉尔吉斯斯坦公民方可成为共和国宪法法院或共和国最高法院法官。共和国宪法法院和共和国最高法院法官由共和国最高会议根据总统的推荐选举产生，任期10年。年龄在25岁以上和65岁以下、受过高等法学教育、法学专业工龄至少5年的吉尔吉斯斯坦公民可以成为地方法院法官。地方法院法官经共和国最高会议同意由总统任命，任期7年。

附　录

1. 国家概况

吉尔吉斯共和国简称吉尔吉斯斯坦，是一个位于中亚的内陆国家，1991年从前苏联独立。公元前3世纪就已有关于吉尔吉斯斯坦的文字记载。6～13世纪曾建立吉尔吉斯汗国。15世纪后半期，吉尔吉斯民族基本形成。16世纪被迫从叶尼塞河上游迁居至现居住地。19世纪前半期，属浩罕汗国。19世纪六七十年代，整个吉尔吉斯被并入沙俄。1917年11月至1918年6月建立苏维埃政权。1924年10月14日成立卡拉吉尔吉斯自治州，属俄罗斯联邦，1926年2月1日改为吉尔吉斯自治共和国。1936年12月5日成立吉尔吉斯苏维埃社会主义共和国，加入苏联。1991年8月31日，吉尔吉斯最高苏维埃通过国家独立宣言，正式宣布独立，改国名为吉尔吉斯共和国，同年12月21日加入独联体。吉尔吉斯斯坦地处亚洲中部、两欧和东亚的连接点，是东西方文化荟萃之地。

国旗　呈横长方形，长与宽之比约为5：3。旗地为红色。一轮金色的太阳悬于旗面中央，太阳图案中间有一个类似地球的圆形图案。红色象征胜利，太阳象征光明和温暖，圆形图案代表国家的独立、统一和民族的团结和友好。吉尔吉斯斯坦于1936年成为前苏联的一个加盟共和国，1952年起采用带五角星及镰刀、铁锤图案的红旗，旗面中间有一白色横条，其上下各有一蓝条。1991年8月宣布独立，后采用现国旗。

国徽　呈圆形。圆形上有一只展翅的雄鹰，其背后是山峰和太阳，两侧饰有麦穗和棉桃。国徽上的文字是"吉尔吉斯共和国"。

法定货币　吉尔吉斯斯坦法定货币是索姆（KGS），1索姆可分为100提因。1994年，吉尔吉斯斯坦银行发行1索姆、5索姆、10索姆、20索姆、50索姆、100索姆纸币，1997年发行1索姆、5索姆、10索姆、20索姆、50索姆、100索姆、200索姆、500索姆、1000索姆纸币。

首都　比什凯克（1991年前称伏龙芝）是吉尔吉斯共和国的首都，是政治、经济、交通、科学和文化中心。比什凯克位于阿拉套山脚下、楚河谷地中央，四周群山环绕，雪峰依稀可见。城市海拔高度为750米，属大陆性气候，四季分明，空气清新，日照充分，年平均温度约为10℃。阿拉尔恰、阿拉梅金及楚河大水渠流经市区。比什凯克市面积为130平方公里，其中城区面积为123平方公里，人口约70多万人。全市共分4个区：列宁区、五一区、十月区和斯维尔德洛夫区。

地理位置

吉尔吉斯斯坦位于中亚东北部，属内陆国家。北部与哈萨克斯坦毗邻，南部与塔吉克斯坦相连，西南部与乌兹别克斯坦交界，东部和东南部与中国接壤，边界线全长4170公里，其中与中国的共同边界长1096公里。国土面积为19.99万平方公里。

吉尔吉斯斯坦地处东六时区，当地时间比北京时间晚2个小时。

气候特点

吉尔吉斯斯坦境内多山，90%的领土在海拔1500米以上，属大陆性气候，四季分明，夏季炎热、干燥，冬季比较寒冷，昼夜温差较大，晴天多，少刮风，1月平均气温-6℃，7月平均气温27℃。

自然资源

矿产资源　吉尔吉斯斯坦自称拥有化学元素周期表中的所有元素，还有一些世界级的大型矿床，如库姆托尔金矿、哈伊达尔干汞矿、卡达姆詹锑矿等。目前，得到工业开发的仅是吉尔吉斯斯坦矿产资源的一部分。许多资源的储量和分布情况有待进一步探明，以确定开发前景。据吉尔吉斯斯坦国家地质与矿产署2013年统计，现已探明储量的优势矿产有金、钨、锡、汞、锑、铁。黄金总储量为2149吨，探明储量为565.8吨，年均黄金开采量为18～22吨，居独联体第3位、世界第22位。水银储量为4万吨，开采量为85吨，居世界第3位。锡矿总储量为41.3万吨，探明储量为18.68万吨。钨矿总储量为19万吨，探明储量为11.72万吨。稀土总储量为54.9万吨，探明储量为5.15万吨。铝矿总储量为3.5亿吨，探明储量为3.5亿吨。钼矿探明储量为2523吨，锑矿探明储量为26.4万吨，石油探明储量为1.013亿吨，天然气探明储量为72.6亿立方米。

水资源　吉尔吉斯斯坦境内河流湖泊众多，水资源极其丰富，蕴藏量在独联体国家中居第3位，仅次于俄罗斯和塔吉克斯坦，潜在的水力发电能力为1420.5亿千瓦时，目前仅开发利用了9%～10%。主要河流有纳伦河、恰特卡尔河、萨雷查斯河、楚河、塔拉斯河、卡拉达里亚河、克孜勒苏河等。主要湖泊有伊塞克湖、松格里湖、萨雷切列克湖等，多分布在海拔2000米以上地区，风景优美，具有较高的旅游价值。

煤　炭　吉尔吉斯斯坦境内共发现约70处煤矿床和矿点，探明储量和预测资源量总计为67.3亿吨。国家储量表上显示的储量为13.45亿吨，其中A+B+C1级10亿吨，C2级3亿吨。前苏联时期，吉尔吉斯斯坦煤炭年开采量可达300万～400万吨。独立后，吉尔吉斯斯坦采煤量一度跌至每年30万吨。不过，随着政局趋稳、经济稳步发展，近年来吉尔吉斯斯坦采煤量逐年上升，2012年采煤量重新超过100万吨，2014年煤炭开采量170万吨，同比增长了25%。

人口分布

截至2014年末，吉尔吉斯斯坦全国人口为589.5万人，主要分布在楚河州、奥什州和贾拉拉巴德州。根据2014年的统计，首都比什凯克人口约93.7万人，南都奥什人口27万人。

主要城市

吉尔吉斯斯坦全国划分为七州二市：楚河州、塔拉斯州、奥什州、贾拉拉巴德州、纳伦州、伊塞克湖州、巴特肯州和比什凯克市、奥什市。州、市下设区，区行政公署为基层政府机构。比什凯克和奥什为吉尔吉斯斯坦主要经济中心城市。

比什凯克是吉尔吉斯斯坦首都，全国政治、经济、文化、科学中心，主要的交通枢纽。面积130平方公里，人口约93.7万人（2014年）。比什凯克市还是中亚地区一个重要的工业城市。

2. 社会文化

民族文化

吉尔吉斯斯坦是一个多民族国家，全国有84个民族。其中吉尔吉斯族占71%，乌孜别克族占14.3%，俄罗斯族占7.8%，东干族占1.1%，维吾尔族占0.9%，塔吉克族占0.9%，哈萨克族占0.6%，乌克兰族占0.4%，其他为朝鲜族、土耳其族等民族，在吉尔吉斯斯坦的华人多从事一般贸易或经商。

衣、食、住、用、行

吉尔吉斯斯坦女人热爱传统刺绣，喜欢在自己的礼服上绣上传统图案，年轻的女孩喜欢传统的koinok帽子、高领和传统装饰裙子和袖子，也喜欢穿着装饰有鲜花图案的大衣。男人在一些节日里会穿蓝色、褐色或黑色天鹅绒制成的大衣。

吉尔吉斯斯坦人的饮食中多半是牛奶和肉类。忌食猪、狗、驴、骡、蛇肉以及猛禽肉和自死畜肉。在宗教气氛比较浓厚的地区，即使可食的马、牛、羊肉也必须是信仰伊斯兰教者所杀的才可食用。

吉尔吉斯斯坦人的住房有两种，一种是可挪动住房，另一种是固定住房，客人要对毡房及其设备多加爱护，对毡房指手画脚是不礼貌的。

教育、医疗、福利制度

教 育 吉尔吉斯斯坦基本保留了前苏联时期的教育方式和教育体系，分为初级教育和高等教育，其中初级教育（1～11年级，相当于中国小学至高中毕业）实行义务教育；高等教育即大学教育，根据考试择优录取20%左右，实行义务教育，其余则实行商业化教育。初级教育结束后，学生可根据自己的意愿选择继续学习或就业。全国共有各类学校近2200所，在校生共计约108万人，教师约7.2万人。其中，中等专业学校80多所，在校生约4.3万人；高等院校49所，在校生约25万人。著名高校有吉尔吉斯斯坦国立大学、吉美中亚大学、比什凯克人文大学、吉俄斯拉夫大学、奥什大学等。

【医疗】 前苏联解体后，吉尔吉斯斯坦医疗体系基本沿袭了前苏联模式。因经济发展较慢，财政紧张，国有医院医疗设施已严重老化，急需进行改造更新。同时，近两年私人诊所发展较快，设备较新，但医护人员水平参差不齐。截至2013年末，吉尔吉斯斯坦医院总数为179家，医生总人数为1.35万人，中级护理人员3.33万人，平均每万人拥有医生23人、中级护理人员58人。吉尔吉斯斯坦的人均寿命为70.2岁，其中男性平均寿命为66.3岁，女性为74.3岁。

传播媒介

【报刊】 主要有《吉尔吉斯斯坦言论报》《比什凯克晚报》《吉尔吉斯旗帜报》《楚河消息报》《比什凯克晨报》《法制报》《共和国报》《阿萨巴报》等。

【通讯社】 主要通讯社是卡巴尔国家通讯社，创建于1937年。私营通讯社有Akipress通讯社、24小时通讯社和吉尔吉斯新闻通讯社等。

【广播电台】 主要广播电台有吉尔吉斯斯坦国家广播电台，1931年建台，用7种语言（吉尔吉斯斯坦语、俄语、英语、东干语、德语、乌兹别克语和维吾尔语）广播，每天播音时间为18小时。

【电视台】 主要电视台为吉尔吉斯斯坦国家电视台，节目用吉尔吉斯斯坦语、俄语和英语播出，每天播出时间为18小时。此外，还有HTC、金字塔、第五频道等几家私营电视台。

传统节日

传统节日有元旦（1月1日）、国际劳动妇女节（3月8日）、人民革命日（3月24日）、国际劳动节（5月1日）、国家宪法日（5月5日）、反法西斯战争胜利日（5月9日）、建军节（5月29日）、独立日（8月31日）、十月革命节（11月7日）。

主要宗教节日有纳乌鲁斯节（穆斯林春节，每年公历3月21日）、开斋节、古尔邦节（也称宰牲节），以及东正教的圣诞节和复活节等。

工作日为每周5天，周六、周日休息。

参考文献

[1]　商务部. 对外投资合作国别(地区)指南——吉尔吉斯斯坦[Z]. 2016.

[2]　须同凯. 新丝绸之路[M]. 北京：中国物资出版社, 2001.

[3]　邢广程. 中国和新独立的中亚国家的关系[M]. 哈尔滨：黑龙江教育出版社, 1996.

[4]　郝文明. 中国周边国家民族状况与政策[M]. 北京：民族出版社, 2000.

[5]　中国出口信用保险公司. 国家风险分析报告[M]. 北京：中国金融出版社, 2016.

[6]　http://kg.mofcom.gov.cn/.

[7]　http://www.nbkr.kg/.

[8]　http://www.baidu.com/.

执笔人简介

　　付华蓉，现就职于中国人民银行营口市中心支行外汇管理科，硕士研究生，经济师。先后从事经常项目外汇管理、国际收支外汇检查等工作。多次承担、参与人民银行、外汇管理部门重点课题及重要业务工作。曾获得国家外汇管理局"国际收支统计之星先进个人"表彰，主笔的调研课题《中国新疆与中亚五国经济贸易发展情况研究》《外汇储备管理模式创新研究》《推进新疆与周边国家跨境人民币业务发展的思考》等10篇文章在《金融发展评论》《俄罗斯中亚东欧市场》等刊物上发表。

柬埔寨

执笔人：姚树华

1. 经济金融

1.1 宏观经济

2015年，柬埔寨继续保持稳定的政治、经济环境，积极融入区域、次区域合作，重点参与区域连通计划的软硬设施建设，加大吸引投资特别是私人领域参与国家建设，"四驾马车"（农业、以纺织和建筑为主导的工业、旅游业和外国直接投资）拉动经济稳步前行。2011—2015年柬埔寨宏观经济数据详见表1。

表1　2011—2015 年柬埔寨宏观经济数据

年份 项目	GDP 总额（亿美元）	GDP 增长率（%）	人均 GDP（美元）
2011	129.4	6.9	909
2012	140.4	8.5	987
2013	151.9	8.2	1036
2014	162.7	7.1	1122
2015	185.1	13.7	1228

资料来源：柬埔寨财政部。

（经济增长率）　近年来，柬埔寨经济以年均7%以上的速度快速发展。2015

年全年柬埔寨GDP约合185.1亿美元，同比增长13.7%，人均GDP增至1228美元。

(外汇储备)　截至2015年末，柬埔寨外汇储备49.3亿美元。

(财政收支)　2015年，柬埔寨财政预算执行收入约29.2亿美元，同比增长12.1%，占GDP的15.8%；预算执行支出约38.8亿美元，同比增长10.8%。

(通货膨胀率)　2015年，柬埔寨年均通货膨胀率为3%。

1.2　产业结构

据柬埔寨财经部统计，2015年，柬埔寨农业占GDP的比重为29%，工业占26.2%，服务业占39.4%。

1.3　支柱产业

柬埔寨经济产业可简略地划分为三类：农业、工业（主要是制衣和制鞋业与建筑业，这两类产业是柬埔寨工业的两大支柱）、服务业（主要是旅游业）。

(农业)　农业是柬埔寨国民经济的第一大支柱，具有举足轻重的地位。尽管存在基础设施和技术落后、资金和人才匮乏、土地私有制问题等制约因素，但柬埔寨农业资源丰富，自然条件优越，劳动力充足，市场潜力较大，农业经济效益良好。此外，柬埔寨历届政府都高度重视农业发展，将农业列为优先发展的领域，竭力改善农业生产及其投资环境，充分挖掘潜力，发挥优势，开拓市场。柬埔寨农业发展前景广阔。2015年，柬埔寨全国水稻种植面积305公顷，稻谷总产量933.5万吨，同比增长0.12%；农产品出口415.7万吨，其中大米出口54.5万吨。

(制衣和制鞋业)　2012年，柬埔寨充分利用欧盟给予的新普惠制和美国、欧盟、日本等28个国家（地区）给予的最惠国待遇等优惠政策，凭借本国劳工成本低廉的优势，积极吸引外资投入制衣和制鞋业。

2015年，柬埔寨制衣和制鞋业产品出口达71.7亿美元，同比增长18%，占全年出口总额的79.8%。截至2015年末，柬埔寨全国约有1007家制衣厂和制鞋厂，创造了约75万个就业岗位。制衣和制鞋业既是柬埔寨的支柱产业，也是柬埔寨劳动力就业的主要行业。

(建筑业)　柬埔寨建筑业快速回升。2015年，柬埔寨建筑业投资额约为33.4亿美元，同比增长33.1%；建筑面积约为760万平方米，同比增长19%。项目主要包括住宅、工厂、商业大楼、酒店和赌场等。

(旅游业)　柬埔寨是旅游资源丰富的国家。首都金边有塔仔山、王宫等名胜古迹，北部暹粒省吴哥王朝遗址群的吴哥窟是世界七大奇观之一，西南部的西哈努克港是著名的海滨休闲胜地。连年战乱的结束和国内政局的逐渐稳定，使柬埔寨旅游业得到了恢复并较快发展。

2015年，柬埔寨共接待外国游客约477万人次，同比增长6.1%。前三大外国游客来源国分别为越南（98.8万人次）、中国（69.5万人次）、老挝（40.5万人次）。2015年，柬埔寨旅游收入超过30亿美元，约占GDP的16.3%。

1.4 对外贸易

（贸易总量） 柬埔寨自成为东盟成员国和加入世贸组织后，经济发展较快，进出口贸易连年增长。2015年全年对外贸易总额约为205.3亿美元，同比增长12.6%。其中，出口89.9亿美元，同比增长16.7%；进口115.4亿美元，同比增长10.6%；贸易赤字25.5亿美元，同比下降6.9%。2011—2015年柬埔寨贸易情况统计详见表2。

表2 2011—2015年柬埔寨贸易情况统计

单位：亿美元

项目＼年份	2011	2012	2013	2014	2015
进出口总额	114.7	136.3	158.8	181.35	205.34
出口	48.7	54.9	69	76.96	89.9
进口	66	81.4	90	104.39	115.44
进出口差额	−17.3	−26.5	−21	−27.43	−25.54

资料来源：柬埔寨海关。

（主要贸易伙伴） 据柬埔寨商业部统计，柬埔寨主要出口市场为美国、英国、德国、日本、加拿大等，主要进口来源地为中国、泰国、日本等。

（贸易结构） 柬埔寨工业产业结构近年来无明显变化和改进。2015年，主要出口商品是服装、鞋类、大米、橡胶和木薯等，其中出口服装和鞋类71.7亿美元，占全国出口总额的79.8%，水产、橡胶及木制品也有少量出口。

2015年，柬埔寨主要进口商品为成衣原辅料、建材、汽车、燃油、机械、食品、饮料、化妆品等。

1.5 货币政策

1993年，柬埔寨政府通过并实施《外汇法》，规定汇率由市场调节。近年来，汇率基本稳定在4000瑞尔兑1美元。美元可以在柬埔寨市场流通，近年来也是柬埔寨社会的主要流通外币，流通量占市场货币流通总量的85%以上。

目前人民币在柬埔寨不能自由流通，中资企业不能使用人民币在柬埔寨开展跨境贸易和投资合作。人民币与瑞尔不可直接兑换，与瑞尔进行结算需以美元搭桥。

1.6 外汇管理

柬埔寨《外汇法》允许居民自由持有外汇。通过授权银行进行的外汇业务不受管制，但单笔转账金额在1万美元（含）以上的，授权银行应向国家银行报告。

1.7 金融

（银 行） 柬埔寨银行体系由国家银行和商业银行构成。

国家银行的主要职能是：建立金融体系的法律框架，维持稳定的价格体系，为制定金融政策提供依据，增加国家资本，承担政府间的财务清算和管理本国货币，管理外汇储备，监督和调控商业银行、专门金融机构等依法运营。

截至2014年末，柬埔寨共有商业银行36家、专业银行9家、小额存贷款机构37家。加华银行、外贸银行等五大商业银行集中了全国商业银行总资产的60%、储蓄存款的70%和贷款的70%。

柬埔寨商业银行业务范围相对较窄，尽管能够提供海外资本划拨、信用证开立及外汇服务，但是提供不动产抵押、贷款等服务仍很困难，且借款期限较短，利率较高。

柬埔寨政府实施的宽松外汇政策，使外资商业银行获得了较快的发展。中国银行、中国工商银行都已在柬埔寨设立分行。

中国银行金边分行联系方式：00855-23-988886

中国工商银行金边分行联系方式：00855-23-955888

（证 券） 2011年7月11日，柬埔寨证券交易所在金边成立，这是柬埔寨历史上首家证券交易所。柬埔寨证券交易所由柬埔寨政府与韩国证券公司合作成立，其中柬埔寨持股55%，韩国持股45%。2012年4月18日，柬埔寨证券交易所正式开业，金边水务局股票成为第一只上市交易的股票，首日涨幅达47.6%，换手率6.76%。2014年5月，崑洲股份有限公司成为柬埔寨第二家上市公司。

（保 险） 2013年柬埔寨成立了第一家人寿保险公司，截至2014年末，柬埔寨境内共有6家保险公司、3家人寿保险公司和2家小额保险公司。柬埔寨保险业被视为最瞩目的领域之一。2015年前9个月，柬埔寨保险业注册的首年度保费收入为1104万美元，同比增长226%。

1.8 中柬经贸

（双方贸易） 近年来，中柬双边贸易呈持续增长态势。据中国海关统计，2015年，中柬双边贸易额为44.3亿美元，同比增长18%。其中，中国对柬埔寨出口37.7亿美元，同比增长15%；自柬埔寨进口6.7亿美元，同比增长38.1%。

（承包劳务） 据中国商务部统计，2015年中国企业在柬埔寨新签承包工程合同93份，新签合同额金额约14.2亿美元，完成营业额12.1亿美元；当年派出各类劳务人员4546人，年末在柬埔寨劳务人员7884人。

中国企业在柬埔寨实施的承包工程涉及柬埔寨社会各领域，对柬埔寨经济建设和发展起到了积极的推动和促进作用。截至2014年末，以BOT方式参与柬埔寨水电站项目建设取得积极进展，累计合同金额达27.2亿美元。

（双方投资） 目前，柬埔寨企业基本没有对华投资。据中国商务部统计，2015年当年中国对柬埔寨直接投资流量为4.2亿美元。截至2015年末，中国对柬埔寨直接投资存量为36.7亿美元。投资产业主要分布在水电站、电网、通信、服务业、纺织业、农业、烟草、医药、能源矿产、境外合作区等。

（双方协议） 中柬两国自1958年7月建交以来，双边经贸关系持续发展，尤其是1993年柬埔寨王国政府成立后，两国经贸合作关系得到全面恢复和发展。1996年7月，两国政府签署了《贸易协定》和《投资保护协定》。2010年1月1日，中国—东盟自贸区的全面建成，进一步为中柬经贸合作开辟了更加宽广和畅通的渠道，提供了更多的机会。中国于2010年1月1日率先对柬埔寨绝大部分产品实现零关税，柬埔寨2011年实行降税，并于2013年、2015年进一步实施降税安排。

2. 经济环境

2.1 国内市场

（销售总额） 柬埔寨暂无销售总额的统计数据。

（物价水平） 2014年，柬埔寨国内消费市场价格温和上涨，全年通货膨胀率为3.9%。

（生活支出） 2015年，柬埔寨国内总储蓄占GDP的比重约为15.6%，人均居民最终消费支出约为807美元。

2.2 基础设施

公 路　公路运输是柬埔寨最主要的运输方式，占客运运输总量的65%，占货运运输总量的69%。截至2015年末，柬埔寨路网总长度约为5.2万公里，包括国道5600公里、省级公路6600公里、农村公路4万公里。国道主要是以首都金边为中心的八条公路，基本达到中国三级公路标准，沥青路面铺设。

铁 路　柬埔寨仅有南北两条铁路线，总长649公里，均为单线米轨。北线从金边至西北部城市诗梳风，全长385公里，建于1931年；南线从金边至西哈努克港，全长264公里，建于1960年。

由于持续几十年的战乱破坏和缺乏维护，柬埔寨的铁路长期处于年久失修的状态。2009年，柬埔寨政府停止所有铁路客运和货运，开始复建工作。2010年起，柬埔寨政府利用亚洲开发银行的低息贷款和澳大利亚政府提供的无偿援助，开始修复现有两条铁路并新建一条48公里的铁路，总耗资1.4亿美元。其中，南线已于2016年4月30日恢复客运。柬埔寨计划完成6.5公里长的跨境铁路建设工作，该铁路将连接柬埔寨的波贝与泰国的亚兰。

空 运　柬埔寨有11个机场，包括金边和暹粒两个国际机场，空运主要为客运。主要航空公司有暹粒航空公司、吴哥航空公司。由于柬埔寨政府执行航空开放政策，近年来，开通柬埔寨航线的航空公司数量稳步增长。金边机场现有运营至马来西亚、新加坡、泰国、越南、中国、中国香港、中国台湾、韩国等8个国家（地区）的航线。2015年，柬埔寨航空客运量11.4万人次，货运量约230万吨/公里。

2016年6月，柬埔寨国会通过了《中国—东盟航空运输协议》，其中批准了第五航权，旨在吸引更多国际航空公司在柬埔寨机场途中经停，上下旅客和装卸货物，吸引更多游客来柬埔寨旅游，对柬埔寨民航事业发展具有重要的意义，使柬埔寨同各国和地区更好地实现互联互通。

中国至柬埔寨的主要航线包括北京—广州—金边、昆明—南宁—金边、中国香港—金边、上海—金边、台北—金边、济南—重庆—金边/暹粒、上海—昆明—暹粒。

水 运　柬埔寨水运分为海运与河运。西哈努克港是柬埔寨唯一的深水海港，也是柬埔寨最大的海港，有两个泊位，码头长度分别为240米和160米，前沿水深9米，主要进口商品有原料、车辆、药品和日用品，主要出口商品有服装、农产品（特别是大米）。该港海运线路可抵达美国、欧盟、中国、中国香港、印度尼西亚、日本、马来西亚、菲律宾、新加坡、韩国、泰国、越南等国家和地区。

柬埔寨内陆水系主要包括湄公河、洞底萨河和巴萨河，雨季总长度约为1750公里，旱季缩减为580公里。全国有7个主要河运港口，包括金边港、磅湛码头、桔井码头、上汀码头、奈良码头、磅清扬码头和重涅码头。

（通　信）　柬埔寨邮电通信部是柬埔寨电信行业决策和管理部门。全国共有非移动电话公司8家、国际通信服务运营商3家、移动服务运营商7家。柬埔寨共有2条国际电话端口，国际电话服务费用占邮电通信部收入的85%左右，是政府主要收入来源之一。在大湄公河流域次区域电讯发展计划框架下及外来投资的推动下，柬埔寨正在加快落实和实施光缆发展计划，该项目完成后，光缆及相应配套设施将覆盖全国，届时将大幅改善通信条件和质量，降低通信成本。

（电　力）　柬埔寨工业矿产能源部数据显示，2015年，柬埔寨全国电力供应53.51亿度，同比增长9.8%。其中，国内发电44.09亿度，同比增长50.94%；水电21.56亿度，全为中国BOT投资水电站项目所发，同比增长22.5%；从泰国、越南、老挝引进9.42亿度，同比降低51.7%。在柬埔寨大部分城市和农村地区，电力供应质量仍不稳定，无法保证24小时供电。供电价格较高，电价为0.15～0.2美元/千瓦时。

2.3　商务成本

（水、电、气价格）　柬埔寨水电资源丰富，但开发不足，加上配套基础设施落后，导致水电供应短缺，水、电、气成本较高。2014年，电价平均为0.20美元/千瓦，自来水平均价格为0.19美元/立方米，煤气平均价格为20美元/15公斤装每桶。

（劳动力供求及工薪）　柬埔寨人口年轻化特点明显，10～35岁的人口超过总人口的一半。劳动力资源比较充沛，约有750万人。劳动力就业最大领域为农业、制衣和制鞋业、服务业。政府为创造更多就业机会，还向马来西亚、韩国等其他国家劳工市场输出劳工。2015年1月，柬埔寨政府通过法令，将最低工资标准由月薪100美元提高至128美元。世界银行相关报告显示，金边市薪资水平如下：高级经理1000～1500美元、中级经理500～1000美元、初级经理300～450美元、会计人员300～450美元、办公室职员150～250美元。

（土地及房屋价格）　2014年柬埔寨金边市商业用地地价为2000～6000美元/平方米，西哈努克市商业用地地价为350～1200美元/平方米。金边办公用房平均月租金为黄金地段9～11美元/平方米、普通地段6～8美元/平方米。近年来，柬埔寨建材价格普遍有所上涨。

2.4　风险评估

（社会安全）　柬埔寨国家政局稳定，民族矛盾和宗教冲突较少，近年来风险防范能力明显增强。

（经济风险）　柬埔寨市场高度开放，基本没有外汇管制，几乎所有领域都向外资敞开大门，投资政策相对宽松，土地、劳动力成本较低，近年来经济保持平均7%以上的高速增长，增速居全球第六位。柬埔寨经济刚刚起步，基础设施建设、农产品加工、矿业开发、工业体系建设、旅游综合开发等领域的市场机遇很多。

3. 政策规定

3.1 投资方面

〔投资主管部门〕 柬埔寨发展理事会是负责重建、发展和投资监管事务的机构，由柬埔寨重建和发展委员会、柬埔寨投资委员会组成。该机构负责对全部重建、发展工作和投资项目活动进行评估决策，批准投资人注册申请的合格投资项目，并颁发最终注册证书。

下列投资项目需提交内阁办公厅批准：（1）投资额超过5000万美元；（2）涉及政治敏感问题；（3）矿产及自然资源的勘探与开发；（4）可能对环境产生不利影响；（5）基础设施项目，包括BOT、BOOT、BOO和BLT项目；（6）长期开发战略。

〔投资规定〕 柬埔寨政府视外国直接投资为经济发展的主要动力。柬埔寨无专门的外商投资法，对外资与内资基本给予同等待遇，其政策主要体现在《投资法》及其修正法等相关法律规定中。

〔投资行业的规定〕 《投资法》第12条规定，柬埔寨政府鼓励投资的重点领域包括创新和高科技产业、旅游业、农业及加工业等。投资优惠包括免征全部或部分关税和税赋。

《投资法修正法实施细则》列出了禁止柬埔寨和外籍实体从事的投资活动，包括神经及麻醉物质生产及加工，使用国际规则或世界卫生组织禁止使用、影响公众健康及环境的化学物质生产有毒化学品、农药、杀虫剂及其他产品，使用外国进口废料加工发电，森林法禁止的森林开发业务，法律禁止的其他投资活动。此外，该细则还列出了"不享受投资优惠的投资活动"和"可享受免缴关税，但不享受免缴利润税的特定投资活动"。

《投资法》对土地所有权和使用作出规定：（1）用于投资活动的土地，其所有权须由柬埔寨籍自然人，或柬埔寨籍自然人或法人直接持有51%以上股份的法人所有。（2）允许投资人以特许、无限期长期租赁和可续期短期租赁等方式使用土地。投资人有权拥有地上不动产和私人财产，并以之作为抵押品。

3.2 贸易方面

贸易主管部门 柬埔寨商业部为柬埔寨贸易主管部门。

贸易法规体系 柬埔寨与贸易相关的法律法规主要包括《进出口商品关税管理法》《关于制衣行业原产地证书、商业发票、出口许可证核发的规定》《关于商业公司贸易行为的规定》《关于实施装运前检验服务的规定》《加入世界贸易组织法》《关于风险管理的次法令》《关于成立海关与税收署风险管理办公室的规定》等。

贸易管理相关规定 柬埔寨商业部负责出口审批和免税进口核准手续。在多数情况下，进口货物无须许可证，但部分产品需要获得相关政府部门特别出口授权或许可后方可出口。

禁止或严格限制出口的产品包括文物、麻醉品和有毒物质、原木、贵重金属和宝石、武器等。2013年初，柬埔寨政府明令禁止红木的贸易与流通。半成品或成品木材制品、橡胶、生皮或熟皮、鱼类（生鲜、冷冻或切片）及动物活体出口需缴纳10%的出口税。

3.3 税收方面

税收体系和制度 柬埔寨实行全国统一的税收制度，并采取属地税制。1997年颁布的《税法》和2003年颁布的《税法修正法》为柬埔寨税收制度提供了法律依据。

主要税赋和税率 现行税赋体系包括的主要税种是利润税、最低税、预扣税、工资税、增值税、财产转移税、土地闲置税、专利税、进口税、出口税、特种税等。

柬埔寨对私人投资企业征收的主要税种和税率分别是利润税9%、增值税10%、营业税2%。

（1）利润税。利润税应税对象是居民纳税人来源于柬埔寨或国外的收入，及非居民纳税人来源于柬埔寨的收入。税额按照纳税人公司类型、业务类型、营业水平而确定使用实际税制、简化税制或预估税制计算，一般税率为20%，自然资源和油气资源类税率为30%。

（2）最低税。最低税是与利润税不同的独立税种，采用实际税制的纳税人应缴纳最低税，合格投资项目除外。最低税税率为年营业额的1%，包含除增值税外的全部税赋应于年度利润清算时缴纳。利润税达到年度营业额1%以上的，纳税人仅缴纳利润税。

（3）预扣税。居民纳税人以现金或实物方式支付居民的，按适用于未预扣税前支付金额的一定税率预扣，并缴纳税款。税率有15%、10%、6%和4%四种。从业居民纳税人向非居民纳税人支付利息、专利费、租金、提供管理或服务的报酬、红利等款项的，应按支付金额的14%预扣并缴纳税款。

（4）工资税。工资税是对履行工作职责获得工资按月征收的税赋。柬埔寨居民源于境内及境外的工资，及非居民源于柬埔寨境内的工资应缴纳工资税，由雇主预扣。

（5）增值税。增值税按照应税供应品应税价值的10%税率征收。应税供应品包括柬埔寨纳税人提供的商品或服务、纳税人划拨自用品、以低于成本价格赠与或提供的商品或服务、进口至柬埔寨的商品。对于出口至柬埔寨境外的货物，或在柬埔寨境外提供的服务，不征收增值税。

3.4　劳动就业方面

1997年颁布的《劳工法》是柬埔寨劳动就业的主要法律法规。该法规反映出柬埔寨政府劳工政策的原则思路：积极实施技术人才本地化战略，解决国内劳动力过剩的问题，努力寻找国外就业机会。严格控制外籍劳工输入，只有柬埔寨缺乏的技术、管理人才，才能获准在柬埔寨工作。

劳工与雇主通过劳动合同建立工作关系。劳动合同受普通法管辖，以书面或口头形式订立。雇主签订或续签雇佣合同时，不得要求缴纳抵押金或任何形式的保证金。工作合同分为试用（一般雇员不得超过3个月，专业工人不得超过2个月，非专业工人不得超过1个月）、定期（不得超过2年，可一次或多次续签，续签期限也不得超过2年）和不定期三种。

固定期限劳动合同通常在指定截止日终止，但经双方达成协议，也可提前终止合同。该协议需以书面形式订立，劳动监察员在场见证，由合同双方签署。合同双方未达成协议的，除非因严重不当行为或不可抗力，不得提前终止。合同一方因上述以外原因提前终止合同的，另一方有权获得至少与其合同终止日期应得报酬或遭受损失相当的赔偿金。合同一方拟不予续签时，应提前通知另一方（合同期限超过6个月的，提前10大；合同期限超过1年的，提前15天），未提前通知的，合同应按其原始合同相等期限予以延期。

3.5　环境保护方面

环保管理部门　柬埔寨环境保护主管部门是环境保护部。

主要环保法律法规　柬埔寨国民议会于1996年11月18日通过了柬埔寨第一

部《环境保护法》。环境保护部与柬埔寨其他有关部门制定了一系列环保规章，对柬埔寨领空、领水、领地内或地表上进口、生成、运输、再生、处理、储存、处置、排放的污染物、废物和有毒有害物质的来源、类型和数量，噪声、震动的来源、类型和影响范围都进行了明确规定。

(环保法律法规基本要点)　根据柬埔寨《环境保护法》，任何私人或公共项目均需要进行环境影响评估；在项目提交柬埔寨王国政府审定前，由环境保护部予以检查评估；未经环境影响评估的现有项目及待办项目均需进行评估。环境保护部与有关部门有权要求任何工厂、污染源、工业区或自然资源开发项目所在区域的所有人或负责人安装或使用监测设备，提供样品，编制档案，并提交记录及报告供审核。环境保护部应依据公众建议，提供其相关信息，并鼓励公众参与环境保护和自然资源管理。企业不得拒绝或阻止检查人员进入有关场所进行检查，否则将处以罚款，有关责任人还可能被处以监禁。

3.6　承包工程方面

(许可制度)　柬埔寨对外国公司承包当地工程无特殊限制，具有一定资质的外国承包公司均可承包当地工程。

(禁止领域)　柬埔寨对外国公司承包当地工程无禁止领域的规定。

(招标方式)　一般采用公开招标，小型项目也采用议标的方式。

3.7　知识产权方面

柬埔寨已于1995年成为世界知识产权组织成员，并于1999年加入《巴黎公约》。进入21世纪以来，柬埔寨政府已通过一系列保护知识产权的法律法规，取得长足进步。法律法规包括《商标、商号与反不正当竞争法》（2002）、《版权与相关权利法》（2003）、《专利、实用新型与工业设计法》（2003）、《育种者权利和植物品种保护法》（2008）。

3.8　优惠政策

(优惠政策框架)　柬埔寨政府给予外资与内资基本同等的待遇，《投资法》及其修正法为外国投资提供了保障和相对优惠的税收、土地租赁政策。此外，外国投资同样可享受美国、欧洲、日本等28个国家（地区）给予柬埔寨的普惠制待遇。

柬埔寨政府对投资者提供的投资保障包括：（1）对外资与内资基本给予同等待遇，所有的投资者，不分国籍和种族，在法律面前一律平等；（2）柬埔寨政府不实行损害投资者财产的国有化政策；（3）已获批准的投资项目，柬埔寨政府不对其产品价格和服务价格进行管制；（4）不实行外汇管制，允许投资者从银行系统购买外汇转往国外，用于清算其与投资活动有关的财政债务。

经柬埔寨发展理事会批准的合格投资项目可取得的投资优惠包括：（1）免征投资生产企业的生产设备、建筑材料、零配件和原材料等的进口关税；（2）企业投资后可享受3～8年的免税期（经济特区最长可达9年），免税期后按税法缴纳税率为9%的利润税；（3）利润用于再投资免征利润税，分配红利不征税；（4）产品出口，免征出口税。

行业鼓励政策 柬埔寨行业鼓励政策主要体现在农业和旅游业两个方面。

地区鼓励政策 2005年12月，《关于特别经济区设立和管理的148号次法令》颁布，特别经济区体制在柬埔寨开始施行。柬埔寨发展理事会下设的柬埔寨特别经济区委员会是负责特别经济区开发、管理和监督的一站式服务机构，特别经济区管委会是在特别经济区现场执行一站式服务机制的国家行政管理单位，由柬埔寨特别经济区委员会设立，并在各特别经济区常驻。2008年末，斯登豪、曼哈顿、柴柴、欧宁、金边和西哈努克6个特别经济区已获政府正式批准，另有5家已取得特别经济区委员会许可。

特别经济区次法令规定特别经济区委员会应向全部特别经济区提供优惠政策；《投资法》修正法规定，位于特别经济区的合格投资项目有权享受与其他合格投资项目相同的法定优惠政策和待遇。

迄今为止，柬埔寨政府正式批准25个经济特区，获批的经济特区主要分布在国公省、西哈努克省、柴帧省、卜迭棉芷省、茶胶省、干拉省、贡布省、磅湛省和金边市。其中，西哈努克省经济特区数量最多，包括中国江苏红豆集团与柬埔寨国际投资开发集团合资建立的西哈努克港经济特区。

西哈努克港经济特区是中国商务部首批中标的境外经贸合作区之一，也是首批获商务部、财政部验收确认的6个境外合作区之一，该合作区在中柬两国政府首脑的直接关注以及各级政府领导的关心支持下，建设进展顺利，目前已吸引服装、摩托车等类入区企业80余家。

据柬埔寨发展理事会统计，2014年，柬埔寨各类经济特区共吸引外资项目47个，吸纳就业2.15万人，吸引投资20亿美元。在柬埔寨经济特区投资，可享受税收、设备和原材料进口、产品出口等方面的优惠政策。近年来，柬埔寨经济特区吸引外资呈增长趋势。在柬埔寨经济特区投资的外商主要来自日本、中国、中国台湾、马来西亚和新加坡，行业涉及服装、制鞋、电子、农产品加工等。

4. 办事手续及流程

4.1 注册企业

（受理机构） 企业设立前应在柬埔寨商业部商业注册局或商业部指定的工商登记处进行注册。在柬埔寨设立分支机构或代表处的企业也应到商业部商业注册局注册。在柬埔寨从事投资的企业或个人如需获得投资优惠，还应首先向柬埔寨发展委员会提交投资申请，获得有条件注册证书后再进行注册。

（注册申请） 企业的一位董事或股东应亲自前往主管部门填写注册登记表，提出申请。柬埔寨商业注册局可为注册者提供公司章程蓝本。注册应提交的文件包括注册登记申请表、公司章程、文件属实证明、在指定刊物上发布广告的申请、全部董事或股东的身份证或护照复印件和照片、董事无犯罪记录证明、股权分配决定（如有自然人参与）、办公地点以及商业部要求的其他文件。

（注册审批） 主管部门受理注册申请后，将颁发标有注册号的注册证书。该证书自颁发之日起1个月内为临时证书，在此期间，登记员发现申报材料有误的，可提出异议并吊销注册号。注册审批时间视情况而定，一般为1周。注册费用视公司的形式和规模而定。

（注册时效） 注册证书从注册之日起有效期为3年。企业应在注册证书到期前30天再次申请换发新的证书。若企业延误申请新的证书，则将被视为违法，其原有证书作废，企业必须重新申请注册并缴纳有关费用。

（开立银行账户） 注册的公司应在柬埔寨境内银行开立1个或以上银行账户。

4.2 承揽工程

（获取信息） 国家项目由各主管部门发布信息，各省及主要城市发布本地区的项目信息。此外，各主要报刊也定期发布招标信息。

（招标方式） 柬埔寨国家投资项目或国际组织贷款和援助项目，一律用招标方式。

4.3 申请专利

柬埔寨《专利、实用新型与工业设计法》规定工业矿产能源部为申请专利、注册实用新型和工业设计的主管部门，发明人应向其提交申请并缴纳相关费用。

为管理专利和专利申请，专利权所有人每年需提前向专利登记处缴纳年费。专利登记处授予或驳回专利申请之前，专利申请人可转为申请实用新型证书。

专利登记处授予或驳回实用新型证书申请之前，专利申请人可转为申请专利。工业设计注册有效期为5年。注册后可连续延期两次，每次5年。

4.4　注册商标

柬埔寨商业部知识产权局是负责商标事务的主管部门，企业申请商标需向知识产权局提交申请。企业申请商标需提交以下文件：注册申请书、由公证人律师认证的授权书、15份商标范本。商标权的期限为10年，期满可以延续，每次10年，同时每5年应向知识产权局报告使用情况，否则商标将被取消。

柬埔寨是世界知识产权组织成员，并于1999年加入《巴黎公约》。申请人的申请材料能够证明其已在《巴黎公约》某一成员国提交该商标全境或区域注册申请的，可取得商标注册的优先权。

4.5　纳税申报

（报税时间）　企业完成商业注册后，需在1个月之内到财经部税务司进行税务登记。税务登记后，企业按月报税，于每月15日前将税务月报表呈交税务局，并按额缴税。每年初呈交上一年度税务年报表。

（报税渠道）　企业可自行或通过会计师事务所、律师事务所等中介进行报税。

（报税资料）　每月提供税务月报表（企业注册资本、当月营业额、当月利润），每年年初提供上一年度税务年报表（企业注册资本、年营业额、年利润）。

4.6　工作签证

（主管部门）　柬埔寨劳工部负责外国人工作许可管理。

（工作许可制度）　外国劳工必须持有劳工部颁发的工作许可证，该工作许可证的有效期为1年，可以延期，但延期不得超过居留许可证确定的期限。外国人的工作合同期限每次不超过2年。工作合同可以用外文，但应附有一份柬埔寨文合同。工作合同应明确规定符合劳动法的主要雇佣条件。外国人在合同工作期满后要在柬埔寨继续工作的，应重新报批。

（申请程序）　根据劳工法的规定，需要雇用外国专业技术和管理人员的企业，必须在每年11月底前向劳工部申请下一年度雇用外籍劳工的指标，每个企业所雇用的外籍劳工不得超过企业职工总数的10%。未申请年度用工指标的，将不被允许雇用外籍劳工。

［所需资料］ 申请工作许可证需提供如下材料：（1）雇主预先获得在柬埔寨工作的合法就业证；（2）雇主的聘用证书；（3）有效护照；（4）有效签证；（5）健康证明。

4.7 能为中国企业提供帮助的机构

［中国驻柬埔寨大使馆经济商务参赞处］

地址：No.432C, Monivong Blvd., Phnom Penh

电话：00855-23720598（工程承包、劳务），23721649（培训），23720149（投资贸易），23721437（援外）

网址：cb.mofcom.gov.cn

［柬埔寨驻中国大使馆］

（1）柬埔寨驻中国大使馆

地址：北京市东直门外大街9号

电话：010-65321889

（2）柬埔寨驻广州总领事馆

地址：广东省广州市环市东路368号花园大厦

电话：020-83338999-804

（3）柬埔寨驻上海总领事馆

地址：上海市汉口路400号华盛大厦902室

电话：021-63619646

（4）柬埔寨驻南宁总领事馆

地址：广西壮族自治区南宁市民族大道85号南丰大厦2楼

电话：0771-5889892，5889893

（5）柬埔寨驻昆明总领事馆

地址：云南省昆明市新迎路172号官房大酒店4楼

电话：0871-3317320

（6）柬埔寨驻重庆总领事馆

地址：重庆市江北区洋河路9号A栋1902

电话：023-89116415

5．中国企业应注意的事项

5.1　投资方面

一是要准确把握柬埔寨投资政策和法规。企业开展投资活动，首先要做到知法、依法。要全面掌握柬埔寨投资相关的法律法规，准确把握政府在投资保障、投资优惠和限制、外汇、土地使用、商业组织形式等方面的政策。

二是要客观分析对柬埔寨投资的比较优势。

在柬埔寨投资的主要优势包括：（1）柬埔寨实行开放的自由市场经济政策，经济活动高度自由化；（2）政府是推动外国直接投资的主要动力，投资相关的法律法规以鼓励外国投资为基本思路，外资基本享受与内资相同的待遇；（3）柬埔寨具有丰富的自然资源，在矿产、水利、农产品、渔业等方面资源较为丰富，这些将为企业提供较多的投资机会。

在柬埔寨投资的主要不利因素包括：（1）水、电、交通、通信等基础设施条件较为落后，相关成本费用高；（2）与周边的越南、孟加拉国等纺织服装竞争对手相比，工人的工资水平较高。

5.2　贸易方面

在柬埔寨经商不受国籍限制，但中方企业和人员必须熟悉并适应当地的特殊贸易环境，采取有效措施拓展业务。

主要特点　柬埔寨工业生产以两头在外的制衣业为主，因而其进出口贸易带有如下鲜明特点：

（1）工业制成品和服装加工原料几乎全靠进口，出口产品绝大部分为服装。

（2）外商投资的服装加工企业是外贸增长的主要力量，近年来柬埔寨服装出口占出口总额的比重一直维持在95%以上。

（3）主要出口市场为欧美，主要进口来源地为东盟和东亚国家，近年来自东盟国家进口增长迅速。

优　势

（1）柬埔寨于1999年加入东盟，在共同有效优惠关税体制下东盟成员国将按步骤实现关税减让目标。2002年11月，中国和东盟签署《中国—东盟全面经济合作框架协议》，2010年初全面建成中国—东盟自由贸易区，并制订柬埔寨、老挝、缅甸三国"早期收获"减免税计划，其中，给予柬埔寨418种商品（主要是农林牧渔产品）进口零关税的优惠待遇。此外，东盟与印度、韩国、日本、澳新的自贸区建设也在进行中。东盟经济一体化进程和自由贸易区建设，将在很大程度上推动柬埔寨经济和对外贸易的发展。

（2）美国、欧盟、日本等28个国家（地区）均给予柬埔寨普惠制待遇。对于自柬埔寨进口的纺织服装产品，美国给予较宽松的配额并减免征收进口关税，欧盟不设限，加拿大给予免征进口关税等优惠措施。

制约因素

（1）柬埔寨贸易结构单一，以出口成衣为主并集中于欧美市场，易受国际经济环境特别是欧美经济形势变化的影响。一方面，国际金融危机导致欧美经济衰退，进口减少，影响柬埔寨成衣出口；另一方面，世界粮油价格的上涨导致成衣企业成本大幅增加，盈利减少。

（2）柬埔寨成衣出口仍可享受优惠待遇，但今后将面临日趋平等的待遇和自由竞争的挑战。越南等周边国家的劳动力成本和专业技术与柬埔寨相比具有明显的竞争优势。撒哈拉以南非洲国家纺织品服装出口享受到美国免配额、免关税待遇后，出口增长迅速。

（3）柬埔寨制衣业已趋近饱和状态，该行业越来越难以吸引新的投资，导致近年来外商投资制衣业的项目和金额逐年减少。

5.3 承包工程方面

一是抓住市场机遇。大力发展基础设施建设成为柬埔寨政府的重要经济目标之一。世界银行和亚洲开发银行每年向柬埔寨提供近亿美元的优惠贷款，主要涉及技术支持、电力、供排水、道路和机场等基础设施建设，卫生、农业、减贫和教育等领域。中国企业应该抓住柬埔寨基础设施建设的机遇，大力开拓柬埔寨工程市场。

二是选好承包方式。考虑到柬埔寨政府急需大量资金建设基础设施项目，以适应国际竞争的需要，中国企业应选择一些具有较好前景的项目，以BOT、BOO等方式进行带资承包，并以此带动中国机电设备、成套设备和劳务出口。

三是选好承包项目。中国工程承包企业应加紧培养人才，特别是高素质、高技术人才。要充分发挥自身优势，选择专业性较强、技术要求较高的项目，也应努力尝试参与工程咨询性项目的竞争。

四是进一步开拓市场。中国企业在承担中国政府援柬埔寨成套项目的同时，应力争树立良好的企业形象，为扎根当地市场打下基础，增加在国际招标中的竞争优势，进一步拓展柬埔寨承包工程市场。

5.4   劳务合作方面

一是了解中柬劳务合作现状。柬埔寨是中国外派劳务的重要市场之一。除在柬埔寨投资和承包工程带出中国部分劳务人员外，随着柬埔寨制衣业的发展，中国向柬埔寨输出了大量服装加工等技术劳工，主要分布在中资（包括港资、台资）等数十家制衣厂，大多数劳务人员为服装技工、指导工和熟练操作工。另有部分劳务人员分布在建筑业和服务业。

二是熟悉劳工政策。柬埔寨政府管理外国劳工的主要依据是1997年颁布的《劳工法》、2002年1月柬埔寨劳工部发布的《关于雇用外国人来柬埔寨就业的申请办法的公告》。柬埔寨有关劳工政策处在不断发展变化之中，但其原则、思路始终是严格控制外国劳工输入，积极实施技术人才本地化战略，千方百计地解决其国内劳动力大量过剩的问题，努力寻找国外就业市场。

三是依法办理相关手续。在办理工作许可过程中，首先应认真了解法律法规。总体而言，柬埔寨关于劳工的规定是完全参照西方发达国家劳动标准制定的，要求较为严格，且很多规定和中国国内规定差异较大。中国企业到柬埔寨投资合作涉及用工问题时，一定要认真阅读有关法律法规，避免出现劳务问题。在柬埔寨办理工作许可证和雇佣卡的要求比较多，手续比较复杂。建议中国企业及相关人员聘请当地具有丰富经验的律师或中介机构协助办理相关手续。

5.5   防范投资风险

在柬埔寨开展投资、贸易、承包工程和劳务合作的过程中，要特别注意事前调查、分析、评估相关风险，事中做好风险规避和管理工作，切实保障自身利益，包括对项目或贸易客户及相关方的资信调查和评估、对投资或承包工程国家政治风险和商业风险的分析和规避、对项目本身实施的可行性分析等。

5.6   妥善处理与政府及非政府组织间关系

柬埔寨实行君主立宪制，议会和政府相互作用、相互协调和相互制约。中国企业要在柬埔寨建立积极和谐的公共关系，不仅要与柬埔寨中央政府主管部门和地方政府建立良好的关系，而且要积极发展与议会的关系。

一是了解中央政府部门、议会的职权和相互关系，了解它们的职责和所关注的政治与经济焦点、热点问题。

二是国王在柬埔寨具有很高的地位和影响，企业应关心王室成员出席或参加的活动，积极了解王室对所在地区经济、文化等领域的倾向性意见。

三是与对经贸事务有影响力的政府部门官员和国会议员保持沟通，不定期报告公司发展动态和对当地经济社会所做贡献，同时及时反映企业发展中遇到的问题和困难。

5.7　妥善处理与工会间关系

在柬埔寨的中资企业要实现合理控制工薪成本，减少劳资摩擦，维护企业的正常经营，就必须学会妥善处理与当地工会的关系。

一是要全面了解柬埔寨《劳工法》，熟悉当地工会组织的发展状况、制度规章和运行模式。根据法律规定，无论劳工及雇主均有权不需预先核准，自主组建专业组织。劳工组建的专业组织称为"劳工工会"，雇主组建的专业组织称为"雇主协会"，禁止组建雇主及劳工同为会员的行业工会。工人的罢工权和雇主的闭厂权受法律保护。

二是要严格遵守柬埔寨在雇佣、解聘、工资、休假等方面的规定，依法签订雇佣合同，对员工进行必要的技能培训，按时足额发放员工工资，保障工人休假权利。解除雇佣合同应按规定提前通知员工，并支付解雇补偿金。

5.8　尊重当地的风土民情

首先，要尊重当地宗教信仰。在柬埔寨，佛教为国教，85%以上的人口笃信佛教。佛寺遍及全国，不但是宗教活动中心，也是地方教育和藏书场所，在整个社会生活中起重要作用。僧王和僧侣的社会地位很高，受到人们尊重。

其次，要注意礼仪。最普通的礼节是合十礼，即双手合掌立于胸前，指尖高度视对方身份高低而定，对国王、王室成员、僧侣还要行下蹲或跪拜礼。在社交场合也流行握手礼，但男女间仍以行合十礼为宜。握手或递东西时须用右手，不宜用左手。进佛寺和王宫参观或拜佛时要衣着端庄整洁，免冠脱鞋，否则将被视为犯下大罪。一般情况下，妇女不得进入寺庙。不要用手去摸他人的头部，更不要用脚指任何人或物，特别是脚底不要直冲着佛像。

6. 中国企业遇到问题该如何解决

6.1 寻求法律保护

柬埔寨的法律不健全，特别是经济、商业、贸易等方面的法律法规欠缺，无经济法庭，在一定程度上存在无法可依、有法不依、执法不严、违法不究的现象，企业应对此高度重视。同时，要注意以下几点。

（1）中国企业赴柬埔寨投资，不仅要依法注册、依法经营，而且必要时还应通过法律手段解决纠纷，捍卫自己的权益。

（2）柬埔寨法律体系尚待健全，中国企业应该聘请当地律师处理企业的法律事务，一旦涉及经济纠纷，可以借助律师的力量寻求通过法律途径解决，保护自身利益。

在柬埔寨较有信誉的律师事务所，以及愿意为中国企业提供服务的律师事务所信息参见中国驻柬埔寨使馆经济商务参赞处网站。

6.2 寻求当地政府的帮助

柬埔寨中央和地方政府均高度重视外国投资。中资企业在柬埔寨投资合作中，要与中央有关部门和企业所在地政府建立密切联系，可不定期通报企业发展情况，及时反映遇到的问题，以寻求所在地政府更多的支持。

遇有突发事件，除向中国驻柬埔寨使馆经济商务参赞处、公司总部报告以外，还应及时与企业所在地政府有关部门取得联系，获得支持和帮助。

6.3 取得中国驻柬埔寨使（领）馆的保护

中国公民在其他国家境内的行为主要受国际法及驻在国当地法律约束。中国公民（包括触犯当地法律的中国籍公民）在当地所享有的合法权益受到侵犯时，中国驻外使（领）馆有责任在国际法及当地法律允许的范围内实施保护。

中资企业在进入柬埔寨市场前，应首先征求中国驻柬埔寨使馆经济商务参赞处意见；履行合法的投资注册手续后，应按规定及时到中国驻柬埔寨使馆经济商务参赞处报到备案，并与经济商务参赞处保持经常性联络。遇有重大问题和事件发生，应及时向中国驻柬埔寨使馆报告。在处理相关事宜时，要服从使馆的领导和协调。

6.4 部分政府部门和相关机构

柬埔寨投资委员会：www.cambodiainvestment.gov.kh

内阁办公厅：www.bigpond.com.kh/council-of-jurists

外交国际合作部：www.mfaic.gov.kh

国家银行：www.nbc.org.kh

商业部：www. moc.gov. kh

财经部：www.mef.gov.kh

海关与税务司：www.customs.gov.kh

环境保护部：www.moe.gov.kh

农林渔业部：www.maff.gov.kh

国土规划与建设部：www.mlmupc.gov.kh

计划部：www.mop.gov.kh

公共工程与运输部：www.mpwt.gov.kh

劳动与职业培训部：www.mlv.gov.kh

水资源与气象部：www.mowram.gov.kh

金边市政府：www.phnompenh.gov.kh

附　录

1．国家概况

柬埔寨原名高棉，公元1世纪下半叶建国，历经扶南、真腊、吴哥等王朝。1993年5月，柬埔寨在联合国主持下举行首次全国大选。9月，颁布新宪法，改国名为"柬埔寨王国"，西哈努克登王位。11月，柬埔寨王国政府成立，拉纳烈、洪森分别任第一首相、第二首相。1998年7月和2004年7月，人民党和奉辛比克党联合组成第二、第三届联合王国政府，洪森出任首相。2008年7月，洪森领导的人民党在第四届大选中获胜，洪森继续出任首相。2013年，由洪森领导的人民党在大选中获胜，洪森继续出任新一届政府首相。

1998年第二届王国政府成立以来，致力于稳定政局、发展经济，奉行独立、和平、永久中立和不结盟的外交政策。1999年柬埔寨正式加入东盟后，以东盟平台为依托，积极发展与周边国家、西方发达国家和国际组织之间的关系。

地理位置

柬埔寨位于亚洲中南半岛南部，东部和东南部同越南接壤，北部与老挝交界，西部和西北部与泰国毗邻，西南濒临暹罗湾。湄公河自北向南横贯全境。国土面积181035平方公里，海岸线长约460公里。柬埔寨首都金边属于东七时区，当地时间比北京时间晚1个小时。

气候特点

柬埔寨属热带季风气候，全年分两季：每年5~10月为雨季，11月到次年4月为旱季。年平均气温24℃，4月最热，最高温度达40℃。年均降雨量为2000毫米，其中90%集中在5~10月。

自然资源

柬埔寨盛产柚木、铁木、紫檀、黑檀、白卯等高级木材，并有多种竹类。木材储量逾11亿立方米。森林覆盖率达到61.4%，主要分布在东北和西部山区。矿藏主要有石油、天然气、磷酸盐、宝石、金、铁、铝土等。水资源丰富，洞里萨湖为东南亚最大的天然淡水湖，素有"鱼湖"之称。西南沿海也是重要渔场，多产鱼虾。近年来，由于生态环境失衡和过度捕捞，水产资源减少。

人口分布

柬埔寨人口约1500万人，人口的地理分布很不平衡，居民主要集中在中部平原地区。金边及其周围经济比较发达的省份人口最稠密，金边人口约150万人。全国人口密度为80人/平方公里，金边市人口密度为5333人/平方公里。柬埔寨现有华人、华侨约70万人，约占全国总人数的4.7%，主要分布在金边市和马德望、干拉、贡不、茶胶等省。首都金边市的华人、华侨最多，有30万人左右。

行政区划

柬埔寨全国分为24个省和1个直辖市（金边市）。首都金边，面积678平方公里，人口约150万人，是全国的政治、经济、文化、教育中心和交通枢纽。

2. 社会文化

民族文化

柬埔寨是一个多民族国家，共有20多个民族。高棉族是主体民族，占总人口的80%，笃信小乘佛教。少数民族有占族、普农族、老族、泰族、华族、京族、缅族、马来族、斯丁族等。

柬埔寨华人、华侨祖籍主要为广东、海南、福建等省，其中广东潮州籍人最多，约占华人、华侨总数的80%，广肇、客家籍人次之。柬埔寨华人主要经营进出口贸易、日用百货、旅游餐饮、食品加工、制衣和五金机械、房地产、建筑、木材加工、农业、渔业等。

高棉语为通用语言，与英语、法语同为官方语言。此外，英语、法语也是政府部门的工作语言。华语、越南语是普通市民使用较多的语言。

风土人情

柬埔寨婚俗是男子"嫁"到女方家。婚礼的全部仪式都在女方家中进行，婚礼由村中最有声望的老者主持。

柬埔寨人注意礼节礼貌。最普通的礼节是合十礼，即双手合掌于胸前，稍微俯首，指尖的高度视对方身份而定，对国王、王室成员、僧侣还行下蹲或跪拜礼。社交场合也流行握手礼，但男女间仍以行合十礼为宜。

衣、食、住、用、行

柬埔寨人以大米为主食，以鱼虾为主要副食，喜吃富有刺激性味道的蔬菜，如生辣椒、葱、姜等，还喜食生菜、生肉和腌鱼酱。

柬埔寨人的传统住房多为竹木结构的高脚式房屋，离地两米左右，上面住人，下面存放农具和停放车辆。首都金边的建筑具有多种风格，城中的寺庙全是古老的吴哥式建筑，较为现代的住宅和办公楼则多是法国式的。

教育、医疗

教育　柬埔寨实行九年制义务教育。教育体制包括小学（1～6年级）、初中（7～9年级）、高中（10～12年级）、大学及其他高等教育机构。小学入学率，尤其是城市入学率相当高，但初中入学率为40%，高中入学率仅为10%。20世纪60年代文教事业有较大发展。自70年代后，因长期战乱，文教事业遭受严重破坏。近年来政府重视教育，兴建了一些学校。目前，全国共有2772所幼儿园，6476所小学、1321所中学、63所大学（其中有18所公立大学、45所私立大学）。

医疗　自20世纪80年代以来，政府开始采取措施逐步恢复医疗体系，城镇医疗条件略有起色。新生婴儿的死亡率逐年降低，各种疾病的防治工作也取得了一些进展，发病率有所下降。从2003年起，提高卫生服务水平已被纳入政府施政纲领，政府制定医疗卫生方面的法律法规，致力于提高医疗卫生服务质量；利用更多公共资源和国际援助加强卫生建设，鼓励私人投资卫生领域；陆续在各省、县、乡建立医院和医疗中心。

据世界卫生组织统计，2013年柬埔寨全国医疗卫生总支出占GDP的7.5%，按照购买力平价计算，人均医疗健康支出229美元；2015年柬埔寨人均寿命为69岁。

传播媒介

通讯社　柬新社是柬埔寨唯一的官方通讯社，成立于1980年。

电视媒体　柬埔寨拥有10家电视台，包括国家电视台，首都金边第3频道、第5频道、第9频道等。

广播媒体　柬埔寨有28家电台，官方电台有5家。

报纸媒体　柬埔寨境内共有274种报纸、27种刊物、74种杂志。影响较大的中文报纸有《华商日报》《柬华日报》等，较有影响的英文报刊有3种，法文报刊，其余为柬文报刊。

社会治安

柬埔寨王国政府重视维护国家安全和社会秩序，社会治安和安全形势总体良好。根据柬埔寨法律，当地居民只有获得政府颁发的合法持枪证方可持有枪支。

传统节日

柬埔寨的主要节日包括元旦（1月1日）、宝蕉节（2月13日）、国际妇女节（3月8日）、佛历新年（4月13～15日）、国际劳动节（5月1日）、佛祖升天节（5月12日）、西哈莫尼国王诞辰日（5月14日，全国庆祝3天）、御耕节（4月底或5月初，佛历六月下弦初四）、国际儿童节（6月1日）、柬埔寨国母诞辰日（6月18日）、亡人节（9月底）、立宪日（9月24日）、巴黎协定日（10月23日）、西哈莫尼登基日（10月29日）、西哈努克国父诞辰日（10月31日）、独立节（11月9日）、送水节（也称龙舟节，11月13～15日）。

周六、周日为法定公休日。

参考文献

[1]　商务部. 对外投资合作国别(地区)指南——柬埔寨[Z]. 2016.

[2]　中国出口信用保险公司. 国家风险分析报告[M]. 北京：中国金融出版社，2016.

[3]　李晨阳等. 列国志——柬埔寨[M]. 北京：社会科学文献出版社，2010.

[4]　(澳)诺斯著. 高渝，邹贵虎译. 文化震撼——柬埔寨[M]. 北京：旅游教育出版社，2009.

[5]　李轩志. 柬埔寨社会文化与投资环境[M]. 北京：世界图书出版社公司，2012.

[6]　毕世鸿. 柬埔寨经济社会地理[M]. 北京：世界图书出版社公司，2014.

执笔人简介

姚树华，现就职于中国人民银行锦州市中心支行外汇管理科，经济学硕士，从事资本项目管理工作多年。多次独立承担或主持参与重点课题研究，多项工作成果得到各级领导、上级主管部门和地方政府的肯定和表彰。所撰写的《运用托宾税抑制短期投机资金流出入的政策设计》《对银行短期外债实施无息准备金制度的框架设计及实证举例——智利实施无息准备金制度的经验和启示》《金融支持企业"走出去"成效显著 相关政策措施需进一步跟进》等十余篇理论研究和信息调研文章被各级各类刊物采用。

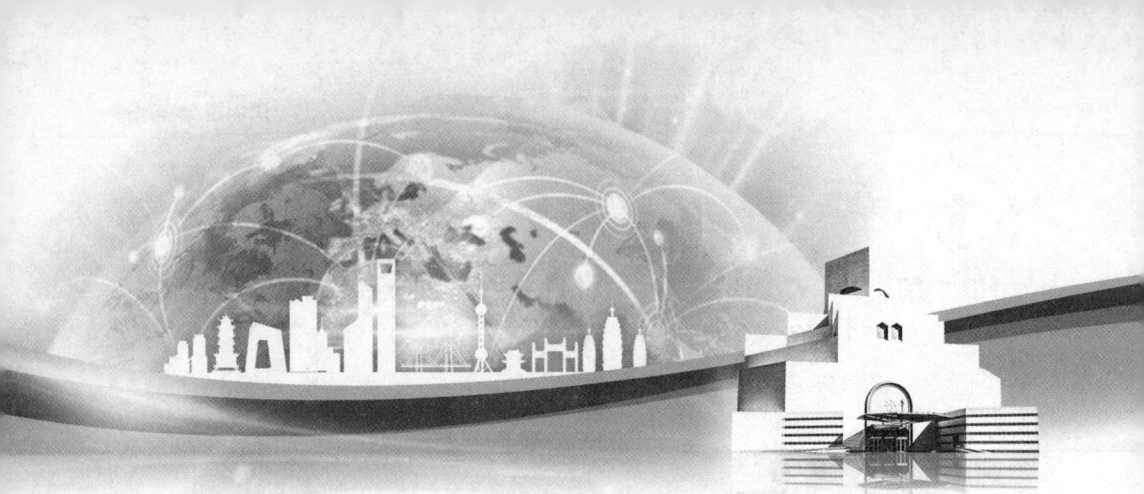

卡塔尔

执笔人：王　晴

1. 经济金融

1.1　宏观经济

21世纪以来，卡塔尔经济持续稳定增长。但近几年，其GDP年增长率不容乐观。

2006—2015年卡塔尔GDP年增长率详见图1。

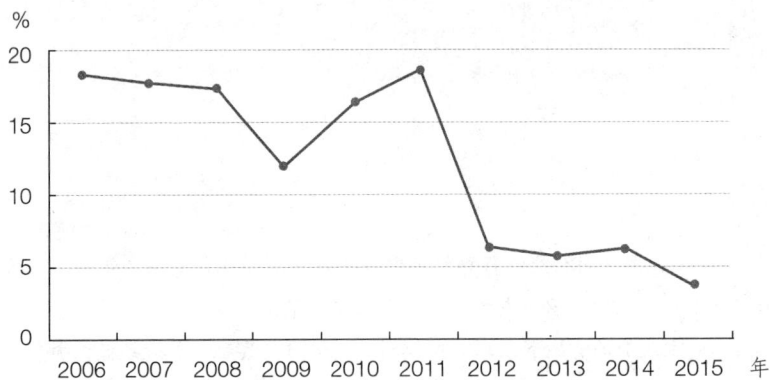

数据来源：世界银行。

图 1　2006—2015 年卡塔尔 GDP 年增长率

1.2 产业结构

工业在卡塔尔国民经济产业构成中所占比例非常大，约为69%；服务业约占30%以上；农业所占比例甚少，不到1%。

1.3 支柱产业

卡塔尔资源主要有石油和天然气。已探明石油储量居世界第13位，天然气储量居世界第3位。石油、天然气和石化工业是卡塔尔的支柱产业，仅石油和天然气收入就占其GDP的60%。近年来，政府大力投资开发石油和天然气，将其作为经济发展的重中之重，主要产品有液化天然气、原油、凝析油、汽油、聚氯乙烯、液化丙烷、尿素和甲醇等，产品绝大部分供出口，出口目的国主要是印度、中国、巴基斯坦、澳大利亚、美国、日本、泰国、马来西亚等。

1.4 对外贸易

（贸易总额） 卡塔尔经济依赖油气出口，外贸净出口是拉动经济增长的主要"马车"。卡塔尔对外贸易长期处于顺差地位，但随着2014年6月以来国际油气价格暴跌，卡塔尔外汇收入大幅下滑；与此同时，随着人口增长，进口额居高不下，卡塔尔外贸顺差大幅下滑。根据卡塔尔发展规划和统计部公布的数据，2016年12月，卡塔尔外贸出口总额约为53亿美元，同比下降2.6%；进口约为23.5亿美元，同比下降22.2%；外贸顺差约29.5亿美元，同比增加21.7%。

（贸易伙伴） 2016年12月当月，中国是卡塔尔第三大贸易伙伴。卡塔尔四大出口目的国分别是日本、韩国、印度和中国；三大进口来源国分别是美国、阿联酋和中国。

（商品结构） 2016年卡塔尔主要出口产品是液化天然气、原油、凝析油、石脑油、液化丁炔气和聚乙烯等。

2016年卡塔尔主要进口产品是轿车、飞机及直升机配件、电缆等建筑材料、工程机械及配件、通讯网络设备及配件等。

1.5 货币政策

卡塔尔中央银行行长表示，国际经济的发展趋势有可能最终导致卡塔尔改变目前的货币政策，尽管目前暂时不会采取相应措施，但是未来某一天卡塔尔将很可能允许本国货币打破与美元挂钩的固定汇率。

随着国际贸易、服务和资本市场的一体化程度不断提高，更加宽松和灵活的货币政策将更有利于卡塔尔保持其外部稳定和出口竞争力。这是近年来海湾国家高层官员首次公开谈论与美元汇率"脱钩"的问题，在当地金融领域引起了广泛关注。

1.6 外汇管理

卡塔尔采取自由汇兑制度，不实行外汇管制。投资资金、贷款资金、个人所得可以自由汇出境外。

卡塔尔法律规定，如国外与卡塔尔股份合资公司要将其在卡塔尔的年利润全部汇往国外，该合资公司必须将其年利润的10%存入一个合法的储蓄户头，直至该账户金额至少达到其投资资金的50%。这是卡塔尔对外国合资公司往国外汇款的唯一限制。

1.7 金融

卡塔尔金融中心于2005年在多哈成立，至今该中心已吸引了超过300家国际和本土公司来获取卡塔尔金融中心经营许可。这些公司经营范围横跨国际金融服务业各个领域，其中包括保险、资产管理、投资银行、咨询、会计、商业法和投资者关系等。卡塔尔金融中心有以下几个重要特点：一是卡塔尔位于东方与西方交会的重要地带，独特的地理位置使之能够让卡塔尔金融中心发展繁荣的金融服务业；二是施行基于英国普通法的法律体系，而卡塔尔其他地方则施行阿拉伯的法律；三是在岸运营平台，这里允许外资100%独资经营，并无币种限制，外资公司的收益可100%转移到境外；四是对资产管理、专属自保和再保险企业提供零税率政策。另外，对企业于当地赚得的利润仅适用10%的税率。卡塔尔仅有两个机构对外商实行全资注册政策，常规情况下外商入驻卡塔尔市场，需要寻求卡塔尔籍公民作为担保人，当地担保人占企业至少51%的股权。

银 行

（1）卡塔尔中央银行：负责规划和制定卡塔尔金融政策、汇率政策、货币政策、监管及其他有关金融部门的政策。

（2）卡塔尔商业银行：卡塔尔第一家私营银行，1975年成立，2012年12月31日总资产为800亿卡塔尔里亚尔。卡塔尔商业银行是一家在卡塔尔交易所上市的银行，也是卡塔尔第一家提供全球存托凭证、债券和在伦敦证券交易所上市的银行。

（3）卡塔尔国家银行：成立于1964年，是卡塔尔第一家国有商业银行，按资产排名是中东和北非地区最大的银行之一。卡塔尔国家银行是由卡塔尔投资局（占50%股份）和私营部门（占50%股份）成立的。它是全球领先的金融机构，在卡塔尔拥有将近45%的银行资产市场份额。

（4）卡塔尔国际银行：卡塔尔私营银行，1956年开始营业。卡塔尔国际银行提供一系列的覆盖零售、私人和企业银行部门的产品和服务。它在卡塔尔全国各地的主要城市拥有越来越多的分行以及自动存款机。它提供了一个广泛的覆盖欧洲、中东、亚洲和美国主要金融中心的国际业务范围。

（5）玛斯拉夫艾尔雷恩银行：总部位于多哈，是卡塔尔投资银行和整个海合会中的投资银行及资产管理驱动力。玛斯拉夫艾尔雷恩银行2008年建立，拥有1亿美元的资产负债表，是由卡塔尔金融中心监管局授权的卡塔尔第一个伊斯兰银行机构。

（6）卡塔尔伊斯兰银行：成立于1982年，是卡塔尔第一家伊斯兰金融机构，多年来，已成为当地和区域市场的伊斯兰银行先驱者。卡塔尔伊斯兰银行的使命是为客户提供金融创新解决方案和优质的服务，最大限度地回报股东和合作伙伴，培养合格的专业人才。

（7）卡塔尔国际伊斯兰银行：1991年1月1日成立，在卡塔尔拥有12家分公司，约50台自动存款机。它正在快速成长为中东地区和其他地区一家知名的伊斯兰银行。卡塔尔国际伊斯兰银行是英国伊斯兰银行和叙利亚国际伊斯兰银行的创始者之一。

（8）卡塔尔发展银行：由卡塔尔政府全资拥有的银行。卡塔尔发展银行为卡塔尔工业、旅游、教育、卫生保健、农业、动物资源、渔业部门等的发展提供金融、银行和贷款服务。卡塔尔发展银行以前被称为卡塔尔工业发展银行。

（9）多哈银行：卡塔尔最大的私人商业银行，成立于1978年，并于1979年3月15日在卡塔尔首都多哈开始其国内及国际银行服务。它是卡塔尔领先的金融服务公司之一。

证券 卡塔尔证券交易所是卡塔尔的主要证券市场，成立于1995年，原名多哈证券市场，现拥有40多家上市公司。总市值约1930亿美元，是仅次于沙特海合会的第二大证券市场。

保险 当地主要保险公司是卡塔尔保险公司，其业务范围基本涵盖所有保险业务。作为一个处于发展初期的高增长性市场，卡塔尔尽可能多地吸引再保险公司，主要目标包括中国、印度和新加坡等新兴经济体的公司。

1.8　中卡经贸

双方贸易 中卡自1959年起就有直接的民间贸易往来，但20世纪90年代前，双边贸易额较小。1988年7月9日中国与卡塔尔建交。建交后，两国关系发展顺利。1993年4月，两国草签了中卡贸易协定。1995年10月，两国草签了投资保护协定。1999年4月，双方正式签署了投资保护协定等四个协议。2001年4月，双方签订了避免双重征税的协定。近年来，两国高层交往密切，各领域务实合作深入开展，在国际和地区事务中保持了良好的沟通与协调。2014年11月，两国建立战略伙伴关系，加强两国在包括天然气、石化领域在内的油气生产和加工领域的合作。

两国经贸合作发展顺利。2015年中卡双边贸易额约68.9亿美元，其中对我国出口约22.78亿美元，进口约46.12亿美元，分别同比增长-34.9%、1.1%和-44.7%。我国从卡塔尔进口原油约26.7万吨，同比下降26%；进口液化天然气约481.1万吨，同比下降28.5%。我国主要出口商品是机械设备、电器及电子产品、金属制品等，主要进口商品是液化天然气、原油、聚乙烯等。此外，中卡在金融、航空、旅游等服务业领域的合作也取得了积极成果。

（双方投资） 据中国商务部统计，2015年当年中国对卡塔尔直接投资流量约为1.41亿美元。截至2015年末，中国对卡塔尔直接投资存量约为4.50亿美元。

（双方协定） 2014年11月，经中国国务院批准，中国人民银行与卡塔尔中央银行签署了规模为350亿元人民币/208亿里亚尔的双边本币互换协议。互换协议有效期3年，经双方同意可以展期。同日，双方签署了在多哈建立人民币清算安排的合作备忘录，并同意将人民币合格境外机构投资者试点地区扩大到卡塔尔，初期投资额度约为300亿元人民币。

2. 经济环境

2.1 国内市场

（销售总额） 卡塔尔发展规划与统计部数据显示，亚洲仍然是卡塔尔最大的贸易伙伴。卡塔尔对亚洲国家（地区）的出口占该国出口总额的81.6%，33.1%的进口来自亚洲国家（地区）。2014年卡塔尔对外出口总计约4621.2亿里亚尔，同比减少5%；进口额总计约1108.1亿里亚尔，同比增长13%；实现贸易顺差约3513.1亿卡塔尔里亚尔，同比下降9%，延续了最近几年贸易顺差持续收窄的趋势。

（物价水平） 卡塔尔终年干旱缺水，无农作物产出，主要物产为石油、天然气。当地居民生活必需品、日用品均依靠进口，总体物价水平高于中国。

生活支出 卡塔尔每个家庭月平均支出约为4万里亚尔（约合1.1万美元）。其中，住房和水电费用支出占29.3%，食品、饮料和烟草方面的支出占11.2%。占卡塔尔2/3以上的外籍家庭的月平均支出约为1.3万里亚尔（约合3570美元）。

2.2 基础设施

公 路 卡塔尔道路总长度9830公里，其中干线公路总长度1580公里，支线道路总长度8250公里，初步形成覆盖全国的公路网。卡塔尔有高等级公路通往沙特阿拉伯，经沙特阿拉伯境内公路可至阿联酋。

铁 路 目前卡塔尔境内没有铁路。多哈地铁项目正在建设当中，一期包括37个地铁站，计划于2018年竣工。二期包括72个地铁站，计划于2030年竣工。

空 运 中国是卡塔尔航空货运的重要市场，目前开通了广州、上海和香港三个货运通航点。此外，借助卡塔尔航空的宽体客机，也同时为北京、成都、重庆、广州、杭州、上海和香港七个民航通航城市提供航空货运服务。

水 运 卡塔尔主要港口有多哈港、拉斯拉凡港和梅塞义德港。多哈港是其主要商业港，年吞吐量为20万标准箱。拉斯拉凡港是卡塔尔液化天然气出口专用港。梅塞义德港主要用于卡塔尔原油和石化产品出口。目前，卡塔尔已经完成了哈马德港一期基础设施建设，并初步投入试运营，设计年吞吐量将达200万标准箱。

通 信 卡塔尔通信设施良好，技术设备比较先进，电子化程度较高。卡塔尔邮政局所基本覆盖全国。手机网络制式为WCDMA，兼容GSM网络。

水 电 卡塔尔共有9座大型供水站，日产饮用水145万立方米。其中，海水淡化量为123万立方米/日。卡塔尔电力资源充足，全年发电量为323.4亿千瓦时，能够满足全国工业用电和居民用电的需求。

2.3 商务成本

劳动力供求及工薪 卡塔尔劳动力市场中，约90%的工人来自境外，主要从事能源和建筑工作。卡塔尔没有法定最低工资，外籍普通劳动力月工资为220~320美元，技术工人月工资在385美元以上。

水、电、气、油价格
卡塔尔水、电、气、油价格见表1。

表1　卡塔尔水、电、气、油价格

品种	民用		工业用	
水	4.4～9.4 里亚尔/立方米	1.1～2.6 美元/立方米	5.4里亚尔/立方米	1.49美元/立方米
电	0.08～0.22 里亚尔/度	0.02～0.06 美元/度	0.08里亚尔/度	0.02美元/度
天然气	15里亚尔/小罐 （25磅）	4.12美元/小罐 （25磅）	55里亚尔/大罐 （25磅）	15.11美元/ 大罐（25磅）
汽油	1.3里亚尔/ 公升（97#）	0.36美元/公升	1.3里亚尔/ 公升（97#）	0.36美元/公升

资料来源：中国驻卡塔尔大使馆经济商务参赞处。

（土地及房屋价格）　卡塔尔《海湾时报》报道称，根据房地产咨询公司CBRE的报告，2015年首都多哈房屋存量增长到22.65万套。办公场地租金仍然很高，A级办公区月租金为60～80美元/平方米。此外，大部分商业租户每年还要负担相当于租金10%～25%的服务费。三环至四环路附近的租金为30～60美元/平方米，相对较低。

2.4　风险评估

（社会安全）　卡塔尔社会治安状况良好，刑事案件发案率低，2015年无恐怖袭击事件发生，政府不允许居民持有枪支。卡塔尔无针对华人、华侨的暴力犯罪活动。

（投资政治风险）　尽管卡塔尔投资环境良好且投资潜力较大，但近年来卡塔尔投资所面临的政治风险也逐渐上升。

3．政策规定

3.1　投资方面

（投资主管部门）　卡塔尔投资主管部门是经贸部。

（投资规定）　卡塔尔鼓励外国投资者在农业、工业、卫生、教育、旅游、自然资源、能源及采矿业的开发和利用等领域投资，允许外国投资者的股份超过项目资本的49%，直至100%，但要符合本国发展规划。重点扶持那些可实现最有效利用本国现有原材料的项目和出口工业，或是可提供新产品、使用新技术的项目，或致力于把具有国际声誉的产业国产化的项目，以及重视人才本土化并使用本国人才的项目。除非获得特别许可，禁止外国投资者在卡塔尔银行业、保险公司及商业代理和房地产等方面进行投资。

投资方式的规定　外国投资者在卡塔尔投资以建立合资公司或参股经营为主，一般而言，外国投资者投资比例不得超过投资总额的49%。

3.2　贸易方面

贸易主管部门　卡塔尔贸易主管部门是经贸部。

贸易法规体系　贸易法规主要有《海关法》《投资法》《公司法》《版权保护法》《商业组织法》《商标、地理指标和工业设计法》等。

贸易管理相关规定　根据卡塔尔《海关法》，个人进口货物到卡塔尔销售，必须在进口商注册处进行注册并获得卡塔尔工商会的批准。个体进口商必须具有卡塔尔国籍，进口商号必须是卡塔尔人拥有的全资公司，但下列情况例外：外国公司从事大型工业或农业项目并与卡塔尔政府有直接合约，允许其进口与本项目有重要关系的进口货物；进口商得到埃米尔特令允许，不受1990年颁布的第25号法令的制约，该法令对外国公司在卡塔尔从事商业、工业、农业及服务业活动进行了规定；进口商为工业企业，企业资本的至少51%为卡塔尔人持有并获得特令进口货物；卡塔尔禁止向以色列出口货物；某些带有补贴性质的食品、古董也禁止出口。

3.3　税收方面

税收体系和制度　对在卡塔尔注册和经营的外国企业和法人征收企业所得税，采用属地原则。

主要税赋和税率　卡塔尔《所得税法》规定，纳税人在每个税收年度在卡塔尔活动的收入将被征税，这些活动包括在卡塔尔执行合同的纯利润，资本利润，在卡塔尔境内或境外发生的代理或商业调解等取得的佣金，咨询服务、仲裁、鉴定或类似活动的收费，出租收入，从销售、发放许可或授权他人使用或利用任何商标设计、专利或复制权的所得，恢复以前已销账的坏账，清算所得纯利，来自境外和境内纳税人的利息和利润。

《所得税法》还规定，纳税人（任何自然人或法人）在税收年度（税收年度自1月1日至12月31日）的任何时间内进行的活动，应纳税的所得应是所得扣除为实现所得而产生的支出和成本，其中包括：为在卡塔尔完成项目所需的贷款利息；已付租金；工资及工人合同期满时的补偿金等有关支出；所得税以外的税金；经所得税局批准的坏账；不动产的维护，机械、工具、设备和备件的更新和修理；由固定资产出售引起的损失；固定资产折旧；向卡塔尔政府出资的慈善、人道主义、科学、文化机构或运动会，公共机关或公司提供的转让、赠送、赞助，但不能超过该纳税年度内应纳税纯利润的5%。

3.4　劳动就业方面

（劳工（动）法核心内容）

（1）雇佣合同必须有阿拉伯文文本，一式3份，并经劳工部门认可。

（2）雇员工资必须在卡塔尔境内，以卡塔尔里亚尔支付。

（3）雇佣合同可以有试用期，但试用期不得超过6个月。

（4）雇员每周工作时间不得超过48小时，即每周工作6天、每天工作时间不得超过8小时。斋月期间每周工作时间不得超过36小时，即每天不得超过6小时。

（5）雇员加班每天不得超过2小时，即每天工作时间总计不得超过10小时；平日加班工资为日常工作的1.25倍，节假日为1.5倍。

（6）雇员在工作满3个月后可以享受全薪病休。雇员生病必须提交医生证明并经雇主同意，但全薪病休不得超过两周。病休者自第三周到第六周可享受半薪。超过6周，雇主可以停发工资。

（7）雇主和雇员可以在提前通知对方的前提下终止雇佣合同而不必提出任何理由。

（8）雇员受雇满1年的，在结束雇佣合同时有权得到工资补偿，工资补偿每年度不得少于3个星期的原工资，但雇员因违反工作纪律而被解雇的情况除外。

（9）雇主必须为雇员购买医疗保险。

（外国人在当地工作规定）　卡塔尔是一个人力资源缺乏的国家，各个部门、各种行业都雇用大量的外籍劳务。私营企业雇员、体力劳动者几乎全部是外籍劳务。外籍劳务到卡塔尔工作，需由卡塔尔担保人向劳动部申请用工名额，获批后再到内政部办理工作签证。获得工作签证后，外籍劳务即可进入卡塔尔境内工作。

3.5　环境保护方面

（环保管理部门）　卡塔尔于2008年7月设立环境部，取代先前的环境与自然保护最高委员会，专门负责环境保护工作。具体负责部门是技术管理司。

（主要环保法律法规）　《环境保护法》《关于进行濒危野生动植物及其产品

贸易的规定》《控制危险废物越境转移及其处置之巴塞尔公约》《保护海洋环境的地区组织协议》。

环保法律法规基本要点

第一，进口、过境运输、储存危险品、废料都要事先申报。

第二，承包商在开工前，需向环境主管部门报送开工申请表，明确说明施工中有关环保的安排和做好环保工作的措施。申请表的内容除公司基本情况外，还要包括：（1）每天使用原材料的数量以及生产成品和副产品的数量；（2）工业废水、冷却水的处理方法；（3）废气排放和空气污染情况及处置方法；（4）固体垃圾的产生情况和处置方法；（5）对原材料及产品的存放手段；（6）对原材料及产品的运输方式。

第三，在企业生产、施工过程中，卡塔尔环保部门会不定期派人到施工现场暗访，对环保情况进行检查（这类检查从不事先通知，也不事后通报）。一旦发现问题，环保部门有权勒令其立即停工，要求企业整改（最长时间可达半年）。

2016年5月，卡塔尔水电公司和卡塔尔能源环境研究院签署了一份谅解备忘录，按照该协议，双方将共同开发两个试点项目，旨在从根本上降低海水淡化成本和减少能源消耗。据悉，第一个试点项目为开发和优化预处理过程的反渗透测试，此项测试旨在确保即使在藻类大量繁殖期，海水淡化设施的操作依然具备可靠性；第二个试点项目是多效蒸馏的专利技术试点，该技术的使用可以使能源消耗降低，从而提高能源使用效率。

3.6 承包工程方面

许可制度 卡塔尔《招标法》适用于所有政府项目的招投标，但不包括军队、警察和卡塔尔石油公司的项目以及卡塔尔政府规定不适用此法的其他项目。

主要要求 （1）除非标书另有规定，卡塔尔投标一律使用卡塔尔里亚尔；（2）如果标书报价出现不一致的情况，以数额小的报价为准；（3）没有固定总价的标书不予接受；（4）投标保函必须按要求与投标文件一起支付，如系支票，则需由卡塔尔政府批准的银行开具无条件支票，有效期120天（自开标日起）。

限制 （1）100万里亚尔以下的项目仅限本地公司（包括合资公司）；（2）在抵制以色列名单上所列公司不许在卡塔尔投标。

招标方式 公开招标、邀标、直接议标。

禁止领域 卡塔尔没有禁止外国承包商进入某个领域的明确法律规定，一般在具体项目的招标公告中写明对承包商资质的要求。

3.7 知识产权方面

（保护知识产权规定） 当地主要法规是2002年《著作与相关产权保护法》。受该法保护的知识产权范围包括书籍、口头文学、戏剧作品、音乐作品、视听作品、摄影作品、实用艺术品、建筑装修艺术品等。

（知识产权侵权相关处罚） 对被认定侵犯知识产权的自然人和法人，将处以不少于6个月、不超过1年的拘禁；或不少于3万卡塔尔里亚尔、不超过10万卡塔尔里亚尔的罚款；也可以两项并罚。

3.8 优惠政策

（优惠政策框架） 卡塔尔《投资法》是卡塔尔对外国投资给予优惠的基本政策框架。卡塔尔对外国投资的优惠包括：

（1）向外国投资者划拨必要用地，以建立投资项目，可通过长期租赁的方式，租赁期不超过50年，可以续租。

（2）外国投资者可以根据现行法律为该投资项目进口用于建设、投产或扩展项目所需要的一切。

（3）在《投资法》规定的范围内，免除外国投资资本的所得税，自投资项目投产之日起，免税期不超过10年；对外国投资项目为建设项目所需进口的仪器和设备，可予免除关税；工业领域的外国投资项目，其为生产所需进口的、本国市场没有的原材料和半成品，可予免除关税。

（4）外国投资者可将其投资随时汇入和汇出。

（5）无论直接或间接的外国投资，不得征收其所有权，或对其采取具有同等影响力的措施。如根据公共利益采取上述行动，应依法给予适当、快速的补偿。

（行业鼓励政策） 对于农业、工业、卫生、教育、旅游、开发和利用自然资源、能源、矿产以及工程咨询与技术服务、信息技术、文化体育娱乐服务、配送服务等行业的外国投资，卡塔尔各部委大臣有权决定外国投资者可持有项目投资总额的49%以上直至100%的股份。

（地区鼓励政策） 卡塔尔国家较小，目前在7个行政区之间尚未出台地区鼓励政策。

4. 办事手续及流程

4.1 注册企业

设立企业形式　外国投资者不允许从事贸易代理业务和进口业务。外国人可在卡塔尔从事下列形式的投资活动：

（1）由埃米尔特批成立独资公司，从事"外国分支机构"可以从事的业务活动。

（2）与一个卡塔尔合伙人一起成立合伙公司或公司，从事商业、工业、农业和服务业的业务活动，但其股份不得超过49%，公司成立须按照《商业公司法》的规定进行。

（3）经商业贸易部的批准，与一个或更多的卡塔尔合伙人一起成立合伙公司或公司，但国外投资者的股份不得超过总股本的49%，并要符合下列一种情况：①该公司的成立考虑到市场的供求关系；②本国需要该公司的技术和经验。

受理机构　卡塔尔负责注册企业的机构为商业贸易部。

主要程序　外国公司在卡塔尔从事商业活动须遵守1990年颁布的25号法令。外国公司可以在卡塔尔设立分支机构，从事以经济发展为目的的投资活动，为公共服务提供便利，或从事工业、农业、开采、旅游和工程承包行业的公共事业。如在当地市场采购不到类似的产品，外国公司可以进口本项目所需的材料。分支机构必须委托一个卡塔尔服务代理，其职责仅限于帮助外国公司获取签证和许可证、提供劳务和住宿。代理人对其委托人的业务不承担任何责任。总之，外国分支机构设立及经营的期限只能是其执行项目的期限。

所需材料　在卡塔尔设立分支机构的申请需递交给商业贸易部，由其报埃米尔特批。申请文件如下：

（1）与卡塔尔服务代理人签署的协议1份。如协议为英文，需提供阿拉伯文译文。如服务代理是公司，还需提交代理公司的注册证明1份。

（2）与卡塔尔合作方签订的项目协议书1份，阿拉伯文译文需有公司业务类型及项目期限的说明。

（3）公司备忘录及章程1份，需提供有关项目条款的阿拉伯文译文。

（4）公司授权驻卡塔尔代表人代表公司签字的授权书。

（5）该外国公司从未上过抵制以色列黑名单的证明书1份。

所需时间 公司在办理完注册登记前及在报上发表成立声明前不成为法人，在未完成这些程序前不能开业。注册登记程序一般需3~4个月。

4.2 承揽工程

卡塔尔建筑工程承包市场上最大的客户是卡塔尔政府部门，政府部门的建筑工程一般都采用公开招标方式，只有在少数情况下，采用直接谈判方式发包工程。招标的项目种类很多，包括项目总体设计、咨询、工程设计、建筑设计、土建工程、施工管理、设备供应等，但一般不采用全包方式。

外国公司如想参加招标，应先到指定的政府有关部门注册，通过资格预审。根据卡塔尔国的有关法律和规定，外国承包商在当地承包工程一般需通过当地代理商，代理商可以由外国公司在当地聘用，也可以是合资公司中的当地一方。聘用代理商应在注册前完成，而且是注册的先决条件之一。

公司在投标时须缴纳投标保证书，中标的公司须在接到中标通知后的一定时间内缴纳履约保证金，其数额一般为投标报价的5%。保证金形式可以是现汇，或当地银行开立的保函或备用信用证。招标保证金在招标结束时自动退还，履约保证金在项目完工后退还。

4.3 申请专利

卡塔尔现行专利制度主要由《专利法》（2006年版）规范保护。卡塔尔专利的类型分为发明专利和工业设计专利两类。其中，卡塔尔发明专利的保护期限为20年，工业设计专利的保护期限为10年。卡塔尔专利申请接受的文本语言为阿拉伯语。

专利申请审查制度

（1）卡塔尔发明专利。卡塔尔发明专利申请程序与我国基本一致，申请流程为：递交申请—形式审查—实质审查—专利授权。其特点是：若申请提交后卡塔尔专利办公室拒绝了申请人的请求，申请人可以在15日内提出抗辩。另外，在早期公开的过程中，相关利益人可以以书面形式在公开后的60日内提出异议，专利办公室应在提出异议后的30日内作出裁决。若在异议后的30日期间，利益人双方达成了协议，则提交的异议视为放弃。

（2）卡塔尔工业设计。卡塔尔工业设计为登记注册制。申请人提交申请之后，进行形式审查，符合要求即进行登记注册。若卡塔尔专利办公室拒绝了申请人的申请请求，申请人可以在30日内提出异议。

专利申请途径

（1）卡塔尔发明。我国向卡塔尔申请发明专利的途径分为以下两种：巴黎公约该国申请和PCT专利申请指定该国。

（2）卡塔尔工业设计。我国向卡塔尔申请工业设计专利的途径为巴黎公约该国申请。

4.4 注册商标

卡塔尔是《保护工业产权的巴黎公约》成员国之一，可以要求优先权。卡塔尔商标法于2002年8月26日生效，其中规定商品商标、服务商标和证明商标都可以申请注册。商品和服务分类基本按照《商标注册用商品和服务国际分类》（尼斯分类）第七版标准，但第33类商品及第32类的酒类商品不准注册。

所需文件　委托书公证、认证，如主张优先权，应提交相应优先权证明。

顺利注册程序　提交申请—形式审查—实质审查—公告4个月—核准注册—下发注册证。

注册周期及有效期　如果注册顺利，大概需要24个月。注册有效期10年，自申请日起算。如果注册人自注册日起连续5年不使用注册商标，该商标可能被第三方提出撤销。商标注册人应当在商标有效期届满前一年内提交续展，每次续展10年。超过有效期后还有6个月的宽展期，但在该宽展期内提交续展会有额外的罚金。

商标的使用　没有特殊规定。如果注册人自注册日起连续5年不使用注册商标，该商标可能被第三方提出撤销。

后续申请所需文件

（1）商标续展：委托书公证、认证。

（2）商标转让（必须注册后才能转让）：受让人签字盖章的委托书公证、认证；转让协议（双方签字盖章）公证、认证；受让人营业执照及其翻译件。

（3）商标名称/地址变更（必须注册后才能变更）：委托书公证、认证；变更证明公证、认证。

4.5 纳税申报

报税时间　在卡塔尔，报税时间为每年4月30日之前。

（报税渠道） 必须通过会计师事务所。世界四大会计师事务所（普华永道、毕马威、德勤、安永）在卡塔尔均有分支机构。

（报税手续）

（1）企业整理报税所需的文件资料；

（2）将所备文件资料送交会计师事务所，由会计师事务所进行审计；

（3）会计师事务所审计通过后将所报文件上报税务主管部门，并通知企业向税务部门指定账号缴纳税款；

（4）税务主管部门对企业所报文件进行复审，如无问题，将在一年内向企业出具完税证明；

（5）税务部门如发现问题，会要求企业进行调整；

（6）企业对税务部门的要求有不同意见的，可提出申诉，请求复议。

（报税资料） 在卡塔尔的外资或合资企业每年4月30日前必须向税务部门申报所得税，应提交如下资料：

（1）在税务部门登记的公司税卡；

（2）经当地有资质的会计师事务所审计的上一年度财务会计报表和报告；

（3）当地会计师事务所出具的纳税申报报表和报告；

（4）根据当地事务所审计认定当年应该缴纳的所得税（如有）的缴款单。

4.6 工作签证

（受理范围） 受理全国范围内因私护照持有人。

（所需资料）

（1）中方单位需要提交的签证资料：申请人护照原件（护照有效期6个月以上）；3张两寸蓝底彩色照片；签证个人资料表；中方单位营业执照副本复印件一份；中方单位出具的单位派遣信一份；申请人身份证复印件一份（正反两面均需复印）。

（2）卡塔尔邀请单位需要提交的签证资料：经过卡塔尔政府机构审批的返签号。

（签证办理流程）

（1）确定前往卡塔尔的行程计划。申请人确定前往卡塔尔的日期，并进行住宿、机票预订。

（2）查询卡塔尔旅游签证代办机构信息。申请人可上网浏览相关代办机构信息，自行选择代办机构。

（3）准备申请材料。申请人根据代办机构指示准备申请材料。

（4）转交材料并等候签证。申请人将准备好的材料转交代办机构，并由代办机构上交到有关部门。

（5）获得签证。旅行者获得签证后确认签证上的有效信息以及个人信息是否准确无误，如有错误，立即联系代办机构处理。

4.7 能为中国企业提供帮助的机构

中国驻卡塔尔大使馆经济商务处

地址：West Bay Lagoon Street，66 New Doha District，Weat Bay Area，Doha，Qatar

电话：00974-4110151

卡塔尔驻中国大使馆

地址：北京亮马桥外交人员公寓A区7号楼

电话：010-65322231/65322232/65322233

5. 中国企业应注意的事项

5.1 投资方面

卡塔尔法律规定，外国人（包括法人）与卡塔尔人（包括公司）成立合资公司，其股份不得超过49%。允许外国资本在农业、工业、医疗、教育、旅游、资源与矿业开采领域的企业中获得49%~100%的股份，但有很多限制。

在履行注册手续之前和过程中（包括以后的经营活动），委托或咨询当地有经验的律师必不可少。

5.2 承包工程方面

投标时应注意的问题

（1）在聘用代理商时应注意，一个好的代理商可以疏通和保证公司与当地官方的联系，简化手续，提供招标信息，提供建议，帮助公司结识新客户等。但倘若聘用不当，则难以有助于公司发展，而且代理商一经聘用，中途更换是非常困难的事。承包工程代理商收取的佣金一般为合同金额的1%~15%。

（2）卡塔尔没有关于调解商业纠纷的仲裁条例，但允许接受商业纠纷的国际仲裁，并将之载入合同条款。需要注意的是，总承包合同的仲裁条款一般也适用于分包商。

（3）在卡塔尔，虽然商界通用英语，但阿拉伯语是国语，与政府交往以及拟写合资公司的成立文件、代理协议和承包合同书时，最好用阿拉伯文，以便使文件具有更强的法律效力。在发生争议时，当地通常优先以阿拉伯文文件为准。卡塔尔在签署承包合同时一般采用固定价格，合同一旦签署，双方都应遵守不更改价格的义务。合同价格一般用卡塔尔里亚尔表示。

5.3 劳务合作方面

中卡已签署《关于规范卡塔尔雇佣中国劳务人员的协议》，协议附有标准劳务合同，赴卡塔尔务工人员均应以此为基础签署相关合同。

5.4 防范投资风险

在卡塔尔开展投资合作过程中，要特别注意事前调查、分析、评估相关风险，事中做好风险规避和管理工作，切实保障自身利益，其中包括对项目或客户及相关方的资信调查和评估，对投资或承包工程政治、商业风险的分析和规避，对项目本身实施的可行性分析等。建议中国公司利用保险、担保、银行等金融机构和其他专业风险管理机构的相关业务，如信用保险、财产保险、人身安全保险、各类担保来保障自身利益。

5.5 其他应注意事项

（1）卡塔尔和其他海湾国家都实行担保人制度，赴卡塔尔的人员都必须由卡塔尔人或机构担保。担保人一旦确定就很难更换，应谨慎选择担保人。

（2）卡塔尔是抵制以色列的阿拉伯国家之一，与以色列有往来的公司应特别注意这一点。

（3）在卡塔尔开展投资、承包工程、劳务合作都要配备阿拉伯语翻译或懂阿拉伯语的雇员。

5.6 建立和谐关系

处理好与政府和议会的关系 在卡塔尔应处理好与政府和议会的关系，注意跟踪卡塔尔法律、政策的变化，随时调整自己的经营方针和策略。

密切与当地居民的关系 在卡塔尔长住的外籍人员较多，要注意搞好与卡塔尔及其他各族裔居民的关系，尊重其宗教信仰。

尊重当地风俗习惯 卡塔尔严禁猪肉和酒精饮料入境。外国人可在指定的酒店内饮酒，但不要在公共场所饮酒。斋月期间不要在公众面前吃东西、喝水和吸烟。除非事先征得同意，不要随意对当地人拍照，尤其不能对女士拍照。

保护生态环境 卡塔尔有保护生态的执法部门，这个部门有一票否决权，中国公司应特别注意这一点。

6. 中国企业遇到问题该如何解决

6.1 寻求法律保护

中国企业在遇到困难时要学会通过法律途径解决纠纷，捍卫自己的合法权益。遇到经济纠纷等案件时，如通过协商仍无法解决，应优先考虑聘请当地律师协助处理有关法律事务。如存在语言障碍，还应聘请阿拉伯语翻译。

6.2 寻求当地政府帮助

中资公司在卡塔尔投资或承包工程遇到问题时，应及时向当地政府主管部门或工商会反映，寻求帮助。

在卡塔尔务工人员遇到拖欠工资、受到不平等待遇等问题时，可向卡塔尔劳动部专设的招待站提出申诉。

在卡塔尔遭遇刑事犯罪，可拨打报警电话（999）或直接去当地警察局报案。

6.3 取得中国驻卡塔尔使（领）馆保护

中国公民在卡塔尔国的行为首先不能违反卡塔尔的法律法规。如遇中国公民（包括触犯卡塔尔当地法律的中国籍公民）在卡塔尔所享有的合法权益受到侵害，中国驻卡塔尔大使馆有责任在当地法律及国际法允许的范围内实施保护。

按照有关规定，中国企业赴卡塔尔投资、承包工程或派出劳务，应事先征求中国驻卡塔尔大使馆经济商务参赞处意见；公司在卡塔尔注册或人员到卡塔尔后，应及时向经济商务参赞处通报备案，并与经济商务参赞处保持联系。

中国公司在卡塔尔经营中遇到重大问题或事件（特别是遇到突发事件和人员伤亡事故）时，要及时向大使馆经济商务参赞处报告；在事件处理过程中，应服从大使馆经济商务参赞处的指导与协调。

6.4 部分政府部门和相关机构

卡塔尔埃米尔办公厅：www.diwan.gov.qa

外交部：www.mofa.gov.qa

内政部：www.moi.gov.qa

财政部：www.mof.gov.qa

能源工业部：www.mei.gov.qa

经贸部：www.mbt.gov.qa

市政与城市规划部：www.baladiya.gov.qa

劳动部：www.mol.gov.qa

最高教育委员会：www.nccah.com

司法部：www.moj.gov.qa

文化、艺术与遗产部：www.nccah.com

宗教基金和伊斯兰事务部：www.islam.gov.qa

发展规划和统计部：www.qsa.gov.qa

中央银行：www.qcb.gov.qa

7. 卡塔尔司法制度及基本特点

7.1 司法制度

卡塔尔是君主立宪制酋长国。宪法规定，国家实行行政、立法、司法三权分治，而行政权由埃米尔总揽。埃米尔为国家元首和武装部队最高司令，掌握国家最高权力，由阿勒萨尼家族世袭。最高执行权属于埃米尔，一切法令由他颁布，以政府首相为首的大臣会议由埃米尔任命，内阁大臣为该会议法定成员。下设4个专门委员会和1个秘书处，针对卡塔尔立法、财经、教育、经济、医疗、基础建设、内政外交等多个领域进行专门的研讨工作。协商会议执掌立法权，并按照宪法规定的方式对执行权实施监督。卡塔尔宪法规定，司法权独立，由不同类型的各级法院执掌。

7.2 基本特点

（1）立法程序比较简单。卡塔尔采用一院制议会，在这种制度下，立法和通过议案比较简便，较有效率，比较符合民主政治的精神；立法机关内没有冲突，故不易产生僵局；决定权由全体议员决议不会窄化政策制定的管道，一般不会偏袒社会精英。

（2）明确法官独立性。1970年卡塔尔颁布第一部宪法并规定，卡塔尔为独立的主权国家，伊斯兰教为国教，埃米尔在内阁和协商会议的协助下行使权力。宪法承认法官的独立性。1972年卡塔尔对临时宪法进行修订。2003年4月，卡塔尔全民公投通过"永久宪法"。2004年6月，卡塔尔颁布了该国首部永久性宪法。宪法明确规定，国家实行行政、立法、司法三权分治，而行政权由埃米尔总揽，法官独立行使职权，任何党派不得干涉司法事务。这部宪法于2005年6月8日正式生效。

附 录

1. 国家概况

卡塔尔在7世纪是阿拉伯帝国的一部分。1517年葡萄牙入侵，1555年被并入奥斯曼帝国版图，遭土耳其统治200多年。1846年萨尼·本·穆罕默德建立了卡塔尔酋长国。1867年，哈里发成地将海军登陆沃克拉并取缔造反者。1882年英国入侵，并于1916年强迫卡塔尔酋长接受奴役性条约，卡塔尔变为英国的保护国。20世纪50年代，让英国放弃波斯湾阿拉伯国家的呼声越来越高。1968年，英国官方宣布他们将在3年时间内放弃（政治上而非经济上）对波斯湾的控制，随后卡塔尔加入了巴林和其他七个休战国家联盟。但卡塔尔内部的反对意见很大，迫使卡塔尔脱离这个最终发展为阿拉伯联合大公国的联盟。1971年，卡塔尔举行开国典礼，正式成为一个主权独立的国家。1972年2月22日埃米尔艾哈迈德被废黜，其堂弟哈利法出任埃米尔，哈利法之子哈马德任王储兼国防大臣。1995年6月27日，哈马德发动宫廷政变，推翻哈利法，出任埃米尔。2013年6月25日，哈马德将王位传给王储塔米姆·阿勒萨尼。

国　旗　卡塔尔国旗是长方形，长宽之比为5∶2。左侧为白色，右侧为酱紫色，两色连接处为锯齿状。卡塔尔国旗是一面由白、栗两色组成的旗帜，两色之间呈锯齿状（共九个白齿），1971年7月9日启用。白色代表和平，栗色代表历史上的战争。九个锯齿代表在1916年与英国签署的保护协约（卡塔尔是该区签署该种协约的第九个国家）。

国　徽　1971年，卡塔尔独立后制定的国徽中心是一个黄色圆徽。上面的两把阿拉伯弯刀如一面铜墙铁壁，可以抵挡一切外来入侵，捍卫祖国的独立和自由。在弯刀庇护下，一艘阿拉伯白色帆船正乘风破浪，前进在波斯湾辽阔的蓝色水面上，它象征卡塔尔不断发展的海上贸易和渔业生产。帆船旁边褐色土地上的两棵阿拉伯椰子树，代表卡塔尔丰富的自然资源。圆徽下面围绕着绘有国旗图案的圆形饰带，上面用阿拉伯文写着"卡塔尔国"几个大字。

法定货币　卡塔尔里亚尔是卡塔尔的法定货币符号，由卡塔尔货币局发行。它的标准符号为QAR。发行的纸币有1里亚尔、5里亚尔、10里亚尔、50里亚尔、100里亚尔、500里亚尔6种面额。铸币有1迪拉姆、5迪拉姆、10迪拉姆、25迪拉姆、50迪拉姆5种面额。卡塔尔的货币进位是1里亚尔=100迪拉姆。

首　都　多哈，也叫贝达，是全国第一大城市和政治、经济、交通和文化中心，波斯湾著名港口之一。位于卡塔尔半岛东海岸的中部，夏季气候炎热潮湿，冬季气候凉爽。人口约160万人。多哈是全国最大的城市和第一大港，也是全国人口最集中的地区，原为一渔港与采珠船集中港，二战后随本国石油业的发展而繁荣。建有深水港、海水淡化厂、塑料制品厂、钢铁厂、电站与国际机场。在郊区建有7座大型体育场。多哈于2006年12月1日举办了第15届亚运会。

地理位置

位于波斯湾西南海岸的卡塔尔半岛上，南北长160公里，东西宽55～58公里。与沙特阿拉伯和阿拉伯联合酋长国相邻，北面隔波斯湾与科威特和伊拉克遥遥相望。全境多平原与沙漠，西部地势略高。国土面积虽然仅有约1.14万平方公里，却有约550公里的海岸线，战略位置相当重要。

气候特点

卡塔尔属热带沙漠气候，炎热干燥，沿岸潮湿。四季不很明显，4～10月为夏季，是一年中最长的季节，其中7～9月气温最高，可达45℃；冬季凉爽干燥，最低气温7℃。年平均降水量仅为75.2毫米。

自然资源

卡塔尔自然资源主要有石油和天然气。地下水源匮乏，淡水使用海水淡化水，淡化水资源丰富，饮用水一般使用桶装纯净水或瓶装矿泉水。

人口分布

据多哈新闻网消息，2016年上半年，卡塔尔人口继续快速增长，5月底约为258.8万人，创历史新高，同比增长8%。卡塔尔人口中，卡塔尔籍公民约占15%，外籍人约占85%。外籍人主要来自印度、孟加拉国、尼泊尔和菲律宾等国家，以及埃及、约旦、黎巴嫩和叙利亚等阿拉伯国家。城市人口占总人口的比重约为99.34%，农村人口所占比重仅为0.76%。

在卡塔尔的华人约有6000人，绝大部分从事建筑工程领域工作，大多数中国人工作、生活在首都多哈。

主要城市

多　哈　位于卡塔尔半岛东海岸中部，是全国政治、经济、文化中心。市内建有多座低级饭铺、商务中心等，郊区建有深水港、海水淡化厂、电站、国际机场和顶级社区。

拉斯拉凡工业城　位于卡塔尔半岛东北部，距首都多哈约70公里。拉斯拉凡工业城不仅有天然气液化工厂、气转油（GTL）工厂和化工厂及与之相配套的各种泵站、管线和液化气储罐，还有公司办公区、自备电厂和海水淡化厂、液化气专用码头和散货码头、干船坞等辅助设施，以及银行、百货商店和工人营地等生活服务设施。

杜　罕　位于卡塔尔半岛西部，距首都多哈约48公里。杜罕是卡塔尔重要城市之一，杜罕油田是卡塔尔范围最广阔、历史最悠久的油田。杜罕海滩风景美丽，吸引了大量游客旅游。

2. 社会文化

民族文化

卡塔尔的国教为伊斯兰教，逊尼派伊斯兰教为主要宗教，大多数卡塔尔民族是瓦哈比派。

风土人情

在公共场合，女士应尽可能避免着无袖、超短裙或者透明衣服，男士避免穿背心和短裤；男女之间在公共场合须注意举止，不宜有过分亲昵举动，以免被视为不尊重伊斯兰教而被拘留；拍照时不要拍当地人，尤其是妇女儿童，即使要拍，也要在征得其同意之后才行；购酒须在指定宾馆、饭店、酒吧或者办理酒证在家中饮酒，否则被视为违法，酒后驾车者可被判重刑。

衣、食、住、用、行

衣 着 穆斯林妇女一般都深居简出。如需外出，须戴上盖头或面纱。

饮 食 严禁饮酒，不吃猪肉，同时也忌用猪的形象作为装饰图案。外形丑陋和不洁之食物，如甲鱼、螃蟹及死动物，均属忌吃之物。当地人喜欢吃甜、香、油腻食物。

居 住 20世纪80年代开始，卡塔尔建起了现代意义上的别墅，对于每个成年人，政府会无偿给他一块地用于建别墅。如果有困难，政府发放无息贷款。如果还有困难，可以申请公房，单亲有子女、孤寡、残疾人可以免租金。

出 行 人们出行的交通工具主要是汽车。

教育、医疗、福利制度

教 育 卡塔尔政府2016年以来对科技、教育的投入大幅增加。2016年教育支出预算约为204亿里亚尔。

多哈教育城位于首都多哈西部近郊，占地14平方公里，由卡塔尔国王亲自发起并由王妃担任主席的卡塔尔基金会创办，内有完整的从幼儿园到大学的教育系统，其中最为核心的是包括多所高校的大学城。到目前为止，共有六所美国大学、一所英国大学和一所法国大学在教育城设有分校，美国的大学包括弗吉尼亚州立联邦大学、康奈尔大学威尔医学院、得克萨斯州农工大学工程学院、卡内基梅隆大学商业管理与信息科学学院、乔治敦大学和美国西北大学的部分专业都在这里设立了分支机构和分校区。大学城面向世界招生，卡塔尔还为各国留学生提供了"优惠教育方案"，如为留学生提供无息贷款和助学金等。如果优秀学生在毕业后能够留在卡塔尔工作，按工作时间计算可以减免甚至免除学费贷款。

医疗 卡塔尔国民享受免费教育和免费医疗，但就读国际学校或去私立医院看病则要付费，且价格不菲。外籍居民在卡塔尔也可享受公费医疗，不过需缴纳100卡塔尔里亚尔（每年）办理医疗卡，每次看病只需缴纳4个里亚尔的挂号费用。

福利制度 卡塔尔是世界上少数几个实现全民免费医疗和教育的国家。

传播媒介

报刊 卡塔尔主要阿拉伯文报刊有《多哈月刊》《阿拉伯人日报》《旗帜报》《时代周刊》《今日海湾》《每周消息》《东方报》《祖国报》等。英文报刊有《海湾时报》。

广播电视 多哈广播电台用阿拉伯语、英语、法语和乌尔都语广播。有6个中波波段、5个调频波段和1个短波波段。半岛电视台24小时滚动播出阿拉伯语新闻节目，是阿拉伯世界收视率较高的卫星频道。

社会治安

卡塔尔社会秩序稳定，治安状况良好，较少有各种犯罪行为。在卡塔尔发生意外可打报警电话999。

传统节日

卡塔尔主要法定节假日有斋月开始（2月1日）、埃米尔就职纪念日（2月22日）、开斋节（3月3日）、宰牲节（5月10日）、伊斯兰教新年（5月31日）、国庆节（9月3日）、穆罕默德升天日（12月20日）。

参考文献

[1] 商务部. 对外投资合作国别(地区)指南——卡塔尔[Z]. 2016.

[2] 《世界知识年鉴》编辑部. 世界知识年鉴[M]. 北京: 世界知识出版社, 2005.

[3] 薛君度, 邢广程. 中国与中亚[M]. 北京: 社会科学文献出版社, 1999.

[4] 邢广程. 中国和新独立的中亚国家的关系[M]. 哈尔滨: 黑龙江教育出版社, 1996.

[5] 苑生龙. 卡塔尔总体形势及中卡关系研判[J]. 中国经贸导刊, 2015(4).

[6] 马哈茂德·白海则·西奈. 卡塔尔通史[M]. 北京: 人民出版社, 1974.

[7] 郭勇. 卡塔尔新世纪基础教育政策研究[M]. 石家庄: 河北人民出版社, 2014.

[8] 孙培德, 史菊琴. 卡塔尔[M]. 北京: 社会科学文献出版社, 2009.

[9] 王首贞, 徐以骅. 中世纪法国民间宗教思潮研究[M]. 上海: 上海人民出版社, 2016.

[10] 吴茴萱. 当代卡塔尔国社会与文化[M]. 上海: 上海外语教育出版社, 2007.

执笔人简介

王晴，现就职于中国人民银行辽阳市中心支行，工商管理硕士，英语专业八级。参与撰写《中小金融机构信息科技外包存在的问题应予关注》《城市商业银行核心业务系统国产化进程缓慢应予关注》《建议协调推进电子现金跨行圈存业务》等；执笔撰写《中国人民银行辽阳市中心支行网络和信息系统应急预案》《中国人民银行辽阳市中心支行关于对灯塔市支行科技综合管理审计报告》等；发表论文《LY银行信用卡业务风险管理研究》。

老挝

执笔人：李慧超

1. 经济金融

1.1 宏观经济

经济增长率 近年来尽管全球需求低迷，老挝经济仍取得了强劲增长，自2007年以来经济增速始终保持在7%以上。这一增长率不仅大大高于全球平均增速，也领先于亚洲新兴经济体6.5%的平均增速。2015财年GDP增长7.6%，其中，私人消费贡献GDP增长3.3个百分点，公共消费贡献1.4个百分点，而固定资产投资贡献了3.6个百分点，GDP约1023200亿基普（约合128亿美元[①]），人年均GDP约1580万基普（约合1970美元）。农林业增长3%，占GDP的23.7%，全年稻谷产量约387.2万吨；工业增长8.9%，占GDP的29.1%，其中，能源矿产产值约189335.8亿基普，占GDP的12%；服务业增长9.1%，占GDP的39.8%，全年入境游客约430万人，旅游收入约6.7亿美元；进口关税增长8.2%，占GDP的7.4%；预算收入约258150亿基普（其中国内约205360亿基普，外国援助约52790亿基普），预算支出约310000亿基普。国家投资项目5604个，总额约76250亿基普（其中内资约32030亿基普，外资约44220亿基普）；银行全年放贷约551110亿基普，较上年增长12.9%，相当于GDP的54.9%；广义货币（M_2）增长20.3%；外汇储备较上年同期增加9.9亿美元；全年出口额约33.1亿美元，进口额约47亿美元，外贸逆差14亿美元。2007—

---

① 1基普=0.000125美元。

2015年老挝GDP详见表1。

表1　2007—2015年老挝GDP统计

年份 项目	2007	2008	2009	2010	2011	2012	2013	2014	2015
GDP（亿美元）	42.2	54.4	58.3	71.8	83.0	93.0	111.4	117.7	123.3
GDP年增长率（%）	7.6	7.8	7.5	8.5	8.0	8.2	8.2	7.5	7.6
人均GDP（美元）	712.0	904.0	954.3	118.1	1319.6	1399.2	1645.7	1759.8	1812.3

数据来源：世界银行。

（通货膨胀率）据老挝统计，2015财年老挝全年平均通货膨胀率为4.3%。

（失业率）根据《2015年经济自由度指数》，2014年老挝失业率约为1.4%。

（财政政策）2015年老挝财政赤字占GDP比例回升至5.2%，公共债务规模逐年上升。政府财政赤字的不断增加，使得老挝公共债务规模自2007年以来逐年上升。老挝财政压力的主要来源为非资源性收入基础过窄、政府对支出管理不善、国家对经济的过度干预等因素。

1.2　产业结构

老挝是典型的农业国，工业基础薄弱，以锯木、碾米为主的轻工业和以锡为主的采矿业是最重要的部门。2015年，农林业占GDP的23.7%，工业占29.1%，服务业占39.8%，进口关税占7.4%。

1.3　支柱产业

（农　业）全国耕地面积约98.1万公顷，实际种植面积约95.8万公顷，稻谷产量约387.2万吨。其他作物中，甜玉米种植面积约27.1万公顷，产量约25.6万吨；薯类约2.1万公顷，产量约25.9万吨；蔬菜约15.4万公顷，产量约136.3万吨；水果约4.1万公顷，产量约75.8万吨；咖啡约8.4万公顷，产量约9.8万吨；橡胶约27.1万公顷，进入割胶期约2.9万公顷，产胶量约5万吨。养殖行业增长势头稳定，全年涨幅约2%。

（电力行业）老挝全国1兆瓦以上电站25座，总装机324.4万千瓦。

（采矿业）老挝计划投资部信息显示，老挝全国获批的矿产类投资项目达到470个，项目特许经营面积约36323.6平方公里，总投资额约59亿美元。2011—2015年5年间，能源矿产业生产总值约943423.9亿基普（约合117.9亿美元），与2006—2010年相比增长9.2%，占GDP的12%，出口矿产品约84.6亿美元。受国际市场金、铜等价格下跌影响，2015财年老挝矿产产值约11.3万亿基普，约合14.2亿美元，共有国内外76家矿业公司在老挝从事矿业开发，出口矿产品约14.1亿美元。

旅游业 老挝琅勃拉邦市、巴色瓦普寺已被列入世界文化遗产名册，著名景点还有万象塔銮、玉佛寺、占巴塞孔埠瀑布、琅勃拉邦光西瀑布等。革新开放以来，旅游业成为老挝经济发展的新兴产业。近年来，老挝与超过500家国外旅游公司签署合作协议，开放15个国际旅游口岸，同时采取加大旅游基础设施投入、减少签证费、减免边境旅游手续等措施，旅游业持续发展。旅游业2016发展迅速，仅次于矿产业，已成为国家外汇收入的第二大产业。

1.4 对外贸易

老挝同50多个国家和地区有贸易关系，与19个国家签署了贸易协定，中国、日本、韩国、俄罗斯、澳大利亚、新西兰、欧盟、瑞士、加拿大等35个国家（地区）向老挝提供优惠关税待遇。主要外贸对象为泰国、越南、中国、日本、欧盟、美国、加拿大和其他东盟国家。2012年10月，老挝正式加入世贸组织。

1.5 货币政策

老挝缺乏独立有效的货币政策。2015年老挝贷款利率为18.2%，存款利率为2.6%，存贷款利率相差较大。老挝市面上流通大量泰铢和美元，被广泛用于工资支付、购物、偿还贷款和缴付学费。由于外币流通量大、政策调整不及时、中央银行缺乏独立性，以及金融市场和金融工具发展不足等原因，老挝的货币政策缺乏独立性，且难以达到有效的政策目标。

1.6 外汇管理

老挝金融环境相对宽松，外汇管制逐渐放宽，为外国投资者营造了较好环境，但金融业务种类仍较单一。老挝政府鼓励使用本国货币基普（KIP）并规定基普为有条件兑换货币，但在市场上基普、美元及泰铢可相互兑换及使用，人民币目前在中老边境地区可兑换使用。

老挝对其货币基普实行有管理的浮动汇率，目标是维持基普对于美元和泰铢的相对稳定。老挝财政政策过于激进，同时货币政策难以达到预期的效果，给老挝的汇率造成压力。另外，由于国际收支压力的持续增加，老挝维持基普汇率的稳定将更为困难，短期内基普应是逐渐贬值的走势。2015年基普相对缓慢地贬值，基普对美元的平均汇率为8147.9。

根据老挝外汇管理规定，在老挝注册的外国企业可以在老挝银行开设外汇账户，用于进出口结算。外汇进出老挝需要申报。携带现金如超过10000美元，需要申报并获得同意方可出入境。在老挝工作的外国人，其合法税后收入可全部转出。

1.7 金融

（ 银 行 ） 老挝中央银行（老挝国家银行，BOL）负责监管老挝商业银行及金融机构。老挝现有3家国有商业银行，即老挝外贸银行（BCEL）、农业促进银行（APB）、老挝发展银行（LDB）；1家政策性银行（NBB）；7家私有银行，即JDB、PSVB、ICB、IDB、STB、BYB、LCB；3家外资子行，即ANZV、SABC、ACLEDA。

（ 证 券 ） 老挝证券交易所于2011年1月11日正式成立。目前共有3只股票：外贸银行、大众发电、老挝世界。

（ 保 险 ） 目前老挝市场上共有6家保险公司运营。老挝保险公司（AGL）是老挝政府与法国保险公司于1990年12月建立的股份制公司，老挝政府持股49%，法国保险公司持股51%，股金共200万美元。现老挝保险公司在全国开设了17个分支机构，业务遍及全国，可为个人和机构消费者提供保险产品。

1.8 中老经贸

（ 双方贸易 ） 据海关数据统计，2015年，中老双边贸易较2014年有所下降，双边贸易总额约27.9亿美元，同比下降22.8%，是中国在东盟的第九大贸易伙伴，占中国与东盟十国双边贸易总额的0.6%。其中，中国对老挝进口约15.6亿美元，同比下降12.2%；对老挝出口约12.3亿美元，同比下降33.0%。2015年，中国对老挝贸易呈现顺差，顺差额约为3.2亿美元。

从产品结构来看，2015年中国自老挝进口的前五位产品有木制品、矿砂、铜及其制品、肥料和橡胶，累计进口总额约11.8亿美元，占中国自老挝进口产品总额的90.4%。其中，以进口木制品最多，进口额约4.8亿美元，同比下降53.4%；其次是矿砂，进口额约3.9亿美元，同比下降14.7%；再者是铜及其制品，进口额约1.5亿美元，同比激增78.6%；肥料位居第四，进口额约0.9亿美元，同比激增246.6%；对橡胶进口最少，进口额约为0.7亿美元，同比下降9.5%。

同期，中国对老挝出口的前五位产品是电子，机械，航空器、航天器及其零件，车辆及其零件和钢铁制品，累计出口总额约9.4亿美元，占中国对老挝出口产品总额的77.8%。其中，电子是第一大出口产品，出口额约3.1亿美元，同比大幅下降61.8%；其次是机械，出口额约2.46亿美元，同比下降49.9%；再次是航空器、航天器及其零件，出口额约1.5亿美元，同比增长激增44369.6%；车辆及其零件位居第四，出口额约1.2亿美元，同比增长22.5%；对钢铁制品出口最少，出口额约1.1亿美元，同比下降15.3%。

（双方投资） 在投资合作领域，两国的合作关系推进顺利。中国企业于20世纪90年代开始赴老挝投资办厂，目前是老挝最大投资国。中国对老挝投资领域涉及水电、矿产开发、服务贸易、建材、种植养殖、药品生产等。中国公司在老挝还积极参与劳务和工程承包，占老挝承包工程市场1/4的份额。

据中国商务部统计，2015年当年中国对老挝直接投资流量约5.17亿美元。截至2015年末，中国对老挝直接投资存量约48.4亿美元。

（双方协定） 两国签署的双边协定主要有《中老贸易协定》（1988）、《中老边境贸易的换文》（1988）、《中老领事条约》（1989）、《中老文化协定》（1989）、《关于处理两国边境事务的临时协定》（1989）、《中老边界条约》（1991）、《中老民航谅解备忘录》（1991）、《中老边界议定书》（1993）、《中老遣返在华老挝难民的议定书》（1991）、《中老关于鼓励和相互保护投资协定》（1993）、《中老边界制度条约》（1993）、《中老汽车运输协定》（1993）、《中国、老挝、缅甸确定三国交界点协定》（1994）、《中老澜沧江—湄公河客货运输协定》（1994）、《中老旅游合作协定》（1996）、《中老关于成立两国经贸技术合作委员会协定》（1997）、《中老边界制度条约的补充议定书》（1997）、《中老民事刑事司法协助条约》（1999）、《中老避免双重征税协定》（1999）、《中国、老挝、缅甸和泰国四国澜沧江—湄公河商船通航协定》（2000）、《中华人民共和国与老挝人民民主共和国关于双边合作的联合声明》（2000）、《中国农业部和老挝农林部关于农业合作的谅解备忘录》（2000）、《中华人民共和国和老挝人民民主共和国引渡条约》（2002）、《中国人民银行与老挝人民民主共和国银行双边合作协议》（2002）、《中华人民共和国教育部与老挝人民民主共和国教育部2002—2005年教育合作计划》（2002）、《中华人民共和国教育部与老挝人民民主共和国教育部2005—2010年教育合作计划》（2005）、《中华人民共和国与老挝人民民主共和国联合新闻公报》（2006）、《中老越三国国界交界点条约》（2006）、《中老联合声明》（2006）、《中华人民共和国政府与老挝人民民主共和国政府关于禁止非法贩运和滥用麻醉品和精神药物的合作协议》（2006）、《中华人民共和国卫生部与老挝人民民主共和国卫生部卫生合作谅解备忘录》（2006）等。

2. 经济环境

2.1 国内市场

销售总额 一般而言，老挝的生活成本相对较低，普通老挝人的人均生活成本为每年1000美元。

物价水平 老挝主要商品全年平均价格如下：大米7846基普（约合0.98美元）/公斤，猪肉37741基普（约合4.72美元）/公斤，汽油10239基普（约合1.28美元）/升，柴油9183基普（约合1.15美元）/升。

生活支出 老挝居民的消费支出中，食品、住房和家居的开支占主要部分。以居住面积计算，老挝人均住房面积为20平方米，每平方米住房平均价格为150美元，相当于当地人均1个月的工资收入。

2.2 基础设施

公 路 根据老挝公共工程和交通部的数据，2015年老挝的公路共计约43603公里，且以每年7.4%的增幅增加，其中约7370公里是国家公路。其中，混凝土路约866公里，柏油路约6496公里，碎石路约15324公里。老挝全国没有高速公路，公路运输占全国运输总量的79%。通过修建四座湄公河上的友谊大桥，老挝和泰国相连；2006年作为亚洲洲际高速公路项目的一部分，老挝和越南以公路连接；通过贯穿全国的13号公路，老挝实现了与中国、柬埔寨、越南等国相连。

铁 路 2008年7月4日老挝与泰国举行首次试通车仪式。列车从泰国廊开火车站出发，在泰老友谊大桥进行出入境检查，驶向离老挝首都万象9公里处的塔纳楞火车站，这条铁路在老挝境内仅长3.5公里，也是老挝的首条铁路。这条铁路于2009年3月5日正式通车。

水 运 湄公河险滩较多，全年可通航的有万象以下到宾汉河口附近一段。大水时，小轮可由万象上溯到琅勃拉邦。南乌江下游也可通行小汽艇。其余河流大多只能通行小木船。内河航道总长4600公里，客运量157万人次，货运量62.1万吨。老挝没有开往境外的客轮，国内某些地方的渡轮还在繁忙地运营着，旅游者最熟知的莫过于琅勃拉邦同会晒（Huay Xai）和琅多（Nong Khiaw），以及四千岛同巴色之间的渡轮了。

空运 老挝国际航班主要有万象市往返昆明、广州、曼谷、清迈（泰）、金边、暹粒（柬）、河内、吉隆坡、新加坡、首尔，琅勃拉邦市往返曼谷、清迈、乌隆（泰）、暹粒、河内、景洪、胡志明市，巴色市往返曼谷、暹粒，沙湾拿吉往返曼谷。万象瓦岱、琅勃拉邦、沙湾那吉和巴色等机场为国际机场。

通讯 老挝的邮电通讯比较落后，只有省县以上城市才有邮电通讯专门机构和设施。乡村邮件往返较困难，邮寄时间较长，电话较难打通。目前全国约有邮电局（所）129家、电话转接中心35家、移动电话发射中心2家。在通讯方面，目前老挝的固定电话业务已经完全开放，现在共有固定电话运营商3家（分别为LTC、ETL和LAT）。随着移动用户的增多，固定电话数量开始出现负增长。移动电话网络正在逐步升级，通话质量差和短信息收发失败的情况大量减少。在老挝可以使用有线网络和3G无线上网，但实际使用中存在信号不稳定的情况。

电力 电力资源丰富。老挝水电除自用外还可以出口，但少部分村县尚未通电。目前，老挝有多项大型水电项目正在建设中，其中包括沙耶武里水电厂，2019年将安排调试，发电能力1.3千兆瓦。此外，大型褐煤发电厂在2016年完成全运行，发电能力1.9千兆瓦。

2.3 商务成本

水、电、气价格 老挝城区的水、电、气供应基本有保证，成本相对较低，工业用水、用电价格略高于居民价格，详见表2。

表2 老挝执行的水、电、气价格

消费用途	水		电		气（美元/公斤）
	标准（立方米）	价格（美元/立方米）	标准（度）	价格（美元/度）	
居民及个人	<10	0.066	<25	0.03	1.67（每罐煤气15公斤，价格为25美元）
	11～30	0.13	26～150	0.04	
	31～100	—	>150	0.10	
工业	>100	0.36	—	0.07	

资料来源：中国驻老挝大使馆经济商务参赞处。

劳动力供求及工薪 目前老挝全国适龄劳动力人口约415万人，用工单位在各领域的分布情况为：农业领域约2982个（2%），工业领域15068个（9.9%），贸易行业62595个（41.2%），服务行业71261个（46.9%）。老挝劳动力素质总体偏低，劳动力资源不足，尤其是技术劳动力严重不足，原因之一是老挝工薪偏低，且每年约有几万熟练劳工赴泰国打工。

自2015年起，老挝社会劳动最低工资标准提高到90万基普（约合112美元）。这是老挝建国以来政府第六次提高最低工资标准。

土地及房屋价格　　老挝《土地法》规定，外国人不能购买土地，只能租赁土地，租期一般不超过50年，特殊情况经批准不超过75年。目前政府规定的农业用地租赁价为每公顷每年6～9美元，但随着土地需求的增加，执行过程中的价格逐步上升，通常是30美元。其他建筑、工业用地价格远高于农业。目前土地销售价在不同区域和不同行业有不同价格。例如，首都万象远郊100美元/平方米，近郊300美元/平方米，市区1500美元/平方米；其他省会城市通常在100～300美元/平方米。

房屋政策同土地政策一样，外国人一般以租房为主，不购买房屋。外国人一般较喜欢租用一层或二层带有院子的别墅楼，面积为100～2000平方米不等。房租价格主要不以面积计算，而以所处位置、院内和房内设施、房屋新旧、间数计算统价。如首都万象郊区的一套三卧、三卫租价约500美元/月，四卧、四卫800～1000美元/月，五卧、五卫1000～1200美元/月；市区租价则分别为600～800美元/月、800～1200美元/月、1500～2000美元/月。

近年来，老挝首都万象等地的房地产价格有较大幅度上升，目前郊区售价为100～200美元/平方米，市区为200～400美元/平方米，具体价格由房子的新旧、大小、交通便利条件差异决定。

老挝的钢材（进口）、水泥等价格均高于中国。2014年老挝办公楼建筑成本费用平均为320～380美元/平方米，居民楼为280～330美元/平方米，仓库为200～220美元/平方米，标准大厂房为330～370美元/平方米。

3.　政策规定

3.1　投资方面

老挝自1988年开放投资以来，外商投资规模日益增长。2013年老挝正式加入世贸组织，这是老挝在经济和外交上取得的一项重大成就，极大地促进了老挝的外商投资流入。2015年老挝FDI流入为11亿美元，同比增长22.2%。据老挝官方统计，2014/2015财年（2014年4月至2015年3月）老挝吸引国内外投资项目2073个，金额97.2亿美元，同比增长216.7%。其中，特许经营项目29个，金额9.4亿美元；一般投资项目2011个，金额84.3亿美元；经济特区和经济专区类项目33个，金额3.49亿美元。全年政府投资项目5169个，金额7.8亿美元。

3.2 贸易方面

据老挝统计，2014/2015财年，老挝进出口贸易额约77.7亿美元，同比下降4.3%，其中出口34.2亿美元，同比下降0.4%；进口43.5亿美元，同比增长7.1%。贸易逆差的主要原因是出口减少的同时进口增加，进口产品主要为基础设施建设物资及消费品，出口产品主要为金、铜等自然资源类产品，受国际市场价格波动影响较大。

〔贸易主管部门〕 老挝贸易主管部门为老挝工业与贸易部（下设省市工业与贸易厅、县工业与贸易办公室），主要职责是制定实施有关法律法规，发展与各国、地区及世界的经济贸易联系与合作，管理进出口、边贸及过境贸易，管理市场、商品及价格，对商会或经济咨询机构进行指导以及管理企业与产品原产地证明等。

〔贸易法规体系〕 老挝与贸易相关的主要法律有《投资促进管理法》《关税法》《企业法》《进出口管理令》《进口关税统一与税率制度商品目录条例》等。

〔贸易管理的相关规定〕 老挝所有经济实体享有经营对外经济贸易的同等权利，除少数商品受禁止和许可证限制外，其余商品均可进出口。

禁止进口商品包括枪支、弹药、战争用武器及车辆，鸦片、大麻，危险性杀虫剂，不良性游戏，淫秽刊物等五类商品。

禁止出口商品包括枪支、弹药、战争用武器及车辆，鸦片、大麻，法律禁止出口的动物及其制品，原木、锯材、自然林出产的沉香木，自然采摘的石斛花和龙血树，藤条，硝石，古董、佛像、古代圣物等九类商品。

3.3 税收方面

〔税收体系和制度〕 目前老挝实行全国统一的税收制度，外国企业和个人与老挝本国的企业和个人同等纳税。老挝共有六个税种，其中间接税包含增值税和消费税两种，直接税包含利润税、所得税、定额税、环境税、手续和服务费五种。

〔税赋和税率〕
（1）消费税。老挝政府规定，燃油、酒（含酒精）类、软饮料、香烟、化妆品、烟花和扑克牌、车辆、机动船只、电器、游戏机（台）、娱乐场所服务、电信服务、彩票和博彩业服务等15类商品和服务项目必须缴纳消费税，具体税率从10%~110%不等。

（2）所得税。老挝政府规定，薪金、劳务费、动产和不动产所得、知识产权、专利、商标所得等必须缴纳所得税，具体税率以30万基普为起征点，30万~150万基普为5%，150万~400万基普为10%，400万~800万基普为15%，800万~1500万基普为20%，1500万基普以上为25%。外国人按总收入的10%计征。

（3）利润税。按可收税利润（6000万基普以上）的35%计征。

（4）增值税。消费者在购买产品的同时需额外支付产品进项价格10%的增值税。

3.4 劳动就业方面

相关立法基本情况　　目前，老挝政府已颁布实施的劳动、劳工和移民等相关法律主要有《劳工法》《关于老挝劳务外派的总理令》《关于引进和使用外籍劳务管理的决定》《关于引进外籍劳务许可的决定》《老挝出入境管理和外国人管理的总理令》等。老挝已经基本具备较为完善的劳动就业法律体系。

老挝劳务输（出）入管理和移民管理情况　　老挝的劳务输（出）入管理和移民管理分属不同职能部门，即老挝劳动社会福利部劳动就业司和老挝公安部出入境管理局（也称移民局）。劳动社会福利部劳动就业司负责老挝全国劳动就业组织和管理，其中包括劳务输出和劳务输入管理。而老挝公安部出入境管理局则负责所有出入境者的签证、暂住证和移民等管理。二者分别依照老挝劳动部《关于引进和使用外籍劳务管理的决定》（1999年3月）、《关于引进外籍劳务许可的决定》（2007年12月）和老挝总理府《关于老挝出入境管理和外籍人员管理的总理令》（2009年5月）的各项规定履行各自职责。

其中，涉及劳务输入管理中的工作许可、签证制度的有关内容，老挝劳动社会福利部《关于引进和使用外籍劳务管理的决定》和《关于引进外籍劳务许可的决定》有明确规定。

（1）外籍劳务必须身体健康并具有一定技能和专长，年龄在20周岁以上，无犯罪记录等。

（2）外籍劳务引进申请、登记和延期的程序为向劳动部提出申请（含引进申请书、企业营业执照或工程承包合同和用工计划如用工数量、专长、时间等内容）、经公安部出入境管理局检验的名单、到老挝驻外国使领馆申请LA B2签证、到老挝社会福利劳动部办理登记和工作证、到公安局出入境管理局办理暂住证、向计划投资部提交投资项目所需外籍劳务计划。获得批准后，用工单位须持相关材料到劳动就业司进行劳务登记（材料含登记申请、引进批准证书、护照、健康证、学历证或技能证明、简历、劳动合同、2张3×4相片）；外籍劳务在老挝工作的期限为半年或一年。延期者须办理延期手续（需递交的材料有延期申请、用工者评价及推荐信、工作证、完税证明等），延期期限为6~12个月。

（3）用工单位负责支付劳工工资报酬和代缴10%的个人所得税，指导劳工遵守法律、风俗习惯，工作结束后15日内负责送劳工回国。

（4）外国投资者使用外籍劳务，体力劳动者不能超过本企业职工人数的10%，脑力劳动者不能超过20%。

3.5 环境保护方面

（环保管理部门） 老挝环保管理部门包括自然资源环境部、部派驻处、省/直辖市自然资源环境厅、县和村委会等机构。

（法律法规） 主要环保法律法规有《环境保护法》（1999年4月颁布实施）、《环境保护法实施令》、《水和水资源法》、《水和水资源法实施令》等。

3.6 承包工程方面

（许可制度） 按老挝法律规定，外国承包商在老挝承包工程需获得许可。

（对外国自然人的规定） 老挝不允许外国自然人在当地承揽工程项目，外国自然人需在老挝注册公司或以外国公司的名义方能在老挝承揽工程。

（禁止领域） 老挝法律没有明确禁止外国承包商在老挝承揽工程项目的领域。

（招标方式） 老挝工程建设除了世界银行、亚洲开发银行等国际组织援助项目及部分国家投资项目实行严格招标制度外，其他项目一般采用议标形式。

3.7 知识产权方面

（法律法规） 老挝政府于1995年颁布实施《商标令》，2008年1月颁布实施《知识产权法》。

《商标令》规定，在老挝的个人或法人可以向老挝科技部提出商标注册申请。商标保护期为10年，每次可延长10年。连续5年不用或者商标注册批准证书过期，则失去效力。

《知识产权法》规定，知识产权包括工业产权、物种和专利三大类。工业产权保护期一般为10～20年，其间支付费用；物种保护期乔木类为25年，灌木类为15年，其间支付费用；专利保护期为创作者终生及死后50年。

（处罚规定）　老挝《知识产权法》规定，违反知识产权规章的行为受法律制裁。

3.8　优惠政策

老挝对外国投资给予税收、制度、措施、提供信息服务及便利方面的优惠政策。

（行业鼓励政策）　老挝鼓励外国投资的行业包括出口商品生产；农林、农林加工和手工业；加工、使用先进工艺和技术、研究科学和发展、生态环境和生物保护；人力资源开发、劳动者素质提高、医疗保健；基础设施建设；重要工业原料及设备生产；旅游及过境服务。

（税收优惠政策）

（1）进口用于在老挝国内销售的原材料、半成品和成品可减征或免征进口关税、消费税和营业税，即进口经有关部门证明并批准的原材料可免征进口关税和营业税，进口老挝国内有但数量不足的半成品5年内可按最高正常税率减半征收进口关税和营业税，进口经有关部门证明并批准的老挝国内有但数量不足或质量不达标的配件可按照东盟统一关税目录中的税率征收配件关税及消费税。

（2）进口的原材料、半成品和成品在加工后销往国外的，可免征进口和出口关税、消费税和营业税。

（3）经老挝计划投资部批准进口的设备、机器配件可免征进口关税、消费税和营业税。

（4）经老挝计划投资部或相关部门批准进口的老挝国内没有或有但不达标的固定资产可免征第一次进口关税、消费税和营业税。

（5）经老挝计划投资部或相关部门批准进口的车辆（如载重车、推土机、货车、35座以上客车及某些专业车辆等）可免征进口关税、消费税和营业税。

（地区鼓励政策）　老挝政府根据不同地区的实际情况给予投资优惠政策：一类地区，即没有经济基础设施的山区、高原和平原，免征7年利润税，7年后按10%征收利润税。二类地区，即有部分经济基础设施的山区、高原和平原，免征5年利润税，之后3年按7.5%征收利润税，再之后按15%征收利润税。三类地区，即有经济基础设施的山区、高原和平原，免征2年利润税，之后2年按10%征收利润税，再之后按20%征收利润税。免征利润税时间从企业开始投资经营之日起算；如果是林木种植项目，从企业获得利润之日起算。

此外，企业还可以获得如下四项优惠：一是在免征或减征利润税期间，企业可以获得免征最低税的优惠；二是利润用于拓展获批业务者，将免征年度利润税；三是对直接用于生产车辆配件、设备，老挝国内没有或不足的原材料，用于加工出口的半成品等进口可免征进口关税和赋税；四是出口产品免征关税。

用来进口替代的加工或组装的进口原料及半成品可以获得减征关税和税赋的优惠，经济特区、工业区、边境贸易区以及某些特殊经济区等按照各区的专门法律法规执行。

(特殊经济区域) 2011年末，老挝政府颁布《2011—2020年在老挝开发经济特区和专业经济区战略规划》，规划到2015年建立14个经济特区和专业经济区。目前，老挝批准设立了10个经济开发区，占地13564公顷，其中有2个经济特区及8个专业经济区，即沙湾—色诺经济特区、金三角经济特区、磨丁丽城专业经济区、万象嫩通工业贸易园、赛色塔综合开发区、东坡西专业经济区、万象隆天专业经济区、普乔专业经济区、塔銮湖专业经济区、他曲专业经济区。

老挝《投资促进法》规定，经济特区及专业经济区经营期限最长不超过99年，如对老挝经济社会发展贡献突出，在获得老挝政府同意后，可适当延长经营期限。

4. 办事手续及流程

4.1 注册企业

在老挝设立企业的形式包括私营企业、股份企业和公司。

(受理机构) 企业注册由老挝工业贸易部（或省/直辖市工业贸易厅）企业注册办公室受理。

(主要程序)

（1）向老挝计划投资部及其下属省/直辖市计划投资厅或者老挝工业贸易部及其下属省/直辖市工业贸易厅申请外国投资许可证。《投资促进法》对投资许可证制度进行了较大修改，取消了对拟开展"普通经营活动"的外国投资主体应取得投资许可的规定。

（2）拟开展"普通经营活动"的外国投资者需向老挝工业贸易部（或省/直辖市工业贸易厅）企业登记办公室递交企业设立申请材料（含企业注册申请书、

企业名称许可证、成立协议、企业章程及授权书等）。

（3）递交申请后10个工作日获得批复（如未获批准，将有书面说明）。

4.2 承揽工程

获取信息 国家筹资的项目由各主管部门发布信息；各省及主要城市也设有市政基础设施管理部门，负责发布本地区的发展战略与项目信息。一般而言，招标项目均在主要报刊上发布招标信息。

招标方式 老挝国家投资或国际组织贷款和援助项目，多数采用招标方式；自筹资金承建项目或国别援助项目可通过议标方式进行。

许可手续 在老挝承包重大工程项目，一般是通过项目业主向老挝总理府报批，获批后即可签订工程承包协议并进行施工，监理单位可由施工单位推荐并由项目业主最终决定。

4.3 申请专利

老挝国家科技部是负责包括专利在内的一切知识产权事务的主管部门，下设省、市科技厅，企业或个人申请专利须向其提交申请。

4.4 注册商标

在老挝注册商标需到其主管部门科技部提交商标注册申请、授权书、商标样本、商标使用规定、优先使用权证明、缴费单等文件，受理后60日内获批。

4.5 纳税申报

报税时间 报税时间是每年12月31日前，但利润税按季度缴纳，个人所得税逐月缴纳。

报税渠道 根据老挝法律，企业按规定直接向所在地税务登记部门缴纳。

报税手续 根据老挝的法律，企业在老挝的纳税手续由企业自己到所在地税务登记部门申报并缴纳。

报税资料 企业在老挝纳税需要提供的相关材料包括税务报表、发票、外国投资许可证、企业营业执照、企业经营许可证等。

4.6　工作签证

（主管部门）　老挝负责外国人工作许可管理的部门是老挝劳动社会福利部外国工作人员管理司。

（工作许可制度）　外国人赴老挝工作，必须获得当地劳动部门签发的工作许可，并在老挝驻申请人所在国大使馆或领事馆办理B2商务签证。

（申请程序）　工作许可证由在老挝的雇主（公司或个人）向所在地劳动主管部门提出申请，经审核后，14个工作日内发放工作许可证。

（提供资料）　申请工作许可证需携带聘用单位的聘用许可证明、一张一寸照片、含B2商务签证的护照和办证费用（120美元/人/年）。

4.7　能为中国企业提供帮助的机构

（中国驻老挝大使馆经济商务参赞处）

地址：WatNak Road, Sisattanak, Vientiane, Lao P.D.R_

电话：00856-21353459/60/61/62

网址：la.mofocom.gov.cn

（老挝驻中国大使馆）

地址：北京市三里屯东四街11号

电话：010-65321224（办公室），010-65323601（商务处）

（老挝驻昆明总领事馆）

地址：云南省昆明市东风东路96号茶花宾馆3号楼2楼

电话：0871-3175523/3176624

5．中国企业应注意的事项

5.1　投资方面

第一，客观评估投资环境。老挝人口少、市场小，难以规模化生产制造，大部分物资靠进口，成本相对较高，投资经营中需注意成本调查、核算。老挝基础建设条件欠佳，工业较难配套，物流成本较高，运输时间长，煤炭严重缺乏，水电虽丰富，但电网建设跟不上，全国仍有1/6的村不通电。

第二，适应法律环境的复杂性。近年来，随着老挝对外开放力度加大，各种法律都在修改完善之中，需不断关注最新法律法规和政策的出台修订，可聘用律师事务所和政府部门中的资深法律专家作为法律顾问。

第三，全面、客观了解老挝的优惠政策。老挝政府公布的外商投资优惠政策对不同行业、不同地区、不同贡献的企业有不同的标准，要全面、客观地了解优惠政策申报条件、时限等，做好科研调查，规避政策风险。进入经济特区、工业园区的投资企业，虽然可享受保税、免税的政策，但企业要自行解决"三通一平"等基础设施的建设投入，需要统筹评估利弊关系。

5.2 贸易方面

（贸易管理规定）　老挝贸易管理中不同商品有不同的管理规定。例如，木材贸易中原木、锯材等禁止出口，只有木材制成品才能出口；矿产品贸易中原矿不能出口，必须半加工品才能出口；药材贸易中大黄藤需向老挝政府申请配额后方能出口等。老方进口商品主要按中国—东盟（10+1）自贸区货物贸易协定执行，即除敏感商品外，其余商品逐年降低，在2015年降为零关税。另外，随对老挝援助和投资项目进入老挝的产品，在实施期内可享受零关税。

（支付条件）　由于中老银行之间没有业务往来，因此在双边贸易中不开信用证，不用定金等支付方式，主要通过现金交易，在现金交易中应注意规避汇率风险和信用风险等。

（商品质量和服务）　由于老挝和泰国之间的文字、信仰、习俗、气候、地理条件相近，老挝公民容易接受泰国产品，而中国产品要进入老挝开展市场竞争必须了解泰国同类产品的质量、性能、包装等，尤其在商品包装的文字方面，以及在稳定供货及售后服务等方面要有竞争性，同时注意商品要适应老挝炎热的气候。

（商务礼仪）　由于老挝语是特殊语种，中方熟练掌握的人不多，在投资贸易的交流合作中如果语言不通或不准确，会与很多商机失之交臂，一个好的老挝语翻译很重要。老挝是佛教国家，十分讲究礼仪，尊重当地风俗、礼节、规矩及卫生要求十分重要。

5.3 承包工程方面

第一，抓住市场机遇。老挝各种基础建设处于起步阶段，公路、铁路、航空、电站、电网等基础建设项目及城市设施项目正陆续上马，农业、矿业等资源开发项目将逐步增多，工程承包市场潜力较大，应密切跟踪。企业应树立信誉、打造品牌，从小到大、从分包到总包，逐步延伸项目市场，要注意规避竞争风险、资金风险、市场风险等。建议中资企业在当地设立办事处或公司，准确掌握最新发展动向，实现预期目标。

第二，注意选择不同的经营方式。由于老挝政府资金短缺，项目资金主要来源于国际援助、世界银行、亚洲开发银行贷款及外商投资，政府财政资金主要用于项目配套。项目经营方式有带资承包、出口买方信贷、BOT、资源换资产等，要注意研究各种不同项目类型、不同资金渠道，注意规避支付风险。

第三，认真做好劳动成本核算。老挝劳动力数量和质量总体不能满足需要，中国项目承建商需从国内带出劳务，这涉及在老挝的居住证、就业证、多次往返证等，因证件费用昂贵，企业需认真核算成本。

第四，注意量力而行。随着市场竞争加剧，业主倾向于选择有资质、信誉好、有当地业绩的企业作为承包商，因此备齐各种证件，提供有利的竞争条件是必须具备的。企业要客观评价自身实力，量力而行，找好市场切入点，切勿盲目行事。

5.4 劳务合作方面

中老两国政府尚未签订劳务合作协议，因此在会计、律师、特种劳务等项目中没有进行劳务合作业务。

5.5 其他应注意事项

当地政府对在老挝办理居住证、就业证、多次往返证等有严格的规定，费用昂贵，手续复杂，建议中资企业请当地有经验的律师协助，并要注意这些证件的有效期，需提前办理延期手续，逾期不办将受到罚款、遣返等处理。

5.6 防范投资合作风险

在老挝开展投资、贸易、承包工程和劳务合作的过程中，要特别注意事前调查、分析、评估相关风险，事中做好风险规避和管理工作，切实保障自身利益，包括对项目或贸易客户及相关方的资信调查和评估、对项目所在地政治风险和商业风险的分析和规避、对项目本身实施的可行性分析等。建议企业积极利用保险、担保、银行等金融机构和其他专业风险管理机构的相关业务保障自身利益，包括贸易、投资、承包工程和劳务类信用保险、财产保险、人身安全保险等，银行的保理业务和福费廷业务，各类担保业务（政府担保、商业担保、保函）等。

6. 中国企业遇到问题该如何解决

6.1 寻求法律保护

中国企业应遵守老挝的法律法规。企业或个人遇到纠纷时，可以到老挝当地律师事务所或者老挝司法部咨询相关情况，可根据自己的需要，聘请老挝当地的律师或通过使馆协助聘请律师。

6.2 寻求当地政府的帮助

老挝从中央到地方各级政府十分重视吸引外国投资，中资企业在老挝的投资合作中，要与当地政府相关部门建立密切联系，并及时通报企业发展情况，反映遇到的问题，寻求所在地政府更多的支持。遇有突发事件，除向中国驻老挝使馆经济商务参赞处、公司总部报告以外，还应及时与老挝所在地政府取得联系，争取支持。

6.3 取得中国驻当地使（领）馆保护

中国公民在老挝境内应严格遵守当地法律法规，如果中国公民（包括触犯当地法律的中国籍公民）在当地所享有的合法权益受到侵害，中国驻老挝使馆有责任在国际法以及当地法律允许的范围内实施保护。中资企业在进入老挝市场过程中，应按照中老双方政府的规定，办理两国政府批准投资的法律文件，并在当地注册后，及时持上述相关法律文件复印件到使馆经济商务参赞处报到备案；正常情况下，保持与经济商务参赞处的联络。遇有突发事件发生时，应及时向使馆报告。处理相关事宜时，要服从使馆的领导和协调。

6.4 建立并启动应急预案

中资企业到老挝开展投资合作，要客观评估潜在风险，有针对性地建立内部紧急情况预警机制，制定风险应对预案。对员工进行安全教育，强化安全意识；设专人负责安全生产和日常的安全保卫工作；投入必要的经费购置安全设备，给员工上保险等。遇有突发自然灾害或人为事件，应及时启动应急预案，争取将损失控制在最小范围。遇有火灾和人员受伤，应及时拨打当地火警和救护电话，之后立即上报中国驻当地使（领）馆和企业在国内的总部。

6.5　部分政府部门和相关机构

国会：www.na.gov.la

外交部：www.mofa.gov.la

财政部：www.mof.gov.la

农林部：www.maf.gov.la

工业贸易部：www.moc.gov.la

能源矿产部：www.doemem.org

国家银行：www.bol.gov.la

教育部：www.moe.gov.la

卫生部：www.moh.gov.la

新闻文化部：www.mic.gov.la

科技署：www.nast.gov.la

水资源环境署：www.wrea.gov.la

国家旅游总局：www.tourismlaos.org

国家工商会：www.lncci.laotel.com

统计局：www.nsc.gov.la

7.　老挝司法制度及基本特点

司法制度　老挝各级人民法院是国家的审判机关，包括最高人民法院，省、市人民法院，县人民法院和军事法院。最高人民法院是老挝国家的最高审判机关。最高人民法院检查监督地方人民法院和军事法院的判决。最高人民法院副院长和各级法官由国会常务委员会任命和罢免。人民法院实行集体判决。法官在判决时，必须独立行使判决权，只遵照法律行事。人民法院在开庭审理案件时，除法律规定的特殊情况外，必须公开进行。被告人有权就被起诉的问题进行辩护，律师有权在法律方面给予被告帮助。

基本特点 老挝在立法方面，不拘泥于某些旧的立法框框或立法原则，寻求的是灵活实用。因而在法律的表现形式上多以成文、统一的法律形式反映法律规范的内容。老挝立法同时吸收了大陆法系和英美法系的优点，如对程序法越来越重视，诉讼中的国家职权主义被日益淡化，对经济案件的审理也更多地适用国际惯例解决。

附　录

1. 国家概况

国　旗 老挝国旗以红色、蓝色及白色为主色，国旗旗面中间的平行长方形为蓝色，占旗的一半，上下为红色的长方形，各占旗的1/4。蓝色展开一片富饶美丽的国土，表示人民热爱和平安宁的生活。红色象征革命，表明不惜以鲜血为代价捍卫国家尊严。蓝色部分中间为白色圆轮，轮的直径为蓝色部分宽度的4/5。长宽比为3:2。白色圆形象征老挝人民在党的领导下团结一致以及国家光明的未来。白色圆轮也代表满月，置于蓝条之上，象征皎洁明月高悬于湄公河的上空。此旗原为老挝爱国战线旗帜。

国　徽 老挝国徽呈圆形，由两束稻穗环饰的圆面上是具有象征意义的图案：大塔是著名古迹，它是老挝的象征；齿轮、拦河坝、森林、田野等分别象征工业、水力、林业；稻穗象征农业。两侧的饰带上写着"和平、独立、民主、统一、繁荣昌盛"，底部的饰带上写着"老挝人民民主共和国"。

法定货币 老挝货币为基普（KIP）。阿特是老挝基普的辅币，1基普=100阿特。然而，由于老挝基普的面值过小，辅币阿特已基本不在市场流通。现在流通的面值大多为500基普、1000基普、2000基普、5000基普、10000基普、20000基普、50000基普、100000基普。少量流通的面值有1基普、5基普、10基普、20基普、50基普、100基普，10阿特、20阿特、50阿特。

根据老挝外汇管理规定，基普为有条件兑换，鼓励使用本国货币，但在市场上基普、美元及泰铢均能相互兑换及使用。人民币仅在老挝北部中老边境地区兑换及使用。2005年老挝公布的汇率是10600基普兑换1美元。2012年，基普对美元升值

1.81%，对泰铢贬值0.46%。2016年3月公布的基普兑换美元汇率为8107基普兑换100美元。

地理位置

老挝是中南半岛北部唯一的内陆国家，北邻中国，南接柬埔寨，东接越南，西北达缅甸，西南毗连泰国。湄公河流经1900多公里，国土面积23.68万平方公里。首都万象市属于东七时区，比北京时间晚1个小时。无夏令时。

气候特点

老挝属热带、亚热带季风气候。5~10月为雨季，11月至次年4月为旱季。年平均气温约26℃。老挝全境雨量充沛，最少年降水量为1250毫米，最大年降水量达3750毫米，一般年份降水量约为2000毫米。

自然资源

老挝有金、铜、锡、铅、钾、铁、石膏、煤、盐等矿藏。全国锡储量为6.5万~8万吨。迄今得到少量开采的有锡、石膏、钾、盐、煤等。水利资源丰富。森林面积约1700万公顷，全国森林覆盖率约50%，产柚木、酸枝、花梨木等名贵木材。

人口分布

截至2014年末，老挝人口总数约681万人。华侨华人3万多人。

主要城市

（万象） 万象是老挝的首都，面积3920平方公里，人口85万人（2012年）。最高平均气温31.7℃，最低平均气温22.6℃。万象是一座历史古城，自16世纪中叶塞塔提腊国王从琅勃拉邦迁都于此后，这里一直是老挝政治、经济和文化中心，目前是老挝最大的工商业城市。

（琅勃拉邦市） 老挝的古都和佛教中心，人口4.4万人，位于上寮南坎河和湄公河汇合处，市区沿湄公河左岸延伸，地势平缓，平均海拔290米。市郊群山耸立，城市依山傍水，是老挝旅游胜地，该市的传统手工艺品在国内享有盛名。

（沙湾拿吉市） 位于老挝下寮湄公河左岸，人口10万人，为下寮主要城市，工商业较其他城市发达。市区庚谷平原是老挝的主要稻米产区。交通方便，市郊有机场，有13号公路可通达全国，9号公路通向越南岘港，乘船可抵右岸的泰国。

（巴色市） 位于老挝下寮洞河与湄公河交汇处，面积10平方公里，人口4万多人，是老挝的主要稻米产区。为老挝南部关口，南通柬埔寨，西通泰国，市郊有机场，通往泰国的跨河大桥于2000年8月建成。

2. 社会文化

民族文化

老挝有49个民族，大致划分为老泰语族（约占全国人口的60%）、孟高棉语族、汉藏语族和苗瑶语族四大语族。

语言

官方语言为老挝语，英语正逐步普及，部分人会法语。资格较老的政府官员多会说俄语或越南语。近年来，随着中老两国经贸合作不断加强，老挝国内出现了学习汉语的热潮。

宗教

老挝国民大多信奉小乘佛教，1961年老挝宪法规定佛教为国教。统计结果显示，有65%的老挝人信奉佛教。其主要的禁忌也与佛教有关。忌讳亵渎佛像，人们不能随意用手去触摸佛像，更不能用身体的任何部分接触佛像，也不能对佛像随意评论。

习俗

礼仪 人际交往中，老挝人大都态度诚恳，待人谦恭。在社交活动中与别人见面时，他们所行最多的见面礼节是合十礼。在对外交往中，或是年轻人居多的社交场合，老挝人有时也采用握手礼。但是，绝大多数的妇女还是习惯于采用合十礼。

服装 在气候炎热湿润的老挝，人们的衣着打扮具有明显的热带风格，各民族的服饰各有特色，男人的服装比较简单，妇女则喜欢穿筒裙。

饮食 老挝人日常的伙食以糯米饭为主，菜品的特点主要是酸、辣、生。用餐时一般不使用刀叉和筷子，而是习惯用手抓饭。

禁忌 在老挝，人们认为头是最神圣的部位，任何人都不能随意触摸，不能用脚对着人或用脚开门或移动东西。按照传统习俗，老挝人忌讳陌生人进入内室，不经主人邀请或没有获得主人的同意，不要提出参观主人的庭院和住宅的要求，即使是比较熟悉的朋友，去老挝人家做客时，也不要去随意触动个人物品和室内的陈设。

一般进入主人房内需要脱鞋。到老挝洽谈商务、从事贸易活动的最佳时间是旱季。

教育和医疗

教育 老挝学制为小学5年，初中、高中各3年，现有5所大学。位于首都万象的老挝国立大学前身为万象师范学院，1996年11月与其他10所高等院校合并设立国立大学，有8个学院。近两年，老挝南部占巴塞省、北部琅勃拉邦省的国立大学分校相继独立，被正式命名为占巴塞大学和苏发努冯大学。中老两国于1990年开始互派留学生和进修生。2009年，老中两国共同批准创建老挝苏州大学。老挝是中国对外提供奖学金人数最多的国家之一。据统计，2015年老挝有6918人赴华留学，国别排序第14位。

医疗 老挝的医疗卫生事业逐年发展，国家工作人员和普通居民均享受免费医疗。据世界卫生组织统计，2013年老挝全国医疗卫生总支出占GDP的2%，按照购买力平价计算，人均医疗健康支出95美元；2015年老挝人均寿命为66岁。老挝主要传染病有疟疾、登革热等。

主要媒体

全国有各种报刊约20种。《人民报》为老挝人民革命党中央机关报，用老挝文出版。其他还有《新万象报》《人民军报》等。外语报有英文报（*VIENTIAN ETIMES*）和法文报（*LERENOVATEUR*）。

老挝国家广播电台设在万象，用老挝语广播，对外用越语、柬语、法语、英语、泰国语广播。此外，还有老挝人民军广播电台和14个省级广播电台。

老挝国家电视台建于1983年12月，共三套节目。每天各播放节目18小时左右。

社会治安

老挝国民信奉小乘佛教，民风淳朴，社会治安总体良好。老挝人民对中国比较友善，没有任何歧视。老挝法律规定，符合条件的个人经批准可持有枪支。

传统节日

老挝人民军成立日（1月20日）、老挝人民革命党成立日（3月22日）、老挝新年（也称宋干节或泼水节，公历4月13日）、独立日（10月12日）、国庆节（12月2日）。

参考文献

[1] 商务部. 对外投资合作国别(地区)指南——老挝[Z]. 2016.

[2] 陈定辉. 老挝: 2015年回顾与2016年展望[J]. 东南亚纵横, 2016(1).

[3] 中国出口信用保险公司. 国家风险分析报告[M]. 北京: 中国金融出版社, 2016.

[4] 马树洪, 方芸. 列国志——老挝[M]. 北京: 社会科学文献出版社, 2004.

执笔人简介

李慧超，现就职于中国人民银行本溪市中心支行外汇管理科，会计学学士学位。从事国际收支、资本项目管理等工作。多次参与人民银行、国家外汇管理局的课题研究活动，在《金融时报》发表有《对P2P倒闭潮的剖析与思考》《美国非传统信用信息使用机制的启示》等文章。

立陶宛

执笔人：于骁骁

1. 经济金融

1.1 宏观经济

经济增长率 2010—2012年，立陶宛政府全面复兴经济，将经济恢复到危机前最高水平。立陶宛2016年GDP约386.31亿欧元，同比增长2.2%（见表1），其中2016年前三个季度GDP总额约301.9亿美元，同比增长2.1%。国际货币基金组织预测立陶宛2017年经济增长率为3%，立陶宛中央银行预测必须等到2017年欧盟资金注入、主要贸易伙伴经济恢复后，GDP增速才能有所提高。

表 1　2012—2016 年立陶宛宏观经济情况

项目 年份	2012	2013	2014	2015	2016
经济增长率（%）	3.9	3.3	2.9	1.7	2.2
人均 GDP（美元）	14169	15526	16430	14238	15366

数据来源：世界银行数据库。

GDP 构成 2015年，投资、消费、进出口占当年GDP的比重分别为18.4%、82%、-0.4%。出口总额为231亿欧元（约合252.2亿美元），同比减少5.3%；进口总额为254亿欧元（约合277.4亿美元），同比增长1.9%，全年贸易逆差为23亿欧元（约合25.1亿美元）。

预算收支　2015年立陶宛预算收入105.1亿欧元，支出102.9亿欧元，财政赤字2.2亿欧元（同比减少0.55亿欧元）。2016年立陶宛中央和地方财政收入共计约75.7亿欧元，超过财政预算约2.4亿欧元，相当于预算的3.2%。

外汇储备　截至2015年12月，立陶宛外汇储备12亿欧元，黄金储备1.8亿欧元，特别提款权1.8亿欧元。最新数据显示，截至2017年1月，立陶宛官方外汇储备资产约16.8亿欧元。

通货膨胀　2014年，立陶宛CPI指数较上年下跌0.3%，2015年则继续下跌了0.1%。2015年通货膨胀率为0.3%。根据国际货币基金组织公布的最新经济预测数据，预计立陶宛2017年的通货膨胀率将从之前的1.9%调低至1.2%。

失业率　立陶宛2016年失业率为7.9%，比2015年下降1.2%。2016年就业人数约136万人，失业人数约11.6万人，其中15～24岁的年轻人失业率14.5%，比上年减少1.8%。国际货币基金组织公布的最新经济预测数据显示，立陶宛2017年失业率将调至7.6%。

1.2　产业结构

2015年立陶宛三大产业产值分布情况见图1。

数据显示，立陶宛2013—2014年对GDP贡献较大的建筑行业，在2015年GDP的构成中占比有所减少。2015年第四季度，批发零售业、机动车辆维修、加工工业、金融保险、运输仓储、住宿餐饮业的表现较为突出。近年来，立陶宛积极调整产业结构，金融中介、旅游业等服务业在立陶宛经济中所占的比重有所提高。

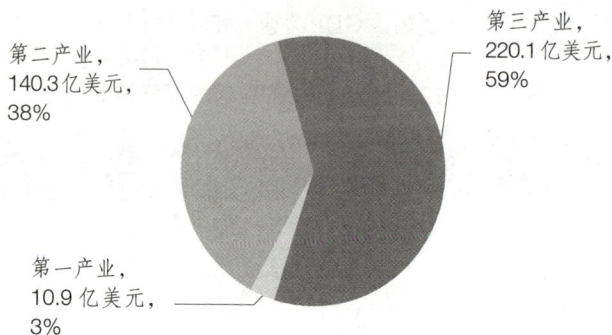

图1　2015年立陶宛三大产业产值分布

农业粮食产量波动　2016年农产品产值约24.73亿欧元，同比减少8.9%，产量同比下降2.9%。其中，谷物产量下降8%，畜牧产量下降0.7%。

零售贸易平稳增长 2016年前三季度立陶宛零售贸易同比增长6.6%。

1.3 支柱产业

食品加工 立陶宛的食品加工产品是其重要的出口产品之一，代表商是JSC "ROKISKIO SURIS"、JSC "PIENO ZVAIGZDES"及JSC "ZEMAITIJOS PIENAS"等牛奶制品企业集团，其加工的鲜牛奶约占立陶宛鲜牛奶市场份额的85%；BIOVELA集团是波罗的海地区最大的肉食加工企业之一，约占立陶宛市场份额的30%。

木材加工 木材加工在立陶宛的发展前景较好，其增长速度已远远超过整个制造业的平均水平。代表产品是胶合板、木质板材、家具、木箱、木制构件等。代表商主要是SBA集团、LIBROS集团、VAKARU MEDIENOS集团、BALTIJOS BALDU集团等。

交通物流 立陶宛地处西欧和东欧的中心地带，地理位置优越，交通建设较为先进，通过利用境内4个国际机场及西部的克莱佩达港，大力发展交通运输业和物流业。2016年8月，立陶宛铁路公司与俄罗斯最大物流公司之一圣彼得堡欧洲西伯利亚运输系统公司签署协议，承诺相互提供物流服务，并正在探讨中国输欧集装箱运输的新途径。代表商有DSV、DB Schenker、DFDS、Girteka UAB、Ad Rem UAB、Vinges Logistikos Group、VPA公司等。

生物技术 近几年，立陶宛已成为中东欧生物技术行业的领军国家，遗传工程药品及遗传工程相关的生物化学和化学媒介发展前景较为可观，国际市场十分看好立陶宛在分子生物方面取得的成就。代表商主要有UAB Fermentas、UAB Sicor Biotech、UAB Biocentras等。

激光技术 立陶宛的一些激光企业早在1980年左右就跻身国际激光市场，目前仍旧处于国际领先地位，部分产品的市场占有率甚至超过50%。世界上许多享有国际声誉的尖端科研机构都依托于这些公司生产的产品。代表商有EKSPLA、LIGHT CONVERSION、STANDA、OPTIDA、KITRON、YAZAKI等公司。

1.4 对外贸易

贸易总量 2016年立陶宛出口约226.09亿欧元，同比减少1.3%；进口约248.36亿欧元，同比减少2.2%；贸易逆差约22.27亿欧元，同比减少10.8%。进出口下降的主要原因是石油产品出口减少18.6%，化肥产品出口减少24.9%，水果和坚果出口减少43.3%。

表2 2010—2016年立陶宛进出口贸易情况

单位：亿美元

年份\项目	2010	2011	2012	2013	2014	2015	2016
出口	207	281	296	326	323	256	226
进口	234	318	320	348	351	283	248
逆差	27	37	24	22	28	27	22

资料来源：欧盟统计局。

(贸易伙伴) 欧盟、独联体国家是立陶宛主要贸易伙伴。2016年立陶宛前十大贸易伙伴主要为俄罗斯、德国、波兰、拉脱维亚、荷兰、英国、白俄罗斯、爱沙尼亚、意大利、瑞典。

截至2016年末，主要出口目的地仍然是俄罗斯，占出口总额的13.5%，其次为拉脱维亚（9.9%）、波兰（9.1%）、德国（7.7%）。主要进口国为俄罗斯，占14.4%，其次为德国（12.1%）、波兰（10.8%）以及拉脱维亚（8%）。立陶宛本土商品主要出口国为德国（10%）、美国（8.3%）、波兰（7.7%）、拉脱维亚（7.4%）、瑞典（6.9%）。

(商品结构) 出口商品主要有矿物燃料、矿物油、机械、电机、电气、家具寝具、纺织品、车辆、木及木制品、谷物等。进口商品主要有矿产品、机械设备、电气设备、化工产品、药品、钢铁制品、有机化学品、光学设备等。

1.5 货币政策

2015年之前，立陶宛货币为立特。其货币政策的特点如下：一是立特盯住欧元；二是立特的发行以外汇储备为后盾，保证立特与欧元随时可按固定汇率兑汇。2015年1月1日，立陶宛正式成为欧元体系的一部分，货币政策受欧洲中央银行调节。立陶宛境内三大银行（瑞典北欧斯安银行、瑞典银行和挪威DNB银行）直接处于欧洲中央银行的监管之下。2015年2月3日，立陶宛加入欧洲稳定机制，正式成为该机制的第19个成员国。加入欧洲稳定机制有利于立陶宛缓解金融动荡的冲击，从而更好地保护投资者。

1.6 外汇管理

近年来，立陶宛短期外汇风险较高，尤其在汇兑风险方面存在较高风险。自1993年8月1日起，立陶宛开始实施《外汇法》。依照该法规定，外国公民和法人有权在立陶宛中央银行许可的境内商业银行开设外汇账户及进行外汇交易。另外，根据联合国安理会有关决议和欧盟有关规定，立陶宛对于恐怖主义有关的个人、团体和组织的外汇交易采取制裁措施。

__国际收支申报__　根据《立陶宛反洗钱和反资助恐怖活动法》，立陶宛境内金融机构可依法对一次性超过15000欧元或等额其他外币或数次关联操作超过6000欧元或等额其他外币的外汇兑换，以及超过600欧元或等额其他外币的国内、国际邮政汇款等，进行甄别并向立陶宛内政部金融犯罪调查局报告；而立陶宛海关则依法对携带超过10000欧元或等额其他外币的现金（纸币或硬币）和（或）无记名可转让票据（支票、本票、汇票等）出入境者进行查验，超过规定限额者必须申报。

__资本账户开放__　立陶宛是中东欧八国中最早也是最快开放资本账户的国家。立陶宛于1997年就将KAOPEN指数提升到了2.42，达到美国、欧洲等发达工业化国家的资本账户开放水平。值得注意的是，立陶宛于2008年增加资本账户限制，将KAOPEN指数逐步减少到2012年的1.11。在资本项目开放条件下，实行货币局制度符合"三元悖论"原则，也是"中间制度消失论"所倡导的汇率制度，立陶宛不会轻易改变其汇率制度，而是极力维护汇率的稳定。

1.7　金融

__融资条件__　2015年1月，立陶宛金融机构对非金融企业及居民新增本币贷款平均利率为3.27%，本币存款平均利率为0.51%。

立陶宛于2001年11月29日成立了投资与商业担保公司，为中小企业（员工总数不超过250人）提供贷款担保。企业运营时间超过3年的，可获得担保额度最高为144.81万欧元；运营时间不满3年的，可获得担保额度最高为57.924万欧元。企业获得担保，须一次性支付担保额度1%或1.5%的担保费。目前，中资企业不能使用人民币在当地开展跨境贸易和投资合作。

__银行业__　立陶宛银行为立陶宛中央银行，它独立于立陶宛政府及其他机构，主要职能包括发行本国货币、制定和实施货币政策、确定本国货币汇率机制并发布官方汇率、颁发或撤销本国金融机构许可证、批准外国银行设立分支机构或办事处、对金融机构进行监管等。

目前，立陶宛共有7家商业银行、8家外国银行分行、2家外国银行代表处、75家信贷公司（含立陶宛中央信贷联盟）。280家欧盟各国银行可提供无分行跨境银行服务。2015年，立陶宛各商业银行的存款总额约为169亿欧元，贷款总额159亿欧元。当期，银行业基础业务利润额2.1亿欧元。目前立陶宛国内最大的商业银行是瑞典的SEB银行，截至2016年初，其资产总额约为68.7亿欧元。

2016年1～3月，立陶宛境内商业银行及外国银行分支机构的利润额约为6100万欧元，同比上涨7.5%。在13家银行机构中，11家实现盈利，2家处于亏损状态。截至2016年3月底，立陶宛银行业资产总额约为234.76亿欧元，比2015年同期增长3.8%。

目前，在立陶宛无中资商业银行。

信用卡　立陶宛中央银行发布的数据显示，截至2016年3月，立陶宛各商业银行共发行支付卡约347.1万张。借记卡是其国内主要的支付卡种类，总量约为303.3万张，约占全部银行卡的90%；信用卡约为43.8万张。中国国内发行的VISA、Master外币卡可在当地刷卡消费或取现。中国银联卡可在部分商家刷卡消费。

证券业　维尔纽斯证券交易所（VSE）成立于1993年，目前隶属于NASDAQ-OMX集团，是立陶宛唯一的证券交易所，主要从事证券交易、挂牌上市和提供信息服务。只有VSE的会员单位（主要是银行和经纪公司）可以在该交易所进行交易。该交易所与里加证券交易所和塔林证券交易所一起组成NASDAQ OMX波罗的海交易所，发布OMX波罗的海指数。自2010年11月22日起，立陶宛维尔纽斯证券交易所交易币种由立特改为欧元。

1.8　中立经贸

双边经贸协定　主要包括《中华人民共和国政府和立陶宛共和国政府经济贸易合作协定》（1992）、《中华人民共和国政府和立陶宛共和国政府关于鼓励和相互保护投资协定》（1993）、《中华人民共和国铁道部和立陶宛共和国交通部铁路科技和经济合作协议》（1993）、《中华人民共和国政府和立陶宛共和国政府关于对所得和财产避免双重征税和防止偷漏税的协定》（1996）、《中华人民共和国交通运输部与立陶宛共和国交通和通讯部关于建立双边磋商机制的谅解备忘录》（2009）、《中国、白俄罗斯和立陶宛三国关于连接亚洲和欧洲的东西交通走廊倡议的联合宣言》（2009）、《证券期货监管合作谅解备忘录》（2013）。

双边贸易　中立两国自1991年建交以来，双边经贸合作以贸易为主，规模不大。国际金融危机爆发后，立陶宛企业日益关注中国市场，中国企业也开始重新探索立陶宛市场。2015年，中立双边贸易额为13.5亿美元，其中中方对立陶宛出口12.1亿美元，自立陶宛进口1.4亿美元，同比下降10.9%，中方贸易顺差10.7亿美元（见表3）。

表3　2010—2016年中立双边贸易规模

单位：亿美元

年份　　项目	中国自立陶宛进口	中国对立陶宛出口	双边贸易额
2010	0.44	9.82	10.26
2011	0.88	13.35	14.23
2012	0.89	16.32	17.21
2013	1.24	16.87	18.11
2014	1.57	16.58	18.15
2015	1.40	12.11	13.51
2016	1.64	12.91	14.54

资料来源：中国海关。

在中立农产品合作上，立陶宛希望能够把更多的产品出口到中国，尤其是牛奶、肉类制品、水果等。在基础设施建设合作上，立陶宛则表现出了较大的兴趣，双方在深水港合作上有较大空间。2014年10月，连云港港口集团与立陶宛铁路公司和克莱佩达港口局签署战略合作框架协议，两国三方联手搭建连云港至克莱佩达港的物流通道，打造向东延伸至东北亚和东南亚、向西延伸至北欧和西欧的洲际物流链。2017年3月15日，驻立陶宛使馆经济商务参赞陈霖表示中立在航空旅游业的合作潜力巨大，未来将有更多中国游客选择立陶宛作为出游目的地。

2. 经济环境

2.1 国内市场

　　销售总额　　2015年，立陶宛国内消费品（不含汽车和摩托车零售额，且不含增值税）为89.6亿欧元。同期，汽车和摩托车批发、零售及维修业销售额为24.8亿欧元，公共餐饮及饮料业销售额为5.1亿欧元。

　　工资水平　　2015年，立陶宛居民人均税前月工资为712欧元，税后月工资为553欧元。立陶宛统计局数据显示，2016年立陶宛实际工资收入比2015年增长7.3%，平均月工资增长至约771欧元。

　　物价水平　　立陶宛物价在欧盟国家中处于中低水平。2016年3月，立陶宛基本生活必需品价格约为：大米2.08欧元/公斤，面粉0.75欧元/公斤，土豆0.49欧元

/公斤，黄瓜2.4欧元/公斤，植物油2.05欧元/升，牛奶0.56欧元/升，鸡蛋1.29欧元/10个，猪肉3.18欧元/公斤，牛肉6.69欧元/公斤。

2.2 基础设施

〔公 路〕 立陶宛的公路基础设施较为发达，能够与欧洲及独联体国家连为一体。立陶宛境内公路总里程约为84467公里，其中国家级公路21254公里，包括干线公路1745公里、国道4936公里、县际公路14573公里。截至目前，共有6条主要欧洲级公路经过立陶宛：E67公路、E28公路、E77号公路、E85号公路、E262号公路、E272号公路。

〔铁 路〕 立陶宛铁路与俄罗斯及其他独联体国家交通十分方便。目前，立陶宛境内铁路铺轨里程约2188.7公里，运营里程约1767.6公里。2014年立陶宛铁路共运输旅客约484.4万人，2015年立陶宛铁路客运量比上一年度减少62万人，完成货运量4805.3万吨，其中国际运货量3360万吨、国内运货量1440万吨。宽轨连接波罗的海国家及独联体国家，窄轨则连接波兰并通过波兰连接西欧国家。纵贯南北的1号铁路干线和横跨东西的9号铁路干线铁路网使立陶宛成为连接东西欧的重要货物运输走廊。目前立陶宛正筹建现代化的跨波罗的海三国的铁路和公路，预计将成为欧洲运输网中的重要一环。

〔空 运〕 立陶宛航空运输条件较好，主要有四个国际机场，分别位于维尔纽斯、考纳斯、首莱、帕兰加。其中，维尔纽斯国际机场是立陶宛最重要的航空客运枢纽。立陶宛和中国之间还没有直达航线，从北京前往维尔纽斯可经由赫尔辛基、莫斯科或法兰克福中转。

〔水 运〕 立陶宛具备较好的海运基础，克莱佩达港位于立陶宛西部，地理位置优越，是波罗的海东岸最北的不冻港之一，全年无休，是东西方海运、公路、铁路运输的主要枢纽之一。克莱佩达港是一个多用途深水港，港区面积约538.7公顷，水面面积约877.2公顷，码头总长约27.6公里，有33个专业码头，可以处理各类货物。

〔通 信〕 近年来，立陶宛移动通信和互联网发展迅速。2011年3月，立陶宛通过2011—2019年规划，将建设信息社会作为重要目标。现今，境内主要固定电话运营商是立陶宛电信公司，移动通信运营商有Omnitel、Bite、Tele2等公司。

〔电 力〕 立陶宛境内波罗的海地区的唯一核电站伊格纳利纳核电站于2009年末关闭，立陶宛由电力出口国变为电力短缺国。2014年立陶宛发电量为40.5亿千瓦时，2015年立陶宛发电量比2014年约增加13%。为满足国内用电需求，立陶宛自周边国家大量进口电力，占用电总量的66%。其中，自拉脱维亚、爱沙尼亚、北欧国家电力进口占比为57%，自俄罗斯、白俄罗斯的电力进口占比为43%。目前，立陶宛政府有意在原核电站附近的维萨吉纳斯市建一座新的核电站，正在进行前期的经济论证。

2.3 商务成本

劳动力工薪

（1）劳动力供求。据立陶宛统计局统计，2015年全国劳动人口约147万人，就业人口约133万人，失业人口约13万人，失业率为9.1%。截至2017年2月1日，立陶宛注册失业人数约15.5万人，长期失业人数约4万人。

（2）劳动力工薪。2014年，立陶宛人均税前月工资为676.4欧元，2015年立陶宛实际工资水平比上年上涨5.8%。同期，含个体企业在内的平均余额月均税前工资涨幅为5.1%（35欧元），达到712欧元；月均税后工资涨幅为4.8%（25欧元），达到553欧元。社会保险金缴纳税率雇主部分为30.98%，个人部分为9%。

立陶宛政府从2016年1月1日起拟提拨款2720万欧元，将居民最低工资水平从目前的300欧元提升至350欧元。其后自2016年7月1日起再拨款2110万欧元，将最低工资水平续升至380欧元。

土地及房屋价格

据Ober-Haus Real Estate Advisors公司立陶宛分公司发布的数据，截至2014年末，在维尔纽斯普通居住区，两室旧公寓月租金（不含房屋维修费，下同）为170~230欧元，而新公寓月租金则不低于275欧元。在城市中心区和黄金地段，设施齐全的两室房屋月租金从230欧元到460欧元不等，三室房屋则自275欧元至720欧元不等。

2.4 风险评估

虽然立陶宛经济环境良好且发展潜力较大，但近几年很多潜在风险不容忽略，主要可概括为以下几点：

一是外部经济环境仍充满变数。立陶宛经济总量较少，开发度较高，对欧洲市场的依存度也较高。欧盟国家是立陶宛最大的贸易伙伴，对欧盟进出口总额占外贸总额的60%左右，且立陶宛银行业的80%由北欧国家银行控股，因此立陶宛经济发展很大程度上取决于欧盟国家的经济形势。目前，欧洲部分国家面临主权债务风险，立陶宛经济增长动力将受到影响，经济复苏的不确定性增加。

二是人口流失较为严重。2016年初，立陶宛常驻人口数量约为288.9万人，比上年减少约3.27万人，减幅超过1%。

三是能源对外依存度较高。2014年立陶宛进口能源占全国能源消费的77.9%，对外依存度仍高居欧盟国前列。

3. 政策规定

3.1 投资方面

投资主管部门　立陶宛的投资主管部门较多，既有政府机构，又有非政府机构。负责制定投资政策的部门是经济部，负责向外国投资者提供本国商业环境和相关投资信息的是投资署，此外还有立陶宛自由市场协会、投资者论坛和立陶宛国际商会等负责相关工作。

投资行业　立陶宛于1999年颁布实施《投资法》，该法适用于国内和国外投资。根据该法，外国投资者和立陶宛本国投资者享有同样的权利，平等对待。除了涉及国家安全及国防的领域之外，外国投资者可以进入立陶宛各个经济领域而不受限制。另外，立陶宛选定的符合欧洲和泛大西洋一体化原则，且国家国防委员会给予支持的经营主体亦可参与涉及国家安全及国防领域的投资。

投资方式　根据立陶宛《投资法》，投资者在其境内可依据法律所规定的程序，通过以下方式进行投资：（1）设立经营主体，收购在立陶宛共和国注册的经营主体的股份或部分股份；（2）收购各种形式的有价证券；（3）兴建、收购长期资产或使其增值；（4）投资者向已拥有部分股份的经营主体提供借款或其他资产，试图取得经营主体控制权或向其施加明显影响力；（5）履行许可经营合同、租赁赎买（租赁）合同，以及政府主体与私营主体合营合同。

3.2 贸易方面

贸易主管部门　立陶宛经济部和外交部主管对外贸易工作。其中，经济部主要负责改善国内商业和投资环境、促进立陶宛企业出口、利用欧盟结构基金援助、监管政府采购、发展旅游业、促进企业创新、监管国有企业、颁发两国物资进出口的监管及相关出口许可等。外交部主要负责会同经济部制定本国对外贸易政策、参与欧盟针对第三国贸易保护措施案件的调查和决策，并就有关案件起草立陶宛本国立场报告，协助涉案企业维护自身利益。

贸易法规体系　　立陶宛2004年5月1日加入欧盟以后，执行欧盟统一的对外贸易政策，包括统一的关税、进口禁令、进口许可、技术性贸易壁垒和检验检疫措施。立陶宛本国生产的产品属于欧盟原产地产品，与欧盟其他国家适用相同的出口关税。

贸易管理的相关规定　　立陶宛执行欧盟统一的进出口政策，鼓励出口，遵循欧盟在安全和技术标准方面对进出口产品的规定。目前，立陶宛执行欧盟与马其顿、阿尔及利亚、埃及、以色列、黎巴嫩、摩洛哥、巴勒斯坦、叙利亚、突尼斯、约旦、南非、墨西哥、智利等国签订的自由贸易协定。

2015年政府积极加强与周边国家的经济合作，努力协商扩大包括中国在内的海外出口市场，立陶宛不断推进乳品、肉类制品对外出口市场的多样化，并鼓励企业开拓包括中国在内的出口市场。同时，进一步加强探索与欧盟、美国以及日本的经济合作方式。

进出口商品检验检疫　　立陶宛执行欧盟统一的进出口商品检验检疫制度。此外，立陶宛有关法律法规还有《消费者保护法》《产品质量法》《烟草管理法》《生物燃料法》和《建筑法》等。

立陶宛设有非食品检验检疫局，该局由原来的立陶宛国家质量检验局、国家卫生局和国家兽医局重新整合而成。该局在立陶宛11个主要城市均设有分支机构。此外，立陶宛还设有国家食品检验与兽疫局，主要职能为：执行国家在食品安全领域的政策，保障动物的健康和福利；确保进入立陶宛市场的食品符合相关法律法规规定的质量标准、商标规范和强制性要求。该局在立陶宛10个县、5个主要城市和34个区设有分支机构。

3.3　税收方面

税收体系和制度　　财政部下属税务监察局管理立陶宛税务系统，并设有10个地区税务监察局。另外，海关署、环境部等部门参与相关税费的征缴管理工作。目前立陶宛主要有以下税种：个人所得税、企业所得税、房地产税、土地税、增值税、消费税、遗产税及博彩税。根据世界银行公布的《2015年营商环境报告》中的"缴纳税款"这一分项指标，立陶宛在全球189个经济体中排名第44位。

主要赋税和税率　　立陶宛对本国企业和国民，以及在立陶宛运营的外国企业和获得收入的外国公民征税。

（1）在企业所得税方面，企业所得税税率从15%提升到20%，但是在2010年调回到15%。对于公司在2009—2013年的研发投入给予税收刺激，后来给予小公司5%的特别公司税率（取代以前的13%）。

企业所得税相关规定如下：

①针对立陶宛企业及外国企业在立陶宛的常设机构，企业所得税税率一般为15%。对小型企业（雇用人员少于10人，营业收入少于30万欧元）企业所得税税率为5%。

②外国公司所得红利的税率为15%。如外国公司拥有立陶宛公司10%以上表决权的股票，且连续持有时间（含分配红利的时间）超过12个月，则其获得的红利免征所得税。在立陶宛自由经济区内注册的企业的分红收入免征所得税。

③若企业暂停经营活动，停业期间可免交企业所得税。

（2）个人所得税从24%下降到21%。股息收入税从15%提升到26%，支付社会保险的范围逐步有所扩大，个体经营者的社会保险缴费比例也显著上升。

个人所得税相关规定如下：

①自2009年1月1日起，立陶宛个人所得税率调整为15%。

②个人所得税将根据个人实际工资收入情况及所属群体，给予一定程度的减免。对于抚养一个或一个以上孩子的家庭，实施相应的个人所得税优惠政策。

③下列情况下个人所得免征所得税：符合法律规定的保险赔偿金、利息收入、慈善收入、农业活动所得、海员收入等。

（3）房地产税相关规定如下：

①征收对象包括自然人所有的用于商业目的（如办公、宾馆、贸易、服务及餐饮等）的房地产，或用于住宿、园艺、温室等的房地产，以及在立陶宛境内的法人所有的房地产。

②房地产税按照房地产征税价格（超过22万欧元的部分）的0.3%~1.0%征收。地方政府可根据下列条件自行确定特别税率：房地产使用期限、房地产保养状况、纳税人类型（规模、形式或社会地位）以及房地产在行政区划中所处位置。

③下列情况下房地产免征房地产税：自然人所有的用于农业、教育、社会保障和宗教仪式所用商品的生产的房地产、立陶宛国有及地方政府所有或国有组织和企业及地方组织和企业所有的房地产、自由经济区内的房地产、贸易联盟所有的房地产、已破产公司所有的房地产等。

（4）土地税相关规定为：立陶宛对私有土地按年以土地价格的1.5%征收土地税；对于农业用地、公寓住宅所有者及住宅建设协会、联合体及合资公司所拥有的土地以0.35%的税率征收土地税；对于用于经济、商业活动的土地、私有房产建设用地以0.5%的税率征收土地税。

（5）增值税相关规定为：立陶宛对货物生产过程中产生的增值部分、提供的劳务及货物进口征收增值税，税率为21%，法律规定的特例除外。

（6）消费税相关规定为：立陶宛参照欧盟的相关做法，对酒及含有酒精的饮料、烟草及能源产品征收消费税。

（7）污染税相关规定为：因商业行为对立陶宛环境产生污染的个人和企业将被征收污染税，进口和生产特定产品（如轮胎、电池、电子产品等）的企业也将被征收污染税，税率根据具体情况而定。

3.4 劳动就业方面

【劳动法的核心内容】 立陶宛《劳动法》对劳动合同的订立、时长、工时、加班、工资、休假等均有明确规定。劳动合同必须符合《劳动法》确定的格式，且必须签订书面合同。普通工种的工作时间不得超过每周40个小时，每天不超过8个小时。标准的每周工作时间为5天，特殊情况下不得超过6天；雇佣方可要求被雇佣方加班工作，但加班时间不得超过连续两天总计4个小时，或每年不得超过120个小时，特殊情况如在双方同意的前提下，加班时间不得超过每年180个小时。

【外国人在当地工作的规定】 外国人必须得到立陶宛劳动交易所颁发的劳动许可才可在立陶宛工作，欲在立陶宛工作三个月至半年的还应当取得临时居留许可。外国公民可向立陶宛各驻外使（领）馆申请居留许可，已合法进入立陶宛境内的外国公民可直接向立陶宛内务部下属的移民局提交申请，持有立陶宛短期访问签证的外国公民不能申请居留许可。

除特殊情况外，与外国公民签署的劳动合同必须于合同签订起3日内报立陶宛劳动交易所登记备案，外国公民在立陶宛工作内容亦不得超出工作许可所规定的范畴。立陶宛劳动交易所取消劳动许可后应在7天内将这一决定以书面形式通知雇主、外来劳务人员和立陶宛移民局。

3.5 环境保护方面

【环保管理部门】 立陶宛负责环境保护工作的部门主要有立陶宛环境部及其地区分支机构、立陶宛农业部、县市政府部门等。

【主要环保法律法规名称】 《立陶宛环境保护法》《立陶宛经济活动环境影响评估法》《环境污染征税法》《废物处理法》等。有关法规可在立陶宛议会网站查询。

环保评估的相关规定 根据《立陶宛经济活动环境影响评估法》，下列经济活动需进行环境影响评估：新建建筑工程项目、现有建筑重建项目、新技术投产或现有技术或生产方式升级或改变、产品型号改变、产品产量或类别改变、地址及自然资源勘探活动以及土地、森林及水资源调查活动。

立陶宛环境影响评估的主管部门是环境部，其他参与部门还包括卫生、消防、文化保护、经济和农业发展以及地方政府等部门。环境影响评估所需时间为：须进行初审的项目95个工作日，无须初审的项目75个工作日。

3.6 承包工程方面

许可制度 立陶宛对外国公司承包当地工程没有特别的限制性规定，但公司必须具备立陶宛法律所规定的相关资质。有关规定详见立陶宛环境部网站。

招标方式 立陶宛法律规定了四种招投标方式，即公开招标、限制范围招标、竞争对话方式招标以及协商议价。

3.7 知识产权方面

当地有关知识产权保护的法律法规 立陶宛负责知识产权有关工作的政府机构是专利局，其主要职能包括专利、工业设计、公司名称、商标等知识产权的注册和保护。此外，立陶宛负责知识产权立法工作的主要是文化部。

1992年4月30日，立陶宛加入了世界知识产权组织（WIPO）。2001年5月31日，立陶宛加入世贸组织（WTO），立陶宛国内立法已完全符合《与贸易有关的知识产权保护协定》（TRIPS）的有关要求。此外，立陶宛有关知识产权保护的法律法规与欧盟的相关法律法规保持高度一致。

立陶宛关于知识产权的法律主要有《民法》《商标法》《工业设计法》《专利法》和《进出口商品知识产权保护法》等。

知识产权侵权的相关处罚规定 在立陶宛以《商标法》《著作权法》《专利法》为主体的知识产权保护法律体系中，针对侵权行为，主要规定了民事、行政、刑事三种责任形式。

（1）民事责任。被侵权人有权请求法院要求侵权人停止销售侵权产品，要求侵权人在媒体或以其他方式全部或部分公布法院裁决，消除不利影响。如侵权人存在故意或过失，被侵权人有权要求侵权人赔偿，数额为其应得报酬的2倍；如侵权人不存在过错，被侵权人有权得到侵权人因侵权所获得的不当利益。

（2）行政责任。2007年7月3日，立陶宛议会修改了《行政处罚法》，新增了侵犯知识产权的行政责任，主要包括有关行政主管部门有权没收制造侵权产品的工具和设备，对非法持有和运输侵权产品者予以行政罚款。2001年1月，立陶宛修改了《海关法》，授权立陶宛海关对进出口的侵权产品进行搜查、扣押及拘留侵权人。

（3）刑事责任。2000年5月，立陶宛修改了《刑法》，规定了侵犯知识产权的刑事责任，可以对侵权人处以罚金和两年有期徒刑。

3.8　优惠政策

（优惠政策框架）　立陶宛加入欧盟后，一些税收优惠皆被取消，仅在自由经济区还实行部分税收优惠。

（特殊经济区域的规定）　目前，立陶宛建有4个工业园、7个自由经济区和5个高新技术园区。《立陶宛共和国投资法》《立陶宛共和国自由经济区基本法》以及各单独自由经济区的相关法律规定如下：

（1）园区内的土地租用租期为49年（最早建立的考纳斯自由经济区、克莱佩达自由经济区的土地租用租期为99年）。

（2）入驻企业实际投资达到100万欧元以上，且其营业额的75%出自园区的，则前6年免征企业所得税，后10年减半征收企业所得税（按7.5%征收）。同时，免征不动产税、红利税。

目前，尚无中国企业入驻上述工业园、自由经济区和高新技术园区。

4.　办事手续及流程

4.1　注册企业

（设立企业的形式）　立陶宛法律规定的企业形式有11种，其中外国投资企业最为常用的是设立有限责任公司及股份有限公司。有限责任公司最低注册资本为2896欧元，股份有限公司最低注册资本为43443欧元。

（注册企业的受理机构）　立陶宛注册企业的受理机构是注册中心。

（注册企业的主要程序）　在立陶宛注册有限责任公司大约三周时间，通常需要五个步骤，包括：（1）提交公司名称的预订申请；（2）准备注册成立公司的相关文件；（3）开设一个金额不少于2900欧元的银行有效账户；（4）通过公证机关提交认证申请；（5）通过注册中心完成企业注册。

4.2 承揽工程

(获取信息) 立陶宛在招投标制度上与欧盟一致，通过国际通行的公开招标的方式选定承包商。有关当地招标信息可通过以下渠道获得：

（1）立陶宛政府新闻网信息通告栏目，网址为www.valstybes-zinios.lt/Vpp3/lt。

（2）欧盟电子标讯网站，网址为www.ted.europa.eu。

（3）立陶宛环境部主管该国工程建设项目，有关情况请登录该部网站查询，网址为www.am.lt/VI/en/VI/index.php。

(招标投标) 立陶宛法律对投标方的资质规定了基本条件，招标方可以根据项目的不同特点对投标方的资质设定具体条件，而投标方则需要提供有关经营和信用情况的说明等信息资料，如银行报表、至少连续3年的经营状况等。

4.3 申请专利

负责立陶宛的专利、商标等注册的部门主要是国家专利局。发明人有权获得专利，自然人、法人可单独或集体申请专利，专利的有效期为20年。申请需提交的文件有专利申请书、发明的说明书、权利要求书（说明发明或实用新型的技术特征，表述请求专利保护的范围）、附图、其他说明、专利费用交款书。

4.4 注册商标

自然人、法人可单独或集体申请注册商标。申请需提交的文件有申请书（包括申请注册商标和颁发商标注册证）；注册费用交款证明；委托书（如文件递交人不是商标申请人）；要求优先注册的申请（如果需要）；立陶宛主管部门颁发的立陶宛国名、国徽、国旗及其他官方标志的使用许可（如果需要）；其他国名、国徽、国旗及其他官方标志的使用许可（如果需要）；商标集体使用的规则或合同（如果需要）；工业品设计、其他工业知识产权或对象的使用许可。鉴于专利、商标等项目的注册需要评估，文件准备和申请程序繁多，且相关文件皆需以立陶宛语书写，立陶宛国家专利局建议外国申请者将有关注册事宜交给相应代理律师办理，该局推荐的律师名单详见立陶宛国家专利局网站（www.vpb.lt）。

4.5 纳税申报

报税时间 立陶宛税收年度一般与自然年度重叠，特殊类型的企业可以根据季节计算，但总时长不能超过12个月。企业所得税应在每年5月1日前申报。个人所得税按季度申报，申报时间应为每季度结束后20个自然日之内，增值税则应在每月15日前申报。

报税渠道 企业应直接向立陶宛税务督查署申报。

报税手续 企业报税时只需填写相应表格，并将有关材料提交或通过网络发送至税务督查署即可。

报税资料 除在税务机关第一次登记注册时需提交企业注册证明文件、代理人授权证明文件、劳动合同及国家企业注册中心出具的相关证明文件外，企业在日常报税时只需按税务部门提供的格式表格填报即可，税务机关有权对企业所报税收信息进行抽查，企业有义务提供会计报表等企业经营情况证明文件供税务机关核查使用。

4.6 工作签证

主管部门 外国人赴立陶宛工作许可的颁发部门是劳务交易所，到立陶宛工作须获得该所颁发的工作许可。

工作许可制度 立陶宛对中国人申请工作许可的限制日趋严格，规定厨师、翻译等专业人员须在国内有5年以上从业经验并持有相应证书，并且在立陶宛工作2年后需回国重新办理工作申请，工作总时间不得超过4年。

申请程序 申请应由雇主方提交，如在立陶宛工作时间不超过1年，须向立陶宛劳动交易所申请工作许可，并向立陶宛相关驻外使（领）馆申请D类签证，如没有该类签证，则须办理临时居留许可；如在立陶宛工作时间超过1年，雇主方须向劳动交易所申请工作许可，并向立陶宛移民局申请居留许可。

提供资料 申请工作许可需要提交的资料如下：

（1）基于公司间合同的工作许可：申请表格、有效护照证件的复印件、有效的资质证明、从业经验证明文件、公司间合同、雇主与被雇用方本人间的雇用合同、拟从事工作岗位的说明。

（2）基于被雇用者本人与雇主间合同的工作许可：申请表格、有效护照证件的复印件、被雇用者永久居住地证明文件、资质证明文件、从业经验证明文件、被雇用者工作经历、拟从事工作岗位的说明。

（在线申请） 立陶宛为了鼓励外国创业者新设企业，推出了"创业签证"政策，向来自非欧盟国家的创业者提供更便捷的入境方式，符合本国创新理念的企业创始人不需要再满足特定的投资资金或雇用条件，即可在线申请为期一年的临时居住许可。

4.7　能为中国企业提供帮助的机构

（中国驻立陶宛大使馆经济商务参赞处）

地址：Blindziu g.34, Vilnius-4, Lithuania

电话：00370-5-2722375

网址：lt.mofcom.gov.cn

（立陶宛驻中国大使馆）

地址：北京市朝阳区霄云路18号，京润水上花园B-30

电话：010-84518520

5. 中国企业应注意的事项

5.1　投资方面

第一，投资机遇难得。近年来，中立双方在投资、贸易、基础设施建设等领域加强合作，中国投资者迎来了进入立陶宛投资市场的宝贵"窗口期"。中国企业也应当把握好机遇，发挥自身在产业和资本上的优势，将"窗口期"转变为"战略机遇期"，开拓和深耕市场。

第二，客观看待投资环境。立陶宛土地面积和人口数量均比国内要小，市场规模有限，劳动力成本较低。在立陶宛投资前应当客观分析当地的市场特点和市场需求，选择合适的投资领域，如设立高附加值产品的生产、组装基地或物流中心等，充分利用当地辐射欧盟和独联体国家的地域优势，避免盲目投资。

第三，了解相关法律法规。在立陶宛投资合作，不仅要了解并遵守立陶宛本国的法律法规，还要遵守欧盟的有关法律法规，如《投资法》《外国投资者法》。

5.2 贸易方面

2016年立陶宛招商的重点是生产型企业，具有新技术的创新型项目亦是引资重点。在立陶宛从事贸易活动应该注意以下问题：

第一，严格履行合同约定。立陶宛商人的信誉较好，也期待中国企业在商务往来中严格履行合同规定。中国企业应重视企业信用，避免因细节上的疏忽给立陶宛留下失信的印象，影响未来的贸易合作。立陶宛法律规定，电子邮件同样具备法律效力，与立陶宛商人在网络上签订合约时，应注意此等条约的法律效力，避免日后出现贸易纠纷。

第二，选择合理的贸易商品。立陶宛国内市场规模较小，居民消费水平有限，在选择出口商品时，应深入了解立陶宛国家的市场需求，确定合理的消费对象，合理规避因商品滞销而造成的损失。

第三，保证产品质量。立陶宛是中国在波罗的海地区的重要出口对象，因此，在立陶宛开展双边贸易，应当保证产品质量，严格按照双方约定的标准安排产品的生产、包装，切实维护好企业自身以及"中国制造"品牌的信誉，为双边贸易健康、稳定发展创造良好条件。

5.3 承包工程方面

中国企业在立陶宛承包工程目前没有先例，如若企业有在立陶宛开拓工程承包市场的意愿，应当注意以下问题：

第一，把握机遇。近年来，立陶宛充分利用欧洲助援资金开展基础设施建设和改造项目，其中包含道路、交通、能源等领域。中国企业进入立陶宛市场也应当把握这一机遇，充分利用价格优势和技术领先优势，努力开拓市场，争取立足立陶宛，以便寻求在周边和欧盟其他地区承揽承包工程的机会。

第二，遵守规定。立陶宛关于承揽工程项目的企业、管理者资质有明确的规定，中国企业进入立陶宛市场时也应当事先明确各项目的投资专业资质要求，并在施工过程中遵守相关规定，坚决不违反环保、安全要求。

5.4 劳务合作方面

在立陶宛开展劳务合作应注意以下问题：

第一，资质合法。目前，中立双方已建立合作机制以审批劳动者资质，欲赴立陶宛开展劳务合作的企业，必须具备中国商务部颁发的合法资质。技术不达标的人员在立陶宛无法上岗，派出单位和工人本身均为此付出许多额外费用，易引发劳资纠纷。鉴于此，国内派出单位应严把工人技术质量关，切实做好技术培训和考核工作。

第二，审批条件严格。立陶宛对外籍劳务人员的审批程序和限制条件较为严格，劳务派出单位应严格执行有关审批手续，安排工人承担工作许可所规定的工作内容，不得随意更改合作企业，否则将受到处罚。

第三，提高风险防范意识。中国赴立陶宛劳务人员应尊重当地的文化、宗教、风俗和生活习惯，自觉遵守合同约定及当地的法律法规，提高安全防范意识，遇有问题时，及时与雇主单位、中国驻立陶宛大使馆经济商务参赞处联系，避免采取过激行动。

5.5　防范投资风险

在立陶宛开展投资，需要在事前调查、分析、评估相关风险，并做好风险规避。调查内容既包括项目或客户的资信，也包括项目所在地的政治风险和商业风险，以及项目实施的可行性等。针对可能发生的各类风险，企业应积极利用保险、担保、银行等金融机构和其他专业风险管理机构的相关业务，如信用保险、人身安全保险、财产保险等，以及银行的保理和福费廷业务，各类担保业务（政府担保、商业担保、保函）等。

5.6　妥善处理与政府及非政府组织间关系

立陶宛国家最高立法机关是议会，立陶宛政府的政治、经济政策均需经议会批准方能实施，在立陶宛政治体制中占有重要位置。执政联盟由议会中席位占多数的党派共同组成，是政府内阁的主体。

驻立陶宛中资企业应当与议会和政府中负责经济事务的部门保持友好关系，密切关注立陶宛政府换届和议会选举，特别是最新经济政策走向、政府高层人事变动等。中国企业还应与议会和相关政府部门保持良好的沟通，及时通报经营状况和公司发展动态，积极宣传企业贡献，反映遇到的困难。

5.7　妥善处理与工会间关系

中国企业应处理好与立陶宛工会组织的关系，切实保障雇员合法权益，减少劳资纠纷。企业应积极参加当地有关商会、协会，了解业内工资待遇水平和处理工会问题的常用做法，严格遵守当地有关雇用、解聘和社会保障方面的规定，依法签订雇用合同，定期足额缴纳雇员社会保险金等，严格执行有关休假制度。

5.8 尊重当地的风土民情

尊重当地风俗习惯　首先，中国企业应充分尊重当地人的宗教信仰，避免提及敏感问题。其次，立陶宛当地人较为重视休假，每年7月、8月是当地人休假较为集中的时间，中国企业应充分尊重当地人休假的习惯，尽量避免在其休假期间安排工作或重要商务活动。最后，立陶宛人较为注重礼仪，应尽量避免在公共场合大声喧哗、用餐时发出较大声响等不文雅举动。

依法保护生态环境　中国企业在立陶宛开展投资合作，要把依法保护当地生态环境作为自己应尽的职责。要主动了解立陶宛的环境保护法规，及时掌握当地环保标准的变化。对生产经营等活动可能产生的废气、废水和其他可能造成环境污染的因素，要事先进行科学评估，在规划设计过程中选择好解决方案。

6. 中国企业遇到问题该如何解决

6.1 寻求法律保护

在立陶宛，企业不仅要依法注册、依法经营，必要时也可通过法律手段解决纠纷，捍卫自己的合法权益。中国企业有权在当地聘请律师处理企业的法律事务，一旦发生经济纠纷，可以借助律师的力量通过法律途径解决纠纷。

中国与立陶宛签署的保护协定主要有：

《中华人民共和国政府和立陶宛共和国政府经济贸易合作协定》（1992年1月）、《中华人民共和国政府和立陶宛共和国政府关于鼓励和相互保护投资协定》（1993年11月）、《中华人民共和国政府和立陶宛共和国政府关于对所得和财产避免双重征税和防止偷漏税的协定》（1996年6月）、《中华人民共和国商务部和立陶宛共和国经济部关于建立双边投资促进工作组的谅解备忘录》（2010年6月）。

6.2 寻求当地政府的帮助

中国企业在立陶宛投资合作，要与当地政府建立密切联系，及时通报企业发展情况，反映遇到的问题，寻求政府更多的支持。在遇到困难或突发事件时，除向中国驻立陶宛大使馆、公司总部尽快汇报外，还应及时与当地政府取得联系，寻求帮助。

6.3　取得中国驻立陶宛使（领）馆的保护

中国企业在进入立陶宛市场前，应征求中国驻立陶宛大使馆经济商务参赞处的意见；在立陶宛投资注册公司后，应尽快到中国驻立陶宛大使馆经济商务参赞处报到备案，并与大使馆经济商务参赞处保持密切联系。遇有重大问题和事件，应及时向大使馆报告，并服从大使馆经济商务参赞处的协调和领导。

6.4　部分政府部门和相关机构

立陶宛议会：www.lrs.lt

立陶宛总统府：www.president.lt

立陶宛政府：www.lrv.lt

立陶宛财政部：www.finmin.lt

立陶宛外交部：www.urm.lt

立陶宛经济部：www.ukmin.lt

立陶宛交通部：www.sumin.lt

立陶宛环境部：www.am.lt

立陶宛国有资产基金会：www.vtf.lt

立陶宛统计局：www.stat.gov.lt

立陶宛中央银行：www.lb.lt

立陶宛海关：www.cust.lt

立陶宛移民局：www.migracija.lt

立陶宛农作物和食品市场监管署：www.litfood.lt

立陶宛企业注册中心：www.registrucentras.lt

立陶宛投资署：www.investlithuanina.lt

立陶宛商业促进局：www.lvpa.lt

立陶宛工业家联盟：www.lpk.lt

立陶宛国际商会：www.tprl.lt

立陶宛商业家协会：www.ldkonfederacija.lt

立陶宛工商会联合会：www.chambers.lt

立陶宛企业署：www.verslilietuva.lt

7. 立陶宛司法制度及基本特点

7.1 司法制度

　　立陶宛行使司法权的机关为宪法法院、法院和检察院。宪法法院由9名法官组成，主要职能是独立监督最高国家机构（议会、总统、政府）通过的法律和法律文件是否符合宪法，并裁决宪法规定的国家政治生活中的重要问题。宪法法院的法官由议会从总统提名的候选人中选择3名，从议长提名的候选人中选择3名，其他3名由议会自己选择。宪法法院院长由议会根据总统提名任命，任期9年，只任一届，每3年宪法法院须更新1/3的成员。宪法法院的主要职能是独立监督最高国家机构通过的法律和法律文件是否符合宪法，并就下列问题提出结论：

　　（1）立陶宛总统选举或议会选举是否有违反选举法的行为；

　　（2）总统的健康状况是否允许其履行职责；

　　（3）共和国所签订的国际协定是否与宪法相符；

　　（4）被弹劾的议会议员或国家官员的具体行为是否符合宪法。

　　法院是国家审判机关，分为最高法院、上诉仲裁法院、区法院和地方法院四级。最高法院法官及院长由议会根据总统的推荐进行任免，现任最高法院院长日姆维达斯·诺尔库斯金塔拉斯·克雷热维丘斯2009年10月12日就职，任期9年。上诉仲裁法院法官及院长由总统任命并经议会批准。区法院和地方法院的法官和院长则直接由总统任免。法官和院长的任期为5年。立陶宛宪法还规定，法官不得参加任何政党和政治组织的活动，不得兼任法院以外的其他职务，不得受雇于任何贸易、商务或其他私人机构或公司，不得接受除法官工薪和教育科研或创作活动报酬以外的任何酬金。如果最高法院和上诉仲裁法院的院长和法官违宪、违誓或被发现有罪，议会可依照弹劾程序解除其职务。

　　检察院是司法调查、起诉机关，设有总检察院、区检察院、地方检察院。全国司法监督由总检察长及其下属的地方检察长执行。各级检察机关由总检察长统一领导。总检察长由议会根据总统的提议，决定任命或解职，任期为5年。总检察长可参加政府会议，并有权就其职权范围的问题发表意见。

7.2 基本特点

近几年，立陶宛一直通过信息技术将案件随机分配给法官，原则上法院院长无权指派案件，也基本无权拒绝签发计算机的提议。法院的全部诉讼程序都是公开的，法院的全部最终判决都在网上公布，有关听证时间和地点的信息也在网上发布。

附 录

1. 国家概况

国 旗 旗面由三个平行相等的长方形组成，自上而下由黄、绿、红的色带构成，黄色代表丰收，绿色代表森林，红色代表血液。

国 徽 立陶宛国徽为盾徽。红色盾面上一位身着银装的骑士跨在一匹白色的骏马上，右手挥一把银剑，左手持蓝底镶金黄色双十字的盾牌。

法定货币 立陶宛原本币为立特，由立陶宛银行发行，辅币为立分。立特的面值有500、200、100、50、20、10、5、2和1，立分的面值有50、20、10、5、2和1。2002年2月起立特与欧元汇率挂钩，固定汇率为1欧元=3.4528立特，可自由兑换。2015年1月1日立陶宛正式加入欧元区，并成为区内第19个成员国，立陶宛立特将在一段过渡期后退出历史舞台，停止使用。目前，Medicinos Bankas等银行可提供人民币兑换服务。

地理位置

立陶宛位于欧洲中东部，北与拉脱维亚接壤，东、南与白俄罗斯毗连，西南与俄罗斯加里宁格勒州和波兰相邻，西濒波罗的海，国土面积6.53万平方公里，国界线总长约1714公里，其中陆地边界长1624公里、海岸线长90公里。地形以平原为主，西部有小部分丘陵，东南部有高地，最高点海拔293.6米。立陶宛是欧洲湖泊最多的国家之一，面积超过0.5公顷的湖泊约有2830个，湖泊总面积达880平方公里，其中，最大的DRUKSIAI湖面积4479公顷。境内有722条河流，最长的河流涅曼河全长937公里，流经立陶宛境内长度约475公里，并最终流入波罗的海。立陶宛属于东二时区，与北京时间相差6小时。每年3月最后一个周日至当年10月最后一个周日实行夏令时，其间与北京时间相差5小时。

行政区划 立陶宛全国划分为10个县，即维尔纽斯县、考纳斯县、克莱佩达县、首莱县、潘涅维日县、马里亚姆波列县、陶拉格县、泰尔夏伊县、乌捷纳县、阿利图斯县，共44个区、92个市、22个镇。县长为政务官，随政府更迭。市、区、镇实行地方自治，市长、区长、镇长及相关机构通过选举产生。

气候特点

立陶宛气候介于海洋性气候和大陆性气候之间，冬季较长，多雨雪，日照少；9月中旬至次年3月中旬温度最低，1月平均气温为-4℃～7℃；夏季较短而凉爽，日照时间较长；6月下旬至8月上旬最温暖，7月平均气温为16℃～20℃。全年植物生长期为169～202天。年平均降水量约748毫米。

自然资源

矿产资源 立陶宛石油、天然气等矿产资源比较贫乏，主要依赖进口。主要资源有西部地区和波罗的海大陆架的石油、泥煤、硬石膏、石灰石、黏土和砂石等，东南部有铁矿和花岗岩，还有白云石、矿泉水、地热等资源。

林业资源 立陶宛的森林和水资源较为丰富。森林面积约217.7万公顷，森林覆盖率为33.3%，人均森林面积约0.7公顷；木材蓄积量约为4.9亿立方米，人均木材蓄积量约为177立方米。面积较大的森林主要集中在南部和东南部，多为针叶林，主要为松树。阔叶林占国土面积的2%，主要树种是橡树、桦树。森林中的蘑菇、浆果、草药资源也比较丰富。自然保护区、国家公园及其他保护地面积约为102.6万公顷。立陶宛共有1800种植物。

人口分布

截至2016年，立陶宛总人口约为293.24万人，人口密度约为45人/平方公里。华人主要集中在维尔纽斯、考纳斯、克莱佩达、首莱和潘涅维日等。

主要城市

维尔纽斯 立陶宛的首都和最大城市，面积394平方公里，人口约54.9万人。维尔纽斯的工业产值占立陶宛全国工业总产值的2/3以上。工业产品主要有车床、农机、电子计算器和电子仪器、纺织品、服装、食品等。市内有国立大学、土木工程学院、美术学院和师范学院，还有多座剧场、博物馆和美术馆等。维尔纽斯也是一座历史文化名城，有众多中世纪的古建筑，在2009年被评为"欧洲文化之都"。

考纳斯 在一战和二战中间曾经有20年考纳斯是立陶宛的临时首都。作为立陶宛的第二大城市，第一所戏剧学校、第一部歌剧和第一届歌舞庆典都在考纳斯发端，这是考纳斯的骄傲。

克莱佩达 立陶宛历史最悠久的城市，这里有立陶宛唯一的海港，游轮可在此停靠。作为立陶宛西部最大的城市，这里有大量的商店、博物馆、小咖啡馆和酒吧，还有文化纪念馆及各类娱乐设施。城市的主要庆祝活动是海洋音乐节，亦有"夏季圣诞节"之称。

2. 社会文化

民族文化

立陶宛族占85.4%，波兰族占6.6%，俄罗斯族占5.4%，白俄罗斯族占1.3%、乌克兰、犹太、拉脱维亚等民族占1.3%。华人主要从事餐饮及批发零售业。

语　言 官方语言为立陶宛语。

风土人情

宗　教 主要信奉罗马天主教，此外还有东正教、路德教等。

习　俗 立陶宛人在平时谈吐中，普遍使用"请"与"谢谢"字眼，即使对自己非常熟悉的人也不例外。在社交场合很注重"女士优先"。无论是行走、乘车等，男士都习惯于对女士给予特殊的优先和照顾。立陶宛人在社交场合与客人相见时，一般以握手为礼。用餐时，对使餐具任意作响的举止很忌讳，也不愿听到有人在用餐时发出咀嚼食物的声音。参观教堂等宗教场所时应保持肃静。忌讳询问他人的工资、年龄、宗教等问题。对数字13和星期五很反感，7则被认为是吉利数字。立陶宛人忌讳在门槛处与人握手，认为这会带来坏运气。

科　技 立陶宛重视发展科学技术，政府采用建设高新技术园区和集群的方式为科研创造条件，重点领域包括生物技术、通信、激光和医疗设备等，其中，激光技术水平居世界前列，生物技术和医疗设备的发展被广泛看好，对网络、手机等现代通信的利用居欧盟前列。

文化活动 立陶宛人民能歌善舞，有众多传统乐器。吹奏乐器的品种最丰富，有斯库度提斯、竖笛、陶埙、风笛、拨比乃、木号、羊角号；弹拨乐器中有堪可勒斯、扬琴；拉弦乐器有玛尼卡卡；打击乐器有铃鼓、木鼓、木铃铛、木制摇晃器等。

教育、医疗、福利制度

教 育 立陶宛教育管理机构主要是教育和科学部、议会教科文委员会和国家科学委员会，重大教育问题由议会或政府与国家科学委员会协商决定，实行10年基础教育，即初等小学（1~4年级）、基础中学（5~10年级）。基础中学毕业后，学生可选择进入高级中学（2年）、职业学校（3~4年）、音乐学院（6年）或职业教育中心。高级中学毕业后可进入高校进行为期4-5年的本科学习。此外，立陶宛还设立强化高中（通常为私立中学，4年）、特别学校（为残疾儿童而设）和青年学校等。

立陶宛主要高等院校有维尔纽斯大学、维尔纽斯师范大学、维尔纽斯科技大学、考纳斯维陶塔斯大学、考纳斯医学院、立陶宛农业大学和立陶宛军事学院等。维尔纽斯大学创建于1579年，是立陶宛最著名的大学，也是欧洲最古老的大学之一。

医 疗 立陶宛独立后，对国有综合性医院、专科医院以及各级国有诊所进行了较大程度的维修和改造，引进更新了医疗设备，提高了医护人员的专业水平。新成立的合资医院和中小私人专科诊所起点高，拥有先进的医疗设备和较为雄厚的医护力量。目前，立陶宛设立了包括医疗保险在内的社会保障基金，每月由工作单位为劳动者缴纳，数额约为劳动者月工资的31%，劳动者自己再缴纳每月工资的9%。劳动者可凭社会保险本在居住地的国有诊所及其指定的上一级国有医院免费就诊，药费和手术费由个人支付，但可享受一定的国家补贴。立陶宛移民机构要求外国公民在申请居留签证时出示有效医疗保险，参考价格为每年60~90欧元。外国公民可凭该医疗保险在立陶宛国有医疗机构免费就诊，但须全额缴纳药费和手术费。

传播媒介

报纸媒体 主要报刊有《立陶宛晨报》《共和国报》《晚间消息报》《商业新闻》《考纳斯日报》《两部快报》《人物杂志》等。

广播电视 立陶宛有1家国家广播电视公司。2013年，私营广播公司有48家，私营电视台42家，共计提供约22.71万小时广播节目、6.79万小时电视节目。

社会治安

立陶宛治安状况总体良好，法律不允许当地居民持有枪支。立陶宛政府部门重视加强社会治安管理，严厉惩处违法犯罪行为，犯罪率一直处于较低水平。

传统节假日

立陶宛实行每周五天工作制，周六、周日为公休日。其他法定节日包括新年（1月1日）、独立日（2月16日）、恢复独立日（3月11日）、复活节（4月中旬的星期天及其后的星期一）、劳动节（5月1日）、母亲节（5月第一个星期日）、仲夏节（6月24日）、立陶宛国王加冕日（7月6日）、偌立涅节（8月15日）、万圣节（11月1日）、圣诞节（12月25日）。

参考文献

[1] 商务部. 对外投资合作国别(地区)指南(2015年版)[Z]. 2015.

[2] 商务部. 对外投资合作国别(地区)指南(2016年版)[Z]. 2016.

[3] 中国出口信用保险公司. 国家风险分析报告(2016)[M]. 北京: 中国金融出版社, 2016.

[4] 中国出口信用保险公司. 全球投资风险分析报告(2015)[M]. 北京: 中国财政经济出版社, 2015.

[5] 李兴汉. 列国志——波罗的海三国(爱沙尼亚·拉脱维亚·立陶宛)[M]. 北京: 社科文献出版社, 2003.

[6] 谢晶晶. 波罗的海另一岸的风——立陶宛[J]. 琴童, 2013(10).

[7] 付晓东. 从区域经济学视角看"一带一路"方略——兼论五大支撑平台的建立和完善[J]. 中国流通经济, 2015(12).

[8] 王楠楠. 立陶宛:期待来自中国的投资[J]. 交通建设与管理, 2015(21).

[9] 金瑞庭. 立陶宛经济形势研判及推进中立双边经济合作的对策建议[J]. 中国经贸导刊, 2015(26).

[10] 孟令春. 立陶宛可再生能源产业[J]. 欧亚经济, 2013(4).

[11] 刘馨蔚. 立陶宛期待与中企加强科技创新合作[J]. 中国对外贸易, 2016(9).

[12] 朱晓中. 中东欧国家资本市场发展状况[J]. 欧亚经济, 2015(6).

[13] 巩雪. 中东欧投资环境评估及建议[J]. 国际经济合作, 2016(5).

[14] 龙海雯, 施本植. 中国与中东欧国家贸易竞争性、互补性及贸易潜力研究——以"一带一路"为背景[J]. 广西社会科学, 2016(2).

[15] 于春燕. 中国与中东欧国家农产品贸易比较优势、互补性及农业合作战略研究[D].

华中农业大学, 2015.

[16] 沈子傲, 韩景华. 中国与中东欧贸易合作研究——基于贸易互补性和竞争性的视角[J]. 国际经济合作, 2016(8).

[17] 佚名. 2013—2015年立陶宛的整体发展形势[M]// 欧洲发展报告(2014—2015). 北京：社会科学文献出版社, 2015:232-235.

[18] Lina P, Viktorija G, Kosmaczewska J. The index of tourist satisfaction with Lithuania[J]. European Journal of Tourism Hospitality & Recreation, 2016, 7(1):30-39.

[19] Budrauskaite A, Mamytova J. Trade policy and economic growth: cases of Belarus and Lithuania[J]. Privredna Kretanja I Ekonomska Politika, 2002, 12(90):67-103.

[20] Wernle J K. The cultural and economic aspects while entering the Lithuanian market[J]. 2016.

执笔人简介

于骁骁, 现就职于中国人民银行沈阳分行外汇检查处, 经济学硕士。主要从事外汇管理领域工作, 其参与的"大数据视域下的外汇检查应用研究"曾获辽宁省外汇局重点课题一等奖, 并多次获得辽宁省社会科学学术活动奖项。《新时期我国财政改革的几个问题》《滥用与规划：城市集聚扩张下的土地财政问题》《美国文化产业的税收支持政策及借鉴》《公平视域下公共租赁住房制度的路径实现》等10余篇论文先后在《财政研究》《河南社会科学》《中国财政》等刊物发表。

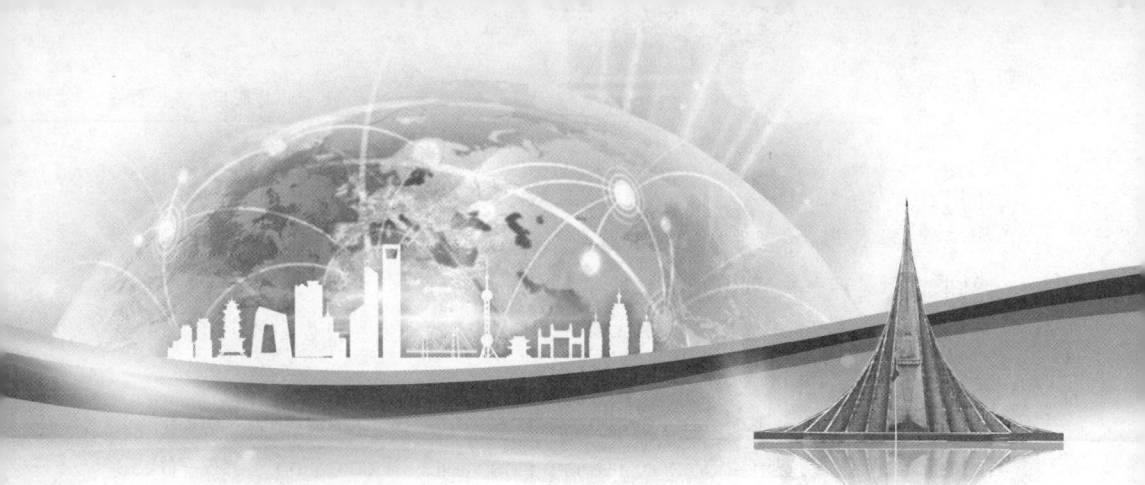

孟加拉国

执笔人：巴晴萱

1. 经济金融

1.1 宏观经济

(经济增长率) 根据孟加拉国政府公布的数据，近年来，孟加拉国经济持续稳定增长，GDP年均增长率维持在6%以上。2014/2015财年，孟加拉国实际GDP 8.3万亿塔卡，约合1062亿美元[①]，较上年增长6.55%；名义GDP 15.2万亿塔卡，约合1952亿美元，较上年增长12.81%；人均GDP9.6万塔卡，约合1236美元；人均收入10.2万塔卡，约合1314美元。孟加拉国宏观经济情况详见表1。

表1　孟加拉国宏观经济情况

	实际GDP总量（万亿塔卡）	经济增长率（%）	名义GDP总量（万亿塔卡）	人均GDP（万塔卡）	人均收入（万塔卡）
2010/2011 财年	6.46	6.71	9.16	6.12	6.60
2011/2012 财年	6.88	6.32	10.55	6.96	7.55
2012/2013 财年	7.30	6.18	11.99	7.80	8.43
2013/2014 财年	7.74	6.1	13.44	8.63	9.20
2014/2015 财年	8.25	6.55	15.16	9.60	10.22

资料来源：孟加拉国统计局。

注：上述 GDP 增速按实际 GDP 计算，人均 GDP 及人均收入按名义 GDP 和 GNI 计算。

① 按 2016 年 1 月，1 美元兑换 77.67 塔卡计算，余同。

财政收支 孟加拉国的财年为上年度的7月至下年度的6月末。2014/2015 财年，孟加拉国财政收支出现赤字，其中，财政收入约为1.6万亿塔卡（约合210.3 亿美元），支出2.4万亿塔卡（约合308.5亿美元），赤字0.8万亿塔卡（约合98.2亿 美元）。财政收入约占GDP的10.8%，公共支出约占GDP的15.8%。

通货膨胀 2014/2015财年，孟加拉国平均通货膨胀率为6.4%，较上一财 年有所下降。

失业率 2015年孟加拉国失业率为4.9%。

外汇储备 截至2014/2015财年末，孟加拉国外汇储备为250亿美元。

1.2 产业结构

产业结构 2014/2015财年，孟加拉国消费和投资占GDP比重分别为 77.84%和28.89%。农业、工业和服务业三大产业占GDP的比重分别为16%、30%和 54%。

1.3 支柱产业

服装业 服装业是孟加拉国的支柱产业，近年来出口额约占其出口总额的 80%，主要目的地为欧洲、美国及日本等国家和地区。2014/2015财年，孟加拉国 成衣业出口额为255亿美元，占孟加拉国出口总额的81.7%，同比增长4%。

黄麻 黄麻及制品是孟加拉国第二大出口产品。2014/2015财年，孟加拉 国出口原麻1.12亿美元，黄麻产品7.57亿美元，合计占出口总额的2.8%。2015年12 月，孟加拉国纺织黄麻部决定无限期禁止原麻出口，以满足国内生产原料需求。

冷冻食品 冷冻鱼虾是孟加拉国主要出口产品。2014/2015财年，冷冻鱼 虾出口5.68亿美元，占出口总额的1.82%，主要目的地为欧洲、美国及日本等国家 和地区。

皮革及皮革制品 皮革业是孟加拉国的传统优势行业，年均皮革产量 约为2.5亿平方英尺，约占世界总生产量的2%~3%。2014/2015财年，出口皮革及 皮革制品约3.9亿美元，占出口总额的1.27%。主要产品为坯革、成品革和皮鞋制 品，如皮制服装、皮鞋等，而生皮革和蓝湿革则禁止出口。出口的主要目的地为 欧洲、日本和北美等国家和地区。

医药 孟加拉国医药产业发展迅速，国内零售额年增长率超过24.6%。 目前共注册257家制药企业，经营5600余个品牌，生产约450种药，主要包括抗溃 疡类、头孢菌素类、氟喹诺酮类、非甾体类抗风湿药、广谱抗菌青霉素及非成瘾性止痛药等。2014/2015财年，孟加拉国医药产品出口达7372万美元，同比增长9.34%。2015年11月，与贸易相关的知识产权委员会决定对包括孟加拉国在内的最不发达国家药品专利豁免延长至2033年，期满后可视情况决定是否进一步延长，有利于孟加拉国医药产业的稳定发展。

1.4 对外贸易

【贸易总量】 2014/2015财年，孟加拉国贸易总额约为718.94亿美元，其中进口约为406.85亿美元，同比增长11.2%；出口约为312.09亿美元，同比增长3.4%；贸易逆差94.76亿美元。

【主要贸易伙伴】 孟加拉国的主要贸易伙伴有美国、德国、英国、法国、西班牙、意大利、加拿大、比利时、日本、荷兰、土耳其、印度、中国、新加坡、日本、韩国、马来西亚、泰国。目前，中国为孟加拉国第一大商品进口来源地。

【商品结构】 孟加拉国主要进口商品为棉花及棉纱线、机电设备、石油及石油产品、钢铁、化工品、粮食、家电设备、塑料及橡胶制品等，主要出口商品为成衣、皮革及皮革制品、冷冻鱼虾、鞋类、黄麻及黄麻产品等。

1.5 货币政策

孟加拉国货币为塔卡（BDT）。1994年3月24日，孟加拉国政府宣布塔卡为经常项目下可自由兑换货币，但对资本项目仍然实行外汇管制。21世纪以来，孟加拉国塔卡对美元处于持续贬值状态，从2000年的1美元兑50.31塔卡贬至2013年的1美元兑79.93塔卡。2013年以后，汇率趋于稳定，基本维持在1美元兑77.7塔卡左右。2016年3月，1孟加拉国塔卡=0.0128美元，1孟加拉国塔卡=0.0112欧元。目前，人民币与孟加拉国塔卡不能直接兑换，但在孟加拉国的私人兑换点，人民币可兑换成当地货币。

1.6 外汇管理

【主要法规】 孟加拉国有关外汇管理的法律主要是《外汇管理法》（1947）。该法律规定，在孟加拉国注册的外国企业可以在孟加拉国银行开设外汇账户，用于进出口结算、利润汇回、外国人红利发放、技术转让费或专利费支付等。根据孟加拉国中央银行的规定，外国机构和个人在孟加拉国金融机构可开设"可兑换"和"不可兑换"两种账户，需兑换为本地货币的外汇只能存入"可兑换"账户内，且该账户不得与本人或他人的"不可兑换"账户相互支付。企业日常汇出外汇需逐笔申报，但无须缴纳特别税金。由于孟加拉国银行效率低下，部分企业面临在孟加拉国经营收入无法及时汇出的困难。外国人携带现金5000美元（其中美元现金不得超过2000美元，其他货币等值不得超过3000美元）以上出入境必须申报。

外汇管理政策　1994年3月24日，孟加拉国政府宣布塔卡为在经常项目下可自由兑换货币。孟加拉国公民、外国人与法人企业均可不必先征求孟加拉国中央银行的同意，通过法定银行或经销商进行货币的有关交易，包括：

（1）在孟加拉国投资运营的外国公司将利润汇回投资者本国；

（2）向非孟加拉国公民发行在孟加拉国设立企业的股票；

（3）向非孟加拉国公民分发在孟加拉国设立企业的红利；

（4）非孟加拉国公民/企业通过证券交易所购买股票和有价证券方式的证券资产投资；

（5）非孟加拉国公民通过证券交易所进行证券资产投资所获红利汇回本国；

（6）符合投资局规定或经投资局同意，为私人投资的工业企业签署的卖方信贷和其他外国贷款合同开具信用证；

（7）为偿付上述贷款所汇出的本金和利息；

（8）符合投资局规定对外汇出的技术转让费和专利费；

（9）在投资局认证的雇佣合同付出工资和奖金金额范围内，汇出存款；

（10）根据银行惯例为外国在孟加拉国企业延长定期贷款期限；

（11）按照正常的主顾关系和银行惯例延长对外国控制或运营的企业发放的运营资金贷款；

（12）通过合法经营商，外国在孟加拉国投资企业从国外主体或其他渠道获取短期外汇现款，无须支付利息；

鼓励出口的外汇政策　孟加拉国政府为鼓励出口所采取的外汇政策如下：

（1）出口商的年外汇留存率被重新确定为FOB价所得的40%。

（2）进口成分比例大的出口商品（如沥青、成衣、电子产品），外汇留存率为FOB价所得的7.5%。服务业的外汇留存率为5%。

（3）出口商可将外汇额度储存在有外汇经营权的孟加拉国银行开立的账户里。可开立的外汇账户有美元、英镑、德国马克、日元。存在账户里的外汇可做商业用途，如出国商业考察，参加交易会和研讨会，进口原材料、机械和零件等，也可用于在其他国家设立办事处。

1.7 金融

（中央银行） 中央银行是孟加拉国国家银行，在孟加拉国金融体系中处于核心地位，是政府进行宏观经济调控的重要工具。其主要职能是负责控制货币发行与储备；制定并实施货币政策，管理货币及信用系统以稳定货币价值；管理外汇储备、监督银行及非银行金融机构；鼓励和发展国家生产性资源以维护国家利益等。

（主要商业银行） 商业银行是孟加拉国金融体系的主体，商业银行产权体制分为政府所有、私人所有和外资三种形式。六大国有商业银行分别为阿格拉尼银行（Grani Bank）、加纳塔银行（Bank of Ghana）、鲁帕利银行（Bank of Lu）、索纳利银行（Sonali Bank）、孟加拉国发展银行（Bangladesh Development Bank）和孟加拉国小型工商业银行（Small Business Bank of Bangladesh）。私人商业银行有39家，主要有标准银行(Standard Bank)、相互信托(Mutual Trust)、亚洲银行(Bank Asia)、电子提单（EBL）、总理银行有限公司（Prime Bank Ltd.）等。

（外资银行） 孟加拉国外国商业银行有美国运通银行、花旗银行、斯里兰卡商业银行、哈比卜银行、巴基斯坦国民银行、渣打银行、印度国家银行、香港汇丰银行、朝兴银行。

（中资银行） 迄今为止，尚无中资银行机构在孟加拉国设立分支机构。

（保险公司） 孟加拉国保险发展及管理局公开数据显示，孟加拉国现有寿险公司30家（含1家外资寿险公司）、非寿险公司45家，以及两家国有保险公司：非寿险（Sadharan Bima Corporation）和寿险（Jiban Bima Corporation）。

1.8 中孟经贸

自1975年中孟建交以来，在双方的共同努力下，中孟经贸关系取得长足发展，两国间投资合作稳定增长，双边贸易额稳步攀升。

（双边贸易） 据中国海关统计，2015年，中孟两国进出口总额约为147亿美元，同比增长17.3%。其中，中国对孟加拉国出口约为139亿美元，同比增长18%；进口约为8亿美元，同比增长5.9%。

2011—2015年中孟两国贸易统计详见表2。

表2　2011—2015年中孟两国贸易统计

单位：亿美元

项目 \ 年份	2011	2012	2013	2014	2015
中方对孟方出口	78.11	79.71	97.06	117.84	139.01
中方从孟方进口	4.49	4.80	6.02	7.62	8.06

资料来源：中国海关、中国商务部。

近年来，中国对孟加拉国出口商品主要类别包括棉花，锅炉、机械器具及零件，电机、电气、音像设备及其零附件，化学纤维短纤，化学纤维长丝，肥料，针织物及钩编织物，车辆及其零附件（铁道车辆除外），特种机织物、簇绒织物、刺绣品等，钢铁制品。

近年来，中国从孟加拉国进口商品主要类别包括其他植物纤维，纸纱线及其机织物，非针织或非钩编的服装及衣着附件，织或钩编的服装及衣着附件，其他纺织制品，矿砂、矿渣及矿灰，塑料及其制品，生皮（毛皮除外）及皮革，鱼及其他水生无脊椎动物，光学、照相、医疗等设备及零附件，棉花。

【承包劳务】 目前，中国在孟加拉国工程承包呈现以下特点：一是工程项目主要集中在基础设施建设领域，如电力、河道疏浚、水厂等领域；二是企业积极尝试以融资方式承揽项目。据中国商务部统计，2015年中国企业在孟加拉新签承包工程合同86份，新签合同额49.49亿美元，完成营业额17.52亿美元。当年派出各类劳务人员约2517人，年末在孟加拉劳务人员共约3454人。

【投　资】 据中国商务部统计，2015年当年中国对孟加拉国直接投资流量3119万美元。截至2015年末，中国对孟加拉国直接投资存量1.88亿美元。投资领域涉及服装、纺织、陶瓷、装修、饮用水、医疗、养殖、印刷、家电、轻工等，但主要集中在纺织服装及其相关的机械设备等领域。

2. 经济环境

2.1 国内市场

【销售总额】 2014/2015财年，孟加拉国国内消费总额约为11.8万亿塔卡（约合1519亿美元），占名义GDP的比例为77.84%。

【生活支出】 2014/2015财年，孟加拉国人均收入为10.22万塔卡，约合1314美元，居民储蓄率为22.3%。根据孟加拉国统计局2010年统计调查，居民收入的54.8%用于食品及饮料开支，4.95%用于服装、鞋袜开支，9.95%用于住房开支，5.63%用于燃料及照明开支，1.68%用于家务用品开支，其他开支占22.98%。

【物价水平】 孟加拉国的物价水平较高，大多数商品都需要进口，且需缴纳增值税。2016年第一季度，孟加拉国基本生活物资零售价格为：当地大米50～80塔卡/公斤，面粉40塔卡/公斤，土豆20塔卡/公斤，食用油200塔卡/升，牛肉450塔卡/公斤，羊肉600塔卡/公斤，鱼类500塔卡/公斤，禽蛋120塔卡/打（12个）。

2.2 基础设施

（公 路） 孟加拉国公路局数据显示，孟加拉国公路总里程约为2.13万公里。其中，国家级公路3812公里，地区公路4247公里，乡村路13242公里。孟加拉国76%的货运及73%的客运由公路运输承担。

（铁 路） 孟加拉国境内现有铁路2884公里，运营里程2656公里，采用三种轨道标准，分别是米轨、宽轨和套轨。孟加拉国铁路划分为东区和西区，东区现有铁路1391公里，主要使用米轨标准，仅达卡至吉大港119.45公里铺设双轨，其余124.8公里正在扩建双轨。西区米轨线路531.15公里、宽轨线路682.19公里、套轨线路280.55公里，其中双轨线路仅96公里。

2008年，达卡至印度加尔各答铁路开通，孟西北罗洪布尔、东北贝纳波尔也有铁路与印度连接。孟加拉国与缅甸尚无铁路连接，也尚未发展地铁或城铁等轨道交通。

（空 运） 孟加拉国现有3个国际机场（达卡、吉大港、锡莱特），12个国内机场。2010年客运量约142.9万人次，货运量约2.82万吨。目前中国内地至孟加拉国首都达卡的航空线路有两条，一条是由中国东方航空公司运营的北京—昆明—达卡航线，另一条是中国南方航空公司运营的广州—达卡航线。

（水 运） 孟加拉国现有2个海港——吉大港和蒙革拉港，以及9个国内港口。孟加拉国内河总长约2.4万公里，适合航行的内河长约5968公里，受季风气候影响，到旱季缩短至3865公里，年旅客运输量约为8780万人次，年货物运输量约为58万吨。截至2014年，孟加拉国海运公司拥有13艘船只，总排水量为19.6万吨。内河航运公司拥有608艘船只，其中孟加拉国内河运输公司拥有215艘船只。

（通 信） 近年来，孟加拉国移动通信发展迅猛，六大运营商竞争激烈。截至2015年12月，孟加拉国移动电话用户约1.33亿户，国内电话0.03～0.15元人民币/分钟不等，拨打中国大陆国际电话大约0.5元人民币/分钟。2013年9月，孟加拉国电信主管部门正式允许运营商提供3G业务。孟加拉国网络服务收费较高，20M带宽每月约合5000元人民币。截至2015年末，孟加拉国拥有互联网用户5412万个。

（电 力） 2014/2015财年，孟加拉国全国总装机容量为1.09万兆瓦，总发电量4.58万千瓦时，人均年消耗电力251千瓦时。孟加拉国主要依靠火力发电，占全部发电比重的93.32%。能源来源包括煤炭、重油、天然气、柴油等，最主要的是天然气，占全部发电能源的62%。全国主要城市已经连入电网，但在农村仍有大部分地区没有联网。由于输电网络建设的不足，孟加拉国只有约50%的人口能够获得电力供应。

2.3 商务成本

[水、电、气价格] 孟加拉国水、电、气供应不足，停水断电现象较普遍，很多投资企业往往选择自己购买燃油、天然气动力发电机维持自身电力供应，并申请在厂区内打凿水井以确保用水。

（1）供电价格：孟加拉国供电价格实行分类计价，具体价格见表3。

表3 2015年9月至今达卡供电公司供电价格

单位：塔卡／千瓦时

种类		价格
居民	75千瓦时以下	3.80
	76～200千瓦时	5.14
	201～300千瓦时	5.36
	301～400千瓦时	5.63
	401～600千瓦时	8.7
	600千瓦时以上	9.98
农业灌溉		3.82
小型工业	统一费用	7.66
	非高峰时段	6.90
	高峰时段	9.24
非居民（照明和动力）		5.22
商业和办公	统一费用	9.80
	非高峰时段	8.45
	高峰时段	11.98
11千伏	统一费用	7.57
	非高峰时段	6.88
	高峰时段	9.57
33千伏	统一费用	7.49
	非高峰时段	6.82
	高峰时段	9.52
街道灯和抽水		7.17

（2）供水价格：根据达卡自来水供应和污水处理局的资料，自2013年7月1日以来，供水价格如下：普通居民和社区用水7.33塔卡/立方米，商业、工业和政府机构用水24.44塔卡/立方米。

（3）天然气价格：目前，孟加拉国居民用气价格为每灶眼每月400塔卡，双灶眼每月500塔卡；发电厂用气2.82塔卡/立方米，化肥厂用气2.58塔卡/立方米，其他工业用气5.86塔卡/立方米。

（4）油价：目前，孟加拉国柴油58.5塔卡/升，汽油101塔卡/升。

劳动力供求及工薪

（1）劳动力供求：孟加拉国劳动力资源充沛，但技术工人缺乏。根据2014年劳动力统计调查，孟加拉国15～65岁劳动力1.04亿人，其中男性4946万人，女性5450万人。劳动力人口分布方面，农业占47%，工业占13%，服务业占40%。

（2）劳动力价格：孟加拉国高级管理人员每月工资水平为1000～2500美元，中级经理级管理人员每月400～500美元，技工100美元左右，普工在70美元左右。孟加拉国政府规定每月最低工资标准不得低于5300塔卡（约合70美元），其中基本工资为3000塔卡，另有1280塔卡住房补贴、320塔卡医疗补贴、200塔卡交通补贴和500塔卡食品补贴。孟加拉国无强制性缴纳社会保险的要求。

外籍劳务需求

孟加拉国是一个劳务输出大国，对外籍劳务需求极少。市场所需的外籍劳务人员基本上是高级管理岗位和特殊技能岗位。

土地及房屋价格

（1）土地价格：孟加拉国绝大部分土地归私人所有。土地价格因所在地区，交通便利程度，地势高低，水、电、气供应情况不同而存在较大差异。近年来，孟加拉国土地价格迅猛上涨。以距离达卡30公里左右的Asholia Tongi区域为例，主路附近土地价格约为20万美元/亩，距离主路较远的土地价格为6万美元/亩，土地租赁价格为每年300～400美元/亩。达卡市中心Banani、Gulshan地区商业用地售价3000～5400美元/平方米。

（2）房屋租金：以距离达卡30公里左右的Asholia Tongi区域为例，工厂月租金为0.12～0.2美元/平方英尺。以距离达卡15公里左右的Uttara区域为例，工厂月租金为0.5～0.6美元/平方英尺，住宅月租金为0.2～0.3美元/平方英尺。达卡高档小区月租金为0.35～0.42美元/平方英尺。

（3）房屋售价：孟加拉国商品房售价因地理位置及档次不同而存在较大差异。一般而言，Uttara区域商品房售价为50～80美元/平方英尺，Baridhara，Banani和Gulshan区域商品房售价为每平方米500～2000美元。

2.4 风险评估

经济风险

孟加拉国经济不发达，在纺织品出口增长、公共投资增加以及侨汇大量流入的促进下,近年来经济保持较快增速，但经济缺乏多样性，存在过于倚重纺织行业、过于依赖廉价劳动力的结构性风险。此外,自然灾害也是经济增长前景中的隐患。

（商业环境风险） 孟加拉国基础设施落后,不发达的公路、铁路和港口造成运输时间大幅增加。尽管电力供应有所改善,但仍面临供应不足的问题。另外,孟加拉国经常遭遇自然灾害,包括大型洪水。

3. 政策规定

3.1 投资方面

（投资主管部门） 孟加拉国的投资管理部门较多,分工很细。外国投资者和当地投资者一样,需要根据投资的区域、规模、行业和股权比例,选择相应的投资管理机构。

孟加拉国出口加工区管理局:负责注册、管理出口加工区内的所有项目。

孟加拉国经济区管理局:负责注册、管理经济区内的所有项目。

孟加拉国小作坊工业公司:负责注册投资3000万塔卡以下的工业项目和注册投资4500万塔卡以下的老项目改造,更换设备或扩大规模。

孟加拉国计划委员会:负责审批孟加拉国公共部门与内外资私营部门合资的公共部门项目（孟加拉国公共部门股权比例在50%以上）。

孟加拉国投资管理局:负责审批上述项目以外的其他项目。

（投资行业的规定） 孟加拉国关于外商投资领域的政策较开放,只有武器、军火、军用设施和机械,核能,造币,森林保护区内的森林种植及机械化开采四个行业为保留领域,不允许外国企业投资。其他所有行业则都属于政府鼓励投资的领域。不过,对外商在银行、保险及其他金融机构行业投资采取限制措施。

（1）禁止的行业:根据2010年工业政策法令,禁止投资的领域包括枪、弹药及国防机械设备,在森林保护区内的森林种植及机械化开采,核能源生产,有价证券（钞票）的印刷和铸造。

（2）限制投资领域:出于环境保护、公众健康,以及国家利益的考虑,孟加拉国政府可根据实际情况确定某些领域为限制领域。目前,限制领域包括深海捕鱼,银行/金融机构私营业务,保险公司私营业务,私营领域电力生产、供应和传输,天然气、油、煤、矿产的勘探、开采和供应,大规模项目（如高速公路、单轨铁路、经济区、内陆集装箱装卸站/货运站），原油精炼，以天然气和其他矿产为原料的中大型工业，通信服务，卫星频道，客运/货运，海滨船运，海港/深海港，VOIP/IP电话等。

（3）鼓励的行业：除了上述禁止投资的领域，外国公司或个人均可在国民经济各领域进行投资。在互利的基础上，投资方式可以选择独资，也可以选择合资。孟加拉国政府鼓励外国投资的领域包括基础农业和农产品加工业，人力资源出口业，造船业，可再生能源业（太阳能、风能），旅游业，基础化工业，成衣业，草药，黄麻及黄麻制品，皮革及制品，医院和医疗，轻工业，塑胶业，家具业，手工制品，节能产品，冷冻渔业，茶业，家纺，制陶业，珠宝业，玩具业，集装箱服务，仓储业，创新和进口替代品业，化妆品业等。

（投资方式的规定） 孟加拉国法律对资本形态和股权比例无限制，外国投资者可以享有100%股权，允许外商投资独资企业、合资企业、私人有限公司、公众有限公司等，对于外国"自然人"在孟加拉国开展投资合作不设限制。出资可采取现汇、设备、技术等多种方式，对二手设备出资无特殊规定。外国投资建设经济区、出口加工区须取得相关主管部门的许可。

孟加拉国尚未制定针对外资并购安全审查、国有企业投资并购、反垄断、经营者集中等方面专门的法律法规，仅1994年颁布的《公司法》对公司并购略有提及。

3.2　贸易方面

（贸易主管部门） 孟加拉国主管贸易的部门是商务部。其主要职能包括：制定进口政策；出口促进及制定出口政策；调节价格；修订公司法、合伙企业法等；协调管理国内商业和保险业；制定关税政策；商品管理及国营贸易；负责世界贸易组织和国际贸易组织事务；联系国际组织等。商务部下设办公厅、对外贸易协定局、出口局、进口和国内贸易局、世贸组织局、纺织局、计划局等部门，并负责管理出口促进局、海关税则委员会、茶叶局、股份公司注册局等机构、科研院所及贸易公司。

（贸易法规体系） 《进出口法案》（1950）、《国家出口奖励政策》（2006）、《进口商、出口商、采购商（注册）令》（1981）等。

（进出口商品检验检疫） 孟加拉国自2000年2月15日开始实施进口商品"船前检验制度"（PSI），对输往孟加拉国的货物在装船前实施货值评估及散装状态检验（CKD或SKD检验）。PSI属强制性进口管理规范，除非另有规定，该制度适用于世界各国和地区所有向孟加拉国输入的货物。PSI制度旨在防止进口商低报发票金额或错报H.S.编码，但它对孟加拉国进口贸易造成较多的问题，如PSI公司签发清洁报告不及时导致进口商无法及时报关、PSI公司高估货物价值导致进口商多付关税等。

孟加拉国海关隶属于国税局。海关管理的主要法律制度为《1969年海关法》。孟加拉国进口关税税率基本为0～25%。绝大部分进口商品关税为3%、5%、12%或25%。

3.3 税收方面

(税收体系和制度) 目前，孟加拉国实行的是以所得税和增值税为核心的税收体系，实行国税制，由财政部所属的国税局负责征收各种税赋。主要税法有《关税法》《所得税法案》《增值税法案》《旅游税法案》及《临时税征收法案》。

(主要赋税和税率)

（1）所得税：所得税分企业所得税和个人所得税。按孟加拉国2015/2016财年税率，企业所得税税率为：上市公司25%，非上市公司35%；银行、保险、金融公司（非商业银行）中上市银行及第四代银行为40%，其他为42.5%；商业银行为37.5%；烟草制造公司为45%；移动电话运营商为45%（其中上市公司为40%）。个人所得税分六级税率进行征收。起征点为25万塔卡（年度所得）。25万～40万塔卡征收10%，40万～50万塔卡征收15%，50万～60万塔卡征收20%，60万～300万塔卡征收25%，300万塔卡以上征收30%。

（2）关税：孟加拉国现行的关税结构为四层制。资本机械类产品关税税率为3%，基础原材料关税税率为7%，半成品关税税率为12%，成品关税税率为25%。出于鼓励进出口的目的，孟加拉国对医药原料、家禽及饲料机械、皮革用化学制品、国防设备、私人发电设备、纺织用原料和机械、太阳能设备等产品免收关税。2014年以来，受拉纳大厦倒塌等恶性工业事故影响，孟加拉国政府开始重视生产安全问题，将防火门、应急灯、消防喷淋装置等安全设备的平均进口关税从154%大幅削减至15%。

（3）增值税：从1991年开始，孟加拉国在产品和服务的进口、生产、销售环节征收增值税。企业年营业额在200万塔卡以上的，增值税统一税率为15%；年营业额在200万塔卡以内的，征收4%的营业税。

（4）附加税：孟加拉国对某些奢侈品和烟酒、化妆品、食品、陶瓷、大排量汽车、空调、冰箱、电视机等进口产品另行征收20%～350%的附加税。孟加拉国还对部分服务业征收10%～35%的附加税。

3.4　劳动就业方面

（劳动法的核心内容）

孟加拉国现有44部与劳动法有关的法律法规，其中最重要的是2006年修订的《劳动法》。该法对劳动者雇用、劳动报酬、工作时间、工作场所条件、工会设立、劳动者管理、工伤事故赔偿、最低工资限额、产假期间待遇、劳动者分红等内容做了详细规定。

（1）雇佣合同：孟加拉国"劳动法"规定工厂或企业员工最小年龄为18周岁。雇佣合同一般为书面合同。雇用前一般有3个月至1年的试用期，试用期内，双方均可提前1个月通知对方终止合作。根据《劳动法》，外资公司辞退员工应提前6个月作出书面通知。如通知期不满6个月，实践中有企业通过给予补偿的方式解决，补偿标准约为1个月工资。

（2）工时与加班：工人每天工作时间为8小时，每周工作48小时，星期五为休息日。超出规定时间视为加班。加班必须是工人自愿行为，加班费为基本工资的2倍。

（3）工资：工人工资由劳资双方协商决定，但不得低于孟加拉国最低工资委员会规定的最低标准。目前最低工资标准为5300塔卡/月。

3.5　环境保护方面

（环保管理部门）　孟加拉国主管环境保护的部门是环境局，该局隶属于环境和林业部，在达卡设立总部，并在达卡、吉大港、库尔那、巴里萨尔、西莱特、博格拉6个地区设有分局。环境局的主要职责包括负责解释和修改环保法规，为各行业及相关部门提供环境方面的数据，贯彻执行国家环保法律法规并对执行情况进行检测，对企业环保设施进行评估并发放合格证书。

孟加拉国主要环保法律法规包括《环境保护法案》《环境保护条例》《环境法院法案》《消耗臭氧层物质控制法案》。涉及投资环境影响评价的法规有《环境保护法案》《环境保护条例》，法案详细内容可登录孟加拉国环境局网站查询。

3.6　承包工程方面

（许可制度）　外国公司承揽孟加拉国政府国际工程采购项目无须经过特别许可，须遵守《政府采购条例》以及《政府采购法》。工程建设与工程验收以相关招标及合同文件规定指标为准。孟加拉国无明确禁止外国公司承包的工程领域，在招标公告中会列明允许投标公司的国别要求和资质要求，本地招标不允许外国公司参与。孟加拉国不限制外国自然人承揽由外国投资及私人投资的工程承包项目，但《政府采购条例》和《政府采购法》规定，孟加拉国各级政府采购的工程项目投标人不得为自然人，外国自然人仅能以个人名义参与相关政府采购工程项下的相关咨询工作。

(招标方式) 孟加拉国政府采购招标主要分本地招标和国际招标，方式包括公开招标、限制性招标、直接采购、两步骤招标四种。除非出于国家安全或国防考虑而采用其他方法，孟加拉国政府采购项目均须首选公开招标。

3.7 知识产权方面

(当地有关知识产权保护的法律法规) 孟加拉国涉及知识产权的法律包括《专利与设计法》《专利与设计规则》《版权法》及《商标法》等。这些法律尚不能满足当前对知识产权保护的要求，尤其对某些方面（如计算机软件等）缺少明确、细致的保护措施。作为世界知识产权组织和《知识产权巴黎公约》成员及世贸组织《与贸易有关的知识产权协定》的签字国，孟加拉国正加紧更新其相关法律。

(知识产权侵权的相关处罚规定) 根据孟加拉国有关知识产权保护的法律规定，侵犯知识产权的行为将被处以拘役及罚款。

3.8 优惠政策

孟加拉国政府对外国投资提供一系列税收减免政策，对部分行业投资企业的产品出口给予一定的现金补助。

(优惠政策框架) 孟加拉国政府通过工业政策、进出口政策、出口加工区管理局条例等多种渠道制定了一系列税收减免优惠政策，包括：

（1）享受减免税期。在达卡、吉大港地区减免税期为5年，其中前两年100%免除，第3~4年免除50%，第5年免除25%；在其他地区和吉大港山区减免税期为7年，其中前三年100%免除，第4~6年免除50%，第7年免除25%。

（2）新设立企业建厂和机器成本可享受快速折旧法，前三年的折旧比率分别为50%、30%和20%。

（3）对100%出口导向企业，其资本设备和10%以内的零部件可以免税进口。

（4）对一般企业，其初期建设或现有工业项目的改造、更新或扩建所需进口的资本设备和该设备总价值10%以内的零配件免税。

（5）对纺织、黄麻、冷冻鱼、皮革、轻工等产品出口提供5%～20%比率不等的现金鼓励和出口补贴。

（6）外国贷款利息免税；特许权使用费、技术转让费和技术服务费等免税。

（7）聘用的外国技术人员免征3年个人所得税。

（8）外国人持有的股份向孟加拉国银行外汇管理局完税后，可向本地股份持有者或投资者转让，其资本收入免税。

3.9 行业鼓励政策

孟加拉国鼓励以出口为导向的企业赴孟加拉国投资，以拉动本国经济并扩大就业。为鼓励投资并刺激出口，孟加拉国政府对成衣业实行出口现金补贴，部分产品实行出口现金补贴制度。2015/2016财年，共有14种出口产品享受补贴，具体比例如下：纺织品4%（中小企业另加4%）、骨粉5%、黄麻产品5%～10%、轻工产品15%、冷冻鱼虾10%、皮革产品12.5%、加工农产品（包括蔬菜、水果）、土豆20%、船舶5%。

4. 办事手续及流程

4.1 注册企业

设立企业的形式 在孟加拉国，外国投资者可设立的企业形式包括公司代表处或办事处、外商独资企业、合资企业、分公司或子公司、股份有限公司等。

注册企业的受理机构 孟加拉国股份公司注册处负责新成立外资公司或办理已在国外成立的外资公司在孟加拉国注册等手续。

注册企业的主要程序

（1）申请合资或独资企业·投资企业向孟加拉国投资局或加工区管理局提出注册申请，提交申请表、原公司注册证书、备忘录和公司章程、土地购买或租赁证明，以及公司负责人姓名、永久住址、职位及国籍，公司所需机械数量及价格、汇款证明等。注册手续完成后，再申请水、电、气的接入及办理税号、雕刻公章及申请工作许可等。

（2）申请股份有限公司：在孟加拉国设立投资企业须先提供股东名册（注

明每位股东持股比例）、负责人姓名、投资金额、股东会议记录及公司3个备选名称，前往孟加拉国股份公司注册处预审公司名称并办理名称登记。名称登记后，企业提交申请表、经孟加拉国驻中国使馆认证的公司章程、备忘录、注册证书等证明文件、公司主管名录、公司注册详细地址等，到股份公司注册处办理注册登记。

（3）设立分公司、子公司或代表处、办事处：向孟加拉国投资局申请注册登记，须提交由母公司法人代表签名及盖章的申请表、备忘录和公司章程、公司注册证书、公司法人代表姓名及国籍、公司董事会决议、上一年度审计决算、分公司或代表处机构设置及项目计划等。所有材料须经孟加拉国驻中国大使馆认证。

4.2 承揽工程

（获取信息） 孟加拉国工程项目主要集中在路桥、电信、电力、疏浚和水厂等基础设施领域。招标的方式分为公开招标和议标。对于公开招标，孟加拉国相关部门会发布招标公告，一般分为本地招标和国际招标。仅国际招标适用于外国企业。招标公告一般通过三个渠道向外公布：一是通过业主网站，基础设施领域工程的业主多为孟加拉国政府各个主管部门,如电力工程归口电力和能源部管理,具体项目分布在其下属的各个委员会和电力公司中，登录 www.bangladesh.gov.bd 可以查阅到孟加拉国各个政府部门网址及相关招标信息；二是通过孟加拉国主流英文报纸刊登招标公告，如《每日星报》（*The Daily Star*）、《孟加拉国金融快报》（*Financial Express*）等报纸，这部分主要是大型的国际招标项目，企业资质要求较高；三是通过国际组织和各国驻孟加拉国大使馆发出不定向投标邀请。

对于议标，绝大部分是私人企业就特定工程进行招标，选定少数几家公司进行逐个议标，通过综合评定后确定中标方。此类议标一般会通过报纸、业主网站等方式进行对外公布，但大多数情况下业主只会将此类议标信息告知特定企业投标方。议标相比公开招标，缺乏透明度，暗箱操作的风险极大。除非企业对业主方非常熟悉，前期经过充分的市场调查和风险评估，建议企业审慎参与此类私人项目议标。

（招标投标）
孟加拉国招标公告中一般简单列明要求，包括项目的内容、投标公司资质要求、投标保函和截止日期等。详细内容一般列在标书之中，需要向业主购买。一份标书的价格约为1000元人民币，购买标书的联系人和联系地址一般在招标公告的最末段列明。企业购买标书后，需要密切关注业主网站的更新，孟加拉国项目经常会发生公司资质要求的变化、投标截止日期延期甚至发生废标的现象。业主的通知一般通过网站、报纸公布，单独通知投标方的情况不多，需要投标方予以持续关注。

（许可手续） 承揽孟加拉国政府工程项目无须特别许可，但在通常情况下，招标单位或部门会选择对有兴趣参与竞标的投标人的资格进行审查（资格预审），要求其按资格预审文件要求提供相关证明材料。符合条件者方可参与投标。

4.3 申请专利

孟加拉国专利、设计及商标局是负责专利、设计及商标注册和管理的主管部门，隶属于工业部。专利申请可以一人申请或多人联合申请，提交的材料包括申请人姓名、国籍、住址，两套说明书、图纸、授权函及在第三国获得的专利证书复印件等。专利有效期16年，从第4年开始每年需要申请延期。

4.4 注册商标

任何宣称对商标拥有所有权、正在使用该商标或准备在孟加拉国使用该商标的企业或个人都可以向孟加拉国专利、设计及商标局申请商标注册。申请注册需提交经企业负责人签名盖章的申请书，列明申请人姓名、国籍、地址，企业类型、使用商标所生产的产品或服务名称以及商标使用的范围。商标注册部门一般在3个月内予以回复。商标注册有效期为7年，从申请日计算。第7年需进行续展，商标续展注册有效期为10年，续展费必须在有效期满之前支付。此后每10年续展一次。

4.5 纳税申报

（报税时间） 孟加拉国税收以财年为基准，即计税区间为每年7月1日到第二年6月30日。非企业应于本财年9月30日前提交上财年所得税申报表。企业一般应于本财年7月15日前提交上财年所得税申报表。

（报税渠道） 企业一般委托会计师事务所报税，也可在线进行报税，网址为www.ltubd.org。

（报税手续和资料） 根据孟加拉国税务局在线报税系统相关说明和步骤填写相关信息并提交相关证明。

4.6　工作签证

在出口加工区、经济区内企业工作的外国人向出口加工区管理局、经济区管理局申请，出口加工区之外的企业或分公司、代表处向投资局申请。

（**工作许可制度**）　外国人在孟加拉国工作必须先申请工作许可。工作许可首次有效期为两年，此后视情况延期。

（**申请条件**）　申请人必须是孟加拉国承认的国家的18周岁以上的公民；雇用外国人的企业必须在孟加拉国合法注册，雇用工种必须是孟加拉国所不具备该类技术人员的工种；外国雇员总数不超过公司雇员总数的5%，孟加拉国内务部证明该外国人在孟加拉国无犯罪记录。

（**提供资料**）　雇用企业在孟加拉国注册证书、公司董事会雇用外国人决议（仅有限责任公司须提供）、公司备忘录及章程（仅有限责任公司须提供）、申请表4份、护照照片4张（需在背面签名并经公司负责人背书）、护照复印件等。

4.7　能为中国企业提供帮助的机构

（**中国驻孟加拉国大使馆经济商务参赞处**）

地址：Plot No.15, Embassy Road, Baridhara, Dhaka，Bangladesh

电话：00880-8825272, 28823313, 8816654

网址：bd.mofcom.gov.cn

（**孟加拉国驻中国大使馆**）

地址：北京市朝阳区光华路42号

邮编：100600

电话：010-65322521, 65323706

网址：www.bangladeshembassy.com.cn

（**孟加拉国驻香港总领事馆**）

地址：香港湾仔道26号华润大厦3501室

电话：00852-28274728/9

5. 中国企业应注意的事项

5.1 投资方面

第一，客观评估投资环境，依法办理投资手续。孟加拉国投资环境相对宽松，政府非常重视吸引投资。该国劳动力资源充足且价格低廉，加之其产品出口欧美等发达国家可享受免关税、免配额或关税减让等一系列优惠，吸引了许多国外投资者；但同时也要看到孟加拉国基础设施不完善，水、电、气资源缺乏等问题，因此，客观评价孟加拉国投资环境、对孟加拉国市场做充分调研非常重要。在充分做好前期考察调研的基础上，投资者应依照孟加拉国相关法律规定办理投资和登记手续。投资限制性行业的，应特别注意在开展具体经营活动前取得相关行政许可。

第二，重视环保问题，积极履行企业社会责任。近年来，孟加拉国很多地方环境变差，当地居民意见很大，媒体也在不断曝光。针对此问题，孟加拉国政府已逐渐增强对环境保护工作的重视程度。目前环保部门和地方政府正通过完善有关法律法规、支持环保企业发展、迁移重污染企业、加大对违规排放企业处罚力度等多种方式，努力改善本国生态环境。因此，企业应高度重视投资项目的环评流程和环保合规审查工作，依法获取环保部门颁发的正式批准文件，切勿在未经许可的情况下擅自开工。

5.2 贸易方面

第一，注意做好风险防控。一是加强自身法律意识，严格依据合同规范双方贸易行为，切忌放松合同审核甚至以形式发票代替合同开展贸易；拒绝对方提出的任何违法要求，不给不法商人可乘之机。二是慎重选择合作伙伴，选择信誉好、规模大的合作对象，必要时聘请专业的资信调查机构对合作对象资信状况进行调查。三是建议对于金额较大的出口合同投保出口信用险。

第二，做好纠纷处理工作。对于已发生的贸易纠纷，应当严格依据法律和合同约定处理，如对方涉嫌违法犯罪，应及时报案或起诉，积极主动地通过法律手段维护自身利益，必要时聘请当地律师等专业人士协助。如希望与对方协商解决，则应达成书面一致，切不可轻信对方的口头承诺，以免给自身造成损失。

5.3 承包工程方面

第一，科学管理企业。一是企业在派出员工时，应挑选个人素质较高、有一定管理经验、英语沟通能力较强且了解孟加拉国文化特点的员工充当高层管理者，尊重并科学管理企业中层管理人员。二是企业应聘请当地一些素质较高、技术熟练的员工充当企业中低层管理者。三是企业应制定员工激励机制，培养企业文化，让员工以主人翁的精神参与企业建设与发展。

第二，及时报告经营情况。企业应当根据《承包工程管理条例》等国内法律法规的相关规定，及时向中国驻孟加拉国使馆经济商务参赞处及国内主管部门通报项目中标、经营和项目进展情况，服从经济商务参赞处及国内主管部门的协调与指导，遇有紧急情况第一时间报告。

5.4 劳务合作方面

孟加拉国当地劳动力供应充足，工资成本较低，因此孟加拉国不鼓励劳务引进。中国企业如果在当地承包工程，可从国内带出管理人员和技术人员，普通工人最好从当地招聘，给当地创造就业机会，以增进相互理解和互利共赢。企业应对员工加强管理，尤其是在建筑、煤炭、化工等高危行业加强安全生产，避免出现安全事故。

5.5 防范投资风险

在孟加拉国开展投资、贸易、承包工程和劳务合作的过程中，要特别注意事前调查、分析、评估相关风险，事中做好风险规避和管理工作，切实保障自身利益，包括对项目或贸易客户及相关方的资信调查和评估、对投资或承包工程国家政治风险和商业风险的分析和规避、对项目本身实施的可行性分析等。

5.6 妥善处理与政府及非政府组织间关系

中国企业应加强与孟加拉国政府及议会各专业委员会的接触，以便掌握该国未来经济及产业政策走向，及时通报企业的发展动态、对当地经济所做的贡献以及运营过程中遇到的问题，争取他们的理解和支持。

5.7 妥善处理与工会间关系

孟加拉国宪法保障工人有集会的自由，同时也允许工人经政府批准自己组成工会。在孟加拉国的中国企业要认真了解企业所在地工会组织发展情况，同时跟踪有关劳工法修订情况。在日常经营中与工会组织保持必要的沟通，了解员工的思想动态，进行必要的疏导，发现问题及时解决，建立和谐的企业文化，邀请工会成员参加管理，增强员工的主人翁意识。

5.8　尊重当地的风土民情

孟加拉国人多为穆斯林，有伊斯兰特殊的文化习俗与文化禁忌。中国企业应注意以下几点：

（1）尊重当地民众。应教育中方员工在与当地政府及居民打交道时，平等友好交往，对他们的文化及人格给予充分尊重。

（2）学习当地语言文化。中方员工应了解当地文化，适当学习当地语言，这样有助于站在对方的角度去思考和理解，也比较容易为对方所接受，从而与当地居民建立一种融洽和睦的关系。

（3）招聘当地员工。应尽可能招聘当地员工参与企业生产管理，培养当地员工的主人翁精神，这样既可带动本地的就业，又可以通过当地员工的现身说法，让当地居民了解和接受企业，从而融洽与当地居民的关系。

（4）积极参与社区活动。中国企业应把自己当作当地社区的一份子，关注并积极参与社区的公共事业活动，必要时提供一定的人力、物力协助社区改善环境，拉近企业与社区居民的距离。

6.　中国企业遇到问题该如何解决

6.1　寻求法律保护

在孟加拉国开展投资合作的企业必须遵守当地的各项法律法规，合法经营，并通过法律手段解决矛盾纠纷，捍卫自身合法权益。

孟加拉国实行司法独立，经济案件可到地方法院申诉请求裁决，也可通过庭外和解解决纠纷。由于法律体系及语言的差异，中方企业在寻求通过法律途径解决纠纷时，应聘请当地律师。

6.2　寻求当地政府的帮助

在孟加拉国投资，取得当地政府的支持尤为重要。很多时候，当地政府，特别是当地警察部门能协调处理大量矛盾纠纷。中国企业应与当地政府相关部门密切联系，及时通报企业情况，反映所遇到的问题。遇有政策性问题时，投资者可与孟加拉国投资管理局取得联系。

6.3 取得中国驻孟加拉国使（领）馆的保护

中国公民在孟加拉国受国际法及当地法律的保护和约束。中国公民在孟加拉国合法权利受到侵害时，中国驻孟加拉国大使馆将在法律允许的范围内实施保护。中国企业在赴孟加拉国投资前，应通过当地商务主管部门征求中国驻孟加拉国大使馆经济商务参赞处意见。办妥国内、国外相关投资手续后，应按规定持相关文件到经济商务参赞处报到备案，在以后的生产经营活动中应与经济商务参赞处保持联络。

6.4 部分政府部门和相关机构

总理办公室：www.pmo.gov.bd

内阁局：www.cabinet.gov.bd

财政部：www.mof.gov.bd

国防部：www.mod.gov.bd

外交部：www.mofa.gov.bd

商务部：www.mincom.gov.bd

农业部：www.moa.gov.bd

交通部：www.moc.gov.bd

工业部：www.moind.gov.bd

铁道部：www.railway.gov.bd

教育部：www.moedu.gov.bd

劳动就业部：www.mole.gov.bd

宗教事务部：www.mora.gov.bd

环境与林业部：www.moef.gov.bd

能源、电力及矿产资源部：www.emrd.gov.bd

渔业与畜牧业部：www.mofl.gov.bd

社会福利部：www.msw.gov.bd

水资源部：www.mowr.gov.bd

内政部：www.mha.gov.bd

7. 孟加拉国司法制度及基本特点

高等法院是孟加拉国最高司法机构，有首席法官1人及法官若干人，均由总统任命。高等法院分为上诉法庭和高等法庭两部分。首席法官和一部分指定的法官审理上诉法庭的案件，其他法官审理高等法庭的案件。达卡有高等法院和劳工上诉法院，此外还有巡回法院，县法院，民事、刑事法院。

附　录

1. 国家概况

孟加拉国地处南亚次大陆东北部，国土面积约14.76万平方公里。历史上孟加拉地区曾数次建立过独立国家，版图一度包括现印度西孟加拉邦、比哈尔等邦。16世纪，孟加拉国已发展成次大陆上人口稠密、经济发达、文化繁荣的地区。18世纪中叶，该地区成为英国对印度进行殖民统治的中心，19世纪后半叶成为英属印度的一个省。1947年印巴分治，孟加拉国被分为东、西两部分，西部归印度，东部归巴基斯坦。1971年3月东巴宣布独立，1972年1月正式成立孟加拉人民共和国。

（国　旗）　孟加拉国国旗呈长方形，长与宽之比为5∶3。旗面为深绿色，中央为红色圆轮。深绿色象征朝气蓬勃、充满生机的祖国绿色大地，象征青春活力和繁荣昌盛；红色圆轮象征经过流血斗争的黑夜之后的黎明。整个旗面如广阔的平原上正冉冉升起一轮红日，寓意孟加拉人民共和国的光明前景和无限生机。

（国　徽）　孟加拉国国徽呈圆形。圆面中是一株睡莲，这是孟加拉国国花、民族的标志。睡莲下面的波纹象征恒河和布拉马普特拉河，两旁以谷穗装饰。睡莲上端是黄麻叶，黄麻是孟加拉国的主要经济作物，产量居世界前列。黄麻叶两侧镶有四颗五角星。

地理位置

孟加拉国位于南亚次大陆东北部的恒河和布拉马普特拉河冲积而成的三角洲上。东、西、北三面与印度毗邻，东南与缅甸接壤，南部濒临孟加拉湾。海岸线长550公里。全境85%的地区为平原，东南部和东北部为丘陵地带，国土大部分地区海拔低于12米。孟加拉国首都达卡属于东六时区，与北京时差2小时。

气候特点

孟加拉国大部分地区属亚热带季风型气候，湿热多雨。全年分为三季：冬季（11月至次年2月）、夏季（3～6月）和雨季（7～10月）。年平均气温为26.5℃。冬季是一年中最宜人的季节，最低温度为4℃，夏季最高温度达45℃，雨季平均温度为30℃。

自然资源

孟加拉国矿产资源主要有天然气、石灰石、硬岩石、煤炭、硅砂、白黏土等。主要能源天然气已公布的储量为3113.9亿立方米，主要分布在东北部的个别地区，煤储量为7.5亿吨。孟加拉国森林面积约200万公顷，森林覆盖率约13.4%，还有大量的石油资源未探明。

人口分布

孟加拉国总人口约1.66亿人（2013年数据），为世界第八大人口国，人口增长率为1.58%，人口密度为1051人/平方公里。

主要城市

孟加拉国全国划分为达卡、吉大港、库尔纳、拉吉沙希、巴里萨尔、锡莱特和郎布尔7个行政区，下设64个县、4498个乡。

首都达卡市坐落在恒河三角洲布里甘加河北岸，是全国政治、经济、文化中心，人口约1200万人。2011年，孟加拉国议会通过议案，将达卡市分为南达卡市和北达卡市。

吉大港市位于孟加拉湾东北岸，是孟加拉国最大港口城市和全国第二大城市，人口超过760万人。孟加拉国80%的国际贸易及40%的工业产值均产生于吉大港。昆明市为吉大港友好城市之一。

2. 社会文化

民族文化

　　孟加拉国是一个多民族国家，主要民族为孟加拉族，约占人口总数的98%，另有查拉尔玛族、山塔尔族、加诺族等20多个少数民族。

　　语　言　　孟加拉语是孟加拉国的官方语言。在教育界和商界广泛使用的则是英语。

　　宗　教　　孟加拉国的四大宗教是伊斯兰教、印度教、佛教和基督教。伊斯兰教为国教，信奉伊斯兰教的人口占88.3%，信奉印度教的占10.5%，信奉佛教的占0.6%,信奉基督教的占0.3%。

　　习　俗　　社交场合，男人间见面时，一般都以握手为礼；男人与女人相见时，一般都习惯用点头示礼，男人一般不主动与女人握手。孟加拉国的佛教徒与客人相见时，习惯施合十礼，客人也应双手合十还礼，以示尊重。

　　孟加拉国忌讳拍打他人后背，认为这是一种极不礼貌和不尊重人的表现，对不经同意就给他们拍照的做法也很反感。孟加拉国人忌讳用左手传递东西或食物，认为左手肮脏，认为13是个消极的数字。

　　孟加拉国的伊斯兰教徒恪守禁酒的教规，也禁食猪肉和使用猪制品，甚至忌讳谈论有关猪的话题。

衣、食、住、用、行

　　孟加拉国的服饰和印度、巴基斯坦的服饰很相近，是传统服饰。女士出门时需穿上一件长大衣，头和脸部蒙黑纱，只留两个眼睛。男士的衣服一般为一件接近膝盖处的上衣，加上很大的裤子，有的是一个很大的布筒，头顶一个传统帽子。

　　孟加拉国人除在社交场合有时使用刀叉外，一般都惯于用手抓食取饭。孟加拉国查克玛族人多以米饭为主食，副食为鱼肉和蔬菜，竹笋也是查克玛族人十分喜爱的食品。

教育和医疗

　　教　育　　孟加拉国学制为小学5年、中学7年、大学4年。政府重视教育，规定八年级以下女生享受免费义务教育。国立大学31所，私立大学56所，国际大学2所，国立医学院13所，普通学院3192所，工艺学校77所，伊斯兰学校8410所，专业培训学院64所，中学1.7万所，小学7.8万所。主要高校有达卡大学、孟加拉工程技术大学、拉吉沙希大学等。

【医 疗】孟加拉国国立和私立医院共计1683家，床位5万个，注册医生4.4万人。国立医院费用较低，但医疗条件一般，只能治疗常见病。私立医院条件较好，但费用很高。孟加拉国没有公费医疗，仅部分保险公司从事医疗保险业务。孟加拉国无强制购买医疗保险的规定。

社会治安

【治安环境】孟加拉国总体治安环境尚可，但针对外国人的各类刑事案件时有发生。

传统节日

孟加拉国实行每周5天工作制，周五、周六为公休日。重要节日包括烈士日（2月21日）、独立日（3月26日）、国民团结日（11月7日）、胜利日（12月16日）。

参考文献

[1] 商务部. 对外投资合作国别(地区)指南——孟加拉[Z]. 2016.

[2] 陈松涛. 孟加拉国的人口流动问题[J]. 东南亚南亚研究, 2015 (2).

[3] 刘敬家, 邢银锋. 边缘地带论与中西方地缘政治战略冲突[J]. 延边党校学报, 2015 (5).

[4] 蔡春明. 孟加拉国EPC风险的探讨与应对[J]. 国际工程与劳务, 2016 (1).

[5] 孙喜勤. 中国与孟加拉国经贸关系的现状、问题与前景[J]. 东南亚南亚研究, 2016 (3).

[6] 高伟. 中国与孟加拉国基本风压计算及分析比较[J]. 江苏建材, 2015 (6).

[7] 杨伟明. 中孟两国之间的跨文化交际研究[J]. 东南亚南亚研究, 2015 (4).

[8] 殷永林. 孟中印缅经济走廊的线路研究[J]. 云南社会科学, 2016 (1).

[9] 李辉. 孟加拉国燃煤电站项目发展前景[J]. 国际工程与劳务, 2016 (4).

[10] 何苑. 孟加拉国贫困问题研究[D].云南: 云南大学, 2016.

执笔人简介

巴晴萱，现就职于中国人民银行辽阳市中心支行，毕业于英国谢菲尔德大学金融与会计专业，理学硕士。从事人事档案管理、国库核算与统计等工作。参与《水利工程管理单位内部控制制度研究》《政产学研协同创新运行机制研究》等课题的研究，获辽阳市科学技术进步二等奖。所撰写的论文《关于深化国库集中支付电子化管理的思考》《施工企业财务管理现状及对策》《以基层信息化平台为载体提高县乡财政管理水平的探讨》分别在《现代经济信息》《经济》期刊发表。

缅甸

执笔人：邰丽杰

1. 经济金融

1.1 宏观经济

经济增长率 近年来，在缅甸政府不断推进经济改革的背景下，缅甸经济持续快速增长，2012—2015年经济增长率分别为7.7%、8.4%、8.4%和7%。世界银行发布的缅甸经济报告称，缅甸2016年经济增长率为6.5%，低于此前预测的7.8%，但受通货膨胀率降低、对制造业投资增加等因素影响，未来三年内缅甸经济增长率仍有望保持在7%以上。2009—2015年缅甸主要经济数据详见表1。

表1 2009—2015年缅甸主要经济数据

项目＼年份	2009	2010	2011	2012	2013	2014	2015
GDP（亿美元）	403	424	480	517	560	607	649
GDP 增长率（%）	5	5.2	13.2	7.7	8.4	8.4	7
人均 GDP（美元）	549	811	900	1205	1304	1415	1203

数据来源：世界银行。

财政收支 政府财政支出的不断增加，导致缅甸财政收支连年赤字。2015年缅甸财政赤字约为19.4亿美元，占GDP的3.3%。

1.2 产业结构

服务业在缅甸GDP中占比最大，2015年占比为46%；其次是农业和工业，占比分别为28%和26%。

1.3 支柱产业

⬚工 业⬚ 缅甸主要工业有石油和天然气开采、小型机械制造、纺织、印染、碾米、木材加工、制糖、造纸、化肥和制药等。2015年，缅甸工业产值约占GDP总值的26.5%。

⬚农 业⬚ 农业为缅甸国民经济基础，其中种植业是农业中最重要的产业。缅甸可耕地面积约1800万公顷，尚有400多万公顷的空闲地待开发。缅甸农业土地资源按人均计算是亚洲最为丰富的国家之一，位居东南亚国家之首。2015年，农业产值约占GDP总值的27.4%，主要农作物有水稻、小麦、玉米、花生、芝麻、棉花、豆类、甘蔗、油棕、烟草和黄麻等。缅甸商务部数据显示，2015/2016财年缅甸出口大米约150万吨，农产品出口总额约25亿美元。缅甸自然资源与环境保护部数据显示，截至2015年，缅甸森林覆盖率约为45%。

⬚采矿业⬚ 缅甸矿产资源主要有锡、钨、锌、铝、锑、锰、金、银等，宝石和玉石在世界上享有盛誉。缅甸商务部数据显示，2015/2016财年缅甸出口玉石等矿产品9.3亿美元。石油和天然气在内陆及沿海均有较大蕴藏量，已探明煤储量约4.9亿吨，石油储量达23亿桶，天然气储量为8万亿立方英尺。缅甸的水利资源也较丰富，伊洛瓦底江、钦敦江、萨尔温江、锡唐江四大水系纵贯南北，水利资源约占东盟国家水利资源总量的40%。

⬚旅游业⬚ 近年来，缅甸政府大力发展旅游业，积极吸引外资建设旅游设施，使旅游业得到快速发展。根据缅甸酒店和旅游部统计数据，2014/2015财年赴缅甸游客达到308万人次，同比增长50%，游客主要来自泰国、中国、日本、韩国和马来西亚。

1.4 对外贸易

缅甸的主要贸易伙伴是亚洲国家，中国是缅甸第一大贸易伙伴，其他贸易国家还有泰国、印度、新加坡和日本。2015/2016财年，缅甸进出口总额约为250亿美元，其中出口约100亿美元，进口约150亿美元。

缅甸主要出口商品有天然气、大米、玉米、橡胶、矿产品、木材、珍珠、宝石和水产品等。2015/2016财年，主要的出口商品及出口额为天然气40亿美元、服装7亿美元、玉石5.7亿美元、大米4亿美元、金属和矿石2.8亿美元、玉米2.7亿美元、水产品2.4亿美元。

主要进口商品有工业原料、机械设备及零配件、五金产品、日常消费品等。2015/2016财年，主要的进口商品及进口额为汽车及相关产品17亿美元、石油16亿美元、机械设备及零配件15亿美元、船舶及相关产品11亿美元、钢铁及建筑材料7.5亿美元、通信设备6亿美元、塑料制品5亿美元。

1.5　货币政策

2016年10月，世界银行发布报告称，包括缅甸在内的东亚及太平洋地区经济将在未来实现恢复性增长，但仍需警惕财政金融方面的风险。世界银行预测，缅甸未来三年内的经济增长依然强劲，但通货膨胀率较高，可能使缅甸面临短期宏观经济稳定性的问题，需要通过谨慎的财政措施、完善的货币政策、灵活的汇率制度以及加强银行监管能力等一系列措施来应对。目前，缅甸的货币政策目标是"维持宏观经济稳定的同时促进国内储蓄增长"。

1.6　外汇管理

缅甸的外汇管理主要由外贸银行、外汇管理委员会负责，外汇管理委员会负责分配外汇。根据缅甸外汇管理的相关规定，未经外汇管理局负责人的许可，任何人在国内不得买卖、借贷、兑换外汇；居住在国外的任何在籍人员不得买卖、借贷、暂时支付、转让、兑换外币。国家规定缅币不出入国境，但在中缅边境地区，边境贸易可使用人民币和缅币。外国人在进入缅甸时，携带不超过1万美元或等值的外币不必向海关申报。

1.7　金融

银　行　缅甸实行以中央银行为中心、以国营专业银行为主体、多种金融组织并存的金融体系。缅甸的中央银行是国家银行，主要职责是发行货币并制定实施货币政策，在国内外稳定缅币价值。

国营银行主要有缅甸经济银行、缅甸投资与商业银行、缅甸外贸银行、缅甸农业与农村发展银行。私营银行主要有妙瓦底银行、甘波扎银行、合作社银行、伊洛瓦底银行、亚洲绿色发展银行、佑玛银行、环球银行和东方银行等。

2014年10月，缅甸为9家外国银行颁发牌照，有限制地准许外国银行经营业务。这9家银行分别是澳大利亚南澳新银行、泰国盘谷银行、日本三菱东京日联银行、中国工商银行、马来西亚银行、日本瑞穗银行、新加坡华侨银行、日本三井住友银行和新加坡大华银行。

2015年9月8日中国工商银行仰光分行正式开业，成为缅甸唯一正式营业的中资商业银行。

中国工商银行仰光分行地址：仰光北部各玛育区彼路459号诺富特酒店办公区

联系方式：0095-1-2306303, 2306304, 2306305, 2306306

〔证　券〕 2014年12月23日，缅甸财政部与日本交易所集团、大和证券集团签署协议，两家日本公司出资协助缅甸建立仰光证券交易所。2015年12月9日缅甸首家证券交易所——仰光证交所正式开张，但只有一家企业上市（缅甸第一投资公司）。证券市场目前不对外资开放。

〔保　险〕 缅甸保险公司是缅甸唯一的国营保险机构，可以为投保者提供人寿、航空、工程、石油天然气、伤残、旅游等多种保险。

1.8　中缅经贸

〔双方贸易〕 根据中国海关统计，2015年中缅双边贸易额约为153亿美元，同比下降38.8%。其中，中国出口96.5亿美元，同比增长3.1%；进口56.5亿美元，同比下降63.9%。中国是缅甸最大的贸易伙伴，主要从缅甸进口资源性产品，出口工业制成品。

〔双方投资〕 中国是缅甸最大投资来源国，截至2015年末，中国在缅甸协议投资金额累计达到154.8亿美元，占缅甸吸收外资总额的26%。中国在缅甸的投资主要集中在油气资源勘探开发、油气管道、水电资源开发、矿业资源开发及加工制造业等领域。

〔双方协定〕 中缅两国是友好邻邦，两国于1950年6月8日正式建交。1971年，中缅签署贸易协定，双方给予最惠国待遇。进入21世纪以来，双方合作进一步加深，签订了一系列有关经贸领域的双边文件，主要有《关于边境贸易的谅解备忘录》（1994）、《中华人民共和国政府和缅甸联邦政府关于农业合作的协定》（1995）、《中华人民共和国政府和缅甸联邦政府关于成立经济、贸易和技术合作联合工作委员会的协定》（1997）、《中华人民共和国政府和缅甸联邦政府农业合作谅解备忘录》（2000）、《中缅两国关于开展地质矿产合作的谅解备忘录》（2001）、《中华人民共和国政府和缅甸联邦政府渔业合作协定》（2001）、《投资促进和保护协定》（2001）、《中华人民共和国政府和缅甸联邦政府关于促进贸易、投资和经济合作的谅解备忘录》（2004）、《关于信息通讯领域合作的谅解备忘录》（2004）、《中缅航空运输协议》（2006）。

2. 经济环境

2.1 国内市场

销售总额 国际货币基金组织数据显示，2015/2016财年，缅甸国内销售总额约11万亿缅币，约合130亿美元。

物价水平 缅甸物价水平与其他东南亚国家相比略高，一方面是因为缅甸近年来不断吸引外资，导致外国人越来越多，物价消费水平也不断提高；另一方面是缅甸的物流成本较高，使物价水平始终无法降低。

生活支出 缅甸中央统计部门数据显示，2015年缅甸居民消费支出总计约388亿美元。

2.2 基础设施

公 路 近年来，缅甸政府大力修筑公路和铁路，陆路运输有了较大发展。缅甸公路以纵贯南北的"毛淡棉—仰光—曼德勒—南坎"公路为主干道，辅以其他线路，形成公路网。截至2015年末，缅甸全国公路里程约3.5万公里。连接中国与缅甸的公路主要是腾密公路。腾密公路缅甸段起点在云南腾冲与缅甸接壤的中缅南四号界桩，终点在缅甸北部密支那，公路全部由中国援建。

铁 路 自20世纪90年代以来，缅甸铁路建设进程加快，政府大量新修和改造铁路，目前缅甸铁路全长约5770公里，在建约2800公里。铁路网以仰光为中心，北通曼德勒、腊戍、密支那，南通毛淡棉，西接勃生，连接了缅甸的各主要城市。

水 运 缅甸河流众多，水运在国内交通运输中起着重要作用。伊洛瓦底江是纵贯缅甸南北的水上动脉。缅甸主要港口有仰光港、勃生港、毛淡棉港和若开港，其中仰光港是全缅最大港口，也是内河和远洋航运的中心。缅甸交通部数据显示，截至2015年末，内河航道约1.5万公里，国内码头111个。

空 运 主要航空公司有缅甸航空公司、国际航空公司、曼德勒航空公司、仰光航空公司、甘波扎航空公司、蒲甘航空公司、亚洲之翼航空公司、金色缅甸航空公司等。主要机场有仰光机场、曼德勒机场、内比都机场、黑河机场、蒲甘机场、丹兑机场等。其中，仰光机场、内比都机场和曼德勒机场为国际机场。目前，缅甸已与20多个国家和地区建立了直达航线，主要国际航线可达曼谷、清迈、北京、昆明、广州、南宁、中国香港、中国台北、新加坡、吉隆坡、达卡、暹粒、金边、河内、胡志明、柏斯、伽雅、加尔各答、达卡、首尔、多哈、法兰克福等城市。中国前往缅甸的主要航线有中国国际航空公司北京—仰光、昆明—仰光航线，东方航空公司昆明—仰光、昆明—曼德勒、南宁—仰光、昆明—内比都航线，南方航空公司广州—仰光航线。

（通 信） 2012年，缅甸电信业开始改革，打破国有垄断并对外资开放，通信网络逐步改善。2014年挪威和卡塔尔电信公司获得了在缅甸运营移动通信的牌照。目前，缅甸3G网络普及率约为63%，中国移动和联通GSM电话可在缅甸使用，但是话费及短信费用较高。

（电 力） 缅甸电力工业基础相对薄弱，20世纪80年代以后发展迅速，但生产力仍然不足。电力短缺是制约缅甸发展的一个问题，缅甸的人均电力消耗量较低，目前国内仅有30%的人能够使用电力。截至2015年5月，缅甸建成电站总装机容量约471万千瓦，其中正在运行的水电站30余个，水电占全国发电量的74%。随着缅甸经济发展，缅甸用电需求逐年增大。目前，工业用电仍有缺口，但随着越来越多的电站项目建成投产以及输电线路的完善，工业、居民用电将有保障。

2.3 商务成本

（水、电、气价格） 缅甸在水、电、气价格上对本国人和外国人实行不同的收费标准。

水价：缅甸的大中城市都由市政供水。以仰光为例，仰光市政府负责制定水费标准，缅甸国民用水价格约为55缅币/立方米（约合0.06美分/立方米），而外国人用水价格则为1美元/立方米。

电价：缅甸第二电力部负责制定电费标准。2014年4月，缅甸实行了新的阶梯电价，居民用电每月在100度以内的为35缅币/度，在101～200度的为40缅币/度，201度以上的为50缅币/度；工业用电每月在500度以内的为75缅币/度，在501～10000度的为100缅币/度，在1万～5万度的为125缅币/度，在5万～20万度的为150缅币/度，对外国人或企业的收费另有标准。

气价：缅甸没有居民用天然气管道，除政府公务员可以享受较低的官方价格外，普通消费者通常购买罐装天然气，目前市场价格约为4.88美元/公斤。

劳动力供求及工薪 缅甸劳动力充足，多数人长期从事农业劳动，高素质人才相对缺乏。据缅甸官方统计，年龄在15～59岁的劳动力人口约有3340万人，占全国人口总数的59%。缅甸劳动力的整体工薪水平不高，但近几年劳动力平均工资上涨较快。截至2015年末，缅甸普通工人月平均工资为5万～9万缅币（约合75～150美元），司机、文秘等职员月平均工资为8万～32万缅币（合100～680美元），高级技术人员、工程师以及金融、贸易行业从业人员工资较高。

2015年8月28日，缅甸最低工资制定委员会发布最低工资标准：自2015年9月1日起，全国不分地区和工种，统一执行的最低工资标准为日薪3600缅币（约合2.82美元）。

土地及房屋价格

土地价格：缅甸不对外国人出售土地，但是外国企业或个人可以直接租用工业区土地，或者向政府有关部门申请租用政府土地，用于工业生产或农业经营活动。工业区年租金为3美元/平方米，如租用工业区已建成的楼房或厂房，年租金为50～65美元/平方米。如租用土地经营农业，土地租赁期一般为50年，并且可以延期，每英亩年租金为8～15美元。

房屋租金：仰光和曼德勒等大城市建有不同档次的写字楼，但数量不多。大城市的写字楼月租金为20～30美元/平方米，仰光市中心办公楼月租金为80～90美元/平方米。许多外国公司则选择租用酒店的房间办公，月租金为10～15美元/平方米。

2.4 风险评估

商业环境方面 缅甸基础建设不发达，政府正不断改善投资环境，吸引外商投资，总体税负相对较轻，行政效率逐渐改善。根据世界银行2016年营商环境指数，缅甸的商业环境排名第167位，同比上升10位。

经济方面 缅甸政府持续推行经济改革，扩大对外开放，积极吸引外资，注重提升本国经济与国际接轨的程度，短期经济前景良好。但缅甸经济结构单一，易受外部环境影响，迅速扩大的贸易逆差和持续的财政赤字都会给经济带来下行风险，有限的货币政策管理工具和缅币不断贬值压力也对宏观经济稳定构成了威胁。

社会治安方面 缅甸各地方武装势力相互纠缠，形势复杂，政府在处理地方武装方面难度较大，一旦爆发冲突，将给投资项目带来较大影响。

3. 政策规定

3.1 投资方面

（投资主管部门） 缅甸主管投资的部门是投资管理委员会。其主要职能是对申报项目的资信情况、项目核算、工业技术等进行审批、核准，并颁发项目许可证，在项目实施过程中提供必要的帮助、监督和指导，同时也受理许可证协定时限的延长、缩短或变更的申请等。

（投资规定） 根据新《外国投资法》，外国企业在缅甸投资有三种方式，分别是独资、与缅甸国民或政府部门进行合作、根据双方合同进行合作。新《外国投资法》对外国投资者出资比例没有相关规定。

（投资行业的规定） 《缅甸联邦共和国外国投资法》在11个领域对外商投资进行限制或禁止，如果外国企业拟从事限制或禁止领域的投资，需对国家和人民有利并经政府批准。限制或禁止项目有：影响民族传统及习俗的项目；影响民众健康的项目；影响、破坏自然环境及生态链的项目；输入有害有毒废弃物的项目；国际公约限制的、生产或使用有害化学品的项目；该投资法细则规定的仅国民从事的制造业及服务业；输入国外不成熟或未经授权使用的技术、药品及用具的项目；细则规定的仅国民从事的农业及种植业项目；细则规定的仅国民从事的畜牧业项目；细则规定的仅国民从事的海洋捕鱼项目；除联邦政府批准的经济区外，国界线缅方一侧10英里内的外国投资项目。

此外，缅甸政府不允许外国企业从事玉石、宝石相关矿业开采项目。投资项目需获联邦政府同意，并经投资管理委员会批准。

3.2 贸易方面

（贸易主管部门） 缅甸贸易主管部门是缅甸商务部，负责批准颁发进出口营业执照、签发进出口许可证、管理国内外展览会、办理边境贸易许可、研究缅甸对外经济贸易问题、制定和颁布各种法令法规等。下设贸易司和边贸司，边贸司在各边境口岸设有边境贸易办公室，负责办理边境贸易各种事务。缅甸私营企业从事对外贸易须向进出口贸易注册办公室领取营业执照，申领进出口许可证，在国家政策许可范围内自由从事对外贸易活动。

贸易法规体系 缅甸与贸易管理相关的法律和规定主要有《缅甸联邦进出口贸易（临时）管理法》（1947）、《缅甸联邦贸易部关于进出口商必须遵守和了解的有关规定》（1989）、《缅甸联邦关于边境贸易的规定》（1991）、《缅甸联邦进出口贸易实施细则》（1992）和《缅甸联邦进出口贸易修正法》（1992）等。

贸易管理相关规定 缅甸对外贸易实行许可证管理制度。1989年，缅甸政府颁布《国营企业法》，外商投资、农民可自由经营农产品，私人可经营进出口贸易，并开放了同邻国的边境贸易。在中缅边境地区出口木材及矿产品需获得缅甸商务部、林业部木材公司出具的证明，及中国驻缅甸使馆经济商务参赞处的证明（目前已停止原木出口）；汽车进口商须在车辆发运前申请进口许可；红酒进口除申请进口许可证外，还需事先与国外供货商签订合同及向相关部门申办酒类销售执照。

3.3 税收方面

税收体系和制度 缅甸税收主要由缅甸国家税务局管理，实行属地税制。缅甸财政税收体系包括对国内产品和公共消费征税、对收入和所有权征税、关税、对国有财产使用权征税4个主要项目下的15个税种征税。上述税收由不同部门管理，其中89%以上由缅甸国家税务局管理。

主要税赋和税率

（1）所得税：在缅甸，个人、企业、公司及其他团体产生的源于缅甸的所得都要缴税，所得税主要包括企业所得税、个人所得税和资本所得税。企业所得税，本地公司缴纳25%，外资公司缴纳35%；个人所得税，收入在3000万缅币内按0~25%缴纳，收入超过3000万缅币的按25%缴纳。资本所得税，本地企业为10%，非本地企业为40%。

（2）利润税：《所得税法》中没有征收的项目按照《利润税法》缴纳利润税，税率从3%~50%不等。

（3）商业税：《税收法》规定，对除特殊商品及免征税商品外的所有商品征收5%的贸易税。对16种特殊商品征收的贸易税税率为：卷烟120%，烟叶烟丝及雪茄类产品60%，酒类60%（其中红酒50%），柚木及硬木板材25%，珠宝玉石毛料15%，珠宝玉石成品5%，除厢式皮卡外1.8升以上车辆25%，汽油、柴油及航空用油10%，天然气8%。免征贸易税商品共102种，主要为农副产品、特定部门用品及服务类行业等。

（4）关税：《关税法》将商品按统一代码分成6062个税目。其中，进口税由24个税率组成，税率范围为0～40%。一般商品出口不计出口税，但以下商品须计税：大米及其制品按每公吨100缅元计征，豆类及其他作物、油籽饼、生皮和皮5%，竹5%，边境出口税0～15%。

3.4 劳动就业方面

目前缅甸尚未出台外籍劳务可就业的岗位、市场需求等方面的规定。缅甸政府鼓励外国在缅甸投资企业引进管理和技术人员，指导缅甸当地雇员提高技术水平，但同时也要求外资企业优先雇用缅甸工人。《缅甸联邦共和国外国投资法》规定，外资企业应优先录用缅甸公民，在需聘请专业技术人员的领域，外资企业在开始运营的头两年雇用缅甸员工比例应不低于25%，随后的两年不低于50%，第五年和第六年不低于75%。

3.5 环境保护方面

环保管理部门 缅甸环境保护部隶属于缅甸林业部。根据职能分工，涉及保护环境的相关政府部门还有家畜饲养和渔业部、野生动物保护委员会、林业部、农业服务局等。

主要环保法律法规 《缅甸动物健康和发展法》《缅甸植物检验检疫法》《缅甸肥料法》《缅甸森林法》《缅甸野生动植物和自然区域保护法》《缅甸环境保护法》。

环保法律法规基本要点 《缅甸环境保护法》要求涉及自然资源开发、工业等领域的项目提前办理项目许可，在工业区、经济特区或环保部指定的企业需履行相应的责任。目前，外资企业在缅甸开展投资项目，在报投资管理委员会前，需向缅甸环保部提交《环境评估报告》和《拆迁移民安置方案》，缅甸环保部根据项目情况进行审核。

3.6 承包工程方面

许可制度 任何公司均需公开参与竞标，对劳工费、业务服务费提出最低百分率者给予优先，对低价进行破坏性竞争的公司予以通报，不予选择。

禁止领域 涉及缅甸国防的敏感项目、贵重矿产资源的开发、少数民族地区项目一般不允许外国公司介入。

3.7 知识产权方面

缅甸没有专门主管知识产权的机构，如果权益受到侵犯，权利人主要依据民事和刑事的相关规定来保护自己的权益。

3.8 优惠政策

(优惠政策框架)　《外国投资法》为外资企业提供了很多激励和担保措施。

(行业鼓励政策)　缅甸政府鼓励外商企业投资能够促进当地就业、增加出口、无污染的加工制造型企业。对于符合外商投资领域的加工制造企业，外商企业可向政府或缅甸私营企业、个人租赁土地，在签订土地租赁协议后，直接向缅甸投资管理委员会申请注册外资公司。

(地区鼓励政策)　《缅甸经济特区法》对经济特区实施一定的优惠鼓励政策。目前经济特区主要有缅甸南部德林达依省的土瓦经济特区、缅甸西部若开邦的皎漂经济特区、仰光南部迪洛瓦经济特区。优惠主要有：投资者在免税区开始商业性运营之日起的第一个7年期间，免除所得税；在业务提升区开始商业性运营之日起的第一个5年期间，免除所得税；在免税区和业务提升区投资的第二个5年期间，减收50%所得税；在免税区和业务提升区投资的第三个5年期间，如在一年内将企业所得的利润重新投资，对投资的利润减收50%所得税。投资建设者在经济特区开始商业性运营之日起的第一个8年期间，免除所得税；在第二个5年期间，减收50%所得税；在第三个5年，如在一年内将企业所得的利润重新投资，对投资的利润减收50%所得税。除此之外，该法还对土地使用、保险业务等做了相关规定。

4. 办事手续及流程

4.1 注册企业

(受理机构)　缅甸投资委员会是企业注册的受理机构，对申报项目的资信情况、项目核算、工业技术等进行审批、核准并颁发项目许可证。

(主要程序)　根据《缅甸外国投资法》，注册企业向缅甸投资委员会提交申请表，由投资和公司管理指导委员会对所提交项目建议书进行详细研究和审查，并将文件提交投资委员会。

（所需材料） 企业财务状况表；开户银行推荐信；项目经济可行性报告；根据合作性质，如项目属外商独资，须提供一份拟与主管部门签署的合同草本，如项目属合资项目，则须提供一份拟与合作公司签署的合同草本；以有限公司的名义经营的，提交按《缅甸公司法》起草的《公司备忘录》或《公司章程》；按《缅甸外国投资法》第10章26款规定提交税务减免申请函。

（所需时间） 如果所需提交的文件资料齐全，约在2个月内完成报批手续。

4.2 承揽工程

（获取信息） 缅甸政府各部门及下属司局或直属企业可直接对外发布工程项目招标信息，省级政府也有部分自筹资金项目对外招标，但市级以下政府对外招标项目数量极少。缅甸主流媒体也会定期发布招标信息。

（招标方式） 缅甸承包工程项目原则上采用公开招标的形式，由政府部门自筹资金且金额在10万美元以上的项目，必须有3家以上的承包商进行投标。通常，发标部门对各投标方的技术细节与价格进行比较，形成授标意见后报请国家采购委员会审批。国家采购委员会一般要与竞标企业再进行一轮价格谈判，之后或维持发标部门的意见，或作出新的授标决定。根据采购委员会的意见，发标部门须上报国家贸易委员会审批，批准后再报内阁批准通过，最后进入实施阶段。

4.3 申请专利

缅甸申请专利实行注册登记制度，在农业灌溉部设在各省、邦的注册局办理。依照现行规定，外国人不能直接提出专利注册申请，需以合法注册的缅甸公司的名义或者缅甸当地代理人的个人名义提出申请。注册成功后，要在报纸上发布公示，时间为一周。公示期间如没有人提出异议，登记注册即可生效。

4.4 注册商标

根据缅甸《注册法》和注册检察长第13号令的规定，企业可以通过向缅甸注册局发布商标所有权声明的方式实现商标注册。商标所有权声明在缅甸注册局注册后，通常要在当地的报刊上发布商标公告，如果是国际性商标，还应在当地英文报刊上刊登公告。公告内容包括商标的名字、式样、细节说明、商标持有人的姓名和地址、对侵犯商标权的简短警告。

4.5 纳税申报

中国在缅甸的企业最好聘请当地注册的会计师协助整理账务，并由该会计师代交缅方税务机关。

报税时间　根据《缅甸税务法》和《缅甸国内税收实施细则》，企业可以在取得收益之年年底算起3个月内申请缴纳所得税，纳税人的收入按从当年4月1日起至次年3月31日止的财政年度来计算。税款一般在下一个年度按照上一个年度的收入进行估算，作出估算后，即可每个月或每个季度缴纳一次税。

报税渠道　企业报税需向各省/邦税务人员申请。

报税资料　企业月度、季度、年度营业收入、营业费用等财务相关资料。

4.6 工作签证

外国人到缅甸工作，不需要办理工作许可，缅甸政府未制定外国人在缅甸工作许可制度。外国人赴缅甸工作主要需解决签证延期及居留许可等方面的问题。

4.7 能为中国企业提供帮助的机构

缅甸驻中国大使馆

地址：北京市东直门外大街6号

电话：010-65320351-12，65320359-23

中国驻缅甸大使馆

地址：No.1, Pyidaungsu Yeiktha Road, Dagon Township, Yangon

电话：0095-1-221280，221281（总机）

值班电话：0095-943209656

5．中国企业应注意的事项

5.1 投资方面

基础设施落后。由于缅甸工业发展水平不高，交通、通信等基础设施不发达，电力供应不足，可能给投资带来诸多不便。

政府宏观调控能力不强。缅甸银行利率和缅币的汇率变动幅度较大，可能对外商投资的收益带来负面影响。

避免到少数民族区投资。缅甸政府和部分少数民族组织之间的关系十分微妙，一旦在少数民族地区的投资出现状况，政府很难及时、有效介入。

5.2　贸易方面

在开展贸易前，应先确认缅甸公司是否在缅甸商务部登记注册，是否取得《进口商注册证》《出口商注册证》。如遇到贸易纠纷，须按缅甸现行《仲裁法》进行解决。

缅甸的对外贸易多以美元或欧元通过银行信用证结算，目前缅甸无法直接与中国各银行开展信用证结算，要通过设在新加坡或中国香港的第三方公司。因此，应防范贸易及结汇过程中存在的风险。

5.3　承包工程方面

充分挖掘市场潜力。近年来，中资企业在缅甸的工程承包合作顺利发展，相继中标并顺利完成电站、桥梁、铁路、工厂、通信设施以及输变电项目等工程建设。中资企业应利用自身优势，继续挖掘缅甸市场潜力，推动中缅经贸合作向纵深发展。

建立良好合作关系。与缅甸政府部门以及当地有实力、有影响的企业建立良好的合作与互信关系，可以帮助企业更加有效地开拓市场，并在项目实施过程中，获得对方的支持与配合。

避免恶性竞争。中资企业在缅甸应严格执行项目备案制度，服从国内有关部门及商会的协调，从大局出发，坚持互利合作，避免恶性竞争，实现中资企业在缅甸承包工程市场上共赢。

造福当地社会。中资企业在缅甸承揽项目，在追求经济利益的同时，应积极回报社会，参与社会公益活动，施惠于当地社会，同当地人民分享劳动成果，赢得地方支持，实现长期、稳定发展。

5.4　劳务合作方面

劳务人员到缅甸务工前应与具有外派劳务资质的正规企业或单位签订外派合同，使派遣时限、工作条件、劳动报酬、违约责任等关键条款见诸文字，保存好证据，一旦出现劳务纠纷可有效维护自身权益。缅甸法律规定对违法犯罪行为处以重罚，劳务人员到缅甸工作之前，首先应对缅甸的法律法规、风俗习惯有所了解，在缅甸工作务必严格遵守当地法律法规，尊重缅甸人以及缅甸人的风俗习惯。

5.5　防范投资风险

在缅甸开展投资、贸易、承包工程和劳务合作的过程中，要特别注意事前调查、分析、评估相关风险，做好风险规避和管理工作，切实保障自身利益。

5.6　妥善处理与政府及非政府组织间关系

中资企业要在缅甸建立积极和谐的公共关系，要关心当地政府最新的经济政策走向，了解缅甸政府主管部门的相关职责，与政府主管部门和议会保持联系，及时汇报企业的经营状况及在经营过程中遇到的问题，争取得到支持。

5.7　妥善处理与工会间关系

中资企业要处理好与当地工会的关系，首先应了解工会组织的诉求，在沟通过程中可聘请企业在缅甸合作伙伴与工会组织进行沟通，根据实际情况与工会协商情况，妥善解决相关问题。

5.8　尊重当地的风土民情

缅甸为佛教国家，佛教文化深入到各阶层。居民普遍为人和善，和尚在缅甸的社会地位最高。中资企业及个人在社交和商务场合要注意尊重当地的风俗习惯，对和尚必须优先礼让。进入寺庙或佛塔必须脱鞋袜，忌摸小孩的头。

6.　中国企业遇到问题该如何解决

6.1　寻求法律保护

中资企业在缅甸开展经营活动应当认真学习和遵守当地的法律法规，对外活动中可聘请当地律师作为法律顾问，提供具体的法律意见。当合法权益受到侵犯时，中国公民可依据当地法律要求对方承担法律责任，必要时提起仲裁或诉讼。

6.2　寻求当地政府的帮助

中资企业在缅甸开展投资合作，必须密切与政府主管部门的关系，尽可能了解相关的工作程序，在遇到困难和问题的时候能够更快寻求帮助。

6.3　取得中国驻缅甸使（领）馆的保护

中国公民在缅甸境内所享有的合法权益受到侵害时，中国驻缅甸使馆、驻曼德勒总领馆有责任在国际法及当地法律允许的范围内实施领事保护。中资企业在缅甸投资合作要与中国驻缅甸使馆经济商务参赞处保持密切联系，并及时向经济商务参赞处通报企业情况，反映遇到的困难和问题，寻求经济商务参赞处的帮助与支持。

6.4　部分政府部门和相关机构

外交部：www.mofa.gov.mm

教育部：www.myanmar-education.edu.mm

商务部：www.commerce.gov.mm

卫生部：www.moh.gov.mm

信息部：www.moi.gov.mm

宗教事务和文化部：www.culturemyanmar.org

农业、畜牧和灌溉部：www.mora.gov.mm

交通运输部：www.mcit.gov.mm

劳动、移民和人口部：www.mip.gov.mm

工业部：www.industry.gov.mm

建设部：www.construction.gov.mm

7.　缅甸司法制度及基本特点

7.1　司法制度

2008年5月，缅甸新宪法草案经全民公决通过，并于2011年1月31日正式生效。根据新宪法，缅甸是一个总统制的联邦制国家，将实行多党民主制度。总统既是国家元首，也是政府首脑。议会为缅甸联邦最高立法机构，拥有最高立法权，包括全国大法和地区法案。议会由联邦总统及代议院、民族院两院构成。民族院共125个席位，议员在少数民族候选人中选举产生。代议院议席原则上是民族院的2倍，即250席，可略有变动。两院各从其议员中选举出正、副发言人一名。

缅甸法院和检察院共分四级。设最高法院和最高检察院，下设省邦、县及镇区三级法院和检察院。联邦最高法院为国家最高司法机关，最高检察院为国家最高检察机关。最高法院首脑称联邦首席法官，经议会两院联席会议同意后由总统任命。最高法院对各种案件的判决为最后判决。法院享有独立的司法权，只对宪法和法律负责，最高法院法官不得被随意罢免，除非其本身有违法行为或无能。

7.2 基本特点

缅甸已摆脱了行政、立法和司法集中的体制，该国政治进程正在使国家的政治合法性得到提高，对于基本的政治稳定大有裨益，为经济和社会转型、人民生活水平改善铺平了道路。

附 录

1. 国家概况

缅甸联邦共和国简称缅甸，是东南亚国家联盟成员国之一。缅甸是一个历史悠久的文明古国，旧称洪沙瓦底。1044年形成统一国家后，经历了蒲甘、东坞和贡榜三个封建王朝。1948年1月4日，缅甸脱离英联邦宣布独立，成立缅甸联邦。1974年1月，颁布新宪法，成立人民议会，组建了"社会主义纲领党"（简称纲领党），定国名为"缅甸联邦社会主义共和国"。1988年9月23日，国名改为"缅甸联邦"。2011年1月31日，缅甸联邦议会召开首次会议，正式将国名改为"缅甸联邦共和国"，并启用新的国旗和国徽。

缅甸国旗为16:9的长方形，由自上而下宽度相同的黄、绿、红三色横条组成，国旗正中是一颗白色大五角星，覆盖三色横带并指向上方。黄色代表统一、智慧、欢乐和各民族亲密团结，绿色代表土地肥沃、和谐、安宁、苍翠的国家，红色代表勇敢、果决，白色代表纯洁、正直、友善和力量。

[国 徽] 缅甸国徽中心是缅甸国家地图，地图两侧各有一支蒲桃枝，国徽两侧各有一只狮子，国徽下端的绸带上写着"缅甸联邦共和国"，国徽正上方是一颗五角星，五角星两侧饰有缅甸花卉。

[法定货币] 缅币是缅甸的法定货币，纸币面额有50分和1缅元、5缅元、10缅元、20缅元、50缅元、100缅元、200缅元、500缅元、1000缅元、5000缅元、10000缅元。硬币面值有5分、10分、20分、50分和1缅元。1缅元=100分。

[首 都] 内比都是缅甸首都，位于仰光以北390公里处，距缅甸第二大城市曼德勒约300公里，坐落在缅甸中部锡当河谷的一个小盆地内，周围都是丛林山区。

地理位置

缅甸位于亚洲东南部、中南半岛西部，其北部和东北部同中国西藏和云南接界，东部与老挝和泰国毗邻，西部与印度、孟加拉国接壤。缅甸南临安达曼海，西南濒孟加拉湾。缅甸的形状就像一块钻石，从南到北长约2090公里，东西最宽处约925公里。缅甸面积约67.85万平方公里，海岸线长3200公里。地势北高南低，北、西、东面为山脉环绕。北部为高山区，西部有那加丘陵和若开山脉，东部为掸邦高原。靠近中国边境的开卡博峰海拔5881米，为全国最高峰。西部山地和东部高原间为伊洛瓦底江冲积平原，地势低平。

气候特点

缅甸大部地区属热带季风气候，年平均气温27℃。曼德勒地区极端最高气温逾40℃。1月为全年气温最低月份。平均气温为20℃以上；4月是最热月，平均气温30℃左右。降雨量因地而异，内陆干燥区500～1000毫米，山地和沿海多雨区3000～5000毫米。

自然资源

缅甸矿产资源主要有锡、钨、锌、铝、锑、锰、金、银等，宝石和玉石在世界上享有盛誉。缅甸商务部数据显示，2015/2016财年缅甸出口包括玉石在内的矿产品9.3亿美元。石油和天然气在内陆及沿海均有较大蕴藏量。截至2013年6月，探明煤储量逾4.9亿吨，探明大陆架石油储量达22.7亿桶，天然气达8.1万亿立方英尺，共有陆地及近海油气区块77个。水利资源丰富，伊洛瓦底江、钦敦江、萨尔温江、锡唐江四大水系纵贯南北，水力资源占东盟国家水力资源总量的40%，但由于缺少水力设施，尚未得到充分利用。

人口分布

缅甸人口约5390万人（2015年人口普查），共有135个民族，主要有缅族、克伦族、掸族、克钦族、钦族、克耶族、孟族和若开族等，缅族约占总人口的65%。各少数民族均有自己的语言，其中克钦族、克伦族、掸族和孟族等民族有自己的文字。全国85%以上的人信奉佛教，约8%的人信奉伊斯兰教。人口最多的前五位城市分别是仰光、曼德勒、毛淡棉、勃固和勃生。目前缅甸华侨华人及其后裔的总人数约为250万人。

主要城市

缅甸全国分七个省和七个邦。省是缅族主要聚居区，邦为各少数民族聚居地，联邦区是首都内比都。七省分别是伊洛瓦底省、马圭省、曼德勒省、勃固省、仰光省、实皆省和德林达依省。七邦分别是克钦邦、掸邦、钦邦、克伦邦、克耶邦、孟邦和若开邦，多为各少数民族聚居地。主要城市有内比都、仰光和曼德勒。

（ 伊洛瓦底省 ） 伊洛瓦底省是缅甸南部的省级行政单位，首府勃生，主要由伊洛瓦底江三角洲组成，西北包括若开山脉的余脉，西濒孟加拉湾，南和东南临安达曼海，总面积约3.5万平方公里，人口约500万人。

（ 马圭省 ） 马圭省位于缅甸中西部，面积约4.4万平方公里，人口约446万人。马圭省共设马圭（首府）、敏布、德耶、木各具、甘高5个县和25个镇区，缅甸石油大部分产在马圭省。

（ 勃固省 ） 勃固省位于缅甸中南部平原，面积3.9万平方公里，人口约480万人。勃固省共设勃固、卑谬、沙耶瓦底、东吁4个县和28个镇区。勃固是古代缅甸孟族的古都，14~16世纪，这里还曾是缅甸全国的文化中心。

（ 实皆省 ） 实皆省位于缅甸西北部，面积9.4万平方公里，人口约530万人，首府是实皆，下设8个县。实皆省是缅甸交通中心，仰光—密支那铁路通过该省，至仰光的水路终年通航。

（ 德林达依省 ） 德林达依省位于缅甸南部。东与泰国为界，西临安达曼海，北接孟邦。面积4.3万平方公里，人口约91.8万人，首府是土瓦。山地面积较大，德林达依省内山间盆地和谷地交错，沿海有沼泽，南部平原稍宽广，自然资源有锡和钨矿，丹老群岛部分地区还有黄金和煤矿。

（ 内比都 ） 内比都是缅甸新首都，位于中部的山区。缅甸政府于2005年11月6

日将首都从仰光迁移到这里，并改名为内比都。内比都人口约90万人，是继仰光和曼德勒之后的第三大城市，主要居民为缅族，另有掸族、克钦族、克伦族、克耶族、德努族、勃朗族、勃欧族等少数民族。

仰 光 仰光是仰光省首府，人口约600万人，是缅甸前首都和最大城市。仰光地处伊洛瓦底江三角洲中部，伊洛瓦底江三角洲地势平坦，土地肥沃，是全缅甸最发达和最富庶的地区。仰光附近的伊洛瓦底江三角洲和锡唐河谷一带是水稻的主要产区，这里的稻谷产量占缅甸稻谷总产量的2/3以上。仰光有三大出口产品，分别是稻米、柚木和宝石。仰光的宝石和玉石在世界上享有盛誉，宝石贸易已成为国家外汇的主要来源之一。

曼德勒 曼德勒市是曼德勒省的省会、著名古都，缅甸第二大城市和佛教圣地之一，也是华侨比较多的城市。曼德勒是中部地区的经济、文化中心，也是缅甸中部物资集散地和内地最大的交通运输中心。工业有茶叶包装、丝绸纺织、酿酒、玉石加工、铸铜和金箔工艺等。

2. 社会文化

民族文化

缅甸文化深受佛教文化影响，缅甸各民族的文字、文学艺术、音乐、舞蹈、绘画、雕塑、建筑以及风俗习惯等都有佛教文化的烙印。缅甸独立后，始终维护民族文化传统，保护文化遗产。传统文化在缅甸有广泛影响，占主导地位。缅甸主要文化机构和设施有国家舞剧团、国家图书馆、国家博物馆、昂山博物馆等。

缅甸有85%以上的人信仰佛教，佛教不但是缅甸人的宗教信仰，而且是他们道德教育的源泉。佛教经文，尤其是《吉祥经》，是缅甸人民的生活哲学，深深地印入人们的心灵。在缅甸不能对寺庙、佛像、和尚有任何轻率举动，不能穿过短、过透的衣服。在缅甸，信佛教家庭的男孩都须入寺庙当一段时间的和尚，过静修生活后才能还俗结婚。缅甸人对和尚十分尊敬和崇拜，只要有和尚来化缘，他们都不惜拿出家中最好的财物送给和尚。缅甸人虔心向佛，民风淳朴、和善，社会犯罪率比较低。佛家人不杀生，但可以食肉以滋养身体。

风土人情

缅甸人有"右为贵，左为贱"和"右为大，左为小"的观念。因此，缅甸人有"男右女左"的习俗。缅甸人视头顶为高贵之处，所以不能用手触摸他人头部，即使是十分可爱的孩童也不能抚摸其头。

衣、食、住、用、行

缅甸是传统文化保存较好的国家。在衣着方面，多数人仍穿着民族服装，无论男女，下身都可穿纱笼，男式叫"笼基"，女式叫"特敏"。男女纱笼的穿法不一样，男式的笼基是在腰际结一个花球，女式则是左右裙端扭成带状，互相结住。

缅甸人在饮食方面较为节俭，以大米为主食，常以鱼虾酱、辣椒、煮豆、酸菜叶汤佐饭。缅甸人的口味特点是酸、辣、清淡、不油腻，餐桌上一般都有辣椒油。

在缅甸城市内的交通可依靠公交车和出租车，搭乘车费按距离收取，交通安全情况良好，中国公民持国内驾驶证或国际驾驶证可换当地的驾驶证，城市间来往主要依靠船舶和铁路。

缅甸居民多使用固定电话，移动通信服务近几年发展迅速，手机用户逐渐增多。手机网络有GSM和CDMA两种制式，GSM制式与中国国内手机兼容，但CDMA不兼容。目前，中国联通已经开通缅甸手机国际漫游业务。

教育、医疗、福利制度

教育 缅甸教育分学前教育、基础教育和高等教育。学前教育包括日托幼儿园和学前学校，招收3～5岁儿童。基础教育学制为10年，1～4年级为小学，5～8年级为普通初级中学，9～10年级为高级中学。高等教育学制3～6年不等。普通高校本科自2012年开始改三年制为四年制。缅甸现有基础教育学校约40800所，大学与学院108所，师范学院20所，科技与技术大学63所，部属大学与学院22所。著名学府有仰光大学、曼德勒大学等。

医疗 缅甸医院分公立与私立两种。公立医院价格便宜，但药品缺乏，有时只提供处方，由病人在药店自行购买。私立医院条件较好，就诊费、医药费较高。缅甸医院就诊程序与国内基本相同，外国人就医可支付美元。

福利制度 缅甸于2012年制定新福利法，并于2014年4月1日开始执行。新福利法增加了丧失工作能力保险、退休金保险、遗留亲人保险、失业保险及其他社会福利保险等。

传播媒介

报 刊 缅甸全国发行的主要报纸有三种:《缅甸之光》《缅甸新光》和《镜报》。地方性的报纸主要有《首都报》《曼德勒报》和《雅德那崩报》。期刊主要有《妙瓦底》《秀玛瓦》《威达意》《视野》和《财富》等。

广播电视 "缅甸之声"是缅甸的官方广播电台,用缅甸语、英语及八种少数民族语言进行广播。主要电视台有缅甸电视台和妙瓦底电视台,全国各省、邦大部分地区都能收看电视节目。

社会治安

缅甸治安情况总体良好,民风淳朴,较少发生重大刑事犯罪案件。缅甸北部少数民族武装控制地区缺乏充足的安全保障。中国公民在缅甸遇到危险或人身伤害时应及时报警,借助法律武器保护自己,并向中国驻缅使馆求助。

缅甸报警电话:199

缅甸医疗急救电话:192

传统节日

缅甸政府部门实行每周五天工作制,周六和周日为公休日。缅甸的节假日包括法定节日和民间节日。

法定节日 独立节(1月4日)、联邦节(2月12日)、农民节(3月2日)、建军节(3月27日)、泼水节(4月13日前后)、工人节(5月1日)、烈士节(7月19日)和民族节(12月1日)。

民间节日 浴榕节(4月下旬,缅历2月月圆日)、点灯节(10月,缅历7月月圆日)、敬老节(10月,缅历7月)、献袈裟节(10月中下旬至11月中下旬,缅历7月月圆至8月月圆期间)、作家节(12月上旬,缅历9月1日)。

参考文献

[1] 商务部. 对外投资合作国别(地区)指南——缅甸[Z]. 2016.

[2] 中国出口信用保险公司. 国家风险分析报告[M]. 北京: 中国金融出版社, 2016.

[3] 周殿宾. 缅甸工程承包风险分析与防范[J]. 国际经济合作, 2014 (3).

[4] 贺圣达, 李晨阳. 列国志——缅甸[M]. 北京: 社会科学文献出版社, 2003.

[5]　贺圣达. 当代缅甸[M]. 成都: 四川人民出版社, 1992.

[6]　张锡镇. 当代东南亚政治[M]. 南宁: 广西人民出版社, 1994.

[7]　钟智翔. 缅甸文化导论[M]. 北京: 军事谊文出版社, 2005.

[8]　许清章. 缅甸历史、文化与外交[M]. 北京: 社会科学文献出版社, 2014.

[9]　钟智翔. 缅甸概论[M]. 北京: 世界图书出版社, 2012.

[10]　廖亚辉. 缅甸经济社会地理[M]. 北京: 世界图书出版社, 2014.

[11]　宋梁禾, 吴怡君. 中国对缅甸援助的现状及建议[J]. 国际经济合作, 2013(7).

[12]　林锡星. 中缅贸易现状与发展事态分析[J]. 大经贸, 2013(12).

执笔人简介

邰丽杰，现就职于中国人民银行铁岭市中心支行外汇管理科，经济学学士。从事国际收支、贸易进口、直接投资、外债等外汇管理工作多年。参与起草《资本额项目系统操作指南》《外商投资企业外汇资本金结汇操作指南》等，并编发多期《直接投资业务问答》。《直投业务新变化》《外商投资企业外债结汇管理方式改革初探》《国际海运费售付汇业务监管中存在的问题及建议》《对银行短期外债实施无息准备金制度的初步设计》《加强外商投资企业外方股东利润管理的几点建议》等多篇调研文章和论文被国家级刊物和国家外汇管理局内刊发表。

尼泊尔

执笔人：朱国栋

1. 经济金融

1.1 宏观经济

尼泊尔为农业国，经济不发达，预算支出的1/3来自国外捐赠或贷款，2014/2015财年，尼泊尔政府收到国外无偿援助743.6亿尼泊尔卢比（以下简称卢比）。

【经济增长率】 2014/2015财年以现行生产价格为基准的GDP约215.26亿美元，经济增长率为3.4%，人均GDP约为762美元。

【GDP 构成】 2014/2015财年尼泊尔的GDP构成是：第一产业（农业）对GDP的贡献为32.3%，第二产业（工业和建筑业）的贡献为14.5%，第三产业（服务业）的贡献为53.2%。其中，批发和零售业的贡献为13.3%，交通、通讯和仓储产业的贡献是10.6%，房地产、租赁产业的贡献为7.7%，酒店和餐饮业的贡献为1.8%。2014/2015财年，尼泊尔吸引的外国直接投资约合674亿卢比。2014/2015财年，投资、消费和净出口占GDP的比例分别为39.9%、88.6%和−32.4%。

【财政收支】 2014/2015财年，财政总支出6181亿卢比（约合62.6亿美元）[①]，同比增长42%；总收入5148.2亿卢比，同比增长28.6%；财政赤字1032.8亿卢比，同比增长170.6%。财政收入中，政府税收为3747亿卢比，同比增长19.9%；国外援助收入为733.8亿卢比，同比增长116%。

---

① 尼泊尔卢比对美元汇率为 0.0099。

外汇储备 2014/2015财年，外汇储备较上财年同期增长12.2%，达75.6亿美元。

通货膨胀率 2016年3月，尼泊尔通货膨胀率为10.2%。

失业率 2008年，尼泊尔失业率为2.1%。

1.2 产业结构

尼泊尔主要产业包括农业、工业、旅游业、电信业、电力业等。其中，第一产业农业占GDP的比重较大，占整个GDP的1/3多，第二、第三产业近年来也保持了较快的增长速度。

1.3 支柱产业

农业 农业是尼泊尔最重要的产业。农业人口占尼泊尔总人口约80%。尼泊尔耕地面积约为325.1万公顷。据尼泊尔2014/2015财年经济概览，2014/2015财年，尼泊尔农业增长1.9%，占GDP的32.3%。

工业 尼泊尔工业基础薄弱，规模较小，机械化水平低。主要行业有制糖、纺织、皮革制鞋、食品加工、香烟和火柴、黄麻加工、砖瓦生产和塑料制品等。尼泊尔财年经济概览显示，2014/2015财年工业增长约2.6%，占GDP的14.5%。

旅游业 尼泊尔地处喜马拉雅山南麓，自然风光旖旎，气候宜人，徒步旅游和登山业比较发达。

电力业 2014/2015财年，尼泊尔电力峰值需求1291.8兆瓦，电力缺口585兆瓦。其中，357.68兆瓦来自于尼泊尔电力局（NEA），124.71兆瓦来自于私人电站，224.41兆瓦从印度进口。水电开发仍是尼泊尔重点发展的领域之一。

1.4 对外贸易

尼泊尔2014/2015财年对外贸易总额约为8712.21亿卢比，同比增长7%。

主要贸易伙伴 印度、中国、阿联酋、美国、印度尼西亚、德国、泰国、阿根廷、法国、马来西亚、日本。

尼泊尔作为内陆国家，对外贸易依赖印度。2014/2015财年，尼印贸易额占尼泊尔对外贸易总额的63.8%，印度是尼泊尔最大的进口来源地和最大的出口目的地。受交通条件所限，尼泊尔进出口商品运输主要通过印度加尔各答港进行。

世贸组织 尼泊尔于2004年4月23日成为世贸组织第147个正式成员国。

（区域贸易协定） 作为南亚区域合作联盟的创始国，尼泊尔于2006年1月1日签署南亚自由贸易区（SAFTA）协定，各成员国承诺在2016年前达到相同的关税水平。2004年2月，尼泊尔加入孟加拉湾多领域技术经济合作组织，该组织承诺2017年前实现成员国间自由贸易。尼泊尔与印度分别于2007年3月6日和2009年10月27日重新修订了双边贸易协定，除烟草、香水、氧化锌和纱线等四种商品外，尼泊尔商品享受单方面零关税待遇。2013年，尼泊尔与印度签署了过境协议。

（吸收外资） 自20世纪90年代初实行市场经济以来，尼泊尔政府颁布了《1992年外国投资和技术转让法》《1992年工业企业法》等法案，为吸引国外投资提供了依据。根据法案，取消外资最低投资额度限制；允许建立外商独资企业；除个别规定区域外，允许在任何区域投资。为了配合2012年初发布的《经济繁荣发展行动计划》，尼泊尔政府计划与包括中国和卡塔尔在内的五个国家签署双边投资保护和促进协议（BIPPA），这是尼泊尔政府首次主动提出与其他国家签订双边投资保护和促进协议。此前，尼泊尔已与印度、英国、法国、德国、毛里求斯、芬兰六国签订该协议，但除印度外，与上述国家的双边投资额都较小。

据尼泊尔工业局统计，2014/2015财年，尼泊尔吸收外资流量674亿卢比；截至2014/2015财年，尼泊尔吸收外资存量1824亿卢比。尼泊尔工业局数据显示，2014/2015财年，尼泊尔政府共批准462家外商投资企业，投资总额674亿卢比，主要分布在制造业、能源业、服务业等行业。

尼泊尔工业局数据显示，截至2014/2015财年末，全球85个国家和地区对尼泊尔进行了投资，累计投资额约为1824亿卢比。到尼泊尔投资的外国企业以中小企业为主，著名跨国公司有渣打银行、高露洁等，其他如印度GMC工程公司、中国水电建设集团国际工程有限公司、中国水利电力对外公司等。

联合国贸发会议发布的2016年《世界投资报告》显示，2015年，尼泊尔吸收外资流量0.51亿美元；截至2015年末，尼泊尔吸收外资存量5.79亿美元。

1.5 货币政策

尼泊尔货币为尼泊尔卢比。2016年3月31日，尼泊尔中央银行公布的美元对尼泊尔卢比的买入价为105.87，欧元对尼泊尔卢比的买入价为119.82，人民币元对尼泊尔卢比的买入价为16.34。印度卢比对尼泊尔卢比保持固定汇率，买入价为1.6。

2016年2月28日，尼泊尔卢比兑美元汇率创历史新低，达110.33卢比：1美元。2016年3月以来，汇率逐渐趋稳，维持在105~107卢比：1美元。由于尼泊尔卢比实行与印度卢比挂钩政策（100印度卢比=160尼泊尔卢比），印度卢比兑美元汇率大幅贬值是造成尼泊尔卢比汇率贬值的主要原因。

1.6 外汇管理

尼泊尔实行外汇管制政策，大额用汇须经中央银行审批。外国游客可在一些货币兑换处将美元、欧元、人民币等进行小额兑换。尼泊尔政府规定，外国人携外汇入境超过5000美元的须申报。

1.7 金融

银 行 尼泊尔国家银行是中央银行，于1956年成立，总部位于加德满都，主要负责制定尼泊尔的金融政策，维护金融市场稳定，促进商业健康发展。

截至2015年7月，尼泊尔共有30家商业银行、73家开发银行、48家金融公司、41家小型金融开发银行、15家金融合作社和少量其他金融机构。目前，中资银行尚未在尼泊尔开设办事机构或分行。

2003—2015年，尼泊尔中央银行公布的平均基础利率水平为6.67%，其间最低利率水平为2003年9月的5.5%，最高利率水平为2012年7月至今的8%。尼泊尔商业银行提供的贷款利率普遍为8.5%～12.5%。

根据尼泊尔政府的规定，外国公司一般不能在尼泊尔申请商业贷款，但在尼泊尔投资或实施工程项目的外国公司，在提供可接受的国际银行担保的前提下，可向尼泊尔商业银行申请贷款。目前，中资企业尚不能使用人民币在当地开展跨境贸易和投资合作。

信用卡在尼泊尔已经普及。Visa卡和Master卡在当地可以使用。中国的银联卡已在尼泊尔开通使用，但使用范围有限，仅在某些指定场所可以使用。

证 券 尼泊尔证券交易有限公司是尼泊尔唯一的证券交易市场，于1994年1月13日开业。截至2015年7月，共有232家上市公司，总市值约为9894亿卢比。目前，在证券市场上可以进行交易的证券种类包括股票、权益股和优先股、债券、政府债券、共同基金。

1.8 中尼经贸

双方协议 《中华人民共和国和尼泊尔王国保持友好以及关于中国西藏地方和尼泊尔之间的通商和交通的协定》（1956）、《中华人民共和国政府和尼泊尔国王陛下政府关于中国西藏自治区和尼泊尔之间的通商、交通和其他有关问题的协定》（1966）、《中华人民共和国政府和尼泊尔国王陛下政府贸易和支付协定》（1964）、《避免双重征税协定》（2001）、《中华人民共和国商务部和尼泊尔政府财政部关于在中尼经贸联委会框架下共同推进"丝绸之路经济带"建设的谅解备忘录》（2014）、《中尼过境货物运输协定》（2016）、《关于启动中尼自贸协定谈判可行性研究的备忘录》（2016）。

（双方贸易） 2015年，中尼双边贸易额约8.66亿美元，同比下降62.8%。其中，中方出口8.34亿美元，同比下降63.5%；中方进口0.32亿美元，同比下降32%。

近年来，中国对尼泊尔出口商品主要类别包括：（1）电机、电气、音像设备及其零部件；（2）非针织或非钩编的服装及衣着附件；（3）机械器具及零件；（4）化学纤维短纤；（5）食用水果及坚果；（6）塑料及其制品等。

中国从尼泊尔进口商品主要类别包括：（1）金属杂项制品；（2）家具、寝具等，灯具，活动房；（3）木及木制品，木炭；（4）生皮（毛皮除外）及皮革；（5）铜及其制品；（6）铝及其制品等。

（投　资） 据中国商务部统计，2015年中国对尼泊尔直接投资流量7888万美元。截至2015年末，中国对尼泊尔直接投资存量约2.92亿美元。目前，在尼泊尔投资的中资企业超过100家，主要集中在水电站、航空、餐饮、宾馆、矿产、中医诊所、食品加工等行业。

（承包劳务） 据中国商务部统计，2015年中国企业在尼泊尔新签承包工程合同33份，新签合同额26188万美元，完成营业额25302万美元；当年派出各类劳务人员1359人，年末在尼泊尔劳务人员1077人。

2014年12月23日，为进一步加强中尼两国金融合作，双方签署了《中国人民银行和尼泊尔国家银行双边结算与合作协议补充协议》。根据该补充协议，中尼两国人民币结算将从边境贸易扩大到一般贸易，并扩大地域范围，这将进一步促进双边贸易和投资增长。此外，根据该协议，尼泊尔中央银行允许尼泊尔当地各银行及金融结构在中国境内开立人民币账户并使用人民币作为业务清算货币。

2. 经济环境

2.1 国内市场

（销售总额） 2013/2014财年，按现行价格计算，尼泊尔销售总额为28548.2亿卢比（约合287.1亿美元）。

（生活支出） 2014/2015财年，尼泊尔私人消费总额为18824亿卢比（约合190亿美元），人均消费约681美元。国内总储蓄2422亿卢比，占GDP的11.4%。

（物价水平） 2016年3月，尼泊尔通货膨胀率约为10.2%，食品和饮料类价格比上年同期上涨10.3%，其中豆类价格涨幅最大，达31.6%；非食品及服务类产品价格比上年同期则上涨10.2%，其中衣服鞋类产品价格增幅较大，达15.3%。

2016年4月，尼泊尔基本生活品的物价水平如下：大米零售价120卢比/公斤，食用油零售价240卢比/升，鸡蛋零售价11卢比/个，鸡肉零售价350卢比/公斤，土豆零售价50卢比/公斤，油菜零售价100卢比/公斤。

2.2 基础设施

（公 路） 截至2014/2015财年末，尼泊尔公路总长约2.7万公里，其中沥青路面1.1万公里，砂石路6200公里，其他公路9800公里。目前，中国西藏的樟木、吉隆、普兰和尼泊尔境内对应的科达里、拉苏瓦伽蒂、雅犁为国际性口岸，另外还有3个双边性口岸。尼泊尔科达里口岸与中国樟木口岸相对，为国际性常年开放公路口岸。尼泊尔和印度之间主要有6个边境口岸和陆路通道相连，分别是东部边境的卡卡比塔，南部边境从东到西是比尔根杰、苏瑙利、尼泊尔根杰、滕格里，西部边境的马亨德拉纳格尔。

（铁 路） 尼泊尔仅在与印度接壤的比尔根杰有铁路相连，主要是印度铁路的延长线。目前，印度政府正计划为尼泊尔援助建设5条跨境铁路线项目。作为远期规划，尼泊尔政府计划修建横跨尼泊尔东西全境的电气化铁路，由首都加德满都通往博卡拉和监毗尼的铁路，还计划将铁路连通至中国西藏吉隆。

（空 运） 尼泊尔全国共有56个机场，包括1个国际机场（位于首都加德满都）、3个地区中心机场和52个其他小规模机场。其中仅32个机场处于正常营运状态，还有6个机场正在建设中。根据未来20年发展规划，尼泊尔政府计划对加德满都的特里布文国际机场进行扩建，新建第二个国际机场和改扩建3个地区国际机场（博克拉、贾拉克普尔、白热瓦）。目前，共有43家尼泊尔公司取得了航空经营许可证，29家国际航空公司开通了到尼泊尔的航线，从尼泊尔首都加德满都可飞往曼谷、新德里、新加坡、吉隆坡、达卡、伊斯坦布尔、拉萨、广州、成都、昆明、中国香港等地。目前，中国到尼泊尔的航线（不包括中国香港、中国澳门、中国台湾）共有4条，分别是成都、拉萨、广州、昆明至加德满都的航线。根据中尼双方2014年初签署的双边航空运输服务协议，未来3年里，中国至加德满都航线将增至7条，航班将由现在的每周14班增至每周70班。

（水 运） 尼泊尔境内河流众多，但由于落差大，大多水流湍急，不具备航运通行能力。

（通 信） 截至2015年11月，尼泊尔共有电话用户约2898万户，其中固定电话用户约84.8万户，移动电话用户约2729万户，有限移动电话用户约84.53万户。

(电 力) 尼泊尔主要依靠水力发电，但由于水电站建设不足，电力供应仍十分紧张，全国仅40%的人口能用上电。尤其是进入冬季后，尼泊尔缺电现象非常严重。2015年12月至2016年2月，首都加德满都每周停电的时间最多可达70~80小时。目前，尼泊尔与印度之间有输变电线路连接。根据双方协议，每年旱季缺电时，尼泊尔从印度进口部分电力，而每年丰水期电力生产较充足的时候，尼泊尔向印度出口一部分电力。尼泊尔与中国西藏之间现无输变电线路连接。由于尼泊尔电力供应紧张，中资企业在尼泊尔投资建厂往往需要自备发电设备。

2.3 商务成本

(水、电、气、油价格) 尼泊尔各地集中供水点每天供水从1小时到24小时不等，缺水季节不能保证每天供水。企业用水普遍购买水车的水，具体价格视情况而定。居民生活用水每吨约30卢比，桶装水每桶（20升）150卢比。

企业单位用三相电的，根据批准的瓦数收取三相电线路费，10千伏安以下的，每月最低需支付4400卢比（用电400度以内），超过400度的部分按照12卢比/度收取；10~25千伏安的，每月最低需支付6900卢比（用电600度以内），超过600度的部分按照12.5卢比/度收取。消费者用电每月20度以下收取4卢比/度，但每月最低需支付80卢比；20~50度的价格为7.3卢比/度，50~150度的价格为8.6卢比/度，150~250度的价格为9.5卢比/度，250度以上的价格为11卢比/度，具体价格视情况而定。

尼泊尔使用的多是自印度进口的天然气，2016年3月居民使用的天然气每罐（14kg）价格约为1400卢比。

尼泊尔汽油、柴油供应也依赖印度，2016年4月的汽油零售价约为99卢比/升，柴油零售价格为75卢比/升。

(劳动力供求及工薪) 目前，尼泊尔的劳动力主要是农民人口，大多从事体力劳动，如建筑行业的瓦工、木工、小工等，也有一些具有专业技能的工人，如铲车司机、吊车司机、起重机司机等。中资企业在尼泊尔如从事水电站、房屋、筑路、机场建筑等工程，可首先考虑聘请当地工人。

一般技术人员20000~25000卢比/月，技工（瓦工、木工、电工）15000~30000卢比/月，司机15000~20000卢比/月，保安12000~15000卢比/月。2013年6月，尼泊尔政府将最低工资标准由此前的6200卢比提高至每月8000卢比，其中基本工资为5100卢比，其余2900卢比为物价补贴。

尼泊尔每年输出到国外的劳务人员很多，国内除了一些外语教员或特殊职业外，其他行业对外籍劳务的需求很少。

[土地及房屋价格]　尼泊尔的土地仅可由本国人购买，外国人只能租赁或开发，没有土地的所有权。市中心每平方米房价为50000～80000卢比（500～800美元），非市中心每平方米房价为30000～50000卢比（300～500美元）。

尼泊尔一般没有供外国公司租用的写字楼，只能租用住宅来办公。租房价格有差异，市中心一套每月租金15万～30万卢比（1500～3000美元），非市中心一套每月租金5万～10万卢比（500～1000美元）。上述价格为尼泊尔政府公布的价格，但在实际中，由于地区和房屋状况不同，价格波动较大。

工业厂房一般都是私人产业，需要同业主谈判。不同地区，交通、水电供应便利与否，以及市场需求情况紧缺与否对价格都有影响。在工业开发区，100平方米的厂房一般需要1.5万～3万卢比/月，偏远地区的租金略低。

[建筑成本]　尼泊尔当地仅有少数小规模的水泥与钢筋生产厂家，其产品质量不稳定，价格波动较大，主要建筑材料基本依靠进口。

2.4　风险评估

随着尼泊尔制宪会议的召开和新政府的成立，尼泊尔政局进入了平稳过渡期，国内的关注点从政治冲突逐渐转向经济建设，尼泊尔政府积极寻求国际合作，改善国内落后的局面。投资尼泊尔的政治风险主要在于国内党派多、政局稳定性不高以及国际关系影响，中资企业还需要克服尼泊尔国内法律、金融、配套环境较差的困难。总体来看，国际经济环境和政治秩序的新变化给中资企业投资活动带来了诸多机遇。"一带一路"战略的提出给中国和尼泊尔的双边合作带来了更宽广的发展空间。

3．政策规定

3.1　投资方面

[投资主管部门]　主管国内投资和外国投资的政府部门是尼泊尔工业部的工业局。主要职责包括：根据情况变化，制定和落实大中型企业的政策和规章；落实外商投资的政策和规章；开展工业投资促进活动，开展相关知识和信息的宣传

工作；为符合规定的企业签发许可证，注册大中型企业；根据现行法律法规和政策，为企业提供服务和鼓励措施；将世界知识产权组织的要求作为工作重点，提供有关工业产权方面的服务；使企业了解并采用有关环境标准；为外国投资企业提供数据、信息并及时答复它们的问题；对生产型企业的建立和运营进行监控；为出口印度的生产企业提供发放原产地证明的建议书；根据环境保护法，实施必要的环境影响评估和初步环境审查。

投资行业的规定   根据尼泊尔工业局发布的《外国在尼泊尔投资程序》，除个别规定行业外，外国投资者可在任何行业进行投资和技术转让；外国投资者可在大、中、小规模企业拥有100%的股份；外国投资需获批准。2015年3月，尼泊尔内阁签署新的产业政策，提出优先和鼓励发展的领域：水电领域、交通领域的基础设施建设、农基领域（如食品、草药加工）、旅游和矿业。同时，减少不对外国投资开放的行业数量，开放新的领域。

不对外国投资开放的行业   按照尼泊尔相关政策法规，以下行业不对外开放：家庭手工业；军事工业；房地产（指的是买卖房产，不包括建筑开发商）；货币及涉密印刷业；放射性物质；家禽、渔业、蜂蜜等初级农产品生产；部分旅游业，徒步、高山向导；投资低于50亿卢比的多品牌零售商店；大众传媒（广播、电视、报纸）。

尼泊尔不对外开放的家庭手工业的范围如下：手摇纺织机、脚踏织布机、半自动织布机、纺线机、印染、裁缝（成衣除外）、针织、手工针织绒毛毯、羊毛地毯、围巾、羊绒外衣、小工、木制艺术品、藤条竹子手工制品、天然纤维制品、手工造纸和以此为材料的制品、黄金及金银铜和宝石为材料的饰品、雕刻和陶器、蜂蜜、豆类加工、黏土和陶器制品、皮革加工、皮革制品生产、种植黄麻、棉线产品、羊或牛角制品、石头雕刻、陶器艺术制品、小型服装销售店、熏香制品、洋娃娃和20万卢比以下固定资产的玩具厂（不含土地和建筑）。

首都加德满都市区投资行业规定   外国投资者在尼泊尔首都地区可在以下行业开展投资合作：（1）旅游业。包括旅游代理、徒步旅行代理、酒店和餐馆；（2）生产型工业。除肉类以外的食品加工，机械设备价值在200万卢比以上；（3）电子装配；（4）蜡烛生产，机械设备价值在10万卢比以上；（5）文具（纸造文具）生产，机械设备价值在10万卢比以上；（6）不使用带锯的小制家具生产，机械设备价值在5万卢比以上；（7）人造草包生产，机械设备价值在10万卢比以上；（8）草药加工，机械设备价值在5万卢比以上；（9）建筑业桥梁、写字楼、商务楼和汽车修理厂建筑。

不可设在加德满都市区的行业：大中型化工实验室，机械设备价值在20万卢比以上的车间，钢管/板切割企业，除茶叶、盐、糖等的再包装业，洗染厂和织物印花企业，冷库，化肥厂，水泥厂，大中型炼铁、炼钢和铸造厂，非小型手工和传统方式的纸浆和造纸厂，苏打化工企业，汽油和柴油炼油厂，印染工业，酸性化工企业，发酵和蒸馏工业，大中电镀工业，糖厂，橡胶加工厂，大中油漆工业，漂白工业。

允许外商投资的方式 允许外商投资成立代表处、分公司、子公司、有限责任公司等，允许外商通过合资、合作、独资、并购等实现投资，外国投资可以以尼泊尔中央银行可接受的外国货币或机器设备等形式进行投资。外国自然人不得拥有土地，不得以个人名义建设厂房，须在公司注册办公室注册后，购买土地和以公司名义建设开发。

3.2 贸易方面

贸易主管部门 尼泊尔贸易主管部门是商业部，主要职责是制定有关贸易法律和政策、签订国际和双边经贸条约、出口促进、管理和监督对外贸易活动，负责尼泊尔与商业、贸易和过境运输有关国际机构的联络等。

贸易法律 《进出口管理法》（1957）、《贸易政策》（2015）。

贸易管理的相关规定 尼泊尔政府1992年制定了部分禁止进出口的商品目录及部分限量出口的商品目录，并对限量出口的商品实行许可证管理。这部分商品主要包括本地原材料和进口的原材料，具体品种根据市场的供需情况，由政府不定期地在政府公报上公布。目前，尼泊尔政府正在积极减少这部分商品的数量，以达到自由贸易的目标。除政府规定禁止和限量出口的商品及禁止进口的商品外，其余的商品允许自由经营。

进口管理 禁止进口的商品有毒品、60°以上的酒精饮料、军火（有政府许可证除外）、通讯设备（有政府许可证除外）、牛肉及其制品、废旧回收塑料制品、其他在尼泊尔政府公报上公布的产品。

出口管理 禁止出口的商品有具有文物价值的本国和外国的古币、神像、棕榈叶和植物叶碑铭、重要的历史书画、野生动物、麝香、爆炸物、天然兽皮和生皮、原木和木材等。

关税管理 为鼓励出口，尼泊尔政府规定出口商品除缴纳0.5%的服务费外，免缴关税；对生产环节的一切税赋，出口时予以退还；对进料加工复出口的产品，免除原材料进口环节一切税收。在进口环节，尼泊尔海关目前主要征收五种税费：基本关税（0~80%）、调节税（5%~32%）、海关服务收费（100卢比）、地方发展税（1.5%）及增值税（13%）。

尼泊尔标准计量局负责检验海关递送的进出口商品，相关法律是《尼泊尔标准（证明标志）法》（1980）。农业部在海关设立检疫办公室，负责动物类产品进出口的检疫。尼泊尔政府允许私人经营检疫机构。相关法律是《动物健康和畜牧业服务法》（1999）。卫生部药管局负责药品检验，相关法律是《药品法》（1978）。

【海关管理的主要法规】　海关管理的主要法规是《海关法》（2007）和《海关规则》（2007）。《海关法》的主要内容有海关区域及办公场所、关税、关税便利化、海关估价、申报、检验、通关、验货、事后稽核、搜查和拘留、货物查封、没收和拍卖、清关代理、处罚、复议和上诉等。《海关规则》的主要内容有关税免除优惠、保税仓库、银行担保、特别经济区、申报检查、货物没收及审计程序、海关估价复议、废弃物销毁、清关代理、事后稽核等。

【主要产品的进出口关税】　尼泊尔为履行加入世贸组织后在市场准入方面的承诺，在2003/2004财年调低了部分产品的进口关税；为减少财政税收方面的损失，则相应提高了海关调节税。尼泊尔海关共收取五种进口产品税费：关税、调节税（或称平衡税）、特别费（或称安全费，是全国实行紧急状态临时增加的）、地方发展税和增值税。

【进口税】　进口税在尼泊尔关税中占较大份额，目的在于提高政府财政收入，保护国内民族工业和维护公平。

3.3　税收方面

【税收体系】　尼泊尔实行属地税制。税收分为两种类型：直接税和间接税。直接税分为个人纳税和企业纳税，间接税分为商品生产流通税和商品进口税。

税种主要分为收入所得税（含所得税、租赁税和利息税）、增值税（替代了原来的销售税、宾馆税、合同税和娱乐税）、消费税、车辆税、关税（进出口关税）、货物入市税和地产税等。

【税收制度】　尼泊尔主要税收法规有《所得税法》和《所得税规则》，《增值税法》和《增值税规则》，《消费税法》和《消费税规则》，《海关法》和《海关规则》，《车辆税法》，《欠税清理委员会法》，《税务审判法》。

【税收管理部门】　尼泊尔政府税收管理部门直属财政部管辖，包括尼泊尔国家税务局和海关总署。

（1）国家税务局：管理范围包括收入所得税、增值税、消费税、车辆税，以及娱乐费（电影发展费）、特殊费和版税等，同时监督政府的未税收入。职能是为纳税人提供服务、审计和实施税收，具体包括税收管理（所得税和增值税）、税收政策、收税服务、登记注册、征收税款、税收审计、强制税收和调查、检查和诉讼、退税、宣传税法、税收条约和国际税收、消费和酒精管理、未税监视。

（2）海关总署：管理范围是进出口税。职能包括外贸管制（控制非法国际贸易）、征收关税、国家贸易和关税政策顾问、执行财政政策、根据财政部指示减免税、处理商品分级和征税的所有问题、对地方海关工作进行检查和审计、控制边境违法行为、落实海关法和其他有关法律、阻止和检验走私及商业欺诈、促进对外贸易、指导本系统职员和贸易社团的培训、与有关国际组织保持联络、为有关机构提供信息、外贸统计的汇编和发行。

主要税赋和税率　2000年收入所得税法草案将所有收入来源（包括资本收入）统统纳入收入所得税法范围，分为三个部分：商业、投资和雇佣。

征收对象　尼泊尔公民、在尼泊尔注册的法人、一个财政年度内（7月16日到次年7月15日）在尼泊尔居住182天以上的外国人，以及税则规定的其他对象。

个人所得税（年收入）税率　采用超额累进税率计税方式，100000卢比以下部分不纳税；100000～155000卢比部分，税率15%；155000卢比以上部分，税率25%，另加11250卢比定额税。

家庭所得税　收入在125000卢比以内不纳税；125000～175000卢比，税率15%；175000卢比以上，税率25%。

企业所得税税率　未注册而经营的企业按25%征收，从事特殊工业或出口业务的企业按20%征收；在尼泊尔注册的实体所得税一般按25%征收，从事工业、出口业务、建筑（公路、桥梁、隧道、空中索道、天桥或公共基础设施）、有轨电车或吊车生产、发电、传输或配送电业务的实体按20%征收；银行、金融机构、保险公司和石油行业按30%征收。

投资人所得税税率　投资人如果拥有投资保险单，则其所得税可以扣除1万卢比、保险金额的7%或实际支付的保险费三者中最大者。

外国机构、企业所得税税率　非定居外国人的机构汇回本国的收入按10%征收预提所得税，非尼泊尔居民在船运、空运或通讯中获得的收入按5%征收所得税。

车主出租车辆所得税　从750卢比至1500卢比不等。

3.4　劳动就业方面

尼泊尔《劳工法》于1992年颁布，该法对雇佣双方的相关名词加以定义，对雇佣和劳工保障、工作时间、报酬健康和安全、福利等做了明确、详细的规定。

（雇佣合同）　企业根据需要聘任雇员或工人从事某一期间的特定工作，应签订劳资合同，明确报酬、工作期限和工作条件。

（解聘和再次雇佣）　《劳工法》关于解聘和再次雇佣的规定如下：

（1）如需减产、减岗、关闭整个或部分企业至3个月以上，经劳动运输部的劳动雇用促进局批准后，可实施解雇。

（2）根据（1）款实施解雇时，对连续安全工作1年以上者，首先解雇工作时间短的，后解雇工作时间长的。解雇前要说明原因。

（3）根据（1）款解雇工人或雇员，要遵循下列程序：

①对有长期工作权利的工人或雇员，或连续工作1年以上无事故的工人或雇员，提前1个月通知解雇原因或增发1个月报酬。

②对这些工人或雇员，按每年补偿30天工资的标准给予一次性补偿（工作6个月以上的，应按1年计算）。

（4）第（3）款不适用于固定合同的工人或雇员。

（5）如需填补空缺岗位，应首先考虑原被解雇的工人或雇员。

（工　资）　《劳工法》关于工资的规定如下：

（1）根据最低报酬委员会的建议，政府规定最低报酬标准，并在官方报纸上公布。

（2）总经理与工人、雇员不得签订报酬低于政府规定标准的协议。

（3）总经理应确定支付工人和雇员报酬的期限，每周、每两周或按月支付，不能超过1个月。此规定不适用于日工资、零工和合同工。

（4）除下列情况外，不得扣除工人和雇员的报酬：罚款扣除、因旷工扣除、因故意或疏忽导致财产（现金或实物）损失扣除、因规定的待遇已提供而扣除、因调整预付或多付报酬而扣除、因待业而扣除、根据政府或法庭命令而扣除、根据政府在报纸上发布的公告而扣除、根据现行法律实行纳税扣除。

（工时和加班）　《劳工法》关于工时和加班的规定如下：工人每天工作不应超过8小时，每周休息1天。工人和雇员不应连续工作5小时以上，超过可停工休息，应有30分钟的茶点时间。无法停工的企业，工人或雇员可轮流休息，休息时间被视为日工作时间的一部分。如工人或雇员未被强迫，一天工作8小时以上，或一周48小时以上，超过部分的报酬应按正常报酬的150%支付。加班时间一般每天不超过4小时，每周不超过20小时。

（社会福利和社保基金）　企业应明文规定并设立福利基金，为工人或雇员提供福利待遇。工人或雇员受伤不能工作或死亡的，其家庭应按规定得到补偿。企业要规定给工人或雇员的奖金、准备金和医疗补贴。规定公共假日、病假、年假、产假、丧假、特殊休假、带薪或不带薪休假等。

（劳动法中涉及外国人的规定）　任何岗位（含外资企业）招聘、雇用职员或工人，尼泊尔人有优先权；任何单位（含外资企业）雇用的外国雇员或工人，应具有尼泊尔人没有或不能相比的专长或经验；用人单位雇用外籍员工，应通过劳动雇用促进局为其获取工作许可证；企业解雇人员时，首先应解雇外国人而不是尼泊尔人；在尼泊尔工作的外国人需由用人单位为其到移民局申请和续签工作签证；在尼泊尔工作的外国人在劳动雇用促进局批准后可把收入所得的75%汇回本国。

（外国人必须遵守的移民条例规定）　无许可证不得进入徒步旅行区，进入这些地区必须遵守规定；不准参加政治活动；不准参加法律禁止的活动，不准使用和保留法律禁止的物品；不准从事或纵容他人从事与当地传统和习俗相悖的活动。

3.5　环境保护方面

（环保管理部门）　尼泊尔环保管理部门是科技和环境部，主要职能是：制定与环境、科学和技术有关的政策、计划和项目；控制污染、保护环境和生态平衡；定期评估环境项目实施情况；调查研究；搜集先进技术；开发利用先进的科学技术；发展IT技术；促进替代能源的利用；签订有关双边和多边协定；水文和气象的研究和预测；天文和科学博物馆研究，国家法证研究。

（主要环保法律法规）　《环境保护法》《环境保护规则》《环境影响评估》和《尼泊尔环境政策和行动计划》。

（环保法律法规基本要点）　保护环境，尽可能减少环境恶化，降低对人类、动物、植物和大自然的不利影响。实施初步环境审查和环境影响评估。任何企业和个人不得污染环境、危害公共健康、产生噪声、产生有害射线和废弃物，有关机构可制止产生或可能产生这些危害的行为。政府可以发布公告，禁止使用任何对环境产生或可能产生不利影响的物质、工具和设备。任何人违反环保法律法规，有关机构可立即制止，并处以罚款。

（环保评估的相关规定）　根据相关环保法律法规，外资企业在尼泊尔投资工程需要提交项目的环境评估报告。

（环评程序） 具体如下：

（1）外资企业寻找在尼泊尔环境部注册备案的当地咨询公司制作环境评估报告。

（2）将完成的环境评估报告交给项目对口的部委审查，如水电工程交给尼泊尔能源部。

（3）对口部委审查合格后，交环境部审查。如环境部对报告存有异议，由对口部委责令外资企业按环境部要求修改。

（4）环境评估报告通过后，由项目对口的部委发放项目认可函。

环保评估的费用主要包括实地调研、编写环评报告的费用。申请环评的周期较长，一般在半年左右。

3.6 承包工程方面

（许可制度） 在尼泊尔参加工程项目投标需要具有国际承包工程的资格，在尼方投标文件中有一个表格，如聘请当地代理商，需填写当地代理的名称和联系方式等信息。中资企业通行的做法是聘请当地代理商做协调工作，提供有关招标方面的信息，帮助购买标书，办理资格认证等手续，这样可有效地帮助中资公司采取合适的投标策略。尼泊尔招标单位一般看重承包商的历史业绩，是否曾经做过类似或更大规模的工程招标项目是评估承包商资质的重要依据。外国承包商如同当地公司组成联合体参加投标，评标时可以加6分。尼泊尔法律规定，取最低投标价的公司中标。

尼泊尔对承揽工程承包项目一般都有建设资质及业绩要求，不允许外国自然人在当地承揽工程承包项目。

（尼泊尔对工程建设过程、工程验收的规定） 国际招标项目通用国际标准。严格按照合同内容执行项目，业主会按照合同条款或委托专业的咨询公司对项目进行验收。

（禁止领域） 凡尼泊尔报纸正式刊登的对国际承包公司公开招标的项目，中资公司都可以参加投标。日本、韩国、印度提供贷款或援助的项目，按提供贷款国的要求，招标范围仅限于提供贷款国家的公司或该国公司与尼泊尔公司组成的联合体。凡未公开进行国际招标的项目，中资公司都不能参加。

涉及军品的属于禁止招标的领域。

（招标方式） 在尼泊尔市场，目前主要采用公开招标和邀请招标两种方式。

（1）公开招标。公开招标又叫竞争性招标，即由招标人在报刊、电子网络或其他媒体上刊登招标公告，吸引众多企业单位参加投标竞争，招标人从中择优选择中标单位的招标方式。这种招标方式也是尼泊尔市场较常采用的竞争方式。按照竞争程度，公开招标可分为国际竞争性招标和国内竞争性招标。

国际竞争性招标是在世界范围内进行招标，尼泊尔国内外合格的投标人均可以投标。招标人通过各种宣传媒介刊登招标公告，感兴趣的企业单位只要满足要求，都可以应标。所有招标文件及相关资料都用英文编写。工程合同金额较大时，一般都会采用国际竞争性招标。各发放贷款银行根据不同地区和国家以及具体项目类别的情况，大都规定金额在一定额度以上的工程合同，必须采用国际竞争性招标。

国内竞争性招标即只在尼泊尔国内企业单位中进行招标，可用尼泊尔语言编写标书，只在尼泊尔国内的媒体上登出广告，公开出售标书，公开开标，通常用于合同金额较小、工程项目施工难度不大、工程实施所需设备比较简单、当地价格明显低于国际市场的工程项目。

（2）邀请招标。也称有限竞争性招标或选择性招标，即由招标人选择一定数目的企业，向其发出投标邀请书，邀请它们参加招标竞争。选择3～10家企业参加竞标较为适宜，当然要视具体招标项目的规模大小而定。由于被邀请参加投标的竞争者有限，不仅可以节约招标费用，而且提高了每个投标者的中标机会。然而，由于邀请招标限制了充分的竞争，因此，尼泊尔的大部分项目一般尽量采用公开招标，而不选用邀请招标。

基于资金来源和项目性质方面的考虑，尼泊尔在使用国际组织或外国政府贷款、援助资金时，可以根据项目实际情况或资金提供者的要求采用邀请招标。另外，在尼泊尔一些私人投资开发的项目中，邀请招标是比较普遍采用的招标方式。

3.7 知识产权方面

尼泊尔是世界知识产权组织的成员，专利、设计和商标的执法机构是尼泊尔工业部下属的工业局。

知识产权保护的法律法规有两个。

一是《专利、设计和商标法》（1965），主要内容是：（1）专利权的获得、专利权申请、专利权调查、不能注册的专利、专利注册、专利权公布、专利条款、专利转让、设计或样品的提交、处罚。（2）设计的名称、设计的注册申请、设计注册、设计条款、处罚。（3）商标的名称、商标注册申请、商标注册、商标注册人的商品及服务等级、禁用商标、商标使用的时限、商标条款、处罚。

（4）指定代理、替换、已注册的设计和商标的公布、他国注册的设计和商标。

二是《著作权法》（2002），主要内容是：（1）著作权的取得和保护；（2）著作权限制；（3）著作权不适用；（4）著作权转让；（5）侵权及处罚。

著作权的执法机构是尼泊尔文化、旅游和民航部下属的著作权注册办公室。

3.8 优惠政策

主要优惠政策 外国投资企业享受《工业企业法》（1992）和《外国投资技术转让法》（1992）中规定的所有鼓励和优惠：

（1）公司税不超过利润的20%，香烟、烟草、酒和啤酒等除外；

（2）在边远、不发达和贫困地区的工业，可以分别免除30%、25%和20%的税收；

（3）在所得税法关于固定资产贬值规定的基础上，允许企业固定资产的投资按贬值1/3计；

（4）企业通过再投资使经营多样化、在原来的基础上扩张25%以上、技术革新或发展副业，其新增固定资产部分的所得税可扣除40%；

（5）投资现代化成套设备以控制环境污染的企业，可从应税额中减免50%；

（6）企业用在技能发展和培训方面的开支可以资本化；

（7）企业开始运营后，可从毛利中扣除10%，补偿企业技术发展、生产发展和技能提高所支出的费用，不计入净收入；

（8）投资分红征税5%；

（9）允许扣除5%的毛收入，不计入净收入，作为改善学校、医院、宗教寺庙条件和其他社会福利活动捐助补偿；

（10）允许扣除5%的毛收入，作为生产和服务广告、接待支出的补偿，不计入净收入；

（11）除生产烟草、香烟、雪茄、酒、啤酒和锯木厂的企业外，生产原料的80%以上是本地原产、雇员全部本地化的企业，可扣除10%的所得税；

（12）年内直接招收600名尼泊尔雇员以上的企业，可在所有优惠基础上，再从所得税扣除10%；

（13）企业可根据《工业企业法》获得退税，企业生产出口产品的半成品，将根据出口量得到这些半成品原材料保险费、关税、消费税和销售税的返还；

（14）成立企业可优先获得基础设施；

（15）成立企业可优先获得工业区和其他的政府土地。

其他吸引外资的鼓励措施

（1）为生产出口商品的企业和在出口加工区内的企业提供额外设施；

（2）为国家重点产业提供进一步的优惠；

（3）向林业企业出租国有森林；

（4）为固定资产在10亿卢比以上的企业提供快速审批服务，30天内批准；

（5）向出口导向型企业提供外币贷款特惠条件和境外银行服务。

外资企业本金和利润的汇出　以下所得可以可兑换货币或者投资货币形式汇出：

（1）销售全部或部分股权的所得；

（2）外商投资的利润或股息；

（3）用于工业用途的外国贷款本金和利息；

（4）根据技术转让协议获得的收入；

（5）版税、技术及管理服务费；

（6）企业中外籍员工75%的收入。

其他优惠政策　尼泊尔最新产业政策提到了以下优惠政策，但尚未立法：

（1）利润再投资免税；

（2）研发投资实行退税政策；

（3）投资者可获得工作签证或者身份识别卡；

（4）投资超过100万美元可以在尼泊尔购置房产；

（5）水电、制造业、矿业、旅游和基础设施建设领域在一定年限内免征税；

（6）政府对电力生产和基础设施项目给予财政补贴；

（7）涉及征地的投资项目，政府将为征地工作提供便利。

地区鼓励政策　除生产烟草、香烟、雪茄、酒和啤酒的企业外，《工业企业法》分别给予边远、不发达和贫困地区企业30%、25%和20%的所得税免除。企业只有提交本企业设在这些地区的证明材料，才可得到优惠。

4. 办事手续及流程

4.1 注册企业

设立企业的形式 根据《公司法》（1997），设立企业主要有两种形式：私营公司和公立公司。外国人既可成立私营公司，也可成立公立公司。

注册企业的受理机构 尼泊尔审批外资企业的机构是工业局，受理外资注册的机构是公司注册办公室。如果注册的企业属于"初步环境审查"或"环境影响评估"范围，还要在工业局进行行业注册。

审批程序 尼泊尔成立了一个"窗口委员会"，统一办理外商投资有关事宜，该委员会由工业局局长主持，成员包括工业部、商业部和财政部主管官员。外国投资者须向工业局递交注册企业的申请，从该局获得批准证书。有关工业所享受的优惠和服务设施，在批准书中有明确说明。

注册企业的主要审批程序有：

（1）按要求向工业局提交申请和附件；

（2）工业局外国投资部预审；

（3）技术和环境部及注册发证办公室预审；

（4）有关委员会写出推荐函；

（5）如果固定资产小于5亿卢比，批准；

（6）如果固定资产大于5亿卢比，交工业部工业促进委员会批准；

（7）到工业局外国投资财务部交押金；

（8）工业局外国投资部发批准证书；

（9）到工业局公司注册办公室注册；

（10）如果该行业属于"初步环境审查"或"环境影响评估"范围，由技术环境部批准，然后继续下列步骤；

（11）工业局注册部进行工业注册；

（12）在相关税务办公室注册永久账户；

（13）退还押金。

注册企业需提供的材料

（1）外商投资申请表；

（2）投资项目计划书2份；

（3）环境影响分析/初期环境检测报告2份；

（4）协议书2份；

（5）外国投资者的护照复印件和公司的有关证明（营业执照等）；

（6）外国投资者简历和公司简介；

（7）银行出具的资信材料；

（8）母公司授权书。

4.2 承揽工程

获取信息 所有尼泊尔国际公开招标项目的招标信息都会在尼泊尔当地英文报刊上刊登。目前，尼泊尔主要的英文报刊有《新兴尼泊尔报》（*Rising Nepal*）、《加德满都邮报》（*Kathmandu Post*）、《喜马拉雅时报》（*Himalaya News*）。对于中国公司而言，这三个报刊是了解工程项目招标信息的一个主要窗口。

另外，尼泊尔各政府部门的网站也是了解工程项目招标信息的一个主要途径，如尼泊尔电力局、尼泊尔灌溉局、尼泊尔电力发展局等政府部门的网站会同时将刊登在报刊上的招标信息更新在各自网站上。这是未在尼泊尔设立办事处的中国公司了解尼泊尔工程项目招标信息的一个主要途径。

邀请招标的信息主要来自各公司的信息和关系网，可通过聘请的当地代理、当地的合作伙伴等途径了解相关信息。

招标投标 根据招标方式不同，招投标程序也有所不同。

（1）公开招标，需以下程序：

一是资格预审阶段。资格预审是国际惯例，在尼泊尔市场也同样适用。它是指在招标开始之前或者开始之初，由招标人对投标申请人（潜在投标人）资质条件、业绩、信誉、技术、装备、资金、财务状况等诸多方面的情况进行资格审查，经认定合格的投标申请人才可以参加投标。

资格预审一般包括以下几个步骤。

①招标人编制资格预审文件，并通过尼泊尔英文报刊等媒体发布资质邀请广告，邀请潜在的投标人参加资格预审。资格预审通告的内容一般包括工程实体名

称、工程项目名称，工程规模，主要工程量，工程计划开工日期、竣工日期，发售资格预审文件的时间、地点和售价，以及提交资格预审文件的最迟日期等。

②发售资格预审文件和提交资格预审申请。资格预审通告发布后，招标人应立即开始发售资格预审文件，资格预审申请的提交必须按资格预审通告中规定的时间，截止期后提交的申请书一律拒收。

③开展资格评定，确定参加投标的投标人名单。招标人在规定的时间内，按照资格预审文件中规定的标准和方法，对提交资格预审申请书的投标人的资格进行审查。只有经审查合格的投标人才有权继续参加投标。

④公布资格预审评定结果。在招标人资格预审评定完成后，应在报刊等其他媒体公布资格预审结果，只有通过资格预审的投标人才能参加以后的招标。

二是招标阶段。招标阶段一般包括以下几个步骤。

①发布招标公告。资格预审完毕之后，先由招标人准备招标文件，并通过尼泊尔英文报刊或者其他媒介发布招标公告。

②通过资格预审的投标人应按照公告中所述，购买相关招标文件。投标人应当按照招标文件的规定编制投标文件。投标文件应在规定的截止日期前密封送达到投标地点。在提交投标文件截止日之前，投标人可以书面通知招标人撤回、补充或者修改已提交的投标文件。

③开标。开标应当按照招标文件规定的时间、地点和程序以公开方式进行，投标人可以对唱标做必要的解释，但所做的解释不得超过投标文件记载的范围或改变投标文件的实质性内容。开标应当做记录，存档备查。

④评标和定标。招标人应该按照招标文件的规定进行评标。

按照国际惯例，中选的投标应当符合下列条件之一：满足招标文件各项要求，并考虑各种优惠及税收等因素，在合理条件下所报投标价格最低；最大限度地满足招标文件中规定的综合评价标准。在尼泊尔，中标公司一般为报价最低标。

三是授标。招标人在经过评标、定标确定中标公司之后，就会向中标公司发布中标通知书，并按照招标文件的规定和中标结果签订书面合同。

以上是尼泊尔公开招标的主要适用程序，但是有的项目也会采用资格后审的方式进行招标。所谓资格后审，是指将资格审查文件与投标文件一起提交，在开标后对投标人进行的资格审查。采取资格后审的，招标人应当在招标文件中载明对投标人资格要求的条件、标准和方法。经资格后审不合格的投标人的投标应做废标处理。

（2）邀请招标，其程序与公开招标程序基本一样，只是不需要发布招标公告，招标人邀请符合资质的投标人并发出邀请函，再组织进行资格预审、编制和发放招标文件、接收投标文件并组织开标、确定中标候选人并公示、发放中标通知书、签订施工合同即可。

许可手续　投标前，当地报纸将发出投标邀请，告知投标人需要具备何种资格，主要是提供投标人的法人文件，财务报表，曾经做过的项目类型、规模、技术情况、完成质量等作为资格审查的依据。资格审查通过后，才可购买标书，准备投标。投标保函要根据业主要求提供，一般是标价的5%～10%。中标后，筹备施工，需要办理如下手续：

（1）与业主签订施工合同、寻找劳工并同劳工提供者签订合同；

（2）居留签证；

（3）租赁住宅；

（4）办理货物、设备入关清关等手续；

（5）租赁或购买车辆、办理驾照、购买手机卡；

（6）银行开户等。

4.3　申请专利

主管部门　专利管理机构是工业局。

相关法规　《商标、专利设计法案》《外资和技术转让法案》。

提交材料　包括申请书，权力要求书，专利说明书、摘要及必要的附图。

4.4　注册商标

主管部门　注册商标的管理机构是工业局。

相关法规　《商标、专利设计法案》《外资和技术转让法案》。

提交材料　公司注册证明和企业成立证明、商标使用文字/符号复印件、商标代表的产品或服务的名字、商标创意声明。如果是外国商标在尼泊尔注册，须附带本国商标注册证明、申请书、委托书和4份商标说明书。

4.5　纳税申报

报税时间　周一至周四10：00～17：00（冬季10：00～16：00），周五10：00～15：00。

(**营业税报税**) 每财年（7月16日至次年7月15日）分三次缴纳，第一次根据对本财年的估算，于7月16日前缴纳40%，第二次于次年4月12日前缴纳30%（至总额的70%），第三次于7月15日前缴纳其余30%（至总额的100%）。

(**增值税报税**) 每月的单据须于次月25日提交税务机关。每年8月17日至9月16日的单据须于10月10日前提交税务机关。

(**报税手续**)

（1）准备好发票和单据，填写从国家税务局网站下载的报税表格（分为主表和附表），由有资格证书的审计员审计签字后，到相应税务部门纳税。

（2）注册金额小于2.5亿卢比的企业，可自行到辖区税务办公室纳税，也可聘用有资格证书的尼泊尔审计员报税。

（3）注册金额高于2.5亿卢比的企业，必须聘用有资格证书的尼泊尔审计员（或独立的审计代理机构），到大税户（LTP）办公室报税，所有报税文件须经尼泊尔审计员（或独立的审计代理机构）审计签字后方可有效。

（4）税务机关审核、清税完毕，出具纳税单位清税证明。

(**报税资料**)

（1）报税单据。企业应根据税务注册时税务部门规定的税种，准备好报税用的发票和单据，包括房租、电费、水费、电话费、办公支出、营业收入、合同复印件、计价收入、工资单、所有采购的发票和单据等。所有发票和单据上的事由、票号、日期和姓名等信息一定要完整并可识别。

（2）报税主表。可从国家税务局网站下载。由于文字是尼泊尔文，最好让尼泊尔审计员填写。主表须经尼泊尔审计员审计签字后方可有效。

（3）报税附表。企业可从国家税务局网站下载。附表Annex 1至Annex 12共有12种，企业可根据企业的性质选择其一，也可由尼泊尔审计员选择和填写。

4.6 工作签证

(**主管部门**) 尼泊尔劳动雇用促进局、工业局和移民局。

(**工作许可制度**) 尼泊尔企业本地某些技术劳务不足，可向劳动雇用促进局申请雇用外国人的工作许可证，每个外国人一次可得到1年的非旅游签证，最多续签5年。签证费第一年60美元/月，第二年起100美元/月。

在尼泊尔工作的外国人，通过用人企业向劳动雇用促进局和工业局申请，获准后才可把工资、津贴和报酬等收入的75%兑换成可兑换货币汇回本国。

申请程序　（1）用人企业向劳动雇用促进局申请，取得推荐函和工作许可证；（2）用人企业向工业局申请，取得推荐函；（3）在上述基础上，从移民局获得非旅游签证。

提交资料　提交申请应附下列文件：

（1）企业和受雇外国人的协议；

（2）企业发展报告；

（3）受雇外国人简历（主要描述有关技能和经验）和学历；

（4）受雇外国人最近的签证和最新护照相片；

（5）准备接受该外国人培训的尼泊尔人名单；

（6）企业注册证明；

（7）企业在政府报纸刊登的招聘广告。

4.7　能为中国企业提供帮助的机构

中国驻尼泊尔大使馆经济商务参赞处

电话：00977-14434972

网址：np.miofcorn.gov.cn

尼泊尔驻中国大使馆

地址：北京市朝阳区三里屯西六街1号

电话：010-65321795，65322739

5．中国企业应注意的事项

5.1　投资方面

尼泊尔资源贫乏，基础设施比较落后，当地企业合作指数不高。值得关注的是，尼泊尔水电资源相对较为丰富，政府也将水电列为优先重点发展行业，预计水电资源开发将成为中资企业对尼泊尔投资的亮点。中资企业到尼泊尔投资应注意下列问题：

第一，尼泊尔资源匮乏，基础设施不完善，缺乏必要的公路、仓库、电力、生产和生活用水等基础设施，油料和燃气供应不能保障，供需矛盾突出，投资服务设施和配套政策也亟待改善。企业来尼泊尔投资或拟开展产能合作，应认真进行市场调研，慎重决策。

第二，确定项目，到工业局申请注册。建议通过上述投资促进机构寻找律师代办相关手续，以利于企业以最低的价格在最短的时间完成注册。

第三，守法经营，照章纳税。如需雇用当地员工，必须依法签订劳资合同。

5.2 贸易方面

尼泊尔属于进口依赖型国家，其生活消费品、生产原材料、原油等均依赖进口。中国已经成为印度之后尼泊尔的第二大贸易伙伴，2014年中尼贸易量突破23亿美元。目前，中尼贸易主要通过吉隆边贸口岸和海运经转印度加尔各答港来完成。

中资企业与尼泊尔企业开展进出口贸易应注意以下问题：

第一，尼泊尔商贸企业普遍规模偏小，在贸易往来中应注意了解尼泊尔企业资信情况，尽量避免产品赊销。

第二，严格遵守尼泊尔进出口法律法规，禁止走私黄金、珍稀动植物制品等违禁物品。

第三，杜绝贸易欺诈行为，保障出口产品质量，避免陷入法律纠纷。

5.3 承包工程方面

尼泊尔承包工程市场采取"最低价中标"原则，竞争较为激烈，在政局不稳、基础设施不完善的情况下，企业需要进行全面的市场调研，谨慎投标，避免低价中标而陷入困局。

根据当地的有关法律规定，承包工程公司需要办理税务登记，请业主联系当地社团做好施工地区居民工作，以保证施工正常进行。一般都要向当地律师进行咨询，重要的工程一般要聘请当地律师作为法律顾问。

要尊重当地居民宗教信仰和风俗习惯。在尼泊尔不能食用黄牛肉，黄牛、狗、乌鸦等都是当地居民尊重的神灵，不可随便打杀。

5.4 劳务合作方面

尼泊尔是劳务输出国而非输入国，因此外国人很难有机会在尼泊尔就业。外国劳务在尼泊尔的情况有三种：援外、承包和投资企业带入的劳务，自行入境谋职的个别劳务，当地企业需要的特殊劳务。中资企业如果带入劳务，应注意了解尼泊尔有关法律、政策和工作许可程序；依法带入劳务，为其办理工作许可证、商务签证或工作签证；用人单位应和劳务人员签订有关劳务、劳资合同，明确合同期、签证、工资、待遇和违约等条款。

5.5　防范投资风险

在尼泊尔开展投资、贸易、承包工程和劳务合作的过程中，要特别注意事前调查、分析、评估相关风险，事中做好风险规避和管理工作，切实保障自身利益，包括对项目或贸易客户及相关方的资信调查和评估、对投资或承包工程国家政治风险和商业风险的分析和规避、对项目本身实施的可行性分析等。相关企业应积极利用保险、担保、银行等金融机构和其他专业风险管理机构的相关业务保障自身利益，包括贸易、投资、承包工程和劳务类信用保险、财产保险、人身安全保险等，银行的保理业务和福费廷业务，各类担保业务（政府担保、商业担保、保函）等。

5.6　妥善处理与政府及非政府组织间关系

遵守尼泊尔国家和地方各项法律法规、各行各业的规章制度、民族和社团的风俗习惯，做到合法注册、守法经营，显示出中资企业和投资者的良好风范。在上述基础上，与尼泊尔政府、议会有关部门和机构建立正常、友好的关系，以利于更好地调查研究，拓展业务。

5.7　妥善处理与工会间关系

尼泊尔党派众多，主要党派均建有所属工会组织。主要党派在外资项目执行过程中实际影响较大。中资企业向来重视妥善处理与尼泊尔各党派的关系。

在选择合作伙伴时，尽量选择有实力并有党派（工会）背景的合作伙伴。在项目执行前，充分了解项目所在地党派（工会）情况，提前做好工作。雇用尼泊尔员工时应签订符合法律的合同和协议，允许雇员加入工会。在日常的生产经营中要与雇员和工会保持沟通，了解雇员的思想动态，进行必要的疏导，发现问题苗头及时采取有效措施解决。与工会和员工发生矛盾时，应及时沟通，通过直接谈判，解决争端，维护企业正常经营。

5.8 尊重当地的风土民情

尼泊尔存在多种宗教信仰，不同的教徒有不同的饮食习惯，请客吃饭时要注意这一点，避免忌口的饭菜上桌。黄牛、乌鸦、狗、蛇、猴子等许多动物在尼泊尔是神的化身，无论有意无意伤害了某些动物，都可能遭到惩罚。尤其是黄牛，即便阻碍了过往车辆，也不可伤害它们。尼泊尔许多家庭都有进屋脱鞋的习惯，到尼泊尔家庭做客，应尊重这一习惯。由于尼泊尔受印度政治、经济和文化的影响较大，涉及印度的言论应慎重。

6. 中国企业遇到问题该如何解决

6.1 寻求法律保护

多数情况下可寻求警方保护和帮助，当地警方对外国人报警比较重视，出警一般比较迅速，也会根据外国人要求将当事人各方带到警局处理和解决；未经外国人同意，警方一般不会释放被告方。

6.2 寻求当地政府帮助

中资企业在尼泊尔开展投资合作期间，要与当地有关政府部门建立密切联系，及时通报企业发展情况，反映面临的困难和问题，寻求政府部门更多的理解和支持。

尼泊尔外商投资合作的主管部门是工业局。

电话：00977-14261203，4261168

网址：www.doind.gov.np

6.3 取得中国驻尼泊尔使（领）馆保护

中国公民在他国境内的行为主要受国际法及驻在国当地法律约束。当中国公民（包括触犯当地法律的中国公民）在当地享有的合法权益受到侵害时，中国驻外使（领）馆有责任在国际法及当地法律允许的范围内实施保护。

中资企业在进入尼泊尔市场前，应该征求中国驻尼泊尔大使馆经济商务参赞处的意见；投资注册或项目启动后，应按规定到使馆经济商务参赞处报到备案，汇报企业有关情况，保持与经济商务参赞处的经常性联络。在遇到重大问题和事件时，应及时向中国大使馆报告；在处理相关事宜时，要服从大使馆的领导和协调。

中国驻尼泊尔使馆经济商务参赞处

电话：00977-14434972

网址：np.mofcorn.gov.cn

中国驻尼泊尔使馆领事部

电话：00977-14425520，00977-14440286

6.4 部分政府部门和相关机构

总理和内阁办公室：www.opmcm.gov.np

财政部：www.mof.gov.np

工业部：www.moi.gov.np

能源部：www.moen.gov.np

司法和议会事务部：www.moljpa.gov.np

农业发展部：www.moad.gov.np

内政部：www.moha.gov.np

外交部：www.mofa.gov.np

土地改革与管理部：www.molrm.gov.np

基础设施和运输部：www.mopit.gov.np

国防部：www.mod.gov.np

林业与土壤保护部：www.mfsc.gov.np

商业部：www.moc.gov.np

科技部：www.moste.gov.np

教育部：www.moe.gov.np

劳动与就业部：www.mole.gov.np

联邦事务和地方发展部：www.mofald.gov.np

卫生部：www.mohp.gov.np

附　录

1. 国家概况

尼泊尔历史悠久，公元前6世纪就建立了王朝。1769年，廓尔喀王普里特维·纳拉扬·沙阿征服马拉王朝三个公国，统一了尼泊尔，建立了沙阿王朝。1951年2月，特里布万国王颁布临时宪法，实行君主立宪制。1960年，马亨德拉国王取缔政党，实行无党派评议会制。1972年比兰德拉国王即位。2005年2月，贾南德拉国王再次解散政府，亲自执政。2006年，剥夺国王权力。2007年1月15日，尼泊尔议会颁布临时宪法，组建尼泊尔共产党等参加的临时议会。2008年5月28日，尼泊尔制宪会议宣布废除君主政体，实行共和政体。2008年7月，制宪会议选举产生总统、副总统和制宪会议主席。国名由"尼泊尔王国"改为"尼泊尔联邦民主共和国"。2015年9月，历时7年之久，尼泊尔新宪法正式颁布，新政府于2015年10月正式成立。

地理位置

尼泊尔北邻中国，西、南、东三面与印度接壤。国土面积约14.8万平方公里。国境线全长2400公里。尼泊尔境内山峦重叠，珠穆朗玛峰位于中尼边界上。大部分属丘陵地带，海拔1000米以上的土地占全国总面积的一半。东、西、北三面群山环绕，河流多而湍急，向南注入印度恒河。南部是土壤肥沃的冲积平原，分布着茂密的森林和广阔的草原，是尼泊尔重要的经济区。中部是河谷区，多小山，首都加德满都就坐落在加德满都河谷里。

尼泊尔属于东六时区，当地时间比格林尼治时间早5小时45分，比北京时间晚2小时15分。尼泊尔不使用夏令时。

气候特点

尼泊尔的气候基本上只有两季，每年的10月至次年的3月是干季（冬季），雨量极少，早晚温差较大，晨间10°左右，中午会升至25°；每年的4~9月是雨季（夏季），其中4月、5月气候尤其闷热，最高温常达到36°；5月起的降雨常作为雨季的前奏，一直持续到9月末，雨量丰沛，常泛滥成灾。

自然资源

尼泊尔的主要矿产资源有铜、铁、铝、锌、磷、钻、石英、褐煤、云母、大理石、石灰石、菱镁矿、木材等，均只得到少量开采。水力资源丰富，水电蕴藏量为8300万千瓦，其中4300万千瓦可发展水力发电。

人口分布

尼泊尔总人口2833万人（2015年6月统计）。数据显示，尼泊尔城市人口约占总人口的17%。首都加德满都地区人口约500万人，是全国人口最多的地区。

2. 社会文化

民族文化

尼泊尔是一个多民族国家，全国有尼瓦尔、古隆、拉伊、林布、达芒、马嘉尔、夏尔巴、塔鲁等30多个民族，90多种语言，其中尼泊尔语为国语。尼泊尔86.2%的居民信奉印度教，7.8%信奉佛教，3.8%信奉伊斯兰教，信奉其他宗教人口占2.2%。

风土人情

尼泊尔最常见的礼节是合十礼。在尼泊尔人的观念中，左手是不洁净的，收受物品时要用右手或双手。尼泊尔人在回答问题时，惯于用摇头表示同意。

尼泊尔妇女一般不和不熟悉的人握手，在向尼泊尔妇女问候或同其交谈中，不要有身体上的接触，也不要轻易抚摸小孩的头，因为尼泊尔人相信神住在人的头顶。

尼泊尔人有敬黄牛为神的习俗。不管是谁，有意或无意伤害"神牛"者，都要受到罚款或法律制裁。

到尼泊尔人家做客，进门先要脱鞋，在室内不要跨过他们的身体或脚，而应绕道或请他们让一让。在尼泊尔不要爬到神像上拍照或玩耍。

教育、医疗、福利制度

教 育 尼泊尔实行10年义务教育，其教育制度包括学前教育、初等教育

（1～5年级）、初级中等教育（6～8年级）、中级中等教育（9～10年级）、高级中等教育（大学预科11～12年级）、高等教育（13～17年级）。此外，还有职业教育、女童教育、教师培训、特殊教育等形式。目前，尼泊尔共有9所综合性大学，总人口受教育率为65.94%。

【医　疗】　根据尼泊尔官方数据，2010年末，尼泊尔全国共有500多家医院，其中，政府医院100家，私立医院120家，传统医院290家。近几年，尼泊尔政府加大了对医疗卫生的投入，使医疗卫生条件有了一定的改善。据世界卫生组织统计，2013年尼泊尔全国医疗卫生总支出占GDP的6%，按照购买力平价计算，人均医疗健康支出135美元，人均寿命为69岁。

传播媒介

【通讯社】　尼泊尔国家通讯社是全国唯一的官方通讯社，成立于1962年4月。

【电视媒体】　目前，尼泊尔共有22个电视频道，其中2个为官方频道。尼泊尔电视台创建于1984年，自2006年7月起实现全天24小时播出，信号覆盖尼泊尔45%的国土和65%的人口，同时向22个国家输出电视信号。近年来，尼泊尔出现一些私人电视台和私人有线电视台，主要播放电影、教学和娱乐节目。

【广播电视】　目前，70%的尼泊尔人口能收听到广播节目。尼泊尔广播电台是全国唯一的官方电台，成立于1951年，广播语种有尼泊尔语、英语、尼瓦尔语和印地语。此外，尼泊尔还有4家私人调频电台。

【报纸媒体】　尼泊尔全国注册发行的各类报刊有4871种，其中日报362种，英文报纸387种。全国最大的两份日报均为官方报纸：《廓尔喀报》（尼文）、《新兴尼泊尔报》（英文）。此外，还有《加德满都邮报》（英文）、《坎蒂普尔日报》（尼文）和《喜马拉雅时报》（英文）等。

目前在尼泊尔派驻记者的中方媒体有新华社、中新社、国际台、《文汇报》。新华社在尼泊尔创办报纸《亚太日报》（英文版半月刊），国际台在尼泊尔创办尼泊尔语杂志《Hot Nepal》（月刊）。

传统节日

每年5月29日为尼泊尔的共和国日。

根据尼泊尔旅游部门发放的资料，尼泊尔每年各种节日达300多个。几乎每人每年要花1/3的时间来从事节日活动。

尼泊尔节日大都与宗教、农时有关。政府规定放假的节日有近50个，如洒红节、德赛节、佛诞节、湿婆节、赛马节、神牛节、妇女节、灯节、黑天神节、因陀罗节等。

每周六为公休日。

参考文献

[1]　商务部.对外投资合作国别(地区)指南——尼泊尔[Z]. 2016.

[2]　中国出口信用保险公司.国家风险分析报告[M]. 北京：中国金融出版社, 2016.

[3]　王宏纬.列国志——尼泊尔[M]. 北京：社会科学文献出版社. 2004.

[4]　约翰菲尔普顿.尼泊尔史[M]. 北京：东方出版中心, 2016.

[5]　徐亮.共和国时期尼泊尔外交政策研究[M]. 北京：中国财政经济出版社, 2015.

[6]　百度百科.(baike.baidu.com).

执笔人简介

　　朱国栋，现就职于中国人民银行锦州市中心支行外汇管理处，东北财经大学本科学历。从事资本项目、外汇检查等外汇管理工作多年，参与设计国家外汇管理局资本项目信息系统，参与起草《资本项目系统操作指南》等。先后发表过《外汇指定银行在执行资本项目外汇管理代位监管中存在的问题和建议》《对锦州辖区外商投资企业外方撤资情况的调查》《关于利用外资优惠政策评估的报告》《锦州市2010—2013年外商投资企业运行情况调研》《基于直投业务的主体管理》《外方股东利润处置方式解析》等十余篇理论研究报告和信息调研文章，被各级各类刊物采用。

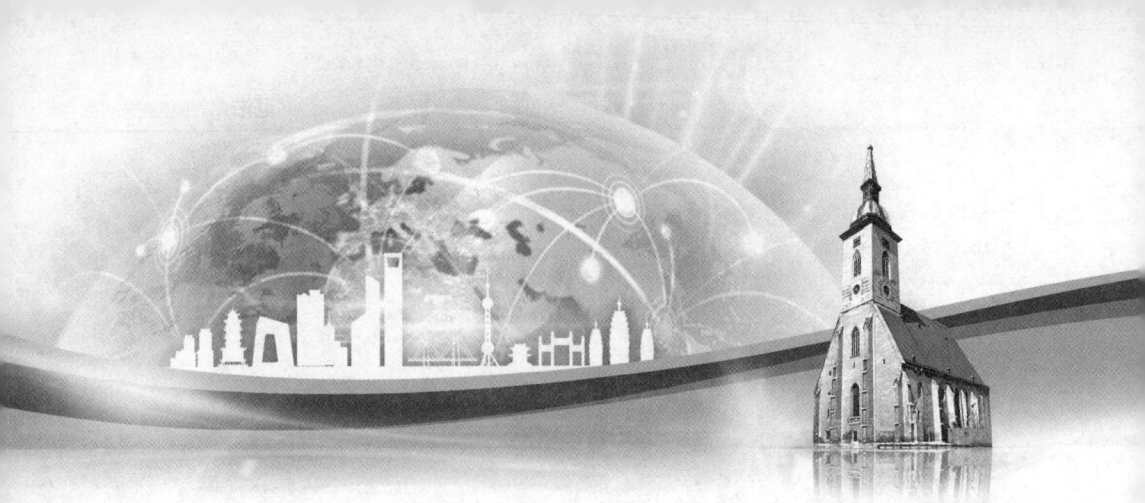

斯洛伐克

执笔人：刘景源

1. 经济金融

1.1 宏观经济

斯洛伐克从公元11世纪初直至1918年一直都是匈牙利国家的经济附属区，其金矿开采量在15世纪时占当时世界开采总量的1/3，银矿开采量占当时世界开采总量的一半。20世纪初，虽然斯洛伐克只剩不到1/5的人口从事工业生产，但其仍然是匈牙利国家重要的工业基地，超过3/4的冶金和化学工业生产分布在斯洛伐克。1918年，捷克斯洛伐克共和国成立，是以私有制为基础、推行自由市场经济的资本主义国家。一直到第二次世界大战之前，捷克斯洛伐克的人均收入稳居全球10强之列。1945—1989年，捷克斯洛伐克经济经历先增长后萧条的发展历程。1989—1992年，捷克斯洛伐克实行"休克疗法"，开始进行经济改革，经济出现衰退。

1993年1月1日，捷克和斯洛伐克和平分离，斯洛伐克独立为主权国家，从此经济发展走上独立道路，经济增长逐步加快，生活水平不断提高。2015年，斯洛伐克GDP达到866.2亿美元，人均GDP达到15978美元，GDP年均增长率超过4%。斯洛伐克2007年12月成为申根公约会员国，2009年1月加入欧元区。斯洛伐克于2006年被世界银行列入发达国家行列。

经济增长率 2003—2008年，斯洛伐克实际GDP年平均增长率达到7%，其中2007年增长率达到10.8%。但是，受国际金融危机的影响，斯洛伐克经济增长形势从2008年开始急转直下，2009年经济增长首次出现负值，下降5.5%。2010年有所好转。伴随着斯洛伐克政府一系列经济刺激手段，其经济增长从2011年开始逐步恢复。2010—2015年，斯洛伐克GDP平均增长率为2.8%，2015年GDP增长率达到3.6%。

2011—2015年斯洛伐克宏观经济概况详见表1。

表 1　2011—2015 年斯洛伐克宏观经济概况

年份 项目	2011	2012	2013	2014	2015
GDP 总额（亿美元）	961.3	918.2	958	999.2	866.2
GDP 增长率（%）	3.3	2	0.9	2.4	3.6
人均 GDP（美元）	17686	17012	17688	18445	15978
第一产业占比（%）	2.9	3.3	2.7	3.4	3.7
第二产业占比（%）	29.5	32.9	31.2	30.0	31.1
第三产业占比（%）	67.6	63.8	66.1	66.6	65.2
通货膨胀率（%）	3.9	3.6	1.4	−0.1	−0.3
失业率（%）	13.5	14	14.2	12.8	11.5
外资（亿美元）	21.8	66.7	76.8	87.9	—
财政赤字占比（%）	4.7	4.4	2.8	2.9	2.97
外汇储备（亿美元）	26	24.4	20.7	28.8	29.3
外债（亿美元）	684.9	709.2	823.1	804.1	745.9

资料来源：斯洛伐克统计局网站（slovak.statistics.sk）、斯洛伐克中央银行（www.nbs.sk）。

财政收支　在2008年国际金融危机后，斯洛伐克政府为了刺激经济增长，实施了扩张性财政政策，财政支出大幅上升导致财政支出超标。2010年斯洛伐克财政赤字占GDP比重达到7.7%。随着刺激政策效用的显现，从2011年开始斯洛伐克经济逐步复苏，财政政策由松变紧，财政支出逐渐下降，财政赤字占GDP的比重也持续下降，2011年为5.1%，2012年降至4.5%。2013年，斯洛伐克改变税收政策，提高公司营业税，当年财政收入提高，财政赤字继续下降，占GDP比重为2.7%。2015年，斯洛伐克财政收入281亿欧元，支出296亿欧元，赤字占比降低至2.5%。

1.2　产业结构

斯洛伐克第三产业增加值占GDP比重最多，第一产业占比最少，服务业是斯洛伐克经济发展的主要动力。近年来，各产业占比略有变化，总体而言第一产业占比略有上升，第三产业占比有所下降。2015年，第三产业占比约为65.2%，第二产业占比约为31.1%，第一产业占比约为3.7%。

1.3 支柱产业

2015年斯洛伐克工业产值约178亿欧元，同比增长5.3%，占当期GDP的23%。其主要工业产业包括汽车制造、电子工业、钢铁产业等。另外，斯洛伐克的旅游业也较为发达，近年来旅游业年均增长率超过10%。

（电子工业） 近年来，斯洛伐克政府大力支持电子工业发展，对电子工业的外资投入提供了诸多优惠政策，电子工业的外资增速明显上升。国际知名的电子工业企业不但给斯洛伐克电子工业发展带来了雄厚的资金、先进技术和管理经验，也使其产品质量得到提升，产品附加值大幅增加。另外，斯洛伐克的汽车制造业也因电子工业的深入发展而获益，如车载通讯设备和车载娱乐设备等。2015年，斯洛伐克电子产品工业产值约为60.8亿欧元，同比小幅下降2.3%。

（汽车产业） 汽车产业是斯洛伐克传统优势产业，在斯洛伐克经济中占有重要的战略地位。2015年，斯洛伐克汽车产业产值约249.4亿欧元，同比增长约14.7%，占制造业总产值的32.4%。斯洛伐克的汽车产业全年出口约为229.4亿欧元，同比增长约15.8%，占斯洛伐克全部出口份额的33%以上。其中，整车出口约126.7亿欧元，占18.7%；汽车零部件出口约95.7亿欧元，占14.1%。斯洛伐克国内主要汽车生产企业有大众、标致雪铁龙和起亚。

（旅游业） 斯洛伐克环境优美，自然风光质朴，历史文化悠久，具有丰富的旅游资源。国内有9个国家公园，多处岩石洞穴和冰川洞穴，其中多拍辛斯基冰洞和喀斯特岩洞一起被联合国教科文组织列入世界自然遗产清单。斯洛伐克也是世界上城堡数量最多的国家之一。此外，在斯洛伐克约有1300处泉水，23个自然度假中心用水、泥进行治疗。主要旅游城市有布拉迪斯拉发、日利纳、普雷绍夫、科希策地区和班斯卡比斯布里察。2015年，赴斯洛伐克旅游人数约为430万人，同比增长15%，旅游收入突破20亿欧元。游客主要来自捷克、匈牙利和波兰等地。斯洛伐克独特的历史文化和自然景观近年来也吸引了部分中国游客，2015年来自中国的游客达2.8万人次，同比增长近1倍。预计今后赴斯洛伐克旅游的中国游客仍将持续增长。

（冶金和机械制造） 冶金工业在斯洛伐克存在时间最久，从公元17世纪开始，冶金业和金属加工业就已经成为其重点行业。而机械制造则是从第一次世界大战后逐渐发展起来的。目前，斯洛伐克的冶金和机械制造产品主要有各类大型机械设备、火车机车和车厢、各类机床、轴承以及医疗器械等。2015年，斯洛伐克冶金和机械制造业产值约为47.5亿欧元，占工业总产值的26.7%。

农　业　2015年斯洛伐克农业生产总值约为31.2亿美元，占GDP的3.7%。斯洛伐克农业用地约为192.1万公顷，可耕地面积约为135.9万公顷。农业人口约8.3万人，占劳动力总量的3.5%左右。2014年，斯洛伐克的粮食总产量约为931.6万吨。主要农作物有大麦、小麦、玉米、马铃薯和甜菜等。

近几年斯洛伐克主要农产品产量详见表2。

表2　近几年斯洛伐克主要农产品产量情况

单位：万吨

农产品 年份	2011	2012	2013	2014
小麦	163.11	127.53	168.43	207.24
大麦	36.14	47.04	44.6	67.59
玉米	92.13	117.04	112.33	181.41
土豆	12.59	16.57	16.45	17.88
甜菜	97.77	89.45	114.46	155.02
油料作物	19.05	45.43	61.24	73.87

资料来源：中国外交部网站。

近年来，斯洛伐克农畜总产量有所上升，其中家禽产量2014年约为1250万只，同比增长13.9%。猪产量64.2万头，小幅提高0.8%，达到近年来最高值。羊产量持续下降，2011年为74.1万头，2014年下降至39.1万头，同比下降47.2%。

近几年斯洛伐克主要农畜存栏数详见表3。

表3　近几年斯洛伐克主要农畜存栏数情况

单位：万头/万只

农畜 年份	2011	2012	2013	2014
牛	47.2	47.1	46.8	46.6
猪	15.9	63.2	63.7	64.2
羊	74.1	41	40	39.1
家禽	1343.8	1185	1096.9	1249.4

资料来源：中国外交部网站。

1.4　对外贸易

斯洛伐克国土面积较小，国内资源有限，经济对外开放水平较高，其国内经济增长显著依赖对外贸易，同时对外贸易也是斯洛伐克与世界其他国家开展经济合作的纽带。近年来，斯洛伐克对外贸易占GDP的比重始终在80%左右，外贸依存度较高。2015年，斯洛伐克对外贸易总额约为1324.1亿欧元，同比增长6%。其中，进口额约为645.3亿欧元，增长7.5%；出口额约为678.8亿欧元，增长4.9%；贸易顺差约为33.5亿欧元。

斯洛伐克的主要贸易伙伴包括德国、捷克、俄罗斯、意大利、奥地利、波兰、法国、匈牙利、英国、荷兰、比利时、中国和韩国等。欧盟市场是斯洛伐克主要出口市场，占比超过85%。其中，德国、英国和波兰是其主要顺差来源国，中国、韩国和俄罗斯是其主要逆差来源国。

斯洛伐克对外出口的商品主要有钢材、电子产品、交通工具、机械产品、化工产品、矿物燃料、金属和金属制品、电力设备等。主要进口商品有石油、天然气、机械设备、原材料、食品、化工产品等。

1.5 货币政策

斯洛伐克执行欧元区统一的货币政策。欧洲中央银行体系的货币政策可分为三类：公开市场业务、常设工具和最低准备金。

（1）公开市场业务。公开市场业务在指导利率、管理货币市场、向市场发出政策信号等方面发挥主要作用，具体有四种方式：一是再融资。成员国中央银行根据投标程序每周进行一次，两周到期，向市场发出政策信号。再融资利率也是欧洲中央银行调控经济的最主要的杠杆利率。二是长期融资业务。成员国中央银行根据投标程序每月进行一次，三个月到期。三是微调操作。由成员国中央银行在特定情况下通过投标程序和双边程序进行。四是结构操作。只要欧洲中央银行想调整资金结构，就可以由成员国中央银行通过投标程序和双边程序进行。

（2）管理流动资金的常设工具。欧洲中央银行通过管理流动资金的常设工具提供和吸纳隔夜流动资金，规定隔夜拆借利率，并通过改变隔夜拆借利率向市场传递政策信号。

（3）最低准备金。欧元区内的银行和信贷机构必须根据欧洲中央银行体系规定的标准和条件，在所在国中央银行的账户上保持最低限度的准备金。银行存入的最低准备金是计息的。货币政策由欧洲中央银行统一制定。

1.6 当地货币

斯洛伐克加入欧元区后，欧元替代斯洛伐克克朗成为其法定货币。当前欧元兑美元汇率波动较大，2017年2月21日，欧元兑美元汇率为1∶1.0578。欧元与人民币可直接兑换，2017年2月21日汇率为1∶7.282。

1.7 外汇管理

斯洛伐克加入欧盟后，金融环境得到了很大改善，外汇管制逐步放开，为境外投资者提供了良好环境。在斯洛伐克注册的外国企业可在斯洛伐克银行开设外汇账户进行贸易结算，外汇收支需要进行收支申报。携带1万欧元以上出入欧盟以外的国家需要按规定进行报关。在斯洛伐克工作的外国人可以将所有的合法税后所得汇出国外。

1.8 金融

【中央银行】 斯洛伐克国家银行是斯洛伐克的中央银行，2009年1月1日斯洛伐克加入欧元区后，斯洛伐克中央银行的部分机构交由欧洲中央银行管理，斯洛伐克中央银行配合欧洲中央银行落实相关政策，并在欧元体系内对本国金融系统和金融体系进行管理，主要任务有以下几点：

（1）落实欧洲中央银行的货币政策；

（2）本国的外汇业务和外汇储备；

（3）发行欧元纸币和硬币；

（4）建立和维护支付系统；

（5）统计数据；

（6）开展国际合作；

（7）中央银行之间的相互合作和支持；

（8）维护欧元区的金融稳定；

（9）对国内金融市场的监督管理。

【商业银行】 斯洛伐克金融业开放程度较高，主要商业银行都已被国际大银行控股。截至2016年年末，斯洛伐克共有1家中央银行、28家商业银行。其中，商业银行包括15家本土银行和13家外国银行分行，目前暂无中资银行在斯洛伐克设立分支机构。

斯洛伐克法律对外国非居民开立账户没有限制，但是各商业银行要求提供的材料可能不同，处理时限也不同，具体情况应当向各商业银行咨询。在斯洛伐克投资注册的外资企业与当地企业享受同等待遇，均可以向当地银行申请融资。融资成本受企业信用评级、项目评估、贷款年限和资金流动性等因素影响，基本上不低于政府债券利率。斯洛伐克银行贷款利率中，对企业的贷款利率1～5年期最高，1年以内和5年以上利率相对较低。具体贷款利率情况见表4、表5。

表4　2016年上半年商业银行贷款平均利率（存量贷款）

单位：%

| | 非金融类公司贷款利率 | | 个人贷款利率 | |
	购买房屋贷款	其他贷款	购买房屋贷款	消费及其他贷款
1年期	4.37	2.89	5.04	7.92
1～5年	2.79	3.45	4.64	11.75
5年以上	2.88	2.67	3.19	9.44

资料来源：斯洛伐克中央银行。

表5　2016年上半年商业银行贷款平均利率（新增贷款）

单位：%

| | 非金融类公司贷款利率 | | 个人贷款利率 | |
	购买房屋贷款	其他贷款	购买房屋贷款	消费及其他贷款
1年期	2.60	2.09	2.46	5.91
1～5年	2.38	6.43	1.97	8.28
5年以上	2.38	2.93	3.61	10.67

资料来源：斯洛伐克中央银行。

证　券　布拉迪斯拉发证券交易所于1993年4月正式开始交易，是斯洛伐克唯一的证券交易市场，注册资本为1100万欧元，共有13位股东，斯洛伐克国有资产基金会是其最大股东，持股74.2%。布拉迪斯拉发证券交易所的股票交易实行会员制，仅有会员可以在该交易所直接进行交易，交易的主要品种有股票、期货、债券及其他金融衍生品等。2004年6月1日布拉迪斯拉发证券交易所成为欧洲证券交易所联合会正式会员，2015年布拉迪斯拉发证券交易所股票总市值46亿美元，债券总市值441亿美元，总交易额为106亿美元，其中98%为债券交易。

斯洛伐克自20世纪90年代以来还建立了多家资本交易机构，如布拉迪斯拉发期货交易所、斯洛伐克RM系统和斯洛伐克有价证券交易所等，但是都因为经营业绩不佳而破产或被迫停业。

保　险　斯洛伐克保险行业发展较为滞后，2011年其保险深度世界排名第48位。目前，斯洛伐克主要保险公司有AEGON保险公司、Allian保险公司和MetLife欧洲公司等，可以提供各种类型的商业保险和个人保险。

保险公司具体名录和详细信息可从斯洛伐克中央银行网站查询，网址为

http://www.nbs.sk/sk/titulna-stranka。

1.9 中斯经贸

双方贸易 中国和斯洛伐克的双边贸易在国际金融危机和欧债危机背景下依然保持良好发展态势，2011—2014年双边贸易均超过60亿美元，2013年两国贸易额达到65.4亿美元，为历史最高值。随后连续两年出现下降，到2015年两国双边贸易额约为50.3亿美元，同比下降18.9%，比2013年下降23.1%。其中，中国出口27.95亿美元，同比下降1.2%；中国进口22.37亿美元，同比减少33.7%。斯洛伐克目前是中国在中东欧16国中的第四大贸易伙伴，中国也成为斯洛伐克全球第六大贸易伙伴。中斯经贸情况见表6。

从双边进出口产品结构看，我国对斯洛伐克出口产品主要为电子产品和机械类产品，占比超过80%，主要商品包括光学器具、电机、电气、音像设备及其配件等；我国自斯洛伐克进口产品主要为汽车，占比超过90%，主要车型为大众途锐、奥迪Q7和保时捷卡宴等汽车。

表6 中斯经贸情况

单位：亿美元

项目 \ 年份	2011	2012	2013	2014	2015
进出口总额	60	60.8	65.4	62.1	50.3
中方对斯出口	25.1	24.2	30.8	28.3	27.95
中方自斯进口	34.6	36.6	34.6	33.8	22.37

资料来源：中国海关。

双方投资 随着中斯两国经济交流不断深入，两国间投资合作也持续加强。近年来，中斯两国在电信、汽车、机械、新能源等领域开展了积极的投资合作。2014年，在中方企业的积极努力和斯洛伐克政府的帮助下，中国企业在斯洛伐克投资取得突破。中国南车集团和航天科工集团分别通过收购当地企业完成投资，结束了多年来我国在斯洛伐克当地缺少生产型投资项目的局面。截至2015年末，中国对斯洛伐克直接投资存量为1.28亿美元。

货币互换 中国人民银行尚未与斯洛伐克银行签署货币互换协议，但由于斯洛伐克为欧元区成员国，中国人民银行与欧洲中央银行签署了3年期、总额为3500亿元人民币的货币互换协议，这也将对两国经贸发展起到促进作用。

双方协议 中斯两国签订的主要协议有《两国政府经济和贸易协定》(1994)、《动植物检疫协定》(2001)、《中华人民共和国与斯洛伐克共和国联合声明》(2003)、《中华人民共和国国家林业局和斯洛伐克共和国农业部关于在造林领域合作的议定书》(2003)、《关于卫生与植物卫生领域合作的谅解备忘录》(2015)、《关于民用核工业燃料循环供应链领域合作的谅解备忘录》(2015)、《关于旅游领域的合作谅解备忘录》(2015)。

（合作前景） 近年来，斯洛伐克日益重视对华经贸合作，斯洛伐克总理菲佐在2014年访华时表示，希望与中方共同努力，将良好的双边关系转化为合作成果，加强核电、水电、高速公路、旅游和人文等领域的合作。斯洛伐克也欢迎中国企业扩大对斯投资，鼓励中国金融机构在斯洛伐克设立分支机构，斯洛伐克将为此提供便利。未来两国合作前景广阔。

2. 经济环境

2.1 国内市场

（销售总额） 随着斯洛伐克经济的逐步恢复，其国内消费品市场销售额也保持增长。2015年全年，斯洛伐克零售（不包含汽车销售）总额约为189亿欧元，同比增长1.7%；汽车销售及维修业零售总额约为50.2亿欧元，同比增长16.7%；餐饮业零售总额约为8.8亿欧元，同比增长4.8%；旅店业零售总额约为3.4亿欧元，同比增长3.7%。

（物价水平） 近年来，斯洛伐克消费者物价指数（CPI）持续下降，从2014年发展成为通货紧缩，通货膨胀率达到负数，2015年通货膨胀率继续下降至-0.3%。在此情况下，斯洛伐克主要食品平均价格如下：牛肉9.3欧元/公斤，猪肉5.5欧元/公斤，大米1.4欧元/公斤，面粉0.4欧元/公斤，鸡蛋0.16欧元/个，西红柿2.2欧元/公斤，牛奶0.9欧元/升，土豆0.52欧元/公斤，苹果1.4欧元/公斤。

（生活支出） 2015年，斯洛伐克人均GDP为15978美元，同比下降13.4%，下降的原因是欧元兑美元汇率大幅下降，导致以美元计价的人均GDP下降。从实际情况看，斯洛伐克国内月均工资收入为883欧元，同比增长2.9%。

2014年全年，斯洛伐克人均支出约为4536欧元，其中食品支出约885欧元，占19.5%；住房及水电气支出约769欧元，占17%；交通费用支出约295欧元，占6.5%；文化娱乐支出约269欧元，占6%；教育支出约15欧元，占0.3%。

2.2　基础设施

铁　路　斯洛伐克铁路总长3627公里，其中复线铁路1017公里，单线铁路2610公里，电气化铁路1586公里。2014年客运量总计4927万人次，货运量总计5100万吨。斯洛伐克铁路公司是国营公司，管理着斯洛伐克3690公里的铁路。铁路运输枢纽为布拉迪斯拉发、日林娜、科西策、茨沃伦、诺维·扎姆基市。

公　路　斯洛伐克公路网络发达，尤其是首都和西部地区，它们是西欧进入东欧的门户。公路总长18239公里，其中高速公路420公里。2014年客运量总计2.64亿人次，货运量总计1.29亿吨。斯洛伐克D1高速公路是布拉迪斯拉发前往特尔纳瓦、尼特拉、特伦琴、日林娜以及其他斯洛伐克大城市的最好道路。D2高速公路则是连接布拉迪斯拉发和布尔诺、布拉格、布达佩斯的高速公路。A6高速公路将布拉迪斯拉发和维也纳连接起来。与邻国捷克、波兰和匈牙利相比，斯洛伐克高速公路的路况要好很多。

水　运　欧洲第二大河流多瑙河流经斯洛伐克，在斯洛伐克境内全长172公里，与匈牙利、奥地利界河长149.5公里。布拉迪斯拉发和科马尔诺是主要的水运港口，年货运量总计150万吨。2014年客运量总计15.4万人次，货运量总计183.8万吨。多瑙河将奥地利首都维也纳、斯洛伐克首都布拉迪斯拉发和匈牙利首都布达佩斯三个中心城市连接起来，进一步促进了三国之间的经济、文化交流。

空　运　斯洛伐克总共有36个机场，其中硬地机场有20个。国际机场有以下6个：布拉迪斯拉发史迪梵尼克机场、东部重镇科西策机场、温泉城皮耶施佳尼机场、达德丽国家公园附近波普拉德机场、中部大城班斯卡·比斯特里察市附近的斯里亚奇机场以及日林娜机场。最大的机场为布拉迪斯拉发史迪梵尼克机场。从中国到斯洛伐克一般是先乘飞机从北京直达奥地利首都维也纳，再乘车65公里到达斯洛伐克首都布拉迪斯拉发，约45分钟车程。2014年，斯洛伐克空运客运量总计58万人次，货运量总计0.9万吨。

电　力　斯洛伐克电力供应充足，以核电为主。2014年供电量为261亿千瓦时，核电占60%。其余为水力发电和火力发电。斯洛伐克电网已经连接至欧洲电网。

通　信　斯洛伐克电信行业发展时间较早，发展极其成熟，通信成本低，覆盖率广，普及程度高。2009年登记使用的移动电话数量就已超过总人口数。国内主要的电信运营商有T-Mobile、Orange等。

2.3　商务成本

水　价　2015年，斯洛伐克生产及居民用水价格为1.12欧元/立方米，降雨等污水处理费用为1.11欧元/立方米。

（电　价）　2015年斯洛伐克中等规模家庭用电资费为0.143欧元/千瓦时，中等规模企业用电资费为0.105欧元/千瓦时。

（燃气价格）　斯洛伐克对家庭、企业和大型用户三类客户的燃气使用收取不同费用，具体价格标准见表7、表8。

表7　斯洛伐克家庭用燃气资费（2016年上半年）

项目	月用量（吉焦）	资费（欧元/千瓦时）
1	<20	0.0438
2	20 ~ 200	0.0383
3	>200	0.0403

资料来源：商务部、对外投资合作国（地区）指南——斯洛伐克 [Z]. 2016.

表8　斯洛伐克企业用气资费（2016年上半年）

项目	月用量（吉焦）	资费（欧元/千瓦时）
1	<1000	0.0694
2	1000 ~ 10000	0.0347
3	10000 ~ 100000	0.0292
4	100000 ~ 1000000	0.0268
5	1000000 ~ 4000000	0.0277
6	>4000000	与天然气公司协商电价

资料来源：商务部、对外投资合作国（地区）指南——斯洛伐克 [Z]. 2016.

（油　价）　2016年，斯洛伐克95号汽油平均价格为1.274欧元/升。

（劳动力价格）　斯洛伐克最低月工资标准为405欧元，最低时薪标准为2.33欧元。2015年，斯洛伐克居民平均年收入为10596欧元，同比增长2.9%。其中，信息通信业工资最高，平均年收入为23328欧元；住宿餐饮业工资最低，平均年收入为6960欧元。

（土地价格）　斯洛伐克西部地区土地价格较高，中部和东部地区价格较为便宜。首都布拉迪斯拉发的土地价格最高，平均达到220欧元/平方米，科希策约80欧元/平方米，特伦瓦纳和班斯卡比斯特里察约为54欧元/平方米，普雷绍夫约为36欧元/平方米，特伦钦约为32欧元/平方米。

（房屋价格）　2015年斯洛伐克平均住房出售价格为1227欧元/平方米，其中首都布拉迪斯拉发最高，达1891欧元/平方米；普雷绍夫最低，为899欧元/平方米。另外，科希策为1212欧元/平方米，日利纳为1112欧元/平方米。

从房屋租金来看，最高的为布拉迪斯拉发中心区，三居室租金平均为927欧元/月；最低的为日利纳中心区，三居室租金平均价格为492欧元/月。另外，科希策中心三居室租金为640欧元/月，普雷绍夫中心区三居室租金为583欧元/月。

(建筑成本) 斯洛伐克的厂房造价约为500欧元/平方米，办公楼造价约为660欧元/平方米。

2.4 风险评估

(社会安全) 斯洛伐克社会治安情况相对较好，总体犯罪率不高，暴力犯罪相对较少。

(经济风险) 当前欧元区经济逐步回暖，尤其是近年来斯洛伐克国内消费及投资企稳回升，经济形势明显趋好。但是，由于斯洛伐克过于依赖西欧市场与资本，加之国内人口老龄化较为严重，失业率较高及财政压力犹存，经济增速短期内不太可能恢复到国际金融危机之前的水平。总体来看，斯洛伐克经济风险较为稳定，长期总体趋好。

(商业环境风险) 近年来，尤其是2012年以来，斯洛伐克政府积极吸引国外资本，为国外资本注入创造多种有利条件。随着欧洲整体经济形势转好，斯洛伐克商业环境将会持续好转。斯洛伐克商业环境风险稳定。

(法律风险) 斯洛伐克各项法律制度完善，加入欧盟及欧元区则更有利于其法律体系的优化与稳定，总体法律风险不高。

3. 政策规定

3.1 投资方面

(投资主管部门) 斯洛伐克经济部和投资贸易发展局是斯洛伐克投资的主管部门。

(投资法律依据) 主要包括《竞争保护法》《商法典》和《罚款办法指引》《并购程序提前披露》《竞争者集中》《与集中直接相关的竞争限制》等。

(投资规定) 总体来说，斯洛伐克对外国投资者的投资行为没有太多限制。

外国投资者可在斯洛伐克新设企业，也可通过收购斯洛伐克现有企业股权或资产方式进行投资。斯洛伐克法律对外国投资者并购当地企业没有额外规定，但是在一些特定的行业，并购需经过斯洛伐克有关主管部门批准，如并购商业企业需经斯洛伐克反垄断办公室批准、并购银行需经斯洛伐克中央银行批准等。

限制行业　军品生产、博彩业、广播电视、部分矿产资源开采及影响环保的行业，投资者需满足相关行业要求并得到政府部门的许可后方能注册。

鼓励行业　一是加工工业，包括加工产业和分销物流中心；二是技术中心和战略服务中心项目，包括高新技术领域的战略投资、共享服务中心和商务流程外包。

3.2　贸易方面

贸易主管部门　斯洛伐克负责国内贸易和对外贸易各项政策制定的部门是经济部。

贸易相关法律法规　斯洛伐克作为欧盟成员，欧盟所有的贸易法律法规在斯洛伐克均适用。另外，斯洛伐克本国有《商业法典》《保护竞争法》《海关法》等。

贸易管理相关规定　斯洛伐克的贸易管理大体可分为鼓励性政策和限制性政策两大类。

鼓励性政策主要涉及出口鼓励政策，其中包括提供出口贷款和担保、建立信息服务系统、资助国内企业到国外参展等。

限制性政策主要包括对部分商品实行进出口配额和许可证、反补贴、反倾销和超量进口保护措施等，实行产品技术安全标准、卫生标准及卫生检验检疫制度，对武器、危险化工品等实行特许经营。

进出口许可制度　当前，需要获得进口许可的产品主要有褐煤、黑煤、电力、牲畜、部分农产品、香烟等，需获得出口许可的产品主要是原油、天然气等原材料产品。此外，汽车等产品要进口到斯洛伐克市场还需通过认证。为证明产品符合斯洛伐克技术标准，斯洛伐克海关可能要求在进口产品前提供产品认证。如果该产品已通过符合斯洛伐克标准的外国认证，则不需要测试即可发放产品一致性证书。

3.3　税收方面

税收体系和制度　斯洛伐克对所有的收入种类征收19%的所得税，无双重征税和股息税。斯洛伐克税种主要有关税、企业所得税、个人所得税、增值税、房地产交易税、房地产税、消费税等。

主要税赋和税率 斯洛伐克的主要税赋有以下几个：

（1）海关关税。斯洛伐克加入欧盟后，执行了欧盟的统一关税税则，海关关税税率分为普通税率、协定税率和普惠制税率。欧盟成员之间的进出口享受零关税。非欧盟成员出口货物到斯洛伐克按照欧盟关税税率计算，制成品平均关税为4.2%，纺织服装和食品平均关税约17.2%。

（2）增值税。斯洛伐克对不同商品征收不同的增值税，征收范围涉及斯洛伐克境内的货物和服务贸易以及进口商品和服务，目前斯洛伐克增值税税率为20%；医疗及医疗生产、制造生产、书籍和音乐录制等产品及经济活动为10%。

（3）企业所得税。目前，斯洛伐克企业所得税税率为22%。在斯洛伐克的国外企业所得税缴纳原则是在斯洛伐克境内获得的收入须缴纳企业所得税。需要缴纳企业所得税的外国公司是在斯洛伐克设有分支机构或固定经营场所，或须代扣代缴在斯洛伐克境内收入所得税的外国公司。

（4）个人所得税。按照斯洛伐克2016年的标准，个人年收入不超过35022.31欧元采用19%的税率，年收入超过35022.31欧元采用25%的税率。

（5）消费税。消费税的征收对象包括烟草制品、酒类、矿物油等。

（6）土地税。斯洛伐克法律规定，在斯洛伐克登记的土地所有人需缴纳土地税。

（7）建筑税。根据斯洛伐克法律规定，地上和地下建筑物均需缴纳建筑税。国家、地方政府、学校、科研机构、宗教组织等非营利性机构免缴建筑税。新建的家庭住房免征15年的建筑税。文物保护建筑改建成住房的，免征15年建筑税。

（8）车辆道路税。车辆道路税是指因使用车辆道路而征收的税赋。征收对象是在斯洛伐克注册登记的机动车辆或纳税人用于商业经营活动的车辆。斯洛伐克国内居民的车辆道路税由地方税务局征收，国际交通的车辆道路税由海关征收。

（9）地方发展税。斯洛伐克决定自2016年11月起在审批投资企业建筑许可时可征收地方发展税，征收标准为每平方米10～35欧元。地方发展税只涉及新建厂房等大型建筑，不包括社会和科技设施以及小型建设等。最终是否征收和征收的具体标准将由各州政府决定，此笔收入将用于地方基础设施建设，该政策旨在平衡地区发展差异，支持落后地区和小城镇建设。

3.4 劳动就业方面

(主管部门) 斯洛伐克劳动、社会事务和家庭部为斯洛伐克劳动政策主管部门，斯洛伐克地方劳动局根据劳动力市场情况签发工作许可，并定期公布岗位空缺情况。

(法律法规) 斯洛伐克《劳动法》对劳工关系的产生、劳资双方的权利和义务、福利、报酬、就业及保护、劳资纠纷的处理做了规定。

(工作合同) 斯洛伐克规定雇用员工的依据是工作合同，工作合同分为定期、无限期、工作时间少于8小时、留职及特殊任务等五种。解除劳动合同必须提前2个月书面通知员工，雇主辞退员工必须要按《劳动法》要求写明理由，否则不能无故解雇员工。

(劳动保险) 雇主须为其雇员办理医疗保险和社会保险等劳动保险。雇员需要缴纳的部分，由雇主在其工资中扣除。

3.5 环境保护方面

(环保管理部门) 斯洛伐克环境部是其环境保护主管部门，负责拟定并组织实施环境保护规划、政策和标准，监督管理环境污染防治等工作。

(环保法律法规) 《环境法》《自然和景观保护法》《环境影响评估法》等。

(环境评估) 斯洛伐克《环境影响评估法》经过多次修改，已经逐渐成熟。该法律规定，斯洛伐克环境部、地区和区县环境办公室负责管理有关环境评估工作，并在评估工作结束后将评估报告发布至环境部和专门的环境门户网站供公众监督。

3.6 承包工程方面

(主管部门) 斯洛伐克公共采购办公室负责监督采购过程是否透明、采购项目的基本条件和具体条件是否已得到满足。

(法律法规) 斯洛伐克《公共采购法》对斯洛伐克的公共采购、工程承包等方面作出具体规定。

(禁止领域) 国防、医疗、广播电视、不动产购置和租赁等领域禁止外国投资者独资参与。

3.7 知识产权方面

[法律法规] 斯洛伐克知识产权保护的法律主要有《发明、工业设计和合理化建议法》《商标法》等。

[侵权处罚] 如发生侵权行为，知识产权所有者有权向侵权人提出赔偿，主要由法庭和仲裁机构来裁决。在斯洛伐克境内无固定住所也无总部的人员享有同等权利，并履行同等义务。

3.8 优惠政策

[优惠政策法律] 《投资鼓励法》《支持最不发达地区法》《国家资助法》《就业服务法》《所得税法》《确定投资资助的最大强度和金额的政府规定》等。

[行业鼓励] 2016年，工业生产、技术中心、共享服务中心和旅游业等是鼓励投资者进入的行业。

[地区鼓励] 斯洛伐克于2008年开始实施新的《国家资助法》，其适用范围是特定地区，旨在解决地区间的发展不均衡和扶持欠发达地区经济发展。

[资助方式] 主要包括现金资助、所得税减免、培训补贴、新就业岗位补贴、以低于市场价格转让国有或地方政府所拥有的不动产和财政馈赠补贴等。

4. 办事手续及流程

4.1 注册企业

[受理机构] 斯洛伐克商业登记注册主管部门是法院企业注册处。该机构负责其行政辖区内的商业注册登记。

[主要程序及所需材料]

（1）向当地司法机构申请出具无犯罪记录证明；

（2）通过公司注册管理机构查询核对公司名称单一性；

（3）制定公司章程并进行公证；

（4）向营业执照局领取营业执照；

（5）开立银行账户；

（6）在地方法院申请注册登记；

（7）在公司附近的税务局进行税务登记；

（8）在社会保障局进行雇员社会保障登记；

（9）根据雇员选择的保险公司为雇员进行健康医疗保险登记。

（主要花费及时间）

（1）无犯罪记录证明：当地人1个工作日，外国人2周，费用3.3欧元/人。

（2）核对公司名称单一性：1个工作日，费用3.3欧元。

（3）公司章程及公证：1个工作日，费用1000～1660欧元。

（4）营业执照、标准执照：5个工作日，费用33欧元。特别经营许可执照，30个工作日，费用66欧元。

（5）开立银行账户：1个工作日，费用17欧元（因不同银行而异）。

（6）申请注册登记：5个工作日，费用332欧元。

（7）税务登记：30个工作日，免费。

（8）社会保障登记：1个工作日，免费。

（9）健康医疗保险登记：1个工作日，免费。

4.2 承揽工程

（获取信息）　基础设施项目的公共采购招标信息可通过中央财政合同局和公共采购办公室及其官方网站获取。

（招标投标）　招标方式包括公开招标、限制招标、协议招标、竞争性对话。在法律规定和技术标准方面，斯洛伐克全面施行欧盟的规定和标准。项目投标商须具备相应资质。招标单位在公司业绩、公司财务状况和企业资质等方面对竞标者提出要求。

（许可手续）　满足下列条件才能参与投标：

（1）投标人、其法定组织或法定组织成员没有违法犯罪记录；

（2）没有进入破产宣告程序，没有破产或已难以继续经营；

（3）未拖欠医保、社保和养老金；

（4）无欠税；

（5）已被批准可以提供供应、开展建设工程和提供服务；

（6）5年内无非法雇工行为；

（7）5年内没有犯过招标人可以证明的严重行业操作错误。

（所需材料） 满足上述条件后，提供以下材料进行投标：

（1）司法记录简介信；

（2）法院确认信；

（3）社保和医保机构证明函；

（4）当地税收部门开具的证明函；

（5）经营范围的证明文件，或加入专业组织的注册文件；

（6）劳动巡查员出具的证明函。

（招标程序）

（1）公布采购公告；

（2）投标人提出参与投标意愿；

（3）资格审查；

（4）投标；

（5）成立评标委员会；

（6）开标；

（7）评标；

（8）公布评标信息；

（9）结标。

4.3 申请专利

（管理机构） 负责专利管理的部门为斯洛伐克工业产权局。该局负责发明、实用新型及外观设计专利的授予与管理。

（所需材料） 斯洛伐克的专利申请需要提供以下材料：

（1）专利申请表。

（2）说明书：说明书应当对专利作出清楚、完整的说明。

（3）权利要求书：说明专利的技术特征，清楚、简要地表述请求专利保护的范围。

（4）说明书附图：说明书附图是专利申请的必要文件，附图应当使用绘图工具和黑色墨水绘制，不易涂改或涂擦。

（5）说明书摘要及摘要附图。

4.4 注册商标

（管理机构） 斯洛伐克工业产权局负责商标的注册与管理。

（所需材料） 在斯洛伐克申请注册商标需要提供如下材料：

（1）注册商标申请表；

（2）提供商标图样；

（3）营业执照复印件一份；

（4）申请商标在斯洛伐克及在本国的首次使用时间；

（5）如果申请的商标已在国内取得注册，应提供申请注册商标的国内注册证复印件。

4.5 纳税申报

（报税时间） 各项税赋申报时间略有不同，具体如下：

（1）增值税：自纳税期期满之日起25日内申报纳税；

（2）个人所得税：纳税期满，次年3月31日前申报纳税；

（3）公司所得税：应纳税款必须在下一个纳税年度第3个月底前交付完毕。

（报税渠道） 纳税人可以通过直接报税、邮局报税和电子报税进行纳税申报。

（报税资料） 纳税人办理纳税申报时，应当如实填写纳税申报表：

（1）提供纳税申报表；

（2）财务会计报表及其说明材料（公司企业纳税人）；

（3）与纳税有关的合同、协议书和凭证；

（4）外出经营活动税收管理证明和异地完税凭证；

（5）境内或者境外公证机构出具的证明文件；

（6）其他有关证件、材料。

4.6 工作签证

（主管部门） 斯洛伐克劳动、社会事务和家庭部为斯洛伐克劳动政策主管部门，斯洛伐克地方劳动局根据劳动力市场情况签发工作许可。

（工作许可制度） 在斯洛伐克工作需要获得政府部门签发的工作许可，一般由地方劳动局签发工作许可。工作许可有效期最长可为2年，季节性工作许可有效期为6个月。雇主只能雇用持有居留许可及工作许可的外国人。

（劳工合同） 雇主和劳动者之间的法律关系必须通过合同方式确定。合同签订前，被雇者应先到指定医院体检。雇佣双方签订书面工作合同后，才产生雇佣双方的劳动关系。合同主要内容包括工作内容、地点、工作时间、报酬、劳动保护、工作条件和专业发展、雇佣双方的权利和义务等。

（所需资料） 外国人办理斯洛伐克工作许可需要提供的材料：

（1）合法有效的劳动合同或者雇主雇佣承诺书；

（2）斯洛伐克劳动局关于劳动力市场情况的结论；

（3）雇主雇佣的说明函；

（4）学历、学位证明，需要由斯洛伐克法院宣誓翻译成斯洛伐克文；

（5）申请者护照复印件；

（6）斯洛伐克无犯罪记录证明；

（7）雇主承担各种税务保证；

（8）工作许可申请表。

4.7 能够给中国企业提供帮助的机构

（中国驻斯洛伐克大使馆）

地址：Sasinkova 8, 81108 Bratislava, the Slovak Republic

电话：00421-2-52920152/154/215

（斯洛伐克驻中国大使馆）

地址：北京建国门外日坛路

电话：010-65321531

网址：www.mzv.sk/peking

5. 中国企业应当注意的事项

5.1 投资方面

第一，熟悉并遵守法律法规。投资者在斯洛伐克需熟悉当地的法律法规，特别是有关投资优惠政策、税务、工作许可与居留许可及劳动保护方面的规定。在经营中遵守当地的法律法规，建议投资者聘请当地律师处理与投资业务有关的业务，以便保护投资者的利益。

第二，有效控制工资成本。斯洛伐克的工薪成本包括工资和社保资金两部分。斯洛伐克每小时平均工资为9.7欧元，比捷克的9.4欧元高出0.3欧元。投资者到斯洛伐克投资要了解当地劳动法关于工资和社保资金的具体规定，精心核算工资成本，有效控制工资成本。

第三，注意核算税赋成本。为了应对当地纷杂的财务、税务及审计要求，建议投资者聘用当地财务咨询公司作为财务方面的顾问。

第四，与当地企业合作。参与基础设施建设等项目竞标时，积极考虑与当地合作伙伴组成联合体竞标斯洛伐克工程承包项目。斯洛伐克对投标商综合实力的评估采用综合评估法，整个招标过程透明度不高。通过与当地合作伙伴共同竞标，可以有效地解决这一问题。

5.2 贸易方面

第一，注意贸易管制措施。斯洛伐克对贸易采取的管理措施为关税、进口限制、技术性贸易壁垒、卫生与植物卫生措施、贸易救济措施及出口限制。

第二，注意防范支付风险。在向斯洛伐克出口业务中，需要仔细审查进口商开立的信用证。具体商业银行信息可通过欧洲中央银行网站查询。

第三，注意仲裁地点的选择。在起草解决合同争议的仲裁条款时，应尽量将仲裁地点选择在中国，以便仲裁机构适用中国法律进行仲裁。

5.3 承包工程方面

在投标时要合法合规，施工时注重工程质量及施工安全，避免对周边环境造成过度影响。需要遵守当地的劳动法规，保障劳动者的权益。为减少不必要的麻烦，尽量租用当地的施工机具。企业应当处理好与工程监理之间的关系。对施工材料的来源把好关。做好汇率风险的防范，减少汇兑损失。

5.4 劳务合作方面

企业应认真进行市场调研，了解其合作伙伴的实力，搞清用人单位的资信，学习相关法律法规。劳务合作中劳务合同是关键，要注意劳务合同的签订及合同条款细节，完善合同条款。加强对外派劳务人员的管理，严格纪律，尤其应当配备翻译人员，全面负责与外方的沟通和协调工作。加强对劳务人员出国前的培训工作，要求外派劳务人员须遵守当地法律法规，尊重当地的文化和习俗。

6. 中国企业遇到问题该如何解决

6.1 寻求法律保护

中国公民在斯洛伐克工作、生活和学习，可以依靠当地律师的力量，保护自己的权益。

6.2 寻求政府帮助

第一，密切联系。中国企业在斯洛伐克投资合作当中，要与所在地政府相关部门建立密切联系，并及时通报企业发展情况，反映遇到的问题，寻求所在地政府更多的支持。

第二，寻求支持。遇到突发事件时，除向中国驻斯洛伐克大使馆、公司总部报告以外，还应及时与斯洛伐克所在地政府部门联系，取得支持。

斯洛伐克有关部门联系电话：匪警电话（158）、急救电话（155）、火警电话（150）、交通事故电话（154）。

6.3 取得中国驻斯洛伐克使（领）馆保护

中国驻斯洛伐克大使馆

电话：00421-2-62804283

地址：Jan cova 8, 811 02 Bratislava

网站：www.cinskaambasada.sk/chn/

6.4 建立并启动应急预案

企业应当根据不同情况罗列出可能遇到的各类突发性问题，并针对不同问题建立应急预案。企业建立的应急预案要以及时性、安全性和前瞻性为原则，尽量降低企业在遭遇突发状况时的损失。

6.5 斯洛伐克政府部门网站

政府门户网站：www.vlada.gov.sk

外交部：www.mzv.sk

经济部：www.economy.gov.sk

国防部：www.mosr.sk

内务部：www.minv.sk

财政部：www.finance.gov.sk

文化部：www.culture.gov.sk

卫生部：www.health.gov.sk

教育部：www.minedu.sk

司法部：www.justice.gov.sk

劳动、社会事务和家庭部：www.employment.gov.sk

环境部：www.minzp.sk

农业部：www.mpsr.sk

交通、建设和地区发展部：www.telecom.gov.sk

统计局：www.slovak.statistics.sk

斯洛伐克中央银行：www.nbs.sk

斯洛伐克投资贸易促进局：www.sario.sk

斯洛伐克工业产权局：www.indprop.gov.sk

斯洛伐克海关：www.colnasprava.sk

7. 斯洛伐克司法制度及基本特点

斯洛伐克的司法机构由法院和检察院组成。宪法法院、最高法院是国家最高司法机关，总检察院是国家最高检察机关，其院长、副院长、总检察长、副总检察长均由议会选举产生，总统任命。

7.1　法院

法院分为宪法法院和普通法院。

宪法法院 斯洛伐克宪法规定，宪法法院是保护宪法的独立司法机关，主要职责有：

（1）决定法律与宪法和宪法性法律是否一致。

（2）决定政府命令、各部和其他国家中央行政机关以及地方自治机关具有普遍约束力的法律规定与宪法和宪法性法律是否一致。

（3）裁定国民议会和地方自治机关的选举是否具有合法性。

（4）对国民议会议员资格证明的申诉作出决定。

（5）对全民公决结果的申诉作出决定。

（6）对总统犯有叛国罪的控告作出决定。

（7）裁定解散或中止政党或政治运动的活动是否符合宪法和法律规定。

（8）决定法律规定与国际条约是否一致。

（9）解决中央行政机关之间的职能纠纷。

（10）对国家行政机关、地方行政机关以及地方自治机关作出的损害公民基本权利和自由的法律规定的申诉作出决定。

（11）在有争议的情况下，对宪法性法律有解释权。

普通法院 斯洛伐克宪法规定，斯洛伐克的司法权由独立和公正的法院行使，各级法院独立于其他国家机关。普通法院由刑事法院、民事法院、商务法院和行政法院组成。普通法院决定民法和刑法事务，对行政机关的决定是否合法进行复审，主要职责是保障公民、法人和国家的权力、自由和受法律保护的利益。

7.2 检察院

检察院是独立的国家组织机构，检察院的职责是保护自然人、法人和国家的权力以及他们受到法律保护的利益。

附 录

1. 国家概况

斯洛伐克共和国简称斯洛伐克，是中欧的一个内陆国家，西北邻捷克，北邻波兰，东邻乌克兰，南邻匈牙利，西南邻奥地利，历史上曾是捷克斯洛伐克的东部，于1993年1月1日成为独立主权国家。斯洛伐克2006年被世界银行列入发达国家行列，后加入欧盟和北约，并于2007年12月21日成为申根公约会员国。2009年1月加入欧元区。

国 旗　斯洛伐克国旗启用于1993年9月2日。国旗呈长方形，长与宽之比为3:2。由三个平行相等的横长方形相连而成，自上而下分别为白、蓝、红三色。旗面中心偏左侧绘有国徽图案。白、蓝、红三色为泛斯拉夫色，也是斯洛伐克人民喜爱的传统颜色。

国 徽　斯洛伐克国徽为盾形图案。盾面为红色，周围镶有白边，盾面下部是三个蓝色的山峰图案，其上为白色的双十字标志。蓝色山峰代表斯洛伐克的最高峰——塔特拉山主峰，海拔2655米的格尔拉赫峰。双十字符号是信奉天主教的象征，表明了斯洛伐克人民的宗教信仰。

法定货币　欧元。

首 都　布拉迪斯拉发，斯洛伐克共和国首都和经济文化中心，西斯洛伐克州的首府，也是斯洛伐克最大的城市，人口约46万人，位于多瑙河畔。布拉迪斯拉发是斯洛伐克共和国的政治中心，是总统府、国会、政府所在地。

地理位置与地形特点

斯洛伐克位于欧洲中部内陆、原捷克斯洛伐克社会主义共和国的东部，属于内陆国，北邻波兰，东接乌克兰，南界匈牙利，西南与奥地利接壤，西连捷克。面积为49037平方公里，在欧洲43国居第27位，与丹麦、瑞士和荷兰的面积相当，东西长428公里，南北宽226公里。西喀尔巴阡山横贯北部和中部，多瑙河流经南部边境，是斯洛伐克与匈牙利和奥地利的界河。斯洛伐克首都布拉迪斯拉发属于东一时区，当地时间比北京时间晚7小时；每年3～10月实行夏令时，其间当地时间比北京时间晚6小时。

斯洛伐克地势较高，领土大部分位于西喀尔巴阡山山区，西南和东南有小片平原。北部是西喀尔巴阡山脉较高的地带，大部分海拔1000～1500米，山地占据了国土的大部分地区。该国最高的山峰是塔特拉山，也是喀尔巴阡山脉最高峰，海拔2655米，位于该国和波兰的边界。

气候与水文特点

斯洛伐克属海洋性向大陆性过渡的温带气候，四季交替明显。年平均气温9.8℃，1月最冷时为-10℃～-16℃，7月最热时为36℃，年平均降水量800～1300毫米。

斯洛伐克所有的河流都是春天的时候水位最高，唯一的例外是多瑙河，它要等到夏天的时候才能达到最高的水位，因为它的水来自阿尔卑斯山脉消融后的冰雪。斯洛伐克的河流分为流入波罗的海的河流和流入黑海的河流两大类。流入波罗的海的河流为北方的波普拉德河和多乃叶兹河，流入黑海的河流为摩拉维亚、多瑙河和帝萨河。斯洛伐克河流著名的有瓦赫河、赫龙河，都汇入多瑙河。

自然资源

森 林 斯洛伐克森林面积占全境的1/3。山地南坡为阔叶林，北坡为混交林和针叶林。

油 气 斯洛伐克油气资源并不丰富，拥有的多为小型油田，零星分布在喀尔巴阡山脉及东部地区。斯洛伐克石油开采集中在扎里霍平原，年产量约为5.3万吨。

褐 煤 斯洛伐克最重要的煤炭区位于上尼特拉的汉德洛瓦、齐盖尔、诺瓦茨盆地等地区，总蕴藏量为1.5亿吨，年开采煤炭和褐煤约350万吨。

铁 矿 斯洛伐克铁矿资源主要分布在皮什—格美尔地区，矿床包括鲁德那尼、斯洛温基和斯莫尼克等，但开采量只能满足国内需求的10%。

水资源 斯洛伐克水资源丰富。全国水资源总量为501亿立方米，人均水资源量为9279立方米。斯洛伐克河网稠密，均属多瑙河支流，河流全长367公里，大部分河流发源于山区。

金属矿 铜矿含铜量较低，位于鲁德那尼和格尔尼查等地区；镁矿的主要开采区为耶萨瓦—鲁贝尼克—赫努斯塔等地区；金矿开采历史悠久，霍德鲁夏地区金矿含金量较高。

[非金属矿] 　陶瓷矿位于米哈洛夫策附近，是欧洲最大的用于电陶瓷和建筑陶瓷生产的矿床；膨润土开采主要集中在克雷姆尼察附近；菱镁矿位于鲁多霍里山脉南侧，主要用作耐火原料。

人口分布

截至2015年末，斯洛伐克全国总人口约550万人。斯洛伐克主要民族为斯洛伐克族，占人口总数的80.7%，匈牙利族占8.5%，罗姆（吉卜赛）族占2%，其余为乌克兰族、日耳曼族、波兰族和俄罗斯族。匈牙利族多聚居在斯洛伐克和匈牙利边境处，吉卜赛人多居住于斯洛伐克东部。斯洛伐克各州人口分布详见附表1。

附表1　斯洛伐克各州人口分布

单位：万人

城市	人口	城市	人口
布拉迪斯拉发	61.8	日利纳	69.0
科希策	79.5	班斯卡·比斯特里察	65.7
普雷绍夫	81.9	特尔纳瓦	55.8
尼特拉	68.7	特伦钦	59.2

资料来源：斯洛伐克国家统计局。

斯洛伐克现有华人华侨在各大中城市均有分布，首都布拉迪斯拉发最为集中。

行政区划

斯洛伐克分8个地区，每个地区以其首府命名；其下分区现在一共有79个县，下设2883个市镇。8个州分别为布拉迪斯拉发州、特尔纳瓦州、特伦钦州、尼特拉州、日利纳州、班斯卡·比斯特理察州、普列索夫州和科希策州。重要城市有布拉迪斯拉发、科希策、日利纳、尼特拉等。

2. 社会文化

宗教

斯洛伐克境内68.9%的居民信奉罗马天主教，6.9%的居民信奉斯洛伐克福音教，少数居民信奉东正教。

习俗

斯洛伐克人热情好客，讲究谦逊礼让和遵守公共秩序，在公共场合不大声喧哗拥挤。喜爱象征高贵的蓝色和象征热情的红色。喜欢使用数字8、12、14等，忌讳13。

教育

教育体制分为学前教育、初等教育、中等教育和高等教育。学前教育提供给2~6岁的儿童。初等教育面向6~15岁的少年儿童。小学分为9个年级。中等教育由中学、中专、技效、实践教学中心、专门学校和基础艺术学校组成。目前全国有20多所高等院校，其中最著名的高等院校有考门斯基大学、P.J.沙发利克大学、艺术学院等。在劳动力人口中，大学学历及以上占15.2%，中专学历占38.7%，高中学历占41%。

医疗

斯洛伐克公民可通过参加公共健康保险获取免费的医疗和保健服务。医疗保险制度规定，除无经济能力的公民（包括失业者、退休、学生、儿童、军人和残疾人）的医疗保险由国家支付外，其他人必须缴纳一定数量的保险医疗，保险范围包括牙科服务费、住院看护费、疗养费、药费、医疗费等。据世界卫生组织统计，2011年斯洛伐克全国医疗卫生总支出占GDP的7.9%，按照购买力平价计算，人均医疗健康支出为1917美元。

媒体

报　刊　斯洛伐克报刊实行私有化，2009年全国发行报纸杂志1400多种，主要报刊有《真理报》《存在报》《新时代》《经济日报》等。

通讯社　斯洛伐克通讯社为国家商业性通讯社，斯洛伐克信息通讯社为私营通讯社。

习俗

见面礼节以握手为主。

根据斯拉夫人传统，欢迎远道而来的朋友时，还有主人身穿民族服装，捧出面包和盐，客人撕一小片面包蘸盐吃的习俗。此风俗仅在欢迎贵宾的某些特殊场合偶有应用。

在公共场合，关系亲近的妇女之间亲脸，男子之间抱肩拥抱，男女之间贴面颊，晚辈对长辈亲额头。夫妻之间拥抱亲吻。父母子女之间亲脸、亲额头，平辈亲友之间贴面颊。男子如对尊贵的女宾亲一下手背，是表示尊敬。

节日

国庆日（1月1日）、主显节（1月6日）、劳动节（5月1日）、斯洛伐克民族起义纪念日（8月29日）、宪法日（9月1日）、争取自由和民主日（11月17日）、圣诞节（12月24～26日）。

参考文献

[1] 商务部. 对外投资合作国别(地区)指南——斯洛伐克[Z]. 2015, 2016.

[2] 姜琍编著. 列国志——斯洛伐克[M]. 北京: 社会科学文献出版社, 2006.

[3] 王义祥. 中东欧经济转轨[M]. 上海: 华东师范大学出版社, 2003.

[4] 吴明新. 中东欧12国贸易投资指南[M]. 北京: 经济科学出版社, 2002.

[5] 张德修. 东欧经济概论[M]. 北京: 北京大学出版社, 1987.

[6] 简·斯瓦格. 斯洛伐克的司法机构和法官的权力[M]. 北京: 法律出版社, 2012.

[7] 世界银行. 世界营商环境报告[R]. 2017.

[8] 新加坡APA出版有限公司编, 金晶等译. 捷克与斯洛伐克[M]. 北京: 水利水电出版社, 2007.

[9] 姚铃. 中国与中东欧国家经贸合作现状及发展前景研究[J]. 国际贸易, 2016(3).

[10] 威廉·M. 马奥尼. 捷克和斯洛伐克史[M]. 北京: 东方出版中心, 2013.

[11] 郭翠萍. 捷克斯洛伐克的改革岁月[M]. 北京: 中国社会出版社, 2013.

执笔人简介

刘景源，现就职于中国人民银行丹东市中心支行，经济学硕士。从事跨境人民币结算、国际收支和货物贸易等外汇管理相关工作多年，参与制定了《辽宁省边境贸易外汇管理指导意见》和《辽宁省跨境人民币结算业务操作规程》等多项外汇管理政策。多次独立承担、主持参与人民银行和国家外汇管理局的重点课题研究。多年来致力于人民币国际化、跨境资金流动和朝鲜经济研究，多篇调研报告被上级部门采用。《新形势下我国企业对外投资问题及对策分析》《我国跨境资金流动对实体经济有效性的评估》《汇率波动对中朝跨境人民币业务的影响》等多篇理论研究论文先后在《中国外汇》《金融时报》《当代金融家》等刊物上发表。

文莱

执笔人：辛　城

1. 经济金融

1.1 宏观经济

经济增长率　近几年，由于油气产量下降，文莱经济增长出现停滞。2014年，文莱实现GDP约216.7亿文莱元（以下简称文元），同比下降约4.3%。2015年前三个季度，文莱实现GDP约134.2亿文元，同比下降约22.4%。

财政收支　文莱政府财政收入主要靠税收和政府财产收入，这两项收入占财政收入的90%以上。而在税收中，公司所得税占90%以上。2016年3月8日，文莱首相府部长、财政部第二部长拉赫曼在文莱第12届立法会上提出了2016/2017财年财政预算草案：财政支出预算56亿文元，较上一财年减少1亿文元；财政收入预算17.6亿文元，较上一财年减少23.5亿文元，降幅为57%；预算赤字38.4亿文元，赤字依存度高达68.5%。2016/2017财年，文莱源于油气产业的财政收入预算仅为8.5亿文元，在财政收入中的占比大幅下降到约48%。

1.2 产业结构

从近几年的数据来看，文莱GDP构成中，农业、工业和服务业所占比重分别约为1%、67%和32%。石油和天然气是文莱经济的主要支柱，非油气产业有制造业（主要是服装）、建筑业、金融业以及农林渔业等，但均不发达，工业设备、农产品、日用品均依赖进口。

1.3 支柱产业

天然气的生产和出口是国民经济的支柱，重视油气下游产品开发和港口扩建等基础设施建设，积极吸引外资，促进经济向多元化方向发展。经过多年努力，文莱非油气产业占GDP的比重逐渐上升，特别是建筑业发展较快，成为仅次于油气工业的重要产业。服装业也有较大发展，已成为继油气业之后的第二大出口收入来源。

〔油气产业〕 文莱油气资源丰富，根据《文莱首相署经济计划发展局统计公报》，文莱已探明原油储量约为11亿桶，天然气储量约为3000亿立方米。文莱政府一方面积极勘探新油气区，另一方面对油气开采奉行节制政策。近年来，文莱石油日产量控制在20万桶以下，是东南亚第三大产油国；天然气日产量在3500万立方米左右，为世界第四大天然气生产国。除陆地油田外，文莱现有冠军号、西南艾姆巴、费尔里、费尔里—巴拉姆（与马来西亚共管）、迈格帕、甘纳特、铁公爵7个海上油田。文莱约90%的石油和商用天然气出自上述7个海上油田。海上油田共有46个钻井平台、490多个油井、1300公里海底输油与输气管道。

〔工 业〕 文莱工业政策是鼓励发展进口替代和出口导向型工业。文莱工业基础薄弱，经济结构单一，多年来以石油和天然气开采与生产为主。建筑业在数年前曾发展较快，为文莱第二大工业。

〔农 业〕 随着20世纪70年代油气和公共服务业的发展，很多人弃农转业，使传统的农业受到冲击。现仅种植少量水稻、橡胶、胡椒和椰子、木瓜等热带水果，农业收入在国内生产总值中的比重不到1%。随着政府大力实施经济多元化战略，农业对GDP的贡献有所增加，但蔬菜、水果、装饰植物、鲜花只能部分满足国内市场需求，而肉类、大米和新鲜牛奶的自给率还非常低，离自给自足目标相差较远，90%左右的食品仍需进口。为保障国家粮食安全，文莱正在努力提高粮食自给率。

〔林 业〕 文莱森林覆盖率约为75%，有11个森林保护区，面积为2277平方公里，约占陆地面积的39%，86%的森林保护区为原始森林。森林保护区分为五类：保护林、主要保护区、次要保护区、再生林区和森林生产区。文莱限制森林砍伐和原木出口，实行以保护为主旨的森林管理政策。

〔服装制造业〕 文莱生产的服装绝大部分出口到美国、加拿大和欧盟。由于美国、欧盟市场对文莱纺织品服装产品没有配额限制，因此自20世纪80年代末期起，服装制造业一度成为外国直接投资的热点，发展迅速，但近年来降速明显。

1.4 对外贸易

贸易总量 文莱外贸收入受国际市场原油价格影响较大，近几年文莱进出口贸易总额约180亿文元。进出口贸易均为顺差，约100亿文元。

主要贸易伙伴 出口目的地方面，日本为文莱最大贸易伙伴，约占出口总量的40%，其他依次为东盟、韩国、印度、澳大利亚。进口来源方面，前五位分别为马来西亚、印度尼西亚、新加坡、中国、美国。中国对文莱出口近年来高速增长。

贸易结构 出口产品主要是原油和天然气，进口产品主要是机械及交通设备、工业制成品、食品、化工制品。

区域贸易协定 文莱于1984年1月7日加入东盟，成为东盟第六个成员国。1996年以来，文莱苏丹出席了历届东盟国家领导人会议。文莱作为东盟成员国，享有东盟自由贸易区内所有优惠政策。2015年东盟共同体建成后，东盟地区国家间的经贸联系将更加紧密。在文莱投资项目、生产产品可辐射整个东南亚地区。2005年4月，文莱以创始国成员身份加入跨太平洋战略经济伙伴协定，并于2010年主办了第三轮谈判，对谈判态度积极，希望借助参与该协定增加文莱在国际社会的知名度。同时，文莱还积极参与"区域全面经济伙伴关系"建设，并于2013年5月承办了第一轮谈判。

1.5 货币政策

文莱货币为文元，文莱财政部通过下属的财政研究所、货币局和文莱投资局行使中央银行的职能。货币局负责发行钞票。现在，货币供应量年增长约20%，银行利息由银行协会设定。

1.6 外汇管理

文莱过去曾和马来西亚、新加坡一起构成同一货币流通区域，其货币制度经历了金本位制、金汇兑本位制、英镑汇兑本位制等几个阶段，1976年三国货币分家，文莱货币改为文元，文元与马来西亚元、新加坡元等值，并可相互通用。1973年马来西亚废除了与文莱签订的相互通货等值交换协定。从此，文元只与新加坡元保持等值关系。至今，文莱的银行票据交换主要在新加坡进行，文莱的巨额美元外汇也存放在新加坡的银行。

文莱采用货币发行局制度的汇率政策。近年来，受美元持续贬值影响，文莱货币对西方主要货币的汇率呈稳定的上升态势，美元兑文元汇率从2009年末的1.4

下滑至2011年的1.3左右，并基本保持至今。根据文莱与新加坡政府的货币互换协议，新加坡元与文元等值流通。人民币与文元不可直接兑换。

文莱无外汇限制。银行允许非居民开户和借款。外资企业在当地开立外汇账户须提供公司注册文件及护照复印件等材料。个人可自由携带现金出入境，不需要申报。个人及公司外汇可自由汇出，但须在汇出时说明原因。

1.7 金融

（发展状况） 1997年亚洲金融危机爆发后，文莱经济发展大受影响。政府投资谨慎，鲜有大型项目上马，导致依赖政府投入生存的中小企业发展缓慢。2000年，文莱成立国际金融中心，标志着文莱正朝着金融界、银行业、证券业和保险业方面深入发展，为文莱成为本区域金融服务中心的构想打下了基础。由于在2008年国际金融危机中凸显了规避金融风险方面的独特优势，伊斯兰金融得到了文莱政府的大力推动。2008年，文莱财政部颁布伊斯兰银行法令和伊斯兰保险法令，以加强对金融系统的监管，并通过各种宣传途径向公众灌输伊斯兰金融投资理念。2011年元旦，文莱苏丹宣布文莱国家金融管理局正式启动，负责执行国家货币政策及监督金融体制运作，任命皇储比拉担任董事局主席， 2012年元旦正式成立。他还表示文莱将继续维持与新加坡之间货币挂钩的制度。

文莱于2000年建立了文莱国际金融中心，积极吸引外资到该中心落户，并先后颁布十项同金融中心有关的法令，对在中心注册的外国企业给予免税的待遇。2006年，文莱政府加大实施伊斯兰金融力度，成立了伊斯兰金融监管理事会，发行短期伊斯兰金融债券，并将文莱伊斯兰银行及文莱伊斯兰发展银行合并，成立了文莱达鲁萨兰伊斯兰银行，2012年，该行位列全球500大回教机构第69。2010年11月，将国内仅有的两家经营伊斯兰保险业务的机构合并为"文莱伊斯兰保险公司"。文莱现有9家商业银行，其中当地主要商业银行是佰都利银行和文莱达鲁萨兰伊斯兰银行。外资银行有香港汇丰银行、英国渣打银行、新加坡华联银行、马来亚银行等国际银行。

文莱暂无证券市场。2014年2月，中国证监会与文莱金融管理局签署了两国证券期货管理合作谅解备忘录。该备忘录是文莱和外国金融与证券管理机构签署的第五份类似文件，标志着文莱金融机构可向中国证监会申请合格境外机构投资者资格并进入中国市场投资。

（信用卡使用） 文莱当地信用卡使用比较普遍。中国发行的VISA卡和MASTER卡在当地可以使用，部分商家接受中国银联卡刷卡消费。目前，中国银联已与文莱佰都里银行合作，开通银联卡客户在佰都里银行ATM终端提款业务。

1.8 中文经贸

双方贸易 中国和文莱于1991年9月30日建立外交关系，双边关系发展顺利，各领域友好交流与合作逐步展开。1999年，两国签署联合公报，进一步发展在相互信任和相互支持基础上的睦邻友好合作关系。2013年，两国建立战略合作关系。文莱与中国建交初期，两国经贸合作进展缓慢。自2000年起，双边贸易额大幅上升。2008年4月、2011年4月，两国分别举行第一次和第二次经贸磋商。据海关数据统计，2015年双边贸易总额约为15.1亿美元，同比下降约22.1%。其中，出口约为1亿美元，进口约为14.1亿美元，逆差约13.1亿美元。文莱主要出口商品是矿物燃料、有机化学品、木浆及其他纤维、仪器设备等。文莱进口贸易中，主要进口商品为家具、船舶及浮动结构体、陶瓷产品、钢铁制品、机械。

双方投资 文莱对华直接投资以在文莱国际金融中心注册的离岸公司在华投资为主，中国大型民营企业浙江恒逸集团计划未来几年在文莱投资建设炼化厂，一期工程估算为43亿美元，将开启中国对文莱投资的新篇章。2015年，对文莱直接投资额约为956万美元，增长约46.4%。

双方协议 《民用航空运输协定》（1993）、《卫生合作谅解备忘录》（1996）、《文化合作谅解备忘录》（1999）、《中国公民自费赴文旅游实施方案的谅解备忘录》（2000）、《鼓励和相互保护投资协定》（2000）、《最高人民检察院和文莱达鲁萨兰国总检察署合作协议》（2002）、《高等教育合作谅解备忘录》（2004）、《最高法院合作谅解备忘录》（2004）、《促进贸易、投资和经济合作谅解备忘录》（2004）、《避免双重征税和防止偷漏税的协定》（2004）、《旅游合作谅解备忘录》（2006）。

承包劳务 据中国商务部统计，2015年中国企业在文莱新签承包工程合同约7.9亿美元，增长约50倍；完成营业额约8653万美元，增长约126%。

2. 经济环境

2.1 国内市场

销售总额 按当前价格统计，2015年前三个季度文莱名义GDP总值约为134亿文元，同比下降约22%，文莱家庭消费支出约占GDP的21%，政府消费支出约占GDP的20%。文莱政府暂未发布销售总额的统计数据。

物价水平 文莱物价稳定。文莱经济计划发展局发布的数据显示，2015年当地基本生活品物价水平如下：本地大米1.3文元/公斤，普通面粉1.0文元/公斤，牛肉14.8文元/公斤，冰冻鱼3.5文元/公斤，鲜牛奶（2升）9.1文元，鸡蛋（30个）6文元，植物油（2升）6.5文元，白菜5文元/公斤，胡萝卜1.2文元/公斤。

生活支出 根据2005年文莱统计局公布的数据，文莱中低收入家庭平均收入分别约为4661文元和3640文元。每户居民平均每月支出约2735文元，其中70%左右用于以下四项支出：住房、水电及煤气，交通，食品饮料，家具、家用设备及日常房屋维护。城镇人口的平均支出是乡村人口的1.2倍左右。近几年没有新数据公布，人们的生活水平没有太大变化。

2.2 基础设施

公 路 截至2015年，文莱公路总长约3200公里，贯穿文莱2/3的陆地，长135公里的摩拉—都东—马来奕高速公路连接首都斯里巴加湾市、石油城诗里亚和马来奕区。主要居民点之间都有现代化道路网沟通。文莱和马来西亚沙巴和沙捞越均有公路连接，但尚无跨国高速公路建成。

铁 路 文莱国内目前尚未铺设铁路设施。

水 运 文莱的水运是重要的运输渠道。与新加坡、马来西亚、中国香港、泰国、菲律宾、印度尼西亚和中国台湾有定期货运航班。文莱的海港包括摩拉深水海港、斯里巴加湾市港、马来奕港、诗里亚港、卢穆特港。文莱境内还有几条内河，发挥一定的货运与客运作用。

空 运 文莱首都斯里巴加湾市有国际机场，首都国际机场于1974年建成。国家航空公司为文莱皇家航空公司（简称RBA）。每周有多个航班直达东盟、澳大利亚、中东、欧洲、日本、中国等国家（地区）。此外，还与其他国家的航空公司开通了代码共享的航线。中国上海浦东机场与文莱国际机场之间每周一、周三、周五有直航航班往返。

电 力 2015年，文莱用电普及率为99.9%，采用油气发电，电力装机容量约为920兆瓦，发电量约40亿度。文莱电力供应充足，能够满足工农业生产基本要求。为节省天然气资源，文莱政府计划进口马来西亚沙捞越州的水力发电，替代部分本国天然气发电，配套输变电设施正在建设中。

2.3 商务成本

水、电、气价格 文莱水电供应充足，水、电、气成本较低。文莱水、电、气基本价格详见表1。

表1 文莱水、电、气基本价格

收费项目	使用数量	收费标准
工商业用电（以月为单位）	27千伏安×10单位（270单位）以内	0.20文元/单位
	接下来的27千伏安×100单位（2700单位）	0.07文元/单位
	再下来的27千伏安×100单位（2700单位）	0.06文元/单位
	再超出部分	0.05文元/单位
	600千瓦时以内	0.01文元/千瓦时
居民用电（以月为单位）	600千瓦时以内	0.01文元/千瓦时
	601～2000千瓦时	0.08文元/千瓦时
	2001～4000千瓦时	0.1文元/千瓦时
	4001千瓦时以上	0.12文元/千瓦时
水	居民54.54立方米以内	0.11文元/立方米
	居民超过54.54立方米部分	0.44文元/立方米
	酒店及餐厅	0.61文元/立方米
	工业	1.1文元/立方米
液化气		10文元/标准罐
97号汽油		0.53文元/升
柴油		0.31文元/升

资料来源：文莱公共工程局、电力局、加油站。

劳动力供求及工薪 文莱当地劳动力资源短缺，本国接受良好教育的公民普遍愿意供职于政府部门，普通劳动力技能有限，外籍劳工占比较高。文莱私营部门工资水平不高。除工资外，所有雇主和雇员均须按雇员工资的5%向文莱雇员准备基金缴费；此外，雇主还须缴纳雇员保险和医疗体检费，前者根据雇员工资水平确定，后者为38文元/人。文莱没有实施最低工资制度。

外籍劳务需求 文莱大量引进外籍劳务，特别是建筑业和餐饮、家政、环卫等服务领域普遍雇用外籍劳工。文莱劳工局规定，以下17种职业鼓励使用本地劳务，如有需要也可使用外籍劳务：收银员、保安、文员、接线员、前台、会计、会计文员、司机、仓库管理员、销售员、打字员、蓝工、保洁员、烘焙师、导游、服务员、酒店服务员。

土地及房屋价格 非文莱公民不能在文莱购买土地。目前，在首都市区商业中心地区每英亩土地售价在100万文元左右，住宅用土地每英亩价格约30万文元。

2.4 风险评估

社会安全　文莱有"和平之邦"美誉，倡导温和的伊斯兰教，实行高福利政策，社会矛盾较小，治安状况良好，重大恶性案件鲜有发生。

3．政策规定

3.1 投资方面

投资主管部门　文莱主管国内投资和外国投资的政府部门为工业与初级资源部和经济发展局。

投资规定　近年来，政府鼓励经济多元化发展，加大吸引外资的力度。鼓励国内外商人在文莱投资、经商，促进中小型私人企业、商业部门的发展，外资在高科技和出口导向型工业项目可以拥有100%的股权。文莱对大部分行业外资企业投资没有明确的本地股份占比规定，对外国自然人投资亦无特殊限制。2011年1月文莱财政部修改公司法，仅要求公司董事至少1人为当地居民。而修改前法令规定本地公民数量在董事会中须占一半以上。新法案有利于吸引外国投资。外资在文莱投资可成立私人有限公司、公众公司或办事处，但文莱本地工程一般仅向本地私人有限公司发放。文莱经济以油气资源产业为支柱，其他产业尚不发达，因此，外国直接投资以绿地投资为主，外资并购案例极少，政府没有出台专门针对外资并购的法律法规，具体操作时应向有关主管部门充分咨询过户手续及审批期限，必要时可寻求中国驻文莱使馆经商处的协助。

投资行业的规定

（1）禁止的行业：武器、毒品及与伊斯兰教义相悖的行业等。

（2）限制的行业：林业不对外资开放。

（3）鼓励的行业：化工、制药、制铝、建筑材料及金融业等行业。2001年的《投资促进法》将部分产业纳入先锋行业，投资享受税收优惠，以吸引外来投资。

3.2 贸易方面

贸易主管部门　文莱贸易政策的制定和实施主要由文莱工业与初级资源部负责，财政部、经济发展局等其他有关部门参与。文莱工业与初级资源部的主要职责是：鼓励和支持当地企业及外国投资者开展商品生产和服务，保障国家食品安全和就业，推动经济持续、多元化发展。该部下辖5个执行局：农业局、森林局、渔业局、工业发展局和旅游局。

贸易法规体系 文莱与贸易相关的主要法律包括海关法、消费法以及一系列涉及食品安全和清真要求的法规。2001年和2006年分别颁布证券法和银行法，具体包括《海关法及相关规定》《进口商品估价规定》《东盟通用特别关税条例》《中国—东盟全面经济合作框架协议下东盟—中国早期收获计划商品关税条例》《中国—东盟全面经济合作框架协议下海关货物贸易协议》《公司法》《证券法》《银行法》《投资促进法》《清真肉类法》《商标法》《公共卫生（食品）条例》《公共卫生（食品）法》等。

贸易管理相关规定 文莱实行自由贸易政策，除少数商品受许可证、配额等限制外，其余商品均放开经营。

（1）进口管理。出于环境、健康、安全和宗教方面的考虑，文莱海关对少数商品实行进口许可管理。植物、农作物和牲畜须由农业局签发进口许可证（植物不能带土），军火由皇家警察局发证，印刷品由皇家警察局、宗教部和内务部发证，木材由森林局发证，大米、食糖、盐由信息技术和国家仓库局发证，二手车由皇家海关发证，电话装置、无线电设备由通讯局发证，药品由卫生部发证，新鲜、冷冻的鸡肉和牛肉由宗教部、卫生部和农业局发证。除以上有关部门发放进口许可证外，机动车、农产品、药品及与药品相关的产品进口还须提供相关的原产地证书和检验证明。没有商业价值的样品可免税进口，有商业价值的样品进口需交抵押金。如果样品在3个月内出境，可退还抵押金。禁止进口商品包括鸦片、海洛因、吗啡、淫秽品、印有钞票式样的印刷品、烟花爆竹（从2008年起允许指定经营商进口）等。对某些商品实行临时禁止进口，如水泥、锌皮瓦片等。酒精进口受到严格限制。

（2）出口限制。除了对石油天然气出口进行控制外，对动物、植物、木材、食糖、食盐、文物、军火等少数物品实行出口许可证管理，其他商品出口管制很少。

3.3 税收方面

税收体系和制度 文莱无个人所得税，也无出口税、销售税、工资税和生产税。文莱的税种也很少。在投资者创业和发展阶段，文莱提供比其他国家更为优惠的条件。

主要税赋和税率

（1）公司所得税。企业需对以下收入纳税：一是从各项经济活动中获取的利润；二是从未在文莱纳税的公司中获得的分红；三是利息和补贴；四是版税、奖金和其他财产收入。

文莱无资本收益税。但如果征税人员确定其中部分收入来自普通贸易，则按正常收入征税。独资和合伙经营商行无须缴纳所得税，在文莱注册的公司有义务对其从文莱或境外所获得的收入缴纳所得税。非本地注册公司只需对其在文莱获得的收入纳税。有限公司所得税征税率自2007年连年小幅下调，目前降至20%。

外国税收免除的相关规定：一是文莱和英国签署了避免双重税务协定，所得税可以按比例免除，课税扣除只针对本地公司；二是英联邦国家提供内部互免优惠，但优惠额不能超过文莱税率的一半，此优惠提供给本地及非本地注册公司；三是2004年9月，中国与文莱签署了《避免双重征税和防止偷漏税协定》。

（2）印花税。根据文莱相关法律，印花税主要征收范围包括抵押、房屋租赁、转让。其中，抵押每500文元征税1文元，房屋租赁（年租金）每250文元征税1文元，转让每250文元征税1文元。

（3）石油税。1963年修改后的所得税法为石油生产征税特别立法，对扣除王室分成、政府分成及各项成本后的石油净收入按照55%征收石油税。

（4）代扣所得税。非本地公司的债券、贷款等的利息收入，或本地公司使用国外专利、知识产权或版权所支付的费用按20%比例缴纳所得税。

（5）进口税。工业用的食品和其他产品免缴进口税。电器产品、木材、照相设备和耗材、家具、汽车及零部件的进口税率为20%，化妆品和香水进口税率为30%。2010年1月，中国—东盟自贸区正式建成，文莱作为老东盟六国之一，对中国90%以上约7000种产品实行了零关税。

3.4 劳动就业方面

在文莱，劳工受到法律的保护。雇主支付雇员薪金的时间不得超过当月10日，如延期支付将被检举，雇主会受到不高于1500文元的罚款；如无法支付薪金给雇员，雇主将面临不超过6个月的监禁；如雇主在未获得许可的情况下雇用外来劳工，会受到10000文元或入狱6个月至3年的惩罚。现有的劳动法针对终止雇用、医疗、产假及工伤补偿等提供了足够的法律依据。政府目前实行了工人准备基金以保护所有的工人。

外国人到文莱就业需要得到有效期为两年的工作准证。欲获得该准证，需向劳工局申请。经劳工局推荐，移民局颁发许可证。劳工局要求申请者提供金额为文莱至劳工来源国单程机票款的押金或银行担保。工作准证在签发后6个月内不得更改。公司或外国公司的分支机构注册获批之前，外籍员工工作准证申请将不予受理。

目前，外国人在文莱的普通劳工、家政、司机、厨师、餐厅服务生、工程师等岗位就业较多，医生、律师等专业性较强行业须取得当地就业执照，银行业外籍工作人员不得超过员工总数的一半。为避免过多外籍劳工对本地就业市场造成冲击，进一步提高本地居民就业率，文莱开始分阶段推行"文莱化"的政策，鼓励本地私营部门优先聘请本地人。2014年5月，文莱政府开始收紧外籍劳工准入政策，取消所有已批准但尚未使用的劳工配额，企业雇用外籍劳工必须遵守新的劳工雇佣政策。新劳工雇佣政策于2014年6月30日起逐步实施，大体包括以下内容：批发零售、酒店服务、通信技术等领域的诸多岗位，如收银员、司机、监督员、售货员、屠夫、面点师等，必须雇用本地员工；已经使用的劳工配额和现有的经营许可在申请延期时将适度削减；企业如不提高本地员工比例，将较难获得经营许可；非本地居民申请开办咖啡馆、快餐店等传统餐饮业将受限，并无法在乡村地区开办企业；根据企业本地雇员与外籍雇员的比例，雇主每引进一名外籍劳工需缴纳480～960文元的外劳税。

作为上述政策的配套措施，文莱政府将加大力度与企业合作，共同实施本地员工培训计划，努力提高本地劳动力技能。文莱近年来将促进本地人就业作为经济发展重点目标之一，因此对外籍劳工准入控制严格。中国劳工进入文莱的配额较难获批，中资公司在向文莱输出劳工时应选择当地有实力的合作伙伴共同向文莱劳工局提交申请，或尽可能在非技术性职位上雇用文莱本地员工。

3.5 环境保护方面

(环保管理部门)　文莱政府主管环境保护的部门是环境、园林及公共娱乐局，又称JASTRE，隶属发展部。

其主要职责是开展环境管理和保护，以提高民众生活质量，推动国家经济发展和繁荣。其主要职能包括环境保护，风景区、公园及公共娱乐设施建设与管理，垃圾管理以及国际环境领域合作等。

(主要环保法律法规)　文莱环保法仍在起草，现阶段环境管理文件有环境、园林及公共娱乐局发布的《文莱工业发展污染控制准则》。

(环保法律法规基本要点)　（1）投资商应在项目计划初期对环境因素予以考虑，考虑因素包括项目位置、采用清洁技术、污染控制措施、废物监管等。（2）项目发展商需提供以下说明材料：①将在项目场地上开展的贸易及加工；

②申请人将为控制土地、空气、水及噪声污染采取的措施；③废料的管理和处理等；④全面的环境影响评估报告。

（许可制度） 自2010年起，文莱新建工程项目必须通过环境评估。企业需要聘请专门机构进行环境评估，并向文莱发展部环境与公园司提交环境评估报告，评估费用根据项目规模而定。

3.6 承包工程方面

（许可制度） 文莱对外国公司承包工程沿用英国法有关规定，本国无专门法规。

外国建筑公司不能直接参与政府工程的投标，须采取以下方式：（1）与文莱当地公司合作投标工程项目。由于在文莱承包工程需带资承包，因此一些大的工程须有实力或有融资能力的企业才有可能参与，而当地企业多数在资金上比较困难，外国公司可以与其合作。（2）分包单项工程，即向已经中标的文莱公司分包工程。（3）与本地公司合资成立建筑公司。如有意在文莱长期发展，最好是与当地建筑商成立合资公司，并向发展部公共工程局申请建筑工程执照。

私人工程一般不公开招标。外国建筑商承包私人开发项目不需要有政府建筑执照，但必须得到劳工局的批准才可以申请公司职员和技术人员进入文莱的工作准证（本地注册的公司可以协助办理）。文莱建筑企业分级制度详见表2。

表2 文莱建筑企业分级制度

级别	私人有限公司缴费（万文元）	允许承包合同额（文元）	当地马来人最低股份	注册公司种类
一级	—	2.5 万以内	100%	独资、合伙或私人有限公司或合资公司
二级	—	2.5 万 ~ 15 万	100%	独资、合伙或私人有限公司或合资公司
三级	5	15 万 ~ 50 万	80% 或 50%	私人有限公司或合资公司
四级	25	50 万 ~ 150 万	50% 或 30%	私人有限公司或合资公司
五级	50	150 万 ~ 500 万	30% 或 10%	私人有限公司或合资公司
六级	100	500 万以上	10%	私人有限公司或合资公司

资料来源：文莱发展部。

（禁止领域） 文莱对外国承包商承包当地工程没有规定的禁止领域，但承包合同金额较小的项目只能由本地企业或与本地企业合资承包。

（招标方式） 文莱采用英国的投标承包制，政府各部门在其公告栏刊登招标公告，并同时在每周的政府公报上刊登。承包企业可以向有关部门索取或购买招标文件，大的项目还要进行资格审查。

3.7 知识产权方面

　　文莱知识产权法正在草拟。新商标法律于2000年6月1日生效。文莱目前是世贸组织的成员，已加入世界知识产权组织（WIPO），但尚未加入《商标国际注册马德里协定》等有关商标保护的国际条约。有关知识产权保护的具体规定可与文莱高等法院和总检察署联系。文莱法律规定，违反知识产权保护规章的行为受法律制裁，具体可向文莱总检察长署咨询及购买相关文件。与投资相关的法律包括《合同法》《土地法》以及《投资促进法》。

3.8 优惠政策

　　(优惠政策框架) 文莱政府于1975年颁布投资促进法，2001年在该法基础上颁布新的投资促进法令，延长了对部分鼓励投资产业的税收优惠期。根据投资促进法，在以下产业投资享受税收优惠：

　　（1）先锋产业，即有限责任公司达到以下要求：一是符合公众的利益；二是该产业在文莱未达到饱和程度；三是具有良好的发展前景。产品具有该产业的领先性，可以获得先锋产业资格证书，并享受以下优惠：免所得税，免30%的公司税，免公司进口机器、设备、零部件、配件及建筑构件的进口税，免原材料进口税，为生产先锋产品而进口的原材料免征进口税，可以结转亏损和津贴。

　　先锋产品包括航空食品、搅拌混凝土、制药、铝材板、轧钢设备、化工、造船、纸巾、纺织品、听装和瓶装及其他包装食品、家具、玻璃、陶瓷、胶合板、塑料及合成材料、肥料和杀虫剂、玩具、工业用气体、金属板材、工业电气设备、供水设备、宰杀、加工清真食品、废品处理工业、非金属矿产品的制造。

　　（2）先锋服务公司，即符合公众利益，并从事以下经营活动的公司：①涉及实验、顾问和研发的工程技术服务；②计算机信息服务和其他相关服务；③工业设计的开发和生产；④休闲和娱乐服务；⑤出版；⑥教育产业；⑦医疗服务；⑧有关农业技术的服务；⑨有关提供仓储设备的服务；⑩组织展览和会议的服务；⑪金融服务；⑫商业顾问、管理和职业服务；⑬风险资本基金业务；⑭物流运作和管理；⑮运作管理私人博物馆；⑯部长指定的其他服务和业务，可享受免所得税以及可结转亏损和补贴待遇。免税期8年，可延长，但不超过11年。

　　（3）出口型生产企业。从事农业、林业或渔业的企业，若产品出口额不低于其销售总额的20%，且年出口额不低于2万文元，文莱工业与初级资源部可认定其为出口型生产企业并颁发证书。出口型生产企业申请续期每次不超过5年，最长不超过20年。①出口型生产企业免税期限：非先锋企业8年，先锋企业6年，续期总共不超过11年。出口型生产企业如果满足下列条件之一，则可获得15年的免税期：已经或者将要发生的固定资产开支不低于5000万文元；固定资产开支在50万文元以上、5000万文元以下，本地公民或持居留许可人士占股40%以上，且该企业已经或将要促进文莱经济或科技发展。②出口型生产企业免税范围包括所得税，机器设备、零部件、配件或建筑结构的进口税，原材料进口税。

（4）服务出口。企业出口下列服务，自服务提供日起最长可获得11年的免除所得税及抵扣补贴与亏损的待遇：①建筑、分销、设计及工程服务；②顾问、管理监督、咨询服务；③机械设备装配以及原材料、零部件和设备采购；④数据处理、编程、计算机软件开发、电信及其他信息通信技术服务；⑤会计、法律、医疗、建筑等专业服务；⑥教育、培训；⑦文莱工业与初级资源部认可的其他服务。

（5）国际贸易。从事国际贸易的企业，只要符合下列条件之一，自开展进出口业务之日起可获得8年的免税期：①从事合格制成品或文莱本地产品国际贸易的年出口额超过或有望超过300万文元；②从事合格商品转口贸易的年出口额超过或有望超过500万文元。

（特殊经济区政策） 文莱目前并未特别设置经济开发区，仅有工业园区。文莱政府在国内共划出10个工业区以吸引外国投资。其中，双溪岭工业区为最主要的工业区，规划面积283公顷，主要用于油、气下游和高科技产业。在该区最大的外来投资项目是日本投资的甲醇厂项目，总投资6亿美元，设计产能85万吨，2010年5月第一批产品出口中国。

4. 办事手续及流程

4.1 注册企业

（设立企业的形式） 在文莱可以设立以下几种形式的企业：独资经营企业、合资或合伙经营企业、公司（私人或公共）及外国公司的子公司。

独资与合伙经营企业可以是个人、当地企业及外国公司的分支机构，具体规定包括：（1）合作伙伴不超过20个；（2）主管部门批准后，将签发企业名称证书，并征收30文元；（3）外国人申请必须事先获得移民局、经济规划和发展局及劳工局的许可。

公司（私人或公共）可以是以股票或担保或股票及担保承担的有限责任企业，或无限责任企业。具体规定包括：（1）必须有至少2名且不超过50名股东；（2）股东可以是非文莱公民或居民；（3）股东转让股份的权利有限制，禁止任何公众股票招募；（4）子公司可以持有其母公司股票；（5）合伙协议必须填写公司注册人及公司名称，同时提供其他标准表格的企业文件；（6）主管部门批准后，将签发企业证书，并征收2文元；（7）注册费用取决于公司股票资本授权规模；（8）没有企业最低股本限制。私营企业还有以下要求：一是指定当地注册的会计师；二是逐年准备资产负债表。所有企业必须注册名称，名称须经注册师确认。每个名称征税5文元。

文莱财政部修改《公司法》第138款关于在文莱注册公司对董事会构成的规定，自2010年12月31日起生效。根据新法案，公司董事会构成中，至少两位中的一位（如仅两位董事），或者至少两位（如超过两位董事）必须为本地公民。而修改前的法令规定本地公民数量在董事会中须占一半以上。新法案将有利于吸引外国投资。

受理机构 在文莱注册企业，需向文莱工业与初级资源部企业登记处申请。

主要程序 注册私人有限公司的程序如下：（1）按照指定格式（Form A）向文莱总检察长署的企业注册部门提出申请，审核公司名称是否符合要求；（2）公司名称获得批准后，30天内向公司注册处提供公司合作协议、章程、董事名单、情况说明、所有股东及董事的身份证或护照复印件等规定文件。按照公司资本股金比例收取注册费。最低档为资本金不超过2.5万文元的企业（法定最低注册资本），按300文元征收注册费；最高档为资本金达到1.5亿文元的企业，按3.5万文元征收注册费。

所需材料 外国公司的子公司注册没有最低股本要求，须提供以下材料：（1）有关企业章程等证明文件副本；（2）董事会名单及详细情况；（3）主管部门批准后，将签发证书，并征收25文元。注册完毕后须保证以下工作顺利开展：（1）指定在当地注册的会计师；（2）准备年度财务表、资产负债表及董事会报告；（3）准备分支机构账目；（4）每年提交账目报表；（5）逐年向公司注册处提交申报表。

4.2 承揽工程

获取信息 政府各部门在其公告栏刊登招标公告，并同时在每周的政府公报上刊登。此外，各主要报刊也定期发布招标信息。

招标方式 按照有关规定，政府投资项目一律采用招标方式。大型项目的招标要经过漫长和严密的法律程序；自筹资金承建项目，可通过议标方式进行。文莱政府工程项目均无预付款，支付方式一般采用按工程进度支付，滞后3个月左右，因此承包商须垫资承包。政府项目一般不存在工程款拖欠现象。按照惯例，招标项目标的在500万文元以下的项目一般会发标给第一标，即最低标；而500万文元以上的项目则不一定是第一标中标，还要考虑其他因素。

（许可手续）　在文莱承包工程的主管部门是发展部。承包商承揽当地工程需要到该部门申请承包建筑工程许可证，并接受该机构对承包工程的审查和项目监督。文莱经济发展局作为文莱推进经济多元化的重要执行机构之一，近年来逐渐在承包工程招标方面发挥重要作用，文莱政府住房、高速公路项目、机场改扩建项目以及摩拉岛大桥等均由该机构组织招标，并负责相关问题的协调工作。

4.3　申请专利

文莱总检察长署负责商标、专利、工业设计等的注册。在英国、马来西亚和新加坡申请的专利，在文莱注册后3年有效。在文莱申请注册的专利，有效期为7年，可延长至14年。文莱对版权保护尚无特别立法，但在需要时可适用英国的相关法律。

4.4　注册商标

（申请商标注册程序）　在文莱使用商标的第一人可向有关当局注册。该国的商标分类是根据国际分类法，文莱也接受服务商标的注册。文莱也提供多元分类、个别分类和综合分类的申请。注册商标有下列情形的，有遭撤销之虞：商标于文莱无正当理由有连续5年未使用情形的，该5年期间系自完成注册之日起算；商标之使用结果变成通用之商品或服务名称的；商标之使用结果易于在社会大众间造成混淆误认的。依新法的规定，提出上述撤销的申请人资格，不限定为利害关系人。再者，提出未使用撤销之申请人不必提出该商标未使用调查报告，举证责任系由商标所有权人提出。

（商标注册申请流程）　（1）查询。商标查询通常是指商标注册申请人在申请注册商标前，为了了解是否存在与其申请注册商标可能构成冲突的在先商标权利而进行的有关商标信息的查询。申请人在申请注册商标前最好进行商标查询，了解在先权利情况。虽然查询结果不等于审查结果，但是，到政府申请查询服务，对整个申请注册过程而言能够最大限度地降低风险。因此，建议客户选择查询服务。（2）审查。在确认费用已交齐的前提下，商标局会翻查商标记录，以确定在相同或类似的货品或服务领域，是否有其他商户已经注册或申请注册相同或类似的商标；同时，核查有关商标是否符合商标法律法规的注册规定。如审核通过，申请程序将进入下一阶段（公告阶段）。（3）公告。商标局核准申请后，便会在商标周刊上公告，为期3个月。如无人提出异议，该商标就可以成功注册了。（4）注册。商标注册申请被核准后，便会把该商标的详细资料记入注册记录册，并向申请人发出注册证明书。此外，商标局会在商标周刊中公布有关的注册公告。注册日期会追溯至提交申请当日。换言之，作为注册商标拥有人的权利，应自提交申请当日起计。（5）申请时间。有关申请如没有不足之处，又没有遇到反对，则整个程序（由马来西亚商标局接获申请至批准商标注册）所需时间可短至14个月。

4.5　纳税申报

【报税时间】　报税时间根据企业最初注册时间每年申报一次，最长逾期不能超过规定时间的3个月。

【报税渠道】　通过会计师事务所到税务部门上报。

【报税手续】　文莱税收较少，报税手续比较简单，相关资料可向当地会计师事务所咨询。

【报税资料】　企业在文莱报税，需要提交申报表和相关财务收支报表。2012年起，文莱财政部开通网上报税，可登录网站www.stars.gov.bn了解相关详细信息。

4.6　工作签证

【主管部门】　文莱负责外国人工作许可管理的部门是内务部劳工局。外国人赴文莱工作，必须获得当地劳动部门签发的工作许可。

【申请程序】　在引进劳工的问题上，文莱对外宣称实施的是开放的政策，但为了确保劳工的流入不影响本地人的生活习惯和价值观，实际操作中实行一事一批、个案处理。基本操作程序是：（1）需要输入劳务的本地公司将公司经营情况、所需劳务的数量和国别、申请理由上报到劳工局。（2）由劳工局、移民局等相关部门组成的审查委员会审批后下达劳务输入配额。（3）申请单位获得配额后须在政府认可的银行开设专门账户，按输入劳务的数量存入相应的劳务保证金（按法规要求，此数额应相当于回到派出国的机票款），东盟国家劳务每人600文元，东盟以外国家（包括中国）每人1800文元。（4）申请单位获取配额后直接招工或委托招工，招工时应出示的文件包括劳工局配额批准函、已缴纳保证金的证明。（5）申请单位到移民局申领劳务人员工作签证后，劳务人员到文莱使馆申办签证。（6）劳务人员抵达文莱后接受文莱卫生部的体检，体检通过后办理为期1年或2年的工作准证。卫生部将疟疾、肺结核、艾滋病、性病、乙肝、癫痫、精神病和毒瘾等疾病列为"不适合工作"病症，除疟疾患者外，其他患者均须遣返。（7）劳工工作准证到期须回国或申请工作准证延期。根据上述流程，从申请到获得配额一般需要3个月或更长的时间。

另外，专业人士短期到文莱可以办理有效期3个月（可以延续三次，最长1年）的专业工作签证，由雇佣公司持申请信函和护照、执业证书等到移民局申请，此手续办理较快，但需出具相关职业技能证书和有效公正等证明材料。

建筑公司申请劳工时须出示有关项目的清单，如不能证明项目能超过1年，则只能得到1年的配额；若此后再获得新的项目，则可以申请延续配额有效期。文莱业主办理保证金的方法如下：（1）业主在拿到劳工局的配额通知后即向政府指定的银行存入保证金，项目结束且外籍劳工都回国后，政府退还保函，业主可以获得全额退款。这种方法只有在输入人数较少时或政府有强制要求时使用，它要占用业主一定数额的资金，而且退还保证金的时间较长。（2）业主在拿到劳工局的配额通知后即向保险公司按比例缴纳少量金额，申请一份担保函，凭此担保函到银行办理银行保函，交给政府用于抵押。项目执行完毕且外籍劳工都回国后，政府取消银行保函即可。

所需资料　提供的资料包括：（1）雇主或赞助人的申请函；（2）工作准证申请表；（3）签证申请表；（4）护照复印件或有效旅行文件；（5）雇主的劳工执照；（6）劳工局表格（Form 500）。

4.7　能为中国企业提供帮助的机构

中国驻文莱大使馆经商处

地址：No.1，Spg 462，Kg.Sungai Hanching，Jalan Muara

BC2115，Brunei Darussalam

电话：00673-2339558，2340891

网址：bn.mofcom.gov.cn

文莱驻中国大使馆

地址：北京市朝阳区亮马桥北街1号

电话：010-65329773，65329776，65324093

5．中国企业应注意的事项

5.1　投资方面

第一，妥善应对本地劳动力短缺问题。文莱劳动力短缺，招募具备合格劳动技能的本地劳工有一定难度。外资企业如果招募本地员工，往往需要开展必要的劳动技能培训；如果引进外籍劳工，则需事先向文莱劳工局申请工作准证。

第二，适应当地政府部门工作效率。文莱政府机构办事耗时较长，且宗教节假日较多；同时，由于机构重叠，项目审批时间较长。

第三，文莱法律规定，外国人在文莱不能获得土地所有权和买卖权，只有文莱公民才享有买卖土地的权利，而外国人和侨民只能租用土地。

5.2　贸易方面

在文莱经商必须熟悉并适应当地特殊的贸易环境和文化背景，采取有效措施拓展业务。要认识到文莱国内市场规模不大，经营商众多，且以华人为主。同时，当地支付方式比较规范，对产品品质要求较高。

5.3　承包工程方面

在文莱承包工程，要了解工程承包的基本状况。近年来，文莱建筑市场逐渐复苏，工程量逐年上升，建筑企业间的竞争更加激烈，表现为投标价格一降再降，利润空间十分有限。外国公司在普通建筑工程项目上优势不大。随着文莱经济稳定发展，一些基础建设项目正逐步展开，同时文莱在努力实施经济多元化战略，制定鼓励投资的法规，吸引外国投资者来文莱投资建厂，这为中资企业开拓文莱工程市场提供了机遇。中国承包商可以结合自身优势，积极寻求发展机会。

5.4　劳务合作方面

中国在文莱的劳务人员不多，劳务合作规模不大，但也有劳资纠纷事件发生，主要是因为中国劳务人员在来文莱前没有进行咨询，对用工单位不了解，轻信不实广告和虚假信息，从而上当受骗。建议中国派出劳务人员在签署合同及在外期间要懂得用正当合理的渠道维权，对国内外生活与工作环境的较大反差做好充分准备，在纠纷发生时及时与中国驻文莱使馆沟通，采取适当方式解决问题。在文莱办理工作准证规定比较严格，建议中资企业通过当地合作伙伴或聘请当地具有丰富经验的律师协助办理工作准证的相关手续。

5.5　防范投资风险

在文莱开展投资、贸易、承包工程和劳务合作的过程中，要特别注意事前调查、分析、评估相关风险，事中做好风险规避和管理工作，切实保障自身利益，包括对项目或贸易客户及相关方的资信调查和评估、对投资或承包工程国家政治风险和商业风险的分析和规避、对项目本身实施的可行性分析等。

5.6　妥善处理与政府及非政府组织间关系

中资企业要在文莱建立积极和谐的公共关系，应与文莱政府主管部门建立良好的关系。要了解政府部门的相关职责，关心政府高层的更替，注意当地最新经济政策走向，尤其要了解和关注皇室最新动态及其对政府决策的影响。同时，要关注文莱社会的焦点、热点问题。

5.7　妥善处理与工会间关系

文莱法律并不支持集体示威和罢工，文莱1962年宣布紧急状态，此后每两年更新一次，至今并没有取消。根据该法令，公民的集会或罢工权利受到限制，因此文莱自20世纪60年代以来从未发生过罢工事件。中资企业应充分了解文莱法律，妥善处理与当地工人的关系。

5.8　尊重当地的风土民情

文莱有许多风俗习惯，比如，与人握手时，通常把手收回到胸前轻触一下，以示真诚；从有身份的人或长辈面前经过时，要把手下垂并贴着身体，侧身轻步走过；参观清真寺或到马来人家做客时，进门前要脱鞋以示尊重和清洁，不要从正在做祷告的教徒面前走过，非穆斯林不能踩清真寺内祷告用的地毯；不少马来人不愿与异性握手，一般不宜主动与异性马来人握手；不要用手去摸马来人的头部或后背，此举被认为将给其带来灾祸；左手被认为是不洁的，在接送物品时要用右手；在指人或指物时，不能用食指，而要把四指并拢轻握成拳，大拇指紧贴在食指上；招呼人或出租车时也不能用食指，要挥动整个手掌。中国公民在文莱应尽量做到入乡随俗，处处尊重当地的风俗习惯。

6. 中国企业遇到问题该如何解决

6.1 寻求法律保护

第一，依法用法。在文莱，企业不仅要依法注册、依法经营，而且必要时还要通过法律手段解决纠纷，捍卫自己的权益。

第二，聘请律师。由于法律体系和语言的差异，中资企业应该聘请当地律师处理企业的法律事务，一旦涉及经济纠纷，可以借助律师的力量寻求通过法律途径解决，保护自身利益。

第三，律师咨询。可以咨询中国驻文莱使馆经济商务参赞处，了解在文莱较有信誉的律师事务所和愿意为中资企业提供服务的律师事务所。

6.2 寻求当地政府的帮助

第一，密切联系。中资企业在文莱投资合作当中，要与当地政府相关部门建立密切联系，并及时通报企业发展情况，反映遇到的问题，寻求当地政府更多的支持。

第二，寻求支持。遇有突发事件，除向中国驻文莱使馆经济商务参赞处、公司总部报告以外，应及时与文莱政府有关主管部门联系，取得支持。

6.3 取得中国驻文莱使（领）馆的保护

中国公民在其他国家境内的行为主要受国际法及驻地国当地法律约束。中国公民（包括触犯当地法律的中国籍公民）在当地所享有的合法权益受到侵害时，中国驻外使（领）馆有责任在国际法及当地法律允许的范围内实施保护。

中资企业应该在进入文莱市场前，征求中国驻文莱使馆经济商务参赞处意见；投资注册之后，按规定到使馆经济商务参赞处报到备案；日常情况下，保持与经济商务参赞处的联络。

遇有重大问题和突发事件，应及时向使馆报告；在处理相关事宜时，要服从使馆的领导和协调。中国驻文莱大使馆领事部可以提供的帮助请查询外交部网站

（www.fmprc.gov.cn）。

6.4 部分政府部门和相关机构

首相署：www.pmo.gov.bn

国防部：www.mindef.gov.bn

财政部：www.finance.gov.bn

外交与贸易部：www.mfa.gov.bn

教育部：www.moe.gov.bn

宗教事务部：www.religious-affairs.gov.bn

工业与初级资源部：www.industry.gov.bn

交通部：www.mincom.gov.bn

内政部：www.home-affairs.gov.bn

卫生部：www.moh.gov.bn

发展部：www.mod.gov.bn

7. 文莱司法制度及基本特点

7.1 司法制度

文莱的司法制度是以英国习惯法为基础建立起来的，享有独立权。根据文莱与英国新的司法安排，从1995年1月31日起，文莱上诉庭取代英国枢密院成为刑事案件最终上诉庭，但民事案件仍可继续上诉到英国枢密院。文莱设有伊斯兰教法庭，专门审理穆斯林的宗教案件。2014年5月正式实施伊斯兰教刑法。一般刑事案件在推事庭或中级法院审理，较严重的案件由高级法院审理。最高法院由上诉法院和高级法院组成。根据文莱与中国香港特区政府的安排，苏丹可以任命中国香港法官以个人身份成为文莱司法专员，任期3年。文莱仍有死刑，但苏丹拥有赦免权。

7.2 基本特点

文莱的政治制度基于两大支柱：成文宪法与马来伊斯兰教君主制度。1959年

9月29日，文莱颁布第一部宪法，从而确立了伊斯兰教法的重要地位，并将伊斯兰教定为国教。根据伊斯兰刑法，穆斯林若涉及同性恋、通奸、偷窃、饮酒和堕胎等行为，将会受到石刑、砍手、鞭刑等严厉惩罚，但这些刑罚不会对非穆斯林使用。推行这部法典的目的之一是维护伊斯兰教在文莱的统治地位、阻吓犯罪、抵御外部世界的不良影响。1959年宪法分别于1971年和1984年进行过重大修改。宪法规定，苏丹为国家元首和宗教领袖，拥有全部最高行政权力和颁布法律的权力。宗教委员会、继承与册封委员会枢密院、立法院和内阁部长会议协助苏丹理政。2004年9月，立法院第一届会议审议并通过宪法修正案，内容涉及司法、宗教、民俗等多个方面，共13项内容，包括赋予苏丹无须经立法院同意而自行颁布紧急法令等新法令的权力；制定选举法令，让人民参选从政；将立法院扩大到45人，由委任议员30人和民选议员15人组成；伊斯兰教仍为国教，但人民有宗教信仰自由；仍以马来语作为官方语言，英语可作为法庭办案语言等。

文莱全国只有一个总检察院，即文莱的检察机关。总检察院设有总检察长、副总检察长和助理检察长等职务。总检察长是政府和苏丹的第一法律顾问，协助苏丹起草法律，协调总检察院与政府各部门的关系，同时他也是国家公诉人，在其他高级检察官的协助下，负责向全国所有法院起诉所有的刑事案件和民事案件。在对案件的起诉中，总检察长具有一定的自由裁量权。文莱总检察院下设五个职能部门，分别为民事部、刑事部、国际部、法律起草部和注册部，共有80多名检察官。

在文莱，很多时候出庭支持公诉也必须借助律师的力量，律师制度也是文莱检察制度的重要部分。根据文莱的法律，要做律师，首先须是文莱的公民或在文莱持有有效的居住证，且要在英国拿到大律师资格，在新加坡、马来西亚拿到有效的律师资格，或者是拥有马来西亚大学的法律学士资格。文莱本土没有培训律师，主要是由英国或马来西亚培训。要当律师必须要向首席大法官申请，也要得到律政部同意，一旦拿到律师资格必须向法院申请有效的律师执照，并缴纳费用。律师有超过10年的律师资格的话，可以升为公司的顾问或部门的顾问。如果首席大法官觉得文莱的律师人数饱和了，他有权暂时控制数量。没有律师资格的人在文莱提供律师咨询或者服务，一旦罪名成立，将被罚1000文元。在文莱，所有的律师都是律师工会的会员。

根据宪法，总检察长办公室负责刑事案件的提起和进行。所有的刑事案件都是以公诉人的名义提起的。在履行其职责的时候，检察官不受任何其他个人或部门的影响与控制。此外，总检察长办公室还对警察和其他执法机关的工作提出建议和进行指导。除了上述职责以外，总检察长办公室为公众提供下述注册登记服务工作：公司和企业名称、商标、工业设计、发明、委托书、结婚、抵押证券。

附　录

1. 国家概况

文莱全名文莱达鲁萨兰国，又称为文莱伊斯兰教君主国，是一个君主专制国家。文莱古称渤泥。14世纪中叶伊斯兰教传入，建立苏丹国。1888年沦为英国保护国，1941年被日本占领，1946年英国恢复对文莱的控制。1984年1月1日完全独立。1984年1月7日，文莱正式加入东南亚国家联盟；9月加入联合国，成为第159个会员国。

【国　旗】　文莱国旗呈横长方形，长与宽之比为2:1，由黄、白、黑、红四色组成。黄色的旗地上横斜着黑、白宽条，中央绘有红色的国徽。1906年，文莱制作了第一面国旗——呈长方形的黄色旗帜，旗帜上的黄色代表苏丹至高无上。后来，为了纪念两位有功的亲王，文莱决定在国旗上加黑、白两条斜条。1959年文莱实现自治时制定了第一部宪法，宪法规定把文莱的国徽图案绘制在国旗中央。1984年1月1日，文莱宣布完全独立，国旗沿用至今。

【国　徽】　文莱国徽中心图案为一轮上弯的新月，象征文莱是信奉伊斯兰教的国家。新月中心，一根棕榈树干伸展枝叶，与月牙尖连接起来象征和平。双翼上端一顶华盖和一面三角旗则代表苏丹至高无上的权威。新月中央的金色马来文字写着"永远在真主指引下"，表示了文莱人对真主的虔敬。两侧有两只支撑着的手臂，既表示占文莱人口多数的马来人向真主的祈求，又表示文莱臣民对苏丹的拥戴。国徽底部一条红色饰带上书写着"和平之城——文莱"。

【法定货币】　文莱政府于1967年6月12日发行了货币——文莱林吉特，与原使用货币马米亚元等值。目前，文元的汇率与新加坡元是固定的，兑换价是1：1。现流通的钞票面额有1000元、500元、100元、50元、10元、5元、1元林吉特面额的纸币。铸币有20分、10分、5分、1分面额。1元林吉特等于100分。

【首　都】　文莱首都为斯里巴加湾市，位于摩拉区，面积约16平方公里，人口约10万人。

地理位置

文莱位于东南亚马来群岛中的一个大岛——加里曼丹岛（原称婆罗洲）的西北部，离赤道440公里，在北纬4度至5度5分、东经114度2分至115度22分之间。其东、南、西三面与马来西亚的沙捞越州接壤，并被分割成不相连接的两个部分，北濒浩瀚的南中国海，与我国的南沙群岛邻近。海岸线长162公里，共有33个岛屿，全国面积为5765平方公里，东部地势较高，西部多沼泽地。

气候特点

文莱属热带雨林气候，全年高温多雨，一年分为两季：旱季和雨季。每年11月至次年2月是雨季，12月雨量最大；每年3～10月是旱季。近年来两季区分不是很明显。年降雨量为2500～3500毫米。最高气温为33℃，最低为24℃，平均气温28℃，平均湿度82%。

自然资源

文莱是一个以原油和天然气为主要经济支柱的国家，占整个国家GDP的50%。在东南亚，石油储量和产量仅次于印度尼西亚，居第二位。文莱已探明原油储量为14亿桶，天然气储量为3900亿立方米。有11个森林保护区，面积为2277平方公里，占国土面积的39%，其中86%的森林保护区为原始森林。

人口分布

2015年，文莱总人口约为43万人，其中马来人口约占66%，华人约占10%，其他土著人和外籍人约占24%。华人在四个行政区均有分布，以摩拉区和马来奕区居多。

2. 社会文化

民族文化

文莱马来族皆信仰伊斯兰教，属逊尼派。伊斯兰教徒约占人口的67%，佛教徒约占10%，基督教徒约占9%，其他约占14%。马来语是国语，通用英语。文莱华人除用英语和马来语外，还讲闽南语、广东话，绝大多数华人能讲普通话（当地人称为华语）。主要报纸用英文、马来文和中文出版。

风土人情

由于独特的历史、社会和文化原因，文莱宗教色彩和马来民族传统均较浓厚，形成了和谐、委婉、谦恭的马来文化。其基本特征为：重视社会、族群、人际关系的和谐，不采取过激行动；关注弱势群体；重视礼节和传统，循规蹈矩，礼节繁多。文莱禁止随地乱吐痰、抽烟，违者罚款50～500文元。在公共场合，边走边吃东西被认为是不礼貌的。斋月期间，穆斯林从日出后到日落前不吃食物，非穆斯林不宜在他们面前吃任何食物。文莱人不喝酒，整个文莱没有一间酒吧，也没有卖酒的地方。

衣、食、住、用、行

在衣着方面，文莱是一个信奉伊斯兰教的国家，游客穿着应该适当保守。热天时穿舒适休闲装是可以被接受的，参观宗教场所或参加社交和商务活动时除外。

在饮食方面，文莱的食品与马来西亚口味十分相似，但还要偏重些，主食以米饭和面食为主，小吃比较有名的有沙爹、整只的烤鸡、烤鱼，当地还有很多热带水果，芒果、榴莲等也是比较出名的。

在居住方面，在文莱首都和全国各地，酒店、宾馆和服务公寓等住宿设施的选择范围很广。

在出行方面，文莱对外的交通工具主要是飞机。文莱国际机场在距离首都斯里巴加湾市中心约12公里的地方，有飞往东南亚一些城市的航班。

教育、医疗、福利制度

教 育　文莱的教育方针是为国家创造一个富有效率的教育体制，使所有社会成员全面发展，成为有知识、有修养、有活力、有纪律和有责任心的人，成为既面向高科技的社会，能够满足国家发展的需要，又富有强烈伊斯兰教和马来民族价值观的人。政府主要从三个方面落实教育方针，即普及双语制（马来语和英语），把"马来化、伊斯兰化和君主制"概念列入学校课程、提高和加强技术与职业教育以面对未来挑战。教育部负责研究、制定教育方针并具体实施。文莱学校分为政府学校和非政府学校。政府学校除宗教学校、阿拉伯文学校、农业培训中心、艺术与手工艺培训中心等专门学校外，均由教育部管理，包括幼儿园、小学、中学、高等学校、成人教育和技术与职业教育学校。非政府学校由民间团体管理，受教育部监督。

文莱政府重视教育，对教育的投资占GDP比重很大，居各项投资之首，9岁以上人口识字率约93.7%。政府向其公民5岁以上的子女提供免费教育直至上大学，无公民权的文莱常住居民子女上政府学校也只需象征性付费，甚至还会额外发零用钱，但华文学校费用由私人负担。对于成绩优良、能考取国外大学的学生，政府通过专门设立的留学基金向其提供留学费用，每年约300名学生接受政府奖学金前往英国、澳大利亚和新西兰等国深造。

医疗　文莱人做多大的手术都只象征性地交1文元，而且如果在本国治不了，需要去邻国就医，国家会出钱提供医疗费，甚至连病人家属的往返机票也由国家提供。文莱政府向其公民提供免费医疗，包括到国外免费就医。对永久居民和政府部门里的外籍雇员及其家属仅收取象征性费用。文莱卫生医疗分为三级：卫生诊所为初级医疗单位，卫生中心为二级医疗单位，医院为三级医疗单位。此外，还有流动医疗队和"飞行医院"为边远地区居民服务。

福利制度　文莱法律规定国家不征收个人所得税，实行医疗保健和各级教育免费制度。1984年文莱独立后不久，文莱政府开始实行旨在"为公民提供现代化与舒适住房"的计划，鼓励其公民私人建房。在文莱建别墅、建楼房很简单，只需要向政府交1文元买地即可。凡文莱公民均可向政府贷款建房，数额相当于本人月工资的4年累计数，15～30年（或在退休时）还清。政府也统建有廉价屋分配给居民，住户每月付些房租，30年后可变为私有。文莱政府给官员的住房优惠更多。有的官员住在政府提供的房舍内，象征性地交点房租。有的以私人储蓄或政府贷款建房自住，从政府领取住房津贴，或建好后出租。各国驻文莱使馆、大使官邸和馆员宿舍一般都向王室成员、政府高官或富商租赁。

传播媒介

通讯社　文莱新闻社是唯一的官方新闻机构，创建于1959年。

广播电视　文莱广播电视创建于1957年5月，隶属首相署，以马来语、英语、华语和尼泊尔语播音。在马来裔区还设有一个专门为英国廓尔喀部队广播的英国军队广播服务台，从1975年开始以英语和马来语进行转播服务。电视台大部分节目靠进口，其中75%来自美国，其他来自英国、澳大利亚和东盟国家，只有一小部分节目在当地制作。播放的节目除一些进口娱乐性节目外，大多为新闻、歌曲、教育和讲经。1994年起文莱政府放松对外国电视的控制，只要安装必要的解码器便可收看CNN、BBC、香港凤凰台、CCTV等外国新闻频道以及有线外国电影频道。

报纸媒体　文莱政府通过新闻局出版三份报纸：（1）《文莱灯塔报》，马来语周刊，是政府的主要新闻刊物；（2）《文莱达鲁萨兰简讯》，英文双周刊；（3）《文莱达鲁萨兰每日新闻摘要》，英文日报，主要供政府内部参阅。

文莱有三份独立的商业性英文和马来文报纸：（1）《婆罗洲公报》，现全部以英文进行报道；（2）《新闻快报》，1999年创办；（3）《文莱时报》，2006年7月创刊。

社会治安

文莱治安状况良好，生活上的幸福感无疑给文莱人的言行举止带来良好的影响。文莱社会稳定，治安有序，刑事案件少有发生。每年开斋节的头三天，文莱人家家户户都会敞开大门，欢迎任何人来家里做客、就餐。

传统节日

每周五、周日为政府部门公休日。

节假日包括新年元旦（1月1日）、国庆节（2月23日）、华人春节、回历新年（4月6日）、文莱皇家武装部队庆祝日（5月31日）、穆罕默德先知诞辰日（回历6月15日）、苏丹陛下华诞（7月15日）、斋戒月（每年回历9月）、开斋节（每年回历10月初，根据观察新月定）及圣诞节等。

参考文献

[1] 商务部. 对外投资合作国别(地区)指南——文莱[Z]. 2016.

[2] 刘新生,潘正秀. 列国志——文莱[M]. 北京：社会科学文献出版社, 2010.

[3] 刘新生. 外交官眼中的文莱[J]. 世界博览, 2013(15).

[4] 马静，马金案. 文莱：2015年回顾与2016年展望[J]. 东南亚纵横, 2016(2).

[5] 李莉. 文莱检察制度简介[J]. 法制与经济, 2010(8).

[6] 王杰. 见识文莱[J]. 侨园, 2015(2/3).

[7] 中国出口信用保险公司. 国家风险分析报告[M]. 北京：中国金融出版社, 2016.

[8] 百度百科（www.baidu.com）.

执笔人简介

辛城，现就职于中国人民银行本溪市中心支行外汇管理科，研究生学历，工商管理硕士。从事外汇和跨境人民币业务管理多年，具有丰富的涉外业务管理经验。多次参与重点研究课题，多篇文章在《金融时报》《金融会计》《中国外汇》等期刊上发表。

乌克兰

执笔人：高 畅

1. 经济金融

1.1 宏观经济

2001年以来，由于私有化改造和经济转型，乌克兰经济结构日趋完善，实现国民经济连续8年增长。在经历2008—2009年危机导致的衰退后，2010—2011年经济呈现恢复性增长，但自2012年第三季度开始，经济连续5个季度衰退，直到2013年第四季度才开始止跌回升。2013年末乌克兰内乱拖累经济发展，2014年实际GDP下降6.8%，2015年实际GDP下降9.9%。

制约乌克兰经济增长的主要因素为：一是政局动荡；二是东部战争拖累；三是经济结构单一，主导产业生产产品附加值低，竞争力弱；四是资金外流，投资乏力；五是外部市场环境持续低迷。

GDP 构成 2015年乌克兰投资、消费和净出口占GDP的比重分别为15%、87%和-2%。2015年第一、第二、第三产业占GDP的比重为12%、22%、66%。

财政收支 2015年乌克兰实现国家财政预算收入5346亿格里夫纳，预算支出约为6768亿格里夫纳。

外汇储备 截至2016年2月，乌克兰的外汇储备约为144亿美元，同比增长1.4%。

外债总额 截至2015年12月31日，乌克兰外债约为655亿美元。

1.2 对外经贸

贸易额 2015年乌克兰对外贸易呈现下滑趋势，但贸易逆差逐渐收窄。2015年乌克兰外贸出口约为381亿美元，同比下降29%；进口约为375亿美元，下降31%。顺差6亿美元。

商品结构 乌克兰国内资源和产业结构决定了其进出口商品结构较为单一，出口商品以黑色金属、粮食作物和化工产品为主，进口商品以石油、天然气等能源为主。上述结构决定了其经济发展易受国际能源和原材料市场行情以及其主要能源供给国的影响。

1.3 金融市场

乌克兰货币为格里夫纳。乌克兰外汇管理法规定，格里夫纳为可自由兑换货币。在金融机构和兑换点，格里夫纳与美元和欧元可随时买卖。2014年2月7日，乌克兰中央银行放弃紧盯美元的外汇政策，开始采取灵活的汇率政策。2015年2月5日，乌克兰中央银行放弃指导汇率，以银行中间价作为中央银行官方汇率，利率实现市场化。2012年至2013年末，格里夫纳兑美元汇率一直保持在1美元兑换8格里夫纳的水平，但乌克兰危机爆发后，格里夫纳兑美元汇率跌至1美元兑换23.4格里夫纳。

外汇管理 乌克兰法律规定，在乌克兰注册的外国企业可以在指定银行开立外汇账户用于经营活动。乌克兰属于外汇管制国家，外汇账户资金汇出境外需经乌克兰国家银行审核。

在进出口结汇方面，乌克兰法律规定，企业进口所需的外汇，可通过持有外汇经营许可证的商业银行，在乌克兰银行间外汇交易所购汇；支付外国出口商货款可凭进口合同在外汇交易所调回后按合同金额汇出。

银行机构

（1）中央银行。乌克兰中央银行是乌克兰国家银行，具有完全独立性。其主要职责包括：行使中央银行和银监会职能，保证物价稳定，稳固财政和支付系统，发行货币，制定货币和信贷政策，审批发放银行营业许可，对金融机构进行监管。乌克兰进出口银行是乌克兰国有银行，也是乌克兰最大的商业银行之一。

（2）商业银行。根据乌克兰国家银行统计资料，截至2016年2月，在乌克兰拥有经营牌照的银行共119家。

融资条件 在融资条件方面，外资企业与当地企业享受同等待遇。融资基本条件包括公司经营许可、信用信息、纳税情况、项目可行性和风险评估报告、企业财政状况评估、融资必要性评估、贷款条件等。

（证券市场） 根据1991年《乌克兰证券和股票市场法》，乌克兰证券和股票市场形成，乌克兰股票市场指数起始于1455.5点。根据1991年6月12日总统令，乌克兰建立国家证券和股票市场委员会，管理股票和国债、企业债交易。乌克兰证券市场交易所有10家：乌克兰交易所、东欧证券交易所、远景证券交易所、乌克兰银行间外汇交易所、乌克兰国际证券交易所、基辅国际证券交易所、PFTS证券交易所、第聂伯证券交易所、UNNEX证券交易所、乌克兰证券交易所。其中，"第一证券交易系统"是最大的证券交易市场，其交易额占全国证券交易总额的96%，第一交易指数也是反映全国证券市场情况的主要指标。

1.4 中乌经贸

（中乌双边经贸协定） 中国与乌克兰建交以来，两国在经贸领域签署了一系列重要的政府和部门间合作协定，主要包括《中乌政府间经贸合作协定》《中乌政府间投资保护协定》《中乌政府间关于避免双重征税和防止偷税漏税的协定》《中华人民共和国国家统计局和乌克兰统计部合作协议》《中华人民共和国和乌克兰进出口商品合作评定合作协议》《中华人民共和国和乌克兰知识产权保护协定》等，上述协定为中乌双方企业开展经济贸易合作奠定了牢固的法律基础。

（双边贸易） 据中国海关统计，2015年，中乌双边贸易额约为70.7亿美元，同比下降17.7%。其中，中国对乌克兰出口约为35.2亿美元，同比下降31.2%；中方从乌克兰进口约为35.6亿美元，同比增长2%。

2015年，中国对乌克兰出口商品主要包括电机、电气、音像设备及其零件，核反应堆、锅炉、机械器具及零件，塑料及其制品，有机化学品，钢铁制品等。

2015年，中国从乌克兰进口的商品主要类别包括矿砂、矿渣及矿灰，动植物油脂及其分解产品，木及木制品（木炭），航空器、航天器及其零件等。

（双边投资） 据中国商务部统计，截至2015年末，中国对乌克兰直接投资存量约为6890万美元。据乌克兰国家统计局统计，乌克兰对中国投资存量约为7900万美元。

2. 直接投资

2.1 国内市场

销售总额 2015年乌克兰社会消费品零售总额约为1.1万亿格里夫纳，较上年下降47.1%，居民收入总额约为3.1万亿格里夫纳。

生活支出 根据乌克兰国家统计局2015年公布的数据，乌克兰居民2015年总支出为1.3万亿格里夫纳。其中，食品、非酒精饮料占38.4%，酒精、烟草支出占7.1%，住房及水、电、煤气、取暖费占14.8%，交通支出占10.4%，服装鞋类支出占4.9%，旅游休闲支出占3.7%。

物价水平 2015年，乌克兰人均月平均工资约为5230格里夫纳，约合218美元[①]。全年通货膨胀率为43.3%，工业生产者价格指数上涨13.4%。

2.2 基础设施

公路 乌克兰政府下辖国家汽车公路管理署管理全国公路，其管理公路里程为16.9万公里，其中2.1万公里为国家级公路，14.8万公里为地方级公路。此外，乌克兰共有23条国际公路，总长度约8093.9公里。乌克兰是连接欧亚的重要交通枢纽，与周边国家俄罗斯、白俄罗斯、波兰、匈牙利、罗马尼亚、摩尔多瓦都有国际公路连接。

近年来，乌克兰政府加大了对公路建设的投入力度。2015年乌克兰公路实现货运量1.5亿吨，同比下降18.2%；货运周转量344.3亿吨/公里，同比下降8.8%。客运量22.6亿人次，同比下降22.4%；客运周转量347.8人公里，同比减少18.4%。

铁路 乌克兰的铁路运输交通网密度不仅在独联体国家中名列第一，在欧洲也位居前列。全国共有6条铁路主干线，全长2.16万公里，其中电气化干线约有9878公里，占45%。货运量在欧亚大陆仅次于中国、俄罗斯和印度，位列第四。每年运送旅客数量高达4亿多人次。2015年货运量约3.5亿吨，同比减少9.4%；货运周转量1943.2亿吨/公里，同比减少7.3%；客运量3.9亿人次，同比增加0.1%；客运周转量354.3亿人公里，同比减少1.2%。截至2013年末，乌克兰拥有地铁的城市有

---

① 按照乌克兰国家银行2015年12月31日公布的美元兑格里夫纳官方汇率（1美元=24格里夫纳）进行折算，余同。

基辅、哈尔科夫和第聂伯罗彼得罗夫斯克，总长110.8公里。基辅市地铁有三条线路，总长67.6公里，共有52个车站。2015年客运量7亿人次，日均客运量200万人次。

（**空 运**）乌克兰共拥有45个民用机场，其中18个为国际机场，最大的机场是基辅的"鲍里斯波尔"国际机场。2015年乌克兰航空客运量约630万人次，货运量约10万吨。2015年4月，乌克兰国际航空公司开通北京至基辅直航。此外，也可经莫斯科、伊斯坦布尔、维也纳、法兰克福转机到基辅。

（**水 运**）乌克兰濒临黑海和亚速海，海岸线长达2000多公里，主要商业港口共18个。内河总通航里程为1672公里，主要通航河流包括第聂伯河、德涅斯特河、多瑙河、杰斯纳河，主要河港共12个。2015年，乌克兰水运旅客60万人次，客运周转量2230万人/公里。货运量640万吨，货运周转量54.3亿吨/公里。乌克兰主要海港有敖德萨、南方港、马里乌波尔、伊利乔夫斯克、尼古拉耶夫、赫尔松等。

（**电 力**）乌克兰是电力生产大国，乌克兰年发电量保持在1700亿千瓦时以上。乌克兰电力供应不仅实现自给自足，每年均有一定规模的对外出口。2015年乌克兰出口电力价值1.5亿美元，其中出口匈牙利1.4亿美元，出口波兰272.2万美元，出口摩尔多瓦117.3万美元，出口其他国家125.5万美元。

2.3 商务成本

（**水、电、气、油价格**）

电价：乌克兰电价分为居民和法人两级，实行梯级计价。自2015年4月1日起，乌克兰上调居民电价。居民月用电量在100千瓦时以下，价格为0.5格里夫纳/千瓦时；月使用量高于100千瓦低于600千瓦时，价格为0.7格里夫纳/千瓦时；月高于600千瓦时，价格为1.5格里夫纳/千瓦时。自2015年4月1日起，乌克兰工业用电一级电压高于27.5千伏，价格为1.43格里夫纳/千瓦时（含增值税）；二级电压低于27.5千伏，价格为1.68格里夫纳/千瓦时（含增值税）。

天然气价格：乌克兰天然气价格实行梯级计价。自2015年4月1日起，对于普通用户，价格为7.2格里夫纳/立方米；对于独立供暖用户，5月1日至9月30日价格为7.2格里夫纳/立方米，10月1日至次年4月30日月用气量200立方米以下价格为3.6格里夫纳/立方米，超出200立方米部分价格为7.2格里夫纳/立方米。工业用气价格为7200格里夫纳/立方千米。

水价：自2014年7月1日起，基辅市有水表冷水供应价格为8.0格里夫纳/立方米，没有水表为43.7格里夫纳/人。有水表热水供应价格为25.1格里夫纳/立方米，没有水表为87.9格里夫纳/人。

汽柴油价格：截至2016年4月8日，乌克兰平均油价为：A76/80号汽油，17.2

格里夫纳/升（约合0.72美元/升）；A92号汽油，19.3格里夫纳/升（约合0.80美元/升）；A95号汽油，20格里夫纳/升（约合0.83美元/升）。柴油价格为17.1格里夫纳/升（约合0.71美元/升）。

【劳动力供求及工薪】 2015年，乌克兰适龄劳动力人口为1644.3万人，失业率为9.5%，乌克兰月均工资约为4195格里夫纳。

乌克兰实行最低工资制度。2015年1月1日至11月30日最低工资标准为1218格里夫纳。2016年12月1日起最低工资标准为1550格里夫纳。

【外籍劳务需求】 乌克兰人口自然增长率低，人口逐渐减少。一方面，对外籍劳务有一定需求，尤其对本土无法提供的专业技术人才有一定需求；但另一方面，乌克兰失业率仍维持较高水平，2015年失业率为9.5%。

【土地及房屋价格】 基辅市房屋价格水平较高。受乌克兰国内政局持续动荡影响，乌克兰房产价格不断走低，2016年3月基辅市新房成交均价为23638格里夫纳/平方米，二手房成交均价为37948格里夫纳/平方米。

2.4 投资状况

【贸易关系】 2008年5月16日，乌克兰加入世贸组织。2012年9月20日，乌克兰参加的独联体自贸区正式生效。2014年6月27日乌克兰与欧盟签署了联系国协定，其中政治部分已开始实施，经济部分（建立全面深化的自由贸易区协定）已于2016年1月1日开始实施。

【对外贸易】 乌克兰对外贸易近年来呈现下滑趋势，但贸易逆差逐渐收窄。2015年乌克兰外贸出口381.4亿美元，同比下降29.3%；进口375亿美元，同比下降31%；顺差6.33亿美元。

【主要贸易伙伴】 乌克兰主要贸易伙伴是独联体及欧盟国家。2015年，俄罗斯仍然是乌克兰最大的贸易伙伴，乌俄双边货物与服务贸易额约为123.2亿美元。俄罗斯是乌克兰最大的商品出口市场，乌克兰对俄罗斯出口约为48.3亿美元，占乌克兰出口总额的12.7%；俄罗斯也是乌克兰最大的进口来源国，乌克兰自俄罗斯进口约为74.9亿美元，占乌克兰进口总额的20%。乌克兰对俄罗斯逆差26.6亿美元。中国是乌克兰第二大贸易伙伴国。乌克兰与欧盟国家贸易额占乌克兰外贸总额的32.9%，达153亿美元。乌克兰在非洲最大的贸易伙伴是埃及，双边贸易额约为21.4亿美元。美国是乌克兰在美洲最大的贸易伙伴，双边贸易额约为19.6亿美元。澳大利亚是乌克兰在大洋洲最大的贸易伙伴，双边贸易额约为1.7亿美元。

【进出口商品结构】 乌克兰国内资源和产业结构决定了其进出口商品结构较为单一，出口商品以黑色金属、粮食作物和化工产品为主，进口商品以石油天然气等能源产品为主。

3. 政策规定

3.1 投资方面

3.1.1 投资主管部门

乌克兰主管国内和国外投资的政府部门是乌克兰经济发展和贸易部,该部下属的投资司主要负责实施投资政策。其主要职责有:起草有关国家投资政策的法律提案,投资和创新项目的分析,对国家设立特别(自由)经济开发区、工业(产业)园区、优先发展区、科技园区等促进投资和创新项目提出建议,就有关国家投资政策协调中央和地方关系,树立乌克兰积极的投资形象,对开展吸引固定资产投资、外商直接投资进行分析,提供合理化建议以刺激投资,按法律规定在项目许可范围内检验和选择需要政府支持的投资项目。

3.1.2 投资行业的规定

乌克兰对外国投资者采取国民待遇原则,提供与国内投资者平等的条件。

【国民待遇】 外国投资者拥有不少于乌克兰本国企业的权利和义务。国民待遇适用于与外国投资者在乌克兰境内投资相关的所有经营活动种类。

【最惠国待遇】 外国投资者拥有同样享受该待遇的第三国的投资主体所享受和(或)将要享受的在关税、税收和收费等方面的权利、优先权和优惠。最惠国待遇根据乌克兰参加的有关条约向其他国家经营活动主体提供并在对外贸易中使用。根据乌克兰法律针对外国投资确定的国民待遇原则,凡未被乌克兰法律直接禁止的行业,外资均可以进行投资。

3.2.3 投资方式的规定

外商可按以下方式进行投资:对乌克兰现有企业部分参股或购买其股权;成立外商独资企业、分公司或购买乌克兰企业的全部股权;通过直接获取财产或股票、债券及其他有价证券的方式购买乌克兰法律不予禁止的不动产和动产,包括房屋、公寓、处所、设备、交通工具及其他所有权主体;独立购买或与乌克兰法人或自然人共同购买乌克兰境内的土地和自然资源使用权;购买其他财产权;购买产品分割协议规定的经营（生产）权等。

根据乌克兰法律，成立的任何法律组织形式的外国投资企业，其法定基金中的外国投资不低于10%。外方资金注资之日起，该企业即可获得外国投资企业地位。

目前，乌克兰涉及贸易与投资的法律有《对外经济活动法》《外国投资制度法》，涉及国有企业并购、私有化等方面的法律主要有《国有资产私有化法》（1992）、《中小型国有企业私有化法》（1992）、《国营农工企业私有化法》（1996）、《未完工建筑项目私有化法》（2000）、《私有化国家规划法》（2012）、《国有煤矿企业私有化法》（2012）。

上述有关国有企业投资并购、私有化的法律涉及乌克兰国有大、中、小型企业，领域涉及电力、农业、建筑、煤炭等行业。外资收（并）购的资格审查、主要手续及操作流程在每部法律中都有具体明确的规定。乌克兰国有资产基金会负责国有企业并购、招标等相关事宜，有关信息均发布在其官方网站上:www.spfu.gov.ua。

3.2 贸易方面

（ 贸易主管部门 ） 乌克兰内阁下设18个部，其中农业政策和粮食部，地方发展、建设、公共住房部，生态和自然资源部，能源和煤炭工业部，信息部，基础设施部，财政部，卫生部等部门执行对行业商品、服务的管理和政策的制定。

乌克兰经济发展和贸易部为国家对外贸易的行业主管部门，负责制定和执行对外贸易政策，并就具体政策协调与各部门间的关系。

（ 贸易法规体系 ） 1992年，乌克兰制定了独立后的第一部《对外经济活动法》，确立了外贸管理体制的改革和发展方向：实施对外贸易自由化，融入世界贸易体系。法律规定实行外贸经营权的登记制度，即乌克兰境内的所有合法注册企业，在向乌克兰经济部申请办理有关登记手续后，自动获得外贸经营权。

目前，乌克兰涉及贸易与投资的法律除上述《对外经济活动法》外，主要包括2004年颁布实施的《乌克兰海关法》、1996年颁布实施并于2000年修订的《外国投资制度法》。

（ 贸易管理的相关规定 ） 乌克兰政府每年公布一次进出口主动配额许可证商品名单，经济部及其下属授权部门会同政府有关部门负责发证并监督使用，海关凭有关文件对商品数量进行登记后予以放行。实行配额许可证管理的商品名单及期限还需由乌克兰议会批准。

乌克兰内阁政府在2015年1月14日批准2015年进出口许可证商品清单，清单由乌克兰经济发展和贸易部在综合各部委和市场部门意见的基础上制定。为确保形成进出口商品合理结构及履行乌克兰国际条约，2015年下列对外贸易活动需要获得许可证：（1）消耗臭氧层物质和含有其成分的商品的进出口（根据蒙特利尔议定书条款）；（2）生产激光阅读系统光盘用光学设备的进出口；（3）配额管理的黄金和白银、天然气、锌渣、铜渣的出口；（4）黑色金属合金、有色金属及其合金、无烟煤的出口；（5）在关税配额框架内自马其顿进口部分配额管理的农产品。

3.3 税收方面

随着乌克兰国内政治、经济形势的急剧变化，新政府不断调整税种和税率。2014年3月，乌克兰通过《关于预防金融灾难和为乌克兰经济增长建立前提条件的法律》，企业和个人应交的主要税赋种类和税率都发生了变化。2014年12月，乌克兰议会通过税法修正案，调整并进一步细化各种税。根据新的法律内容，在商品生产和流通中企业及个人必须缴纳的税种及税率主要有：

（1）增值税。增值税仍保持20%的税率不变。对出口商品、免税商品、自由贸易区商品免征增值税。

（2）消费税。税率主要使用从价税原则确定，除此之外还使用特别税率原则或两种原则混合使用。

（3）利润税。基本税率为18%。对被动收入征税20%，按照普通标准缴税的企业股息纳税5%，不缴纳利润税的企业股息纳税20%。

（4）土地税。按具体年度税率确定。

（5）车辆首次登记税。按车辆发动机排量确定税率。该税在个人或法人首次登记车辆之前缴纳。

（6）进口关税。按统一进口关税税率表计征。

（7）生态税。按季度、根据可能排放的污染物的类型和数量来计征。

（8）个人所得税。2015年5月，乌克兰议会通过税法修正案，将自然人人工工资收入起征点从目前的10倍最低工资提高到17倍，使用税率15%，超过最低工资标准17倍以上的所得税税率仍保持现行的20%。

（9）被动收入税。根据关于预防金融灾难和为乌克兰经济增长建立前提条件的法律，从2014年起对居民的被动收入征收15%以上的累进税。

（10）地下资源使用税。根据所开采的资源数量、类型来确定税率。

3.4　劳动就业方面

劳工法核心内容　乌克兰《劳动法》是乌克兰调节劳动关系的基本法律，主要目的是保障所有劳动者的劳动权利，包括获得不低于最低限额工资的工作、自由选择职业和工作种类、根据法定公休日和休假制度休息。国家为居民就业创造积极条件，包括对失业者进行劳动培训、提供失业保障基金。

乌克兰《劳动法》规定，企业雇用员工应分别与工会组织和劳动者签订集体合同和劳动合同。劳动者报酬受国家保护，国家规定最低工资标准。根据乌克兰2011年财政预算案的规定，最低工资标准如下：自2013年1月1日起为1147格里夫纳，12月1日起为1218格里夫纳，其中不包括补助、补贴、奖金和其他奖励。法定工作时间为每天工作8小时，一周不超过40小时。

外国人在当地工作的规定　乌克兰现行的劳务政策主要依据为《外国人及无国籍人士法律地位法》和《关于批准办理外国公民及无国籍人士在乌克兰就业许可的办法》两个法律文件。乌克兰引进外国劳务的条件较为严格，使用外国劳务的必要条件为在乌克兰本地没有胜任此种工作的劳动者，或聘用外国专家有充足的理由。

雇用主体：在乌克兰境内活动的各种所有制和经营形式的企业单位以及外国经营活动主体，均可以在获得劳动就业许可的条件下雇用外国人劳动，乌克兰法律另有规定的除外。

工作许可：在乌克兰务工必须办理就业许可，许可最长发放1年。乌克兰社会政策部国家就业中心或委托的各州就业中心、基辅和塞瓦斯托波尔市的就业中心为邀请外国人工作的企业单位办理和签发劳动许可。

3.5　环境保护方面

环保管理部门　乌克兰生态和自然资源部。

主要环保法律法规名称　《乌克兰环境保护法》。

环保法律法规基本要点　《乌克兰环境保护法》规定乌克兰政治、经济和社会各领域活动应该确保以下原则：

（1）优先确保自然环境的安全和居民健康，规范和节约利用自然资源；

（2）在开展政治、经济和社会活动前必须开展环境影响量化评估，并采取预防措施；

（3）优先利用可再生资源、生态生产原料和工艺；

（4）维护物种多样性和完整性；

（5）确定了自然资源的有偿使用原则和环境污染破坏的补偿原则；

（6）确定了环境保护政策制定和执行的民主和透明原则；

（7）对污染物必须进行回收，对自然环境造成的污染和损害必须进行赔偿；

（8）采取以鼓励和惩罚措施相结合的方式开展环保执法；

（9）公民、社会团体和其他非商业组织有权利参与解决环保议题；

（10）乌克兰在环保领域积极参与国际合作。

乌克兰对环境一直秉持积极、传统的保护。重点保护的森林、动植物、大气、水体保护的技术标准取决于个体属性、保护方向等方面。违规处罚措施也较为严格，包括罚金、追究刑事责任等，同时对已破坏的部分生态要求积极恢复原貌。

（环保评估的相关规定）《乌克兰国家建筑规范法》规定，有关工程和建筑项目的设计和厂房建设必须编制环境评估报告；编制环境评估报告必须由有相应专业背景和技术资格的工程设计专家完成；编制完成的环境评估报告送乌克兰国家技术鉴定委员会审批，国家鉴定委员会应在45～90天的时间内完成评审并提出意见；环评的费用根据技术和工艺及工作量来决定，通过签订合同来完成。乌克兰国家技术鉴定委员会网址为www.ukrbudex.org.ua。

3.6 承包工程方面

（许可制度）乌克兰法律规定，在建筑领域实行准入制度。外国设计与施工单位在乌克兰承包工程项目，必须首先在乌克兰注册企业，并向乌克兰地区发展和建设部下设的专门委员会提交有关设计与施工资质材料，待其审核颁发设计与施工资质许可。上述材料的组织和提交手续均比较复杂，且周期较长，企业可与当地法律咨询服务机构合作，通过乌克兰建筑商协会办理相关手续。

（禁止领域）乌克兰法律对外国设计与施工单位在乌克兰从事建筑活动的领域并无特别的限制。

（招标方式）乌克兰建筑工程均实行招标制度。具体工程项目招标方式和要求不尽相同，企业应根据招标公告规定的投标方式和时间要求进行投标。

3.7 知识产权方面

（法律法规）涉及知识产权保护的主要法律有《乌克兰民事法典》《乌克兰刑法典》《乌克兰商品和服务商标保护法》《乌克兰著作权法》等。

2002年11月18日，中国政府与乌克兰政府签订《知识产权合作协议》，该协议规定:在知识产权保护领域，一国自然人和法人在对方国境内享有依该国法律及惯例授予其本国自然人和法人的同样权利；两国的自然人和法人在共同活动时所创造或获得的知识产权，根据缔约双方在合同和协议中商定的条件分配。

处罚规定 乌克兰宪法、刑法、民法等基本法，以及《著作权及相关权益保护法》《专利保护法》等专门法。

法律要点 乌克兰法律规定，损害知识产权所有人、专利所有人及著作者权利的，所有人有权要求损害者赔偿损失，主张损害者的非法获利，并赔偿精神损失。除判决违法者赔偿损失并罚没其非法所得以外，并对其处以法院判决赔偿金额10%的罚款。

3.8 优惠政策

优惠政策框架 根据乌克兰现行法律，外资企业注册资金中最少10%要来自外国投资。实际上，在税收政策上外资企业几乎享受与本地企业相同的待遇。根据《乌克兰经济法》的规定，外国投资者与外资企业必须依照乌克兰法律纳税。近年来，乌克兰并没有对外资企业的建立提供特别的优惠措施。

行业鼓励政策 重点行业：1998—2000年，根据乌克兰通过的有关法律和总统令，乌克兰境内先后建立了9个优先发展区和11个经济特区。乌克兰在优先发展区和经济特区内确定了国家鼓励发展的重点行业，并对这些行业规定了法人主体的最低投资限额和国家提供的税收、海关等优惠待遇政策。行业主要涵盖：

（1）农产品、食品加工、木材加工、家具制造：投资不低于50万美元。

（2）建筑、建材生产、运输、垃圾处理：投资不低于70万美元。

（3）机械制造、煤炭开采、化工和石化、粉末冶金：投资不低于100万美元。

（4）饭店餐饮、疗养业、旅游、休闲服务：投资不低于50万美元。

3.9 投资合作相关法律

乌克兰涉及外国人在乌克兰经济活动的法律主要有《外国投资制度法》《乌克兰投资活动法》《乌克兰外国来料加工法》《对外经济活动法》《乌克兰海关法》《乌克兰旅游法》《乌克兰税收体系法》《乌克兰经营活动主体登记管理办法》《乌克兰特别经济区法》《地籍簿法》等。上述法律中最主要的是《外国投资制度法》和《乌克兰投资活动法》。

4. 办事手续及流程

4.1 注册企业

根据乌克兰法律，外国投资企业可注册公司代表处、有限责任公司等。

外资法规定的设立企业的形式 根据《外国投资制度法》，外商可按以下方式进行投资：

（1）对乌克兰现有企业部分参股或购买其股权；

（2）成立外商独资企业；

（3）通过直接获取财产或股票、债券及其他有价证券的方式购买乌克兰法律不予禁止的不动产和动产；

（4）独立购买或与乌克兰法人或自然人共同购买乌克兰境内的土地和自然资源使用权；

（5）购买其他财产权、购买产品分割协议规定的经营（生产）权等。

受理机构 乌克兰经济发展和贸易部外国企业处负责外国公司在乌克兰开立代表处的注册登记工作。国家注册服务署所属注册机关负责在乌克兰成立企业组织的注册登记工作。

申请文件 向乌克兰经济发展和贸易部提交的关于注册代表处的申请文件包括：

（1）使用本公司的信头纸。其中需要注明以下内容：①外国公司总部的名称；②外国公司总部所在国；③外国公司总部的法定地址；④外国公司总部的成立时间；⑤外国公司总部的组织形式；⑥代表处所在城市及地址；⑦在代表处工作的外国员工人数；⑧设立代表处的目的和经营活动领域、与乌克兰公司的业务往来资料以及合作的发展前景等。

（2）外国主管机构对公司设立代表处的批文。

（3）外国公司的银行证明。该证明不需要注明公司资金的任何数据，但必须注明其账号，且由该银行的信头纸组成。该证明必须有银行的全权负责人签字。

（4）乌克兰代表处负责人的委托书授权职能范围，委托书的签发必须为公司总经理，委托书上必须有公司领导的签字及盖章。

（5）代表处负责人的护照信息和身份证号码。

（6）企业的章程、营业执照（副本）、董事会决议、负责人的授权书等。

以上所有文件均需翻译成乌克兰语并进行公证和认证（乌克兰驻华使馆）。

注册公司的手续　在乌克兰申请注册公司，自然人或法人向各州政府、基辅市政府所属负责企业登记的部门提出书面申请，并提供以下信息：

（1）公司基本情况，其中需要注明以下内容：①公司名称。②公司的法律组织形式（一般注册为有限责任公司）。③公司经理（必须是乌克兰人或持有长居许可的外国人），外国人或无国籍人（没在乌克兰永久居住）就业前需从公司办理该职位的工作许可证。④公司股东：出资人至少是一个自然人或公司法人，或者是自然人与法人的联合体。⑤注册资本：金额不限，但不低于注册之时的最低月工资标准。⑥注册的公司地址（办公室）。⑦股东数量：不能超过100个。⑧公司的经营范围。

（2）自然人注册有限责任公司还应满足以下条件：自然人在乌克兰拥有合法身份和税号（在乌克兰申请）。

（3）乌克兰公司或外国公司注册有限责任公司，应向审批机构提供以下材料：①公司章程；②公司营业执照（副本）；③董事会决议；④负责人的授权书；⑤公司的经营范围；⑥注册的公司地址。

4.2　承揽工程

根据乌克兰政府的要求，有关工程项目的招标信息均以乌克兰语和英语在主管政府部门的网站上予以公布。乌克兰政府采购网公布所有国家机构及国有企业的采购招标通知。此外，各政府、银行及国企网站也会更新招标信息，如有关公路建设项目招标信息均在乌克兰国家公路局网站公布，有关电站及输变电工程项目的招标信息均在乌克兰国家电力公司网站公布。中国驻乌克兰大使馆经商处也会将所收集到的项目招标信息及时在其网站上公布。

招标投标　乌克兰工程项目招标要求不尽相同，企业应根据招标公告规定的投标方式和时间要求进行投标。在参与投标前，还应主动向项目主管部门具体了解项目的融资、建设和经营模式。

许可手续　外国设计与施工单位在乌克兰承包工程项目，必须首先在乌克兰注册企业，并向乌克兰地区发展和建设部下设的专门委员会提交有关设计与施工资质的材料（主要包括公司介绍、组织结构、经营范围和营业额、国内政府主管部门颁发的资质证书、境内外的承包工程项目业绩、境内外设立的分公司和代表处等，以上文件均需要翻译成乌克兰语并进行公证）。

4.3 申请专利

乌克兰《发明及实用新型专利保护法》及《知识产权保护法》保障专利所有人的合法权益。乌克兰国家知识产权局是乌克兰具体负责专利注册、发放、变更、延期等事务的主管机构，其业务由乌克兰经济发展和贸易部指导。

申请用乌克兰文叙写，包括以下信息：权利要求书、专利描述、专利公式、说明书等。支付证明应与申请文件同时或在申请提交之后两个月内递交工业产权学院。申请费用可延期支付，但不得超过申请之日起6个月，申请人应在此之前缴费并递交缴费文件。

发明专利经过实质审查后发放，实用新型专利经过形式审查后发放。发明或实用新型专利的国家注册应在缴纳、发放及公示国家费用后完成。国家知识产权局在专利完成国家注册后1个月内将专利信息发布在机关专门刊物《工业产权公报》上。

4.4 注册商标

乌克兰是《保护工业产权巴黎公约》《商标国际注册马德里协定》《商标注册用商品和服务国际分类尼斯协定》和世界知识产权组织的成员国。乌克兰采用《商标注册用商品和服务国际分类》，遵循申请在先原则。

（注册渠道）已在乌克兰注册的企业可直接到乌克兰国家知识产权局申请商标注册，未在当地注册的外国企业必须通过在乌克兰国家知识产权局登记从业的代理人申请商标注册。

（所需资料）申请时需要携带以下材料：委托书、商标图样、指定商品或服务。对于集体商标，使用该商标的规则复印件。

（保护期限）商标注册后，保护期限为10年，并且可以无限延期，每次延期时间为10年。

4.5 纳税申报

（报税时间）

（1）利润税：年利润少于2000万格里夫纳的企业每年根据利润报税单一次性缴纳全年税费；每年利润超过2000万格里夫纳的企业实行预付制，税费年度为当年6月至次年5月。按月缴纳，每月30日前预付下月税费。

（2）所得税：按季度缴纳，每季度结束40天内缴纳上季度税费。

（3）增值税：按月缴纳，每月20日前申请上月增值税，30日前缴纳。

（4）消费税：乌克兰境内生产型企业按月缴纳，零售型企业也按月缴纳。

【报税渠道】 企业应自行报税，税务部门审核后，企业应采用银行转账等形式支付税款。

【报税手续和资料】 在乌克兰当地注册企业时，税务部门会提供企业税务证号，企业据此按乌克兰国家和地区政府规定纳税。报税时，企业需携带经营注册和税务注册等文件、财务收支相关报表和收据等。

4.6 工作签证

【主管部门】 乌克兰劳务许可证的颁发机构为乌克兰劳动和社会政策部国家就业中心及其在全国各地设立的就业中心。

【申请程序】 雇主或法人代表直接向乌克兰劳动和社会政策部国家就业中心及其在全国各地设立的就业中心提供材料，就业中心在收到材料后15天内作出向申请者颁发或拒绝劳动许可的决定，并在决定作出3天内通知雇主。

【提供材料】 （1）固定表格申请表；（2）申请人教育或职业技能证明文件；（3）申请人护照文件及乌克兰翻译公证件；（4）照片；（5）医疗机构出具的无传染病医疗证明；（6）雇主签字盖章出具的职位不具有国籍限制且不接触国家机密的证明。

4.7 能为中国企业提供帮助的机构

【中国驻乌克兰大使馆】
中国驻乌克兰大使馆经济商务参赞处

地址：laneZemljansky11，Kyiv，Ukraine

电话：0038-044-2847710

网址：ua.mofcom.gov.cn

【中国驻敖德萨总领馆经商领事】

地址：Lane Nakhimova2，Odessa，Ukraine

电话：0038-048-7173238

【乌克兰驻中国使领馆】
地址：北京市三里屯东6街11号

电话: 010-65326314

乌克兰驻上海总领事馆

地址: 上海市仙霞路88号太阳广场西塔402室

电话: 021-62953195

5. 中国企业应注意的事项

5.1 投资方面

第一，跟踪法律政策变化情况。乌克兰涉及企业经营活动的法律名目繁多，且政权更迭导致法律政策调整频繁，中国企业对此要有充分准备，仔细跟踪研究法律和政策异动情况。建议企业与当地的律师和法律咨询机构建立合作关系，请其负责企业法律事务。

第二，谨慎选择合作伙伴。企业在乌克兰开展投资合作，成功的关键之一是选择具备实力、诚信可靠的合作伙伴。建议中国企业在开展投资合作之前，对拟合作的对方伙伴的创建背景、经营历史、财务资信、与政府部门之间的关系等情况进行深入调研，才能以诚相待，合作共赢。

第三，充分考虑乌克兰国情。企业在研究乌克兰的经济发展情况的同时，还要了解该国的国情和政治局势，政府对经济采取的过度管制措施，一些经济政策与国际规则、通行标准、国际惯例的差异等，要针对该市场的特点制定适宜的投资规划。

第四，正确履行相关程序。乌克兰对外企实行准入制度，在乌克兰注册外商投资企业需要打交道的部门和机构较多，需提交的各类文件不仅种类繁多，而且在格式和程序方面均有较严格的规定。建议企业认真了解这些规定，必要时与当地的律师和法律咨询机构合作办理相关注册和纳税手续，为经营活动奠定基础。

第五，合法经营、和谐共处。中国企业在乌克兰从事投资和生产等经营活动，必须严格遵守乌克兰各项法律规章，做到经营活动合法、居留身份合法，在此基础上加强与所在地政府部门、执法机关和工（商）会的沟通，重视企业社会责任，融入当地社会，建立平等互利的合作伙伴关系。

5.2 贸易方面

尽管乌克兰2008年就加入了世贸组织，但其贸易环境尚有待改善，中国企业与乌克兰企业开展贸易活动应积极谨慎。

一是谨慎签订合同，减少贸易纠纷。在签订贸易合同前，不仅应对贸易伙伴的资信情况、产品和服务质量有充分的了解，还应周密考虑合同各项条款，对未来可能产生的纠纷有所预见，特别是对收汇风险应有充分考虑。

二是对市场行情变化有预见性。中资企业应及时了解市场变化，对可能出现的市场价格、供求、汇率等变化提前做好分析，对可能出现的市场变化提前作出预案。

5.3 承包工程方面

乌克兰基础设施合作市场具有一定发展潜力，特别是东部战后重建、基础设施改造、港口和道路交通建设，以及电信设施建设等领域有着切实发展需要，对外国投资和企业带资承包有较强烈的需求。中资企业要认真研究市场动向，科学决策。

一是慎重选择工程项目。中国企业在考察项目的过程中应充分了解项目实施的背景、融资担保、运营要求、合作伙伴背景等具体条件，根据自身实力和运营经验，慎重选择工程项目，公平公正地参与竞标。

二是及时获取相关资质。乌克兰对外国设计和施工单位的准入要求非常严格，其中部分手续办理周期较长，中国企业应予以高度重视，根据乌克兰的有关法律法规及时获取相关资质。

三是重视劳务问题。乌克兰法律对引进外籍劳务人员有严格的规定，中国企业无论使用当地的劳动力或引进中国国内劳动力，都必须对乌克兰有关法律充分了解、严格遵守，全面核算劳动力成本，规范签订相关用工合同。在使用当地劳务人员前，应充分考察其综合素质；在引进国内劳务人员过程中，应根据有关规定，及时办理劳动许可，还要充分考虑当地的罢工传统，必要时提前与工会就工资待遇进行谈判。

5.4 劳务合作方面

2014年以来，受国内经济危机影响，乌克兰建筑业等相关行业受到了较大冲击，市场急剧萎缩，雇主贷款困难，支付能力下降。

5.5　防范投资风险

在乌克兰开展投资、贸易、承包工程和劳务合作的过程中，要特别注意事前调查、分析、评估相关风险，事中做好风险规避和管理工作，切实保障自身利益。企业应积极利用保险、担保、银行等金融机构和专业风险管理机构的相关业务保障自身利益。

5.6　妥善处理与政府间关系

在乌克兰从事经营活动，方方面面都受到乌克兰各级政府、各个部门的管辖。因此，熟悉乌克兰政府事务，掌握与政府沟通的技巧，与中央和地方政府建立良好的关系，对于企业在乌克兰经营活动取得良好成绩具有重要意义。

议会是乌克兰唯一的立法权力机关。议会与总统、政府、司法机关各有权限，同时相互制约、相互监督。议会审议批准政府提交的政府工作纲要、国家预算案及其他法案。议会拥有批准宪法法院及其他法院法官任命的权力。议会由450名议员组成，议员拥有提案权、表决权和对政府及其他机构的质询权。议会负责经济各领域的立法工作，这与在乌克兰经营的外国企业经营活动直接相关。因此，企业应关注议会立法活动，采取相应的措施。

5.7　妥善处理与工会间关系

根据乌克兰劳动法，企业除与劳动者签订劳动合同外，还应与工会签订集体合同。企业应加强对乌克兰劳动法的学习，加强与工会的沟通，强化社会责任意识和文化建设，建立劳资双方和谐的沟通机制，避免出现劳资纠纷。

5.8　尊重当地的风土民情

企业应充分重视乌克兰的宗教文化风俗，尊重教民的信仰。企业经营者在社交和商务场合应保持良好的风度，遵守当地的各类规定，树立正面形象。

5.9　加强生态环境保护意识

《乌克兰环境保护法》是乌克兰保护生态环境的基本法，企业应对其内容有所了解，在开展投资合作过程中要做好环保预算，注意项目的实施是否需要环保部门开具专门许可证，避免对生态环境造成破坏。

5.10 对中国企业的相关政策

中国企业在赴乌克兰投资前应进行充分的市场调研，在投资经营时要寻找信誉可靠的代理机构提供专门的法律、税务咨询服务，遵守相关法律，守法经营。

6. 中国企业遇到问题该如何解决

6.1 法律保护

第一，通过律师和法律咨询机构维护自身权益。中国与乌克兰在法律体系和语言方面存在较大差异，且乌克兰现行法律繁多，变化较快，中国企业应与当地律师和法律咨询机构建立合作关系，请其负责企业法律事务，一旦涉及经济纠纷，可以借助律师的力量寻求法律途径解决，保护自身利益。

第二，防范经营风险。中国企业在乌克兰开展商务和投资经营，应严格按照乌克兰的法律和相关国际法对项目进行评估和审查，防范可能出现的法律漏洞。企业在签订贸易合同前，不仅应首先对贸易伙伴的资信情况和产品、服务质量有充分、详细的了解，还应周密考虑合同各项条款，对未来可能产生的纠纷有所预见，特别要防范收汇风险。此外，可在商务合同中明确仲裁条款，尽量选择依据中国法律或相关国际法解决商务纠纷。

6.2 寻求当地政府的帮助

近年来，乌克兰各政府部门和地方政府都非常重视招商引资工作，特别是受国际金融危机影响，乌克兰各产业资金短缺，对包括中国在内的各国企业在当地开展经营活动均持欢迎态度。中国企业可积极与乌克兰各级政府建立密切联系，及时通报企业发展情况，反映遇到的问题，寻求所在政府的支持与帮助。当经营活动遇到困难或遭到不公正待遇时，除向中国驻乌克兰大使馆和国内主管部门报告外，还应及时与乌克兰当地政府部门取得联系，获得支持和帮助。

6.3 取得中国驻乌克兰使（领）馆的保护

中国企业在开展对乌克兰投资、工程承包和劳务等合作前，应根据国内相关规定，征求中国驻乌克兰大使馆经济商务参赞处意见；投资注册或项目实施后及时到经济商务参赞处进行备案登记；在日常经营中，保持与经济商务参赞处的联络，按期通报企业经营和项目进展情况。

在乌克兰不慎遗失护照，应立即向当地警方报案，同时要求其出具丢失证明，并尽快向中国驻乌克兰使（领）馆申请补发旅行证。申请时需说明护照遗失经过、填写申请表、提供警方证明和本人照片。

6.4 建立并启动应急预案

第一，客观评估潜在风险。目前，乌克兰法制建设有待完善，市场经济秩序需进一步规范，社会治安情况也尚需整顿。中国企业在乌克兰开展投资合作和商务经营活动，要根据本地区和行业的实际情况，认真客观地评估各种潜在的风险，有针对性地建立起本企业应对紧急情况的各种预案。

第二，强化意识，明确责任。强化安全责任，明确安全责任人。根据实际需要，安装必要的安全设备，保障企业和员工财产和人身安全。

第三，及时启动应急预案。一旦遇到突发事件，应根据事件的性质及时启动相应应急预案，力争将损失控制在最小范围。

6.5 部分政府部门和相关机构

外交部：www.mfa.gov.ua

内务部：www.mvs.gov.ua

财政部：www.minfin.gov.ua

司法部：www.minjust.gov.ua

国家财税局：www.sts.gov.ua

乌克兰国家银行：www.bank.gov.ua

文化部：www.mincult.gov.ua

卫生部：www.moz.gov.ua

经济发展和贸易部：www.me.gov.ua

农业政策和粮食部：www.minagro.gov.ua

教育和科学部：www.mon.gov.ua

自然资源和环境保护部：www.menr.gov.ua

基础设施部：www.mtu.gov.ua

乌克兰工商会：www.ucci.gov.ua

附　录

1．国家概况

历史事件

历史上乌克兰是基辅罗斯的核心地域。10世纪前后，东斯拉夫各部落以基辅为中心形成基辅罗斯。弗拉基米尔大公统治时期，基辅罗斯留里克王朝达到了鼎盛，并于988年接受东正教为国教。公元12～14世纪，由于封建割据，逐渐分裂成俄罗斯人、乌克兰人和白俄罗斯人。从14世纪起，金帐汗国、波兰王国、立陶宛—波兰大公国等曾先后统治乌克兰。1654年，乌俄合并。1917年，东乌克兰地区建立苏维埃政权，成立乌克兰苏维埃社会主义共和国。1922年，苏联成立，乌克兰加入联盟。1991年12月25日苏联解体，乌克兰成立独立国家。1996年，乌克兰通过新宪法，确定为主权、独立的宪法制国家，实行共和制。

地理位置

乌克兰是欧洲国土面积第二大的国家，位于欧洲东部，黑海、亚速海北岸，东北接俄罗斯，西连波兰、斯洛伐克、匈牙利，南通罗马尼亚、摩尔多瓦，是欧盟和俄罗斯等独联体各国地缘政治的交叉点，地理位置十分重要。

乌克兰东西长1316公里，南北长893公里。最大山系为西部的喀尔巴阡山，最高峰格尔威拉峰海拔2061米。最长河流第聂伯河发源于俄罗斯，流经乌克兰河段长981公里。

乌克兰首都基辅属于东二时区，当地时间比北京时间晚6小时。

气候特点

全国大部分地区为温带大陆气候。1月平均气温-7.4℃，7月平均气温19.6℃。

自然资源

矿产资源 乌克兰矿产资源丰富。已探明有80多种可供开采的富矿。

农业资源 农业资源丰富，黑土地面积占世界面积的25%。农用地面积4273万公顷，占全国面积的70.8%。林地面积1063万公顷。

水资源 水利资源充分，境内有大小河流2.3万条，湖泊2万多个。

动植物资源 乌克兰植物资源丰富，森林覆盖率达14%。动物资源也极其丰富，大约有44800种动物。

人口分布

2016年2月1日乌克兰国家统计局公布的数据显示，乌克兰总人口约4274万人，其中城市人口占69%，农业人口占31%。首都基辅人口290万人。全国各地区之中，人口最密集地区是顿涅茨克州。在乌克兰的华人大约1.2万人，主要集中在敖德萨、基辅和哈尔科夫。

2. 社会文化

民族文化

民　族 乌克兰共有130多个民族。其中，乌克兰族占总人口的77%，主要集中在中西部各州；俄罗斯族占20%，主要集中在东南部各州，特别是在克里米亚自治共和国，俄罗斯族人的比重高达67%；其他为白俄罗斯族、犹太族、克里米亚鞑靼族、摩尔多瓦族、波兰族、匈牙利族、罗马尼亚族、希腊族、德意志族、保加利亚族等民族，约占3%。

语　言 乌克兰的官方语言为乌克兰语。因历史原因，俄语在乌克兰尤其是东部地区仍有广泛的使用人群。自1991年乌克兰独立以来，政府十分重视乌克兰语的推广和普及，特别是在学校教育、媒体出版和政府公文等领域，乌克兰语占有明显的优势。英语在年轻人中使用广泛。

宗　教 在乌克兰，按信徒人数统计，东正教、天主教、浸礼教、犹太教、马蒙教和新教为主要宗教，其中东正教约占信教人数的85%，主要分布在东乌克兰和西乌克兰的广大城市和农村；天主教约占总人口的10%，主要分布在西乌克兰地区各州；浸礼教约占总人口的5%，主要分布在东乌克兰地区的城市；犹太教约占总人口的11%，主要为犹太人，分布在基辅市、敖德萨州、切尔诺维策州、哈尔科夫州、文尼察州等。

风土人情

大多数乌克兰人忌讳13和星期五。喜好赠送鲜花，但应特别注意花朵数量，以单数为宜，忌讳双数（只用于葬礼等场合），也不宜送假花。乌克兰饮食习惯与东欧国家大致相同，以面包、牛奶、土豆、牛肉、猪肉和乳制品为主，饮料有格瓦斯、茶、咖啡等，酒类以伏特加和啤酒为主。乌克兰人对餐具的使用十分讲究，同时也非常注重用餐礼仪，忌指手画脚、高声说话和用刀叉敲击碗碟。此外，一般宴会上均需祝酒。

教育、医疗制度

教 育 乌克兰基础教育为全日制11年制义务教育。教育体制主要由学前教育、普通中等教育、职业技术教育、高等教育组成，此外还有校外教育、继续教育、副博士研究生教育、博士研究生教育、自学教育。乌克兰著名大学有国立基辅大学、国立技术大学（基辅工学院）、基辅音乐学院、国立哈尔科夫大学、国立哈尔科夫师范大学、国立利沃夫大学、国立辛菲罗波尔大学、敖德萨音乐学院等。

医 疗 乌克兰拥有种类齐全的医院、门诊部、各种专业的医务人员和医学科研机构。其医疗机构分为公立和私立两种，其中公立医院占多数，收费较低。根据乌克兰国家统计局的统计，截至2013年末，乌克兰有门诊108万家、住院部2200家、床位39.8万张。

传播媒介

电视台 目前乌克兰共有20多家电视台，影响较大的有国家电视1台、国家电视2台、国际电视台、现代电视台、"新频道"电视台、"1+1"电视台、"ICTV"电视台和基辅电视台等。除国家电视1台、2台由国家财政拨款外，其余电视台均为私营股份制。

电 台 乌克兰共有40多个电台，影响较大的有国家广播公司、基辅市广播电台、自由电台等。国家广播公司创建于1924年，共4套节目，每天播出94.5小时，覆盖乌克兰全境。

报 刊 乌克兰共有近600种各类报刊，影响较大的报纸有《事实报》《政府信使报》《乌克兰之声》《日报》《基辅导报》《镜报》《工人报》等。

通讯社 乌克兰现有1个官方通讯社，23个私营通讯社。乌克兰国家通讯社（简称乌通社）创建于1918年，每天用乌克兰语、俄语、英语、德语四种语言发布消息，向乌克兰政府机关、500多家新闻机构、社会团体、企业、驻乌克兰外交使团提供新闻稿。目前乌通社在中国、俄罗斯、美国、英国等十多个国家有常驻记者。

社会治安

政府对枪支管理十分严格，内务部确定了枪支必须进行国家登记、生产许可证和携带入境原则。购买枪支必须持有乌克兰内务部特别许可证，有效期3年。

传统节日

乌克兰实行每周5天工作制，周六、周日休息。

乌克兰传统节日有新年（1月1日）、圣诞节（1月7日）、统一日（1月22日）、妇女节（3月8日）、复活节（5月1日）、胜利日（5月9日）、宪法日（6月28日）、独立日（8月24日）。

参考文献

[1]　商务部. 对外投资合作国别(地区)指南——乌克兰[Z]. 2016.

[2]　保罗·库比塞克. 乌克兰史[M]. 北京：中国大百科全书出版社, 2009.

[3]　王庆平, 侯铁建. 中国与乌克兰经贸合作的前景展望[J]. 商业研究, 2011(4).

[4]　哈星华. 中国与乌克兰经贸关系：现状、特点与前景[J]. 俄罗斯中亚东欧市场, 2011(7).

[5]　朱疆. 中国与乌克兰经贸关系前景分析[J]. 黑龙江对外经贸, 2005(1).

[6]　高潮. 乌克兰：国家项目期待中国投资[J]. 中国对外贸易, 2012(12).

执笔人简介

高畅，现就职于中国人民银行鞍山市中心支行外汇管理科，从事外资、外债、境外投资、跨境担保等资本项目外汇管理工作多年，曾参与设计国家外汇管理局资本项目信息系统，参与起草《直接投资外汇管理银行业务操作指南》等。先后发表过《鞍钢澳洲投资之路》《FDI实务》《个人境外投资外汇管理改革探析》《跨境债权转让外汇管理亟待完善》《外债宏观审慎框架的探讨》等研究报告和论文十余篇。